踏上健全与繁荣的大路

纪念潘光旦诞辰120周年论文集

吕文浩 周忱 主编

学苑出版社

图书在版编目（CIP）数据

踏上健全与繁荣的大路：纪念潘光旦诞辰120周年论文集 / 吕文浩，周忱主编 . —北京：学苑出版社，2021.1

ISBN 978-7-5077-6048-4

Ⅰ . ①踏… Ⅱ . ①吕… ②周… Ⅲ . ①潘光旦（1899-1967）—纪念文集 Ⅳ . ① K825.1-53

中国版本图书馆 CIP 数据核字 (2020) 第 200140 号

责任编辑：陈　佳
出版发行：学苑出版社
社　　址：北京市丰台区南方庄 2 号院 1 号楼
邮政编码：100079
网　　址：www.book001.com
电子邮箱：xueyuanpress@163.com
联系电话：010-67601101（营销部）、010-67603091（总编室）
印　刷　厂：北京通州皇家印刷厂
开本尺寸：710 mm×1000mm　1/16
印　　张：23.75
字　　数：322 千字
版　　次：2021 年 1 月第 1 版
印　　次：2021 年 1 月第 1 次印刷
定　　价：60.00 元

2019年8月7日,纪念潘光旦诞辰120周年座谈研讨会合影

2018年3月7日，潘光旦纪念图片展揭幕仪式

上海宝山罗店古镇（范筱明 摄）

1943年2月1日在云南大理滇西战干团讲学。地点：文庙大成殿。讲题：抗战建国与民族。连讲四小时，听众三千人（潘乃穆保存）

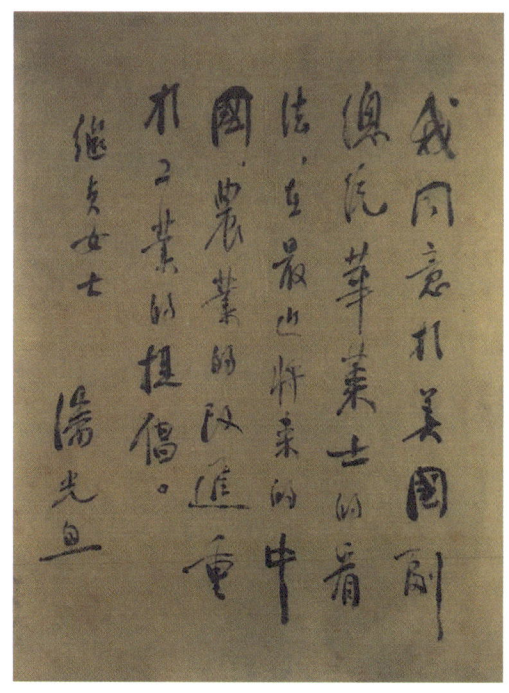

潘光旦赠继贞女士手书（约在1944年）

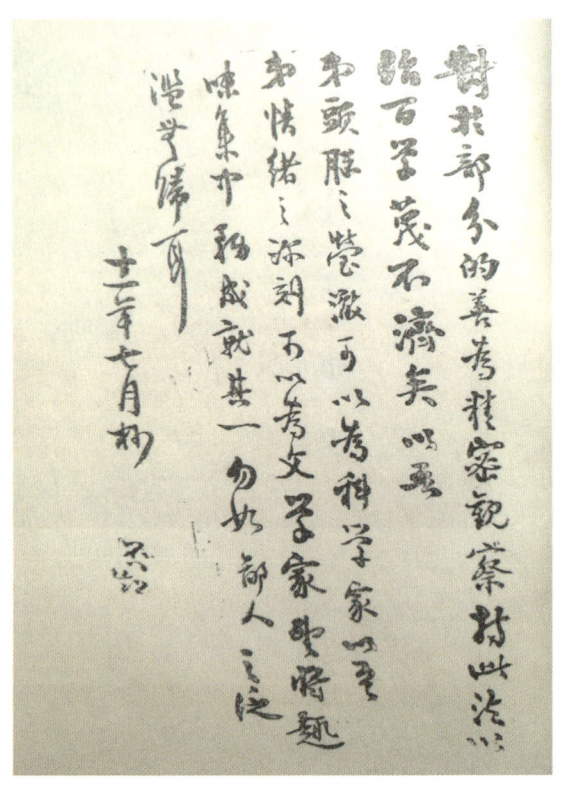

梁启超给潘光旦的习作《冯小青考》批语

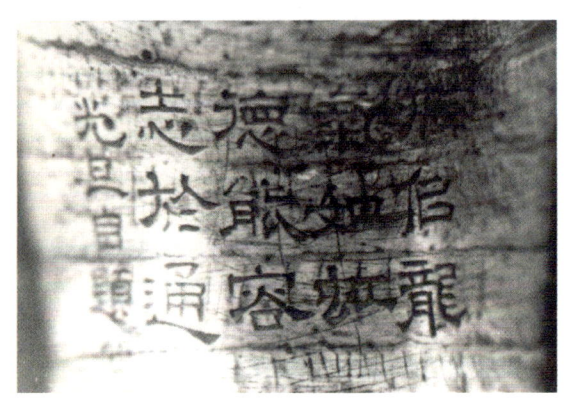

潘光旦自制老竹根烟斗·斗腹铭文：形似龙，气如虹，德能容，志于通

代序：在"纪念潘光旦先生诞辰120周年座谈研讨会"上的讲话

（2019年8月7日）

民盟中央副主席、上海市副市长、民盟上海市委主委　陈　群

各位领导、各位专家学者、各位嘉宾：

今天我们相聚在潘光旦先生的家乡宝山罗店，纪念先生诞辰120周年，在此，我谨代表民盟上海市委，向潘光旦先生表达深深的景仰与怀念，对出席今天活动的潘光旦先生家属，以及各位专家学者和嘉宾，表示衷心的感谢和诚挚的问候。

潘光旦先生是一位学术大家。他一生治学范围极为广阔，中西贯通，文理融会，在优生学、社会学、民族学、性心理学、民族学、翻译等众多领域都有很深的造诣，不少著述已成为我国现代学术的经典，在中国现代学术史上具有重要的地位。

同时，潘先生也是具有影响力的思想家、活动家。他毕生致力于爱国民主事业，于1941年加入中国民主同盟，是民盟早期领导人之一，历任民盟第一、二届中央常委，第三届中央委员，全国政协第二、三、四届委员，为中华民族的命运与前途倾注了毕生精力。

今天，我们在这里纪念潘光旦先生，就是要学习他们这一代人爱国为民的责任意识。

潘光旦先生这一代人，深深地卷入了现代中国的时代浪潮中。像不少同时代爱国正直的知识分子那样，潘先生深切关注祖国的命运和人民苦难，终生不懈地寻找救国图强的道路。他认为，大学的宗旨不仅在教人做人、做专家，而且要做士，即承担社会教化和转移风气的责任的知识分子。他自己身体力行，把学术追求与人民富裕、国家富强、民族振兴紧密相连，用知识、学术与思想，为民族和社会发展出谋划策，深深体现了他们这一代人心忧家国的历史责任感。

今天，我们在这里纪念潘光旦先生，就是要学习他们这一代人对理想信念的不懈坚守。

潘光旦先生一生追求真理、无私奉献、尽职履责、始终如一。他真诚接受中国共产党的领导，和党肝胆相照，风雨同舟，坚持民盟与中共亲密合作的优良传统，为坚持和完善中国共产党领导的多党合作和政治协商制度做出了重要贡献。费孝通先生曾总结楚图南、潘光旦、曾昭抡等民盟老一代知识分子的一个共同特点："他们都有相同的这么一个劲儿，一以贯之。"他们的"信念始终不变，对人对事的态度也不变"。费老又进一步分析为什么之所以能做到几十年不变初衷，"就在于心中无我，不是'我'字当头，而是有更大的目标，为人民服务"，为了达到这个境界，费老提倡"我们民盟盟员也有一个修养的问题……不是在得失之间做选择，而是在对人对世界的贡献上考虑自己的行动"。

我们可以看到，许多民盟前辈身上，这种对于理想和操守的坚持已经成为其人格与生命尊严的根本，因此他们才能够在几十年的风雨中始终葆有积极豁达的人生态度和精神境界，毫不动摇地坚守自己的信念和追求。只有这种"坚守"，我们才能秉承初心，不断前进。

今天，我们在这里纪念潘光旦先生，就是要学习他们这一代人淡泊名利的思想品质。

费孝通先生曾说："潘先生这一代人不为名，不为利，觉得一心为社会做事情才对得住自己。他们有名气，是人家给他们的，不是自己争取的。他们写文章也不是为了面子，不是做给人家看的，而是要解决实际问题。"以潘先生为代表的杰出前辈们，具有耕耘不辍的治学精神和心系天下的人文情怀，他们的人品、良知和风范，是留给我们后人的精神财富。我们要学习他们爱国爱民、正直正派、淡泊名利的人品、良知和风骨，把他们倡导并坚持的信念、品格和操守接过来、传下去，作为我们的精神支柱和宝贵财富。

  回顾历史，是为了更好地面向未来。中华民族伟大复兴踏上了新征程，中国特色社会主义进入了新时代。新征程负载新使命，新时代孕育新需求。当前，全盟正在深入开展"不忘合作初心，继续携手前进"主题教育活动，我们要秉承先辈们的遗志，努力汇集众智，服务人民，共同完成好新时代赋予我们的新使命，在实现"两个一百年"奋斗目标、建设社会主义现代化强国的征程中做出新的贡献！

目录

i 代序：在"纪念潘光旦先生诞辰120周年座谈研讨会"上的讲话
  陈　群

1 天演与位育：潘光旦人文之思的脉络、张力及意义
  杨胜荣

38 生物保守主义与潘光旦的社会思想
  田方萌

80 陈达、潘光旦与社会学的"清华学派"
  闻　翔

92 中国早期社会学的人文取向：以潘光旦为例
  王君柏

108 读潘光旦先生的《派与汇》
  马　戎

114 人伦与位育：潘光旦先生的社会学思想及其儒学基础
  周飞舟

143 《中庸》的"位育"思想及其诠释——兼论潘光旦的位育论
  徐　磊

163 "祖国的历史"与"民族位育"——简论潘光旦先生的民族思想
  张小军　李　芳

177　个性解放与种族职责之间的张力 —— 对潘光旦妇女观形成过程的考察
　　吕文浩

209　性爱、家庭与民族：潘光旦新家制的内在理路
　　杭苏红

235　在个人主义与集体主义之间：潘光旦的"折中家制"
　　刘亚秋

254　香草美人传统的倒转与明清的"佳人薄命"—— 再论潘光旦的冯小青研究
　　凌　鹏

285　通才教育还是自由教育 —— 潘光旦教育思想核心价值取向蠡测
　　王雪峰　卜然然

303　"破格"录取与坚持原则 —— 从两次招生看潘光旦先生对清华传统的坚持
　　金富军

311　潘光旦的办刊理念与言论特色 —— 以《华年》周刊为中心的考察
　　周　忱

332　1949年潘光旦盟事 —— 以《潘光旦日记》为线索
　　章义和

347　附录一：为民族续命：潘光旦与他的时代
　　杨奎松　严　飞

354　附录二：潘光旦与罗店潘氏家谱
　　潘乃穆（遗稿）

362　附录三：1921年潘光旦在清华学校哲学三试卷

368　编后记

天演与位育：潘光旦人文之思的脉络、张力及意义

杨胜荣[*]

潘光旦（1899—1967）自称是"人文论者""人文思想者"，他从1920至1940年代的思想探索，其核心之点可以看作是接通《达尔文全集》和《十三经》的一系列努力——从"演化论哲学"出发，形成以"位育"为主导观念的人性-文化理论和社会-政治思想。基于"人文的立场"，他阐述了"人文生物学"和"新人文思想"。前者"用生物学的眼光盘诘人类社会"，后者意在构建"关于真正的人的学术"。从思想史的角度来看，潘光旦将演化论的生命观、知识性结论与先秦儒家的人文信念和思想方式进行贯通，以回应他身处其间的民族出路问题和现代文明危机。潘光旦的探索提出了至今仍需要讨论的问题：达尔文和孔夫子的跨时空对话何以可能？潘光旦的理论整合和价值调和面临哪些困难？他所阐述和坚守的"人文立场"，在当下具有怎样的意义？本文对潘光旦人文思考的历程和脉络进行考察，并对上述问题作初步的回应。

---

[*] 杨胜荣，云南师范大学马克思主义学院副教授。

一、"人文生物学"和"新人文思想"的问题意识

人文生物学所表征的,是潘光旦作为一个优生学家的基本学术见解,正如他在自我陈述中所言,其"眼光"直截了当是优生学的,学术传承则属于生物学派。"新人文思想"的酝酿和提出,则标志着潘光旦的思想已超出单纯优生学的范畴,他试图寻求一个更广泛的思想综合的"总参考点",从而使他始终崇尚的人文思想的内涵得以扩展。尽管潘光旦批评中国传统文化的弊端之一就是未能发展出对纯粹理智的兴趣,但他本人的学术工作同传统的儒生一样,仍然不仅仅是为了求知,而是应对其所处时代和社会的种种现实问题。

潘光旦的人文生物学思想,在问题意识上自觉地承续清末民初思想家的进化史观所特有的现实关怀。源自西方的进化论对中国近代社会思潮和思想建构的影响,乃是人所共知的事实,对中国近代社会和思想转型产生巨大影响的两代知识分子(以康有为、严复、梁启超、谭嗣同、章太炎、孙中山为代表的中国第一代新型知识分子和以陈独秀、李大钊、鲁迅、胡适为代表的新文化运动领袖),都曾经以进化论作为他们基本的思想预设和社会文化批判的理论武器。在此期间,严复译述的《天演论》,对激发中国知识群体和普通民众的危亡意识、呼唤现代民族国家意识的觉醒、塑造新型世界观和历史意识等方面,都有不可或缺的影响。以《民铎》1922年推出的"进化论专号"(第三卷第四号、第五号)为标志,进化论在生物学、社会科学和哲学三个方向上的演进已同时得到关注,进化论也从"以进化之理,释经世之志"(梁启超语)的思想史取向,转换为以专业学者的译介和著述活动为主的学术史建构。潘光旦的人文生物学是在1920至1940年代中国进化论的学术史转向这一背景中展开的,他所认同的生物学派的立场,构成了这个时期中国多元的进化理论格局中的重要一支。从1924年的《西化东渐及中国之优生问题》,到避地西南写作《优生与抗战》诸文,潘光旦的著述广泛涉及人才、性别、

婚姻、家庭、性心理、民族、宗教、教育、家谱和世系等领域，均围绕"种族竞存"展开，着眼于种族或民族的遗传品质的改进，以此观察民族文化盛衰和人才消长的"生物的背景"。在这种人文生物学的理论立场背后，是他对中华民族出路的关切：从如何提高民族健康和"种族竞存力"这一角度，为中华民族复兴或中国民族问题的解决提供一种理论上的设计。由此可见，潘光旦所接受和阐述的人文生物学思想，在知识前提和理论视角的选择上，与清末民初思想家群体的进化论历史观有明显的差异，直接渊源于在欧美有极大影响的进化生物学和人类遗传学，但其问题意识依然是立足于"生存竞争"，与严复、梁启超"改造国民性"的呼声一脉相承，并赋予"中国问题"的解决方案以新的内容——"国民性"的优劣不仅仅是一种生物学的喻隐，而是具有了实际的生物学含义。

以第二次世界大战的爆发为契机，国际和国内局势的变化，以及战争带来的巨大破坏力，使潘光旦的社会关怀超出了中国民族问题的视野，开始思考现代文明的困境和人类不同群体的相处之道等"现代性问题"。具体来说，潘光旦的问题意识集中在两个方面，一是社会思想领域的"支离灭裂"以及思想政治化、宗教化的后果，一是科技发展导致的"童子操刀，其伤实多"问题。

写于1936年的《欧洲局势与思想背景》一文里，潘光旦引述英国批评家阿诺德的看法，认为西洋2000多年的社会思想史"从大处看去，似乎始终是一个个人主义与社会主义互为消长或彼此对垒的局面"，19世纪以来，又增加了阶级和民族两个角色，"于个人与集团的冲突之外又添上了集团之间自身的冲突"，英法、德意、苏俄在国际政治上的合纵连横，并没有跳出这两种冲突所造成的阵线。[1] 二战结束后，潘光旦同意丘吉尔关于这次战争是意识形态战争（ideological war）的论断，即"个人与社会互争雄长的思想背景渲染了全部的西洋历史，也烘托了1936年前后整个的欧洲局势，也终于招致了第二次的世界大战"。就国内来看，源于西

1　潘光旦：《欧洲局势与思想背景》，辑入《政学罪言》，《潘光旦文集》第6卷，北京大学出版社，2000年，第35、38、40页。

洋的社会思想三大派别——个人主义、阶级集体主义和民族集体主义，亦随着欧化东渐的潮流在中国登场，不仅有政治力量做后盾，并且形成"党化政治"对全社会实施控制。在他看来，"数十年来国是的混乱，这种思想上的争斗与信仰者的操切行事要负很大的责任"。无论是西洋还是中国，思想的政治化和宗教化，正在形成一种真正意义上的"政教合一"的局面，"改革或革命主义和实际政治打成一片……主义是成套数的，是多少先经过一番规定的，是有一定的解释而发生疑义需要重新解释时又须诉诸一定的权威的，是具备了近乎教条的形式与精神、只许信仰而不容怀疑评论的"。他预感到，"就目下的形势来说，苏联的集体主义和英美的个人主义也许正酝酿着一次更新奇广大的奴役、战争、与死亡来，亦未可知"。总之，中外政治和社会生活的纷扰，从思想立场来看，在很大程度上是出于社会思想的"不健全"，这促使潘光旦"寻求一个途径，一个涉及基本见地的途径，使支离纷扰的思想园地，使布满着荆棘、壁垒、以至于阵地的政治的局面，多少得一些宁静的机会"。[1]

从第二个方面来看，科学发达和技术昌明之所以表现了不少"摧杀败坏的力量"，原因不在科技本身，它本身无所谓好坏，好坏系于人的如何控制运用。三百年来，物的研究与认识、物的控制与运用，几达登峰造极，然而，"我们窥见了宇宙的底蕴，却认不得自己；我们驾驭了原子中间的力量，却控制不了自己的七情六欲；我们夸着大口说'征服'了自然，却管理不了自己的行为，把握不住自己的命运"[2]。以近代自然科学的发展而论，已造成了"五蔽"：其一是蔽于分而不知合，几乎完全侧重在分析与专精，分而又分、细之又细的结果，对于从事的人，以及其人的意识情趣，则日渐偏枯；其二是蔽于知与用而不知其更高的价值，即

---

[1] 潘光旦并没有将观念冲突作为社会政治冲突的决定因素，后者还涉及群体间的实际利害问题。参见潘光旦：《欧洲局势与思想背景》，辑入《政学罪言》，《潘光旦文集》第6卷，北京大学出版社，2000年，第40—41页。

[2] 潘光旦：《说童子操刀——人的控制与物的控制》，辑入《政学罪言》，《潘光旦文集》第6卷，北京大学出版社，2000年，第10页。

对科学的精神、客观的态度、谨严的取舍、持平的衡量等足以影响人生态度和培养风度情趣者了无顾及；其三是蔽于一尊而不知生活之多元，即科学已成为一个崇拜的偶像；其四是蔽于物而不知人，科学倾注其全力于物的认识与物的控制而忽略了人，尤其是忽略了整个的人。其五是科学助长了对于进步的迷信。第二次世界大战的教训就在于，仅仅注意技术的科学，以至于仅仅提倡精神上不能和人生的根本问题发生联系的科学，无论勉强成功到何种程度，是无补于国家民族的危亡的。在潘光旦看来，人生的根本问题，即人的自我认识和自我控制。然而，"人至今没有适当的与充分的成为科学研究的对象"：生物学与动物学仅仅将人视同于物，而于人之所以为人不能有所发明；各门社会科学以人为对象的研究，则犯了忘本逐末、舍近求远、避实趋虚的通病。以文化人类学为例，名为研究文化的人，实际是研究了人的文化，文化的产生者本身究竟是什么一回事，我们的认识并没有因文化人类学者的努力而增加多少。人体生理学、心理学、医学一类的科学进入了人身，但它们所采用的分析方法，将整个的人分解为各个部分，则犯了"支离破碎"的毛病。总之，"人属于一个三不管的地带"，"人对自身的认识与控制是一种尚待展开的努力"。[1]

由此可见，潘光旦基于对所处时代的政治和社会生活领域内群体冲突的感受和认知，以及对科技的反思，试图提出一种"健全的社会思想"和"真正的人的学术"，从而将他已确定的"人文生物学"的理论立场进一步扩展为"新人文思想"。

二、自然选择、心理遗传和文化选择：人文生物学的知识依据

"人文生物学"是潘光旦对优生学基本原理的称谓。他从高尔顿和达

---

[1] 潘光旦：《说童子操刀——人的控制与物的控制》，辑入《政学罪言》，《潘光旦文集》第6卷，北京大学出版社，2000年，第10—12页。

文波特的思想出发，将优生学定义为"研究人类品性之遗传与文化选择之利弊以求比较良善之蕃殖方法，而谋人类之进步"[1]。优生学首先是一种生命科学的知识系统，而后是以这种知识系统为基础的"优生哲学"和社会改造方案。以下重点考察人文生物学的知识依据。正如潘光旦所言："学说往往为时代之产物，往往为一时代比较独具之事实所限制，故其适用之程度，必不若创说者所预期之甚。"[2] 对于潘光旦本人所阐述的人文生物学，我们也应如是观。

潘光旦认为，生物演化论和遗传学使人文生物学成了"坚强有根据之学科"。达尔文的自然选择理论运用于人类研究，以及高尔顿的人类心理遗传概念，再加上从社会达尔文主义者那里移植过来的"文化选择"概念，构成了人文生物学的知识依据。

达尔文演化论的基本法则是变异、遗传和选择。在有机进化的三个"因缘"之中，变异是基础，遗传是关键，而选择是进化的动力。尽管围绕自然选择的争论远未结束，但它依旧是目前关于生物适应及其进化的一种最具有解释力的科学假说。达尔文本人对作为生物种的人类乃是经由自然选择而形成这一点深信不疑。在《人类的由来》一书中，他提出人和其他哺乳动物同属于一个共同祖先的不同支派的后裔。最近半个世纪以来，史前人类化石的大量发现，倾向于支持达尔文的这个假说。史前考古学还提供了另一项重要的事实，即文化的发生与人属的出现同步，伴随着能人、直立人到现代智人的人类种系发生史，史前文化也经历了200多万年的演化，现代智人诞生并向全球扩布的过程中，人类文化的基本形式——技术、知识、语言、伦理、艺术、宗教（神话和巫术）——也已经形成。对于现代智人产生以来的人类历史，群体遗传学的研究提供的重要事实是，人类群体内部存在着遗传多态性现象，现今几个主要的地理人种的分化始于10万至5万年前，依据现存的化石推断，当现代智人的足

---

[1] 潘光旦：《优生概论》，《潘光旦文集》第1卷，北京大学出版社，1993年，第254页。

[2] 潘光旦：《意国奇尼教授之民族自然兴替观》，辑入《人文史观》，《潘光旦文集》第2卷，北京大学出版社，1994年，第347页。

迹遍布全球之后，现代的主要人种及其分布格局就已大致形成。另一个同样重要的事实是，从现代智人产生以来，人的基因型并未发生变化。因此，现代智人产生以来的人类进化，乃是一种文化（包括体外和精神两方面）进化。潘光旦对达尔文阐述的"天演进化之理"极为服膺，明确指出，优生原理即人文生物学，乃是从达尔文的演化论推演而来的。不过，关于自然选择作用于人类的基本单位，至今仍有不同看法。达尔文在《物种起源》一书中认为，物种只是一个人为的分类学单位，生存竞争事实上是以种群内部的个体为单位的。斯宾塞将演化论应用于社会学说，其持议始终以社群（social aggregate）为单位，于社群中之个体则略而不论。潘光旦在这个问题上的基本看法是：选择行使之效力，"纵不足以及个人，犹可以及种族，而生物界之所谓优胜劣败强存弱亡者，固始终以种族为单位也"[1]。

人文生物学的另一个知识渊源是高尔顿的心理遗传理论。1869年，高尔顿发表《遗传的天才》一书，建立了智力天赋的家谱研究法，通过对杰出的法学家、科学家、著作家等人物的家族系谱的调查，以说明杰出的个体出自一定的家系，因而推断才智具有先天遗传的成分。此后，高尔顿的研究对象扩展到对心理缺陷的探讨，并运用统计方法定量地测定人类生理和心理品性的遗传程度及其在群体中的分布规律。潘光旦称人类身心品性共同遗传的假定，乃是优生学术和优生运动"所以存在的理由"，他为此作了广泛的译介和阐述。在人类的基因型和表现型的关系上，基因是体，身体是末；在人体的结构和功能的关系上，"结构为体，功能为用"，即先有人的生物结构和形态，而后才有各种生理和心理功能；在人的生理功能和心理功能的关系上，前者为体，后者为用，即

---

[1] 潘光旦：《优生概论》，《潘光旦文集》第1卷，北京大学出版社，1993年，第251页。又参见《演化论与几个当代的问题》，辑入《优生与抗战》，《潘光旦文集》第5卷，北京大学出版社，1997年，第33页。

心理功能是从生理功能中派生出来的。[1] 由于人的机体结构和相应的生理功能都具有遗传基础，因此，心理品性也是遗传的。不过，遗传品性从基因型到表现型的传递，以及各种身心品性的表现，都有其必须的条件，"它们决不会自动的发展为品性，而必须有可以发展的境遇"。换言之，遗传与其所由发展的环境，或"性"与其所由发展的"养"是分不开的。[2] 就品性的全部总起来看，可以说"性"比"养"更基本，它是一个人前途成就的强有力的因素。从潘光旦关于人类身心品性遗传的言论来看，他对高尔顿的理论基本上全部接受。潘光旦的家谱、世系、人才研究，不仅采用了高尔顿的材料和方法，而且将高尔顿的心理遗传假说视为"坚实有根据之科学"。然而，人类遗传学的研究进展，表明高尔顿的心理遗传假说并不可靠。高尔顿用相关系数定量地表示人类身心品性的遗传程度，但由于他所处理的对象的性状（人类行为和心智）不像豌豆或果蝇的性状可以不可逆地固定下来，也就是说，人类行为和心智的变异大多离不开环境的作用，因此，即使通过对人类行为和心智的测量和统计分析能够证明诸性状确有先天遗传因素，依旧无法阐明人类成员之间行为和心智差异的遗传机制。现在只能说，影响智力和人类行为的生物学因素可能是广泛存在的，不过，决定可测性状的基因无法鉴定，对它们的数量、遗传方式或行为方式，不可能作任何特异的推断；由于在定量水平的分析经常不能分清遗传的（天赋的）和环境的（抚养的）影响，因此，对参与形成个性结构、认知能力，可能还有人的社会行为的遗传差别，迄今仍然不能提供肯定性的知识。[3]

---

1 参见潘光旦：《优生概论》，《潘光旦文集》第 1 卷，北京大学出版社，1993 年，第 256 页；《文化的生物学观》《平等驳议》，《潘光旦文集》第 2 卷，北京大学出版社，1994 年，第 319、354—355 页；《优生原理》，《潘光旦文集》第 6 卷，北京大学出版社，2000 年，第 271、321—324 页。

2 潘光旦：《生育限制与优生学》，《潘光旦文集》第 1 卷，北京大学出版社，1993 年，第 357 页。又参见《优生原理》，《潘光旦文集》第 6 卷，北京大学出版社，2000 年，第 292 页。

3 Motulsky 主编，罗会元主译：《人类遗传学：问题与方法》，人民卫生出版社，1999 年，第 641、645—683、705—708 页。

达尔文首次阐明了人类物种的形成是有机进化的产物，但他只谈及自然选择，"而不知人造的社会势力或文化势力亦未尝无选择的巨大影响"，直至19世纪末，社会达尔文主义者才提出"社会选择"的概念。潘光旦认为，社会选择（又称文化选择、人文选择）相当于达尔文《人工驯育下之动植物变异论》一书中的"人工选择"，"其所根据之原则大要与天择者无殊"，"由动植物之人工选择，进而推论人类之文化选择"。[1] 自然选择并不因人类物种的形成而停止，在人类历史的演化过程中，它始终是一个基础性的动力。然而，与有机界的其他生物相比，人类的独特之处是拥有文化：

> 到了有文化的人类，选择的活动即不限于自然界的种种物质的与生物的势力，人类自身的种种活动，即其自身所造作与积聚的文化事物便有不少选择的力量，可以转移他的品性，可以影响他的竞存与位育的力量。[2]

对于任何人类个体而言，文化是通过后天学习获得的，那么后天习得的文化如何才能影响（选择或淘汰）人的品性遗传呢？这要联系自然选择作用于人类的途径或方式来理解。如同有机界的其他生物一样，人类之所以形成，最初是凭借自身比较独立的品性与此种品性的世代传递，而人类的确立与维持却靠选择的力量。在生存竞争剧烈的环境里，并非所有的人类品性都合乎竞存之道。那些有助于生存的品性，就被保留和传递到后代；不适应生存之道的品性，则遭到淘汰。这个自然选择的过程，在人类是通过死亡、婚姻和生殖三个途径施展其力量的。就死亡一途来说，除了胎期内的自然死亡（选择率高达三分之二）和胎儿出生后一年内的婴儿死亡（不止是环境的状态所造成，而同时与遗传品质有密

---

[1] 潘光旦：《优生概论》，《潘光旦文集》第1卷，北京大学出版社，1993年，第251页。此外参见《优生原理》，《潘光旦文集》第6卷，北京大学出版社，2000年，第388—391页。

[2] 潘光旦：《中国之民族问题》，《潘光旦文集》第9卷，北京大学出版社，2000年，第497页。

切关系）之外，人为死亡也会对人口繁衍和遗传品性的传递有相当的影响，而这其中显而易见有文化势力的操纵；婚姻和生殖本身既是生物行为，同时也是文化行为。因此，文化的选择作用指的是文化通过直接参与人类的死亡、婚姻和生殖而间接影响到自然选择的结果。潘光旦认为，人类作为一个生物物种的演化，其主要原因是自然选择；当人类产生之后，"文化愈进，则化择力愈周遍，天择力愈减缩"。[1] 不过，自然选择和文化选择很难严格地划分：

> 一则文化选择要发生效用，势必经过生殖与死亡的两大关口，而这两个关口都是生物学的，都属于自然的范围。再则一部分的人文选择的势力一半也是自然的，例如战争，人类以外的动物也有战争的现象，而许多的心理学家都承认斗争是人类天性中的一种行为倾向，甚至于认为它是一种本能，不过自从文明日进以后，因为种种文化势力的推波助澜，更见得变本加厉罢了。[2]

按照潘光旦的解释，既然文化具有"选择作用"，那么它应当像自然选择一样，以可遗传的文化变异作为发生作用的"原材料"。换言之，必须假定，既创造了文化、同时又被文化所塑造的诸心理品性具有先天遗传性；或者文化行为通过影响生物行为（生殖、婚姻和死亡），达到"精质的人为分合"，这样，文化的势力通过对人类基因频率流动的干预，对人类的遗传多态性及其表达产生影响。举例来说，乱伦禁忌这种文化行为的产生，虽然没有改变人类的基因型，却能使人类繁衍出体质上健康的后代；近亲结婚则适得其反，会造成后代的有害形变。医学遗传学所说的优生——婚前健康检查、遗传咨询、产前诊断等等，与这个特定意

---

[1] 潘光旦：《西化东渐及中国之优生问题》，辑入《优生概论》，《潘光旦文集》第1卷，北京大学出版社，1993年，第286页。又参见《优生原理》，《潘光旦文集》第6卷，北京大学出版社，2000年，第388页。

[2] 潘光旦：《优生原理》，《潘光旦文集》第6卷，北京大学出版社，2000年，第391页。

义上的文化选择相对应。

如果说，自然选择淘汰不利于生存和繁殖的生物体，增进那些有更好的机会生存和繁殖的生物体对于环境的适应性，那么，文化选择的效能则体现在两个方面：一是促进心理品性的变异，心理品性的变异愈大，文化创造力愈强；一是使身体健康和有才智德行的个体有更多的生育机会，留下更多的子女，或者使身体残疾、病弱和缺乏才智德行的个体减少甚至没有生育机会。根据身心品性的先天遗传原理，前一种方式能增进后代的身体健康和文化创造力，后一种方式则至少能使现有的体质状况和文化创造力不至于衰退。在后一种意义上，文化行为顺应或者限制自然选择的行使，结果是有利于人类个体（进而是个体所属的群体）的生存和繁殖。而文化的"反选择"，便是指文化的制度和设施阻碍了心理品性的变异，或者使身心品性不健全的个体留下后代。

潘光旦虽然倡导优生学，但他很清楚地认识到，人类对自身遗传品性的认识并不意味着从此可以操纵自己的生物学前景：一方面是因为人类的遗传结构同其他有机生命一样倾向于保守，即使生活环境中的事物最终会引起"精质细胞"或"基因"的改变，也将会迟缓到几千年几万年以上；另一方面，优生或改良人种，尽管可以在"精质的人为离合"上想办法，但既然"精质绵续，在普通有机情势之下，不能因外界势力而发生变化"，则"精质进步之意义有限"。[1] 他并且指出"优生学识尚属幼稚"，"就研究一方面而论，此学尚在材料搜集时期；整理工夫既不足，则前途具体结论之如何，其可因归纳而得之法则又何若，更有不可臆断者矣"。[2] 此外，当优生学在1920、1930年代与种族主义合流之时，他从达尔文关于种群中个体变异性的思想出发，正确地指出"种族武断论者"将种族看作在遗传上一致，乃是犯了模式论的知识错误。由此可见，潘光旦对优生学术之科学基础的把握，在当时的优生学家中也是非常准确、

---

[1] 潘光旦：《优生原理》，《潘光旦文集》第6卷，北京大学出版社，2000年，第271页。
[2] 潘光旦：《优生概论》，《潘光旦文集》第1卷，北京大学出版社，1993年，第261页。

出色的,这使他将欧美的优生学引入中国时,即使在纯粹知识的层面上也没有一味照搬,而是有选择地接受。

人文生物学探讨"人类一切品性之遗传问题"和"文化选择或社会选择之利弊问题",其目的是"谋人类进步"。综上所述,潘光旦的核心见解是:人类应做的是使"文化势力之善者"与自然选择并行不悖,即"利用天择的原则,而不用其方法",通过"效法自然"(以文化选择影响"精质的人为离合"),达到人类"精质上的进步"——此即优生学意义上的"人文进化""人类进步"之意涵。

三、基于演化论和遗传学的"优生哲学"

在中国近代学者中,潘光旦是对由达尔文开创的"生物学革命"及其思想影响做出正面回应的一个突出代表。继严复之后,他将由达尔文奠定的、运用生物学法则解释人类现象的知识系统和思想方式引入中国。与"天演哲学"相比较,人文生物学的一个显著特色是在知识与思想之间建立直接的联系,潘光旦对"人文进步"的看法,以及由此引申出来的对人性、文化乃至历史、社会和政治的见解,直接依据生物演化论和遗传学知识;换言之,生物学知识构成了潘光旦学术思想的一部分,并且是他评判现实问题的尺度之一。

第一,潘光旦从"对于生物学与遗传学所发见之种种"的"信仰"出发,将生命看作是遗传因子和精质细胞世代绵延的过程,"不要说个体的生死,就是万千物种的推陈出新,此伏彼起,也不过是过程中的一些关口,一些路牌而已";生命的本质"自其同者而观之,固人与阿米巴可以相提并论,自其异者而观之,则同父母所生的兄弟便很有区别"[1],一体和万殊之于生命都是同样真实而且同等重要的。作为有机进化的产物,

---

[1] 潘光旦:《优生教育论》,《潘光旦文集》第 9 卷,北京大学出版社,2000 年,第 87 页。

"人是生物的一种,任他有挟山超海换斗移星的大本领,他逃不了生物的根性,免不了生物原则的支配"[1]。与此同时,人类是一种文化的动物,文化使人类不仅仅是负载遗传因子的工具,而且具有意识、愿望和理想,能够发现自然选择并非有"一百分的效率",有不能使人满意的地方,而且多少也可因人力而有所左右。因此,"生命是一个过程,人类一切有意义的努力无非是要辅助这个过程,使愈益丰满,愈益便利"[2]。

第二,潘光旦侧重于从生物学的角度揭示文化的生物基础和人性的生物特质,在"人"与"文"的关系上,认为"有人斯有文"。文化作为人类的产物,并非是一种凭空的虚构,而是根据了人类比较独有的生物性才发生的。人类不仅天生具有某些文化能力(aptitude),如语言能力、音乐能力等等,而且某些文化因素乃是根源于对生物性的顺应。比如,家庭作为人类社会组织最基本的单位,便不仅因为它的社会效用,而且有其生物之根据,"其单位之身份乃自然所赋予,社会之认彼为单位者,不过顺应自然耳"[3]。男女之间因天赋品性的差异而形成的分工,体现了社会功能以自然功能为基础。儒家所确认的爱有差等——自亲子之爱,兄弟之爱,推而为戚族之爱,国人之爱等由近及远、由亲而疏的伦理情感,乃是"同情心发展之自然程序也"[4]。潘光旦所阐述的"文化的生物学观",是从达尔文以来进化生物学家普遍认同的一种解释:被称之为文化的能力和创造物,由于具有生物学上的适应性,因而为自然选择所厚,并作为人类的社会性本能或文化本能的一部分传承下来。对于不同的历史时代和社会形式中何以会存在着相同或相似的文化因素,文化生物学的假

1　潘光旦:《说"才丁两旺"》,辑入《人文史观》,《潘光旦文集》第2卷,北京大学出版社,1994年,第372页。

2　潘光旦:《优生教育论》,《潘光旦文集》第9卷,北京大学出版社,2000年,第86页。

3　潘光旦:《中国之家庭问题》,《潘光旦文集》第1卷,北京大学出版社,1993年,第69、130—132、217页。潘光旦进而认为,一夫一妻制家庭自有猿类以来,就一直维持着。(参见《中国伶人血缘之研究》《姓、婚姻、家庭的存废问题》,《潘光旦文集》第2卷,北京大学出版社,1994年,第148、411—412页)

4　潘光旦:《生物学观点下之孔门社会哲学》,《潘光旦文集》第8卷,北京大学出版社,2000年,第134页。

说在文化唯物主义、文化的观念决定论和文化传播论之外,提供了人类自我理解的另一种视角,尽管"文化"在何种程度上根源于"自然",生物学家内部的看法也并不一致。

第三,潘光旦将"生物学解释"扩展到历史和社会领域,发挥了一种"人文史观"。他在"史观"上所持的是"唯人"的立场,即"人类本质"首先指的是遗传素质,而所"唯"之"人",并非"常人",而是"人才"。文化的发轫、维持、累积和发展,主要靠的是少数人的聪明智慧。在此意义上,"人才"亦即"好人","人文史观"可称之为人才史观,"人文论者"等于"唯人论者+好人论者"。进而言之,形成人才的因缘有三类,一是属于生物遗传的,二是属于文化背景的,三是属于平生遭际的,此即"生命的三边形"。三种因缘之中,遗传最为基本。[1]

潘光旦没有文化先于智人、与人属的出现同步的认识,而是认同他那个时代的流行观念——人类产生以后,继而才创造了文化,因此,他对"生命的三边形"的"先后本末"的规定,现在来看并不确切。在现代智人形成以后,这些因素仍然存在,但其间的关系不仅与现代智人产生以前的人类种系发生史时期不同,而且更加错综复杂。遗传相对于环境和文化更为基本的看法,唯有在文化具有生物的边界这个特定意义上才具有确定性:首先,人类在物种水平上是一种智能动物(homo sapiens)这一基本事实,表明心智潜能和生物本能乃是人类生物系统内部并行的两种功能,这二者构成了人类的物种特征,它们都是人类在地球上生息繁衍的必要条件;其次,任何人类群体及其文化,在任何时空场景中都会面临着生物上的限制,依据物种水平上的进化不可逆原理,以及基因型的保守性特征,人类不能变回猿类祖先,即使是像近邻黑猩猩那样生活,也会很快陷入混乱乃至崩溃。在这一点上,潘光旦正确地指出,人类具有"天然的种种限制",遗传便是其中的一种。

第四,潘光旦认同优生学和人种学的观点:个体身心品性的遗传差

---

[1] 潘光旦:《人文史观与"人治""法治"的调和论》,辑入《人文史观》,《潘光旦文集》第2卷,北京大学出版社,1994年,第335—336页。

异同样体现在血系和生物团体上。以血系论，所谓"有根柢的旧家"和"有根柢的血缘"之所以涌现出才智和才性都很高的人才，是与"良好的遗传"分不开的。种族和民族作为两个主要的生物团体，前者是一个生物分类学的概念，后者至少有一半以生物血缘作基础，因为"民族是许多血统大同小异的人们的集合体"，"民族性"乃是由生物的绵续性（遗传）与文化的绵续性（历史）构成，亦即具有"先天的根据"。[1] 潘光旦还认为，一个民族的形成，实际上和一个个人或一个家族没有多大分别，即都离不开生物的遗传、地理的环境和文化的遗业，在这三个因素之中，"遗传最为基本，其次是环境，又其次是文化"，"生物遗传的力量，应用到地理环境上去，便产生文化；遗传越优越，环境越良好，文化便越发达"。[2] 以此为出发点，他断言各个民族在创造文化的能力上是有差等的。

心智能力的个体遗传差异能否在民族或种族的水平上体现出来？即使心智能力的差异具有"遗传的根柢"，但这种差异是在个体水平上随机分布的，高尔顿用生物统计学方法在群体水平上得出的相关系数（即不同血系、种族的文化有着先天遗传品质上的差异），在不同血系、种族混合的群体之间作比较，事实上都会出现类似的结果。因此，种族或社会集团在文化创造力上的不同，恐怕应该到"生物的因子"之外去寻找。潘光旦本人在这个问题上其实也是模棱两可的，他一方面同意生物统计学家关于家世遗传的分析结果，但又认为，"从统计得来的结论，不能适用于个人"。

第五，"生物学的阶级是永远抹杀不了的"。潘光旦认为，"初民时代"的人类社会组织，是由"自然阶级"占据支配地位，即生活在"自

---

[1] 潘光旦：《明清两代嘉兴的望族》，《潘光旦文集》第3卷，北京大学出版社，1995年，第434页；《忘本的教育》，《潘光旦文集》第8卷，北京大学出版社，2000年，第555页；《民族特性与民族卫生》，《潘光旦文集》第3卷，北京大学出版社，1995年，第38—40、43—44页。对"民族""种族""国族"三个概念的界定，以及对"民族性"的考察，是潘光旦人文生物学集中关注的问题之一，须单独讨论，此处只是简略提及。

[2] 潘光旦：《人文史观与"人治""法治"的调和论》，辑入《人文史观》，《潘光旦文集》第2卷，北京大学出版社，1994年，第335—336页。

然"状态下的"初民",受"适者生存之自然律"的支配,"有智力者"和"顽弱者"之分,有充分的生物事实为依据。简言之,"天演进化之公理"或"适者生存之自然律",通过生产、婚姻、死亡等途径作用于人类生活,"自然阶级"的产生和分化乃是自然选择的结果,而这样一个具有智识、权势差等格局的社会,于种族有"正本清源之效,种族因之而日登优良仁寿之域"。尽管自然选择"不因人力而异其趋或杀其势",但"文化"本身便意味着对"自然"状态的打破,"社会阶级"取代"自然阶级"成为社群生活的核心组织,表明文化势力的作用已超过自然选择的影响。当文化顺应生物法则的时候,"社会阶级"的差等格局可以看作是以"自然阶级"为基础的引申或扩展,因而文化的影响与自然选择是相一致的;当文化"与自然背道而驰"之时,则会对"适者生存之自然律"造成扭曲或破坏,文化影响的结果便会造成反选择的局面,"有智力者"与"顽弱者"之间的界线由人为而非"自然律"设定,"阶级间种种不公允不平衡之情状"由此而产生,并引发"文明人类"的"社会问题"。[1]

潘光旦进而追溯"自然平等论"的起源:那些"优秀而卑贱贫困之分子"意识到此种人为的"不公允","由一己而推至他人,由境遇之不一致,推而至天赋之一致",终于形成一种建立在自然平等论基础上的社会哲学。以潘光旦人文生物学的眼光来看,自然平等论"不特与科学事实相抵触,且亦为常识所不容许",因此,以人类天赋一致为出发点的种种政治学、经济学、教育学和伦理学的平等观念,当然也是"非于事实不切,即于事理未当"。这种平等观念泛滥并且影响及于社会组织的结果,与平等哲学创立者如卢梭、欧文等人的初衷恰恰相反,使"社会效率愈降低,而社会不公道之迹愈显著"。更严重的是,长此以往,"人类之本质终于日就斫丧",而这正是"目下文明各国之现象也"。[2] 与自然平等论者相反,潘光旦主张以"公道"代替"平等",以个体身心品性的遗

---

1 潘光旦:《平等驳议》,辑入《人文史观》,《潘光旦文集》第2卷,北京大学出版社,1994年,第354页。
2 同上书,第367页。

传差异作为伦理学和政治哲学的前提，将社会差分视为流品不齐必然导致的结果，并肯定尊贤之等——社会分子就其德行才能之大小而自成阶级——的合理性。但"公道"并非回归"自然"状态下由"优胜劣败之公例"支配的"自然阶级"格局，而是"人人认定人类多形之现象，各视其性质与程度之不同而异其权利与义务之支配"。[1] 总之，"公道"或"正义"所贯彻的两个基本原则，可概括为才能与机会相当，品性的先天差异相成而不相害。

潘光旦对"初民时代"的界定相当含混，而且并没有为他关于人类历史演变的观点提供相应的史实证据。事实上，史前史学关于人类社会起源的研究，提出了与此不同的另一种假说，即史前时期的狩猎-采集群体平均分配产品，并以图腾崇拜表征社会成员的同一性。文化人类学家对现代原始部落的研究也表明，阶级作为社会分层的标志是很晚近的事。[2] 由此来看，潘光旦从历史角度提出来的这种观点恐怕是成问题的，他进一步的推论——"自然阶级"符合优生之道，"社会阶级"的出现则反优生，以及都市化和"民治主义"的盛行，加重了反优生的趋势，同样缺乏足够的根据。

需要指出的是，潘光旦以"公道"观念为自由主义的伦理和政治观点提供了一种独特的论证。他的"公道"观念，着眼点是采用何种伦常和制度安排，才能使社会中的各分子"安所遂生"，并且能顾及种族或民族遗传品质的改进，以达到"民族健康"或"民族位育"。他从政治哲学的角度提出积极与消极的两种主张，其消极主张是思想、言论与学术的自由，积极的主张是国家仍须厉行一种科目举士制度。前一方面是为了

---

1 潘光旦：《平等驳议》，辑入《人文史观》，《潘光旦文集》第2卷，北京大学出版社，1994年，第367页。

2 40万年前的狩猎遗址中发现有屠宰场，在其中，对同种动物不同个体的相同部分进行相同的切割，表明在全体成员之间进行平均分配，而在大约25万年前至13万年前的住房遗址中分别发现对洞熊颅骨和狼颅骨的安葬，则被认为是图腾出现的标志。参见苏联科学院民族研究所编，蔡俊生、马龙闪译：《原始社会史——一般问题、人类社会起源问题》，浙江人民出版社，1990年，第301—304页；蔡俊生：《文明的跃升》，文汇出版社，1992年，第102—104。

使社会中每个人的遗传品性都能了无窒碍地发育和表现出来,后一方面则是保持尊贤有等的社会差分格局。因此,尽管潘光旦极力反对作为近代"民治主义"前提的"玄学的平等主义",但他的政治理念仍未脱离自由主义的传统,而是从个体身心品性的遗传差异这个与人类天赋平等迥然异趣的起点,达到与自由主义相似的结论。

以上潘光旦对人和文化、历史和社会的一系列解释,都贯彻了生物学派的立场和视角。这种理论上的自觉同时意味着对自己所选择的理论立场的限定:"用生物的现象或原则来解释文化,原是片面而不圆满的,……只要我们求学问的时候,作观察与解释的时候,不把自己的一种学问当作唯一的学问,自己的观察法与解释法当作唯一的观察法与解释法,也不把别种学问、别派解释与观察忘记了、抹杀了、或小看了,我们便算尽了人事。"[1]因此,尽管潘光旦"用生物学的眼光盘诘人类社会",但是他并没有走向生物决定论。采用"人文生物学"这一名称之前,潘光旦曾将自己所认同的理论视角和研究方法称之为"社会生物学",不过,人文生物学与20世纪70年代兴起的社会生物学关于人性和文化的见解有明显差异。爱德华·威尔逊作为开创者,对社会生物学的界定是:"在各类有机体(包括人)各种形式的行为中对其生物基础所作的系统研究。"[2]威尔逊试图对人类本性作一种"实证科学"的研究时,从"人类社会行为的发展仍有一小部分保留着遗传上的限定"这个谨慎的论断,向"更广泛的假设"扩展:没有哪个物种(包括人在内)具有超越于该物种的发生史所缔造的生存指令以上的目标。在这种基因决定论的笼罩下,人类的大脑之所以存在,是因为它增进了指导它合成的那些基因的生存和繁殖,而人类的精神(心智活动)及其观念表达(艺术、宗教、伦理等等),只不过是基因生存和繁殖的设施或技巧。潘光旦与爱德华·威尔

---

[1] 潘光旦:《文化的生物学观》,辑入《人文史观》,《潘光旦文集》第2卷,北京大学出版社,1994年,第313页。

[2] 爱德华·威尔逊著,宋文里译:《人类本性原论》,台湾桂冠股份有限出版公司,1992年,第20页。

逊的区别在于,他视人文生物学为一种"学"而非"主义",强调生物因素,但反对将人性与文化还原为生物基础的生物主义取向。

当然,人文生物学的理论视角在具体的解释过程中,有时也会带有生物主义的色彩。潘光旦推论诗人、画家或科学家的"基础因子"乃是一种物质实体。[1]但是,群体遗传学的研究显示,即使是个体智商这样先天影响很强的因素,遗传性、社会文化环境以及由以往养育形成的个体因素在其中大约各占三分之一;而潘光旦所说的特殊才性的"基础因子",至今未被确证,而且可能永远无从确证,因为,即便有所谓"艺术基因""科学基因",那也很难将它们单独分离出来。生物学家一般只是肯定人能够继承或遗传某些行为、心智的倾向和能力。人是一种文化动物,并不意味着肯定会存在受遗传性约束的文化特质。

同样是在具体的文化解释过程中,潘光旦有时并未完全依照生物学的立场和观点。比如,他在驳斥平等观念及其对近代民治主义体制的影响时说:"有不经之社会哲学,斯有谬误之社会组织。"[2]又说,一个国家或一个时代的文化,其重心所寄,大率不出神道、人事、自然或天、地、人三才的范围,就此而论,全部中国文化史终究是一个重人道的文化史。他还断定,中国的选举制度与家族制度均源于孔门社会哲学,孔孟儒家的根本观念先是成为普通中国人的信仰,继而落实为社会制度。[3]这种对思想观念与社会组织之关系的表述,是典型的观念史思路——将社会史归结为文化史,再将文化史归结为观念史,在理论视角上近于潘光旦所说的心理社会学派,甚至有他自觉排斥的"玄学"解释的意味。由于潘

---

[1] 潘光旦:《文化的生物学观》,辑入《人文史观》,《潘光旦文集》第2卷,北京大学出版社,1994年,第315—316页。又参见《中国之家庭问题》《西化东渐及中国之优生问题》《生育限制与优生学》,《潘光旦文集》第1卷,北京大学出版社,1993年,第206、275、357—358页;《优生原理》,《潘光旦文集》第6卷,北京大学出版社,2000年,第269页。

[2] 潘光旦:《平等驳议》,辑入《人文史观》,《潘光旦文集》第2卷,北京大学出版社,1994年,第367页。

[3] 参见潘光旦:《中国人文思想的骨干》,辑入《政学罪言》,《潘光旦文集》第6卷,北京大学出版社,2000年,第112页;《人文选择与中华民族》,辑入《人文史观》,《潘光旦文集》第2卷,北京大学出版社,1994年,第456页。

光旦主张对文化现象进行多元的解释，因此，他有时并未拘执生物学派的理论立场，是很自然的。

总之，潘光旦基于生物演化论和人类遗传学所形成的"优生哲学"，其主导思想是一种自觉限定的、对人文世界的生物学解释，但生物决定论和观念决定论也渗入其中。当他讨论具体的社会现象或现实问题时，思想的张力就会更加明显地呈现出来。

四、"真正的人的学术"：新人文思想的脉络

潘光旦对其时代的思想和政治生活领域经过一番批判性考察之后，将新人文思想视为他心目中的一种"关于真正的人的学术"，是对"一切关于人与社会的学问"从他自己的角度所做的一个综合。从潘光旦在第二次世界大战前后的一系列著述来看，新人文思想从三个脉络展开：文化的综合解释、"囫囵的人"与"两纲六目"论的建构、中和位育与自由之境。

脉络之一：文化的综合解释

西洋近代以来的思想始终是分化而繁变的，但19世纪的社会思想领域也出现了大分化之中的小综合。潘光旦提到五个人：孔德、达尔文、斯宾塞、马克思和弗洛伊德。他尤其推崇孔德和达尔文。

孔德首创"科学的级层说"，将宇宙万象从演化的角度描述为一个金字塔形的结构，由基层至塔顶分别为理化现象、有机现象、心理现象、社会现象和文化现象，"越往下的级层越基本，地盘越大；越往上的级层，依靠以为根据的级层越多，在现象界里所占的部分却越小"[1]。这种科学常

---

[1] 潘光旦：《文化的生物学观》，辑入《人文史观》，《潘光旦文集》第2卷，北京大学出版社，1994年，第312页。

识观念所揭示的思想是,"宇宙肇基于化学、物理的种种活动,进而发生生物、生理、心理的种种现象,再进而产生社会,形成文化"[1]。此外,各个"级层"之间是层层相因的,最上层的社会与文化"尽管花明柳暗,别有洞天,却并不在天上,而依然以寻常的天时地理、山川陵谷做基础,也始终和洞天以外的天时地理、山川陵谷毗连衔接,可以出入交通"[2]。潘光旦对孔德的"级层说"评价甚高,认为有开拓襟怀、网罗万有的意义,令人油然起"宇宙一体,万物一家"的感想。

达尔文提出的汇合原则是演化说,有广义和狭义两部分。广义的是适用于一切现象的一般演化原则,事实上已充实到孔德的级层说之中。狭义的部分是有机演化论,即"蕃殖、变异、遗传、竞争、选择或淘汰、调适或位育,与最后物种的形成"。演化论经由斯宾塞、赫胥黎等社会进化论者"引申推广"之后,确乎发生过不少融会贯通的力量。

然而,孔德和达尔文所做的一番集成与总汇的工作,自19世纪下半叶以后,紧接着又出现一个新的分派的局面,而"派"的种子早已寄寓在"汇"的中间。现象的演程或科学的级层中的每一个"程"或"级"逐渐扩展,而独立自主起来,终于成为一个学派。在无机的级层中,分出理化派(数理派或作为理化派的一个支派,或单独存在;物理学派亦称机械学派)和地理学派(又分自然地理和人文地理两支)。再上是生物学派,包括社会有机论、人口论、优生论或民族品质论、战争论、种族武断论等支派,其间有的比较独立,有的不免彼此纠缠;演化理论的基本概念里唯一没有演变成一个社会思想的支派的,只有"调适"或"位育"概念,因其最富有综合性,最有"汇"的意味。再往上是心理学派(不过,心理学应在生物学之上、社会学之下,抑或应在社会科学之上、之后,尚争持不下),其派别分化主要有本能论、行为论和情欲兴趣论,三个支派之中,本能论和情欲论与生物的级层比较接近,而行为论则倾

---

[1] 潘光旦:《派与汇——作为费孝通〈生育制度〉一书的序》,辑入《政学罪言》,《潘光旦文集》第6卷,北京大学出版社,2000年,第79页。

[2] 同上。

向于社会的级层。最上的是社会与文化的级层，无论是社会学派还是文化学派，其间支派更趋纷繁，但共同的特征是就其所属的级层中寻求对社会与文化现象的解释，主流分别是唯社会论和心理社会学派。从机械学派到文化学派中间一大串的大小派别，除了由孔、达二氏的理论中推演而出之外，还有别的来源，如哲学的、科学的、宗教的、艺术的种种思潮。[1]

在潘光旦看来，试图用科学的方法观察和了解文化现象，有三个基本的角度。最普通的自然是拿下一级层或数级层的现象，来解释在它们上面的一级；反是，上级层里面的现象也未始不可以拿来解释在下级层里面的现象，"因为演化的过程既经走遍了这几个级层，而各级层又同时存在，它们中间包括的现象自然不免来复的相互的发生影响"[2]。此外，同级的现象也有其前后因果的关系，所以彼此也可以引作解释之用。宇宙间的现象原是错综、绵续的，"要比较圆满的解释一种现象，要比较完全指出它的因缘来，势不能不多方顾到，不宜局守一隅"[3]。文化现象是最迟演化出来的，所以它所凭借的因子也最复杂。尽管关于文化的解释可分成三种理论模式，即文化的地理观或自然环境观、文化的生物学观和文化的文化-社会学观，但事实上，社会的、心理的、有机的和生物的、理化的种种因子都可以引来解释文化，再加上文化现象自身的解释，这种综合的解释才比较圆满；对于从时间性或历史的角度考察文化现象而形成的史观，如唯神史观、唯物史观、唯文史观和唯人史观，也应作同样的看待，"一个圆满的史观自然是这种种派别之和"[4]。

按潘光旦的限定，"文化的生物学观"致力于寻求人类文化现象的

---

1 潘光旦：《派与汇——作为费孝通〈生育制度〉一书的序》，辑入《政学罪言》，《潘光旦文集》第6卷，北京大学出版社，2000年，第80—84页。

2 潘光旦：《文化的生物学观》，辑入《人文史观》，《潘光旦文集》第2卷，北京大学出版社，1994年，第312、313页。

3 同上。

4 潘光旦：《人文史观与"人治""法治"的调和论》，辑入《人文史观》，《潘光旦文集》第2卷，北京大学出版社，1994年，第327页。

"生物的因缘",它与其他解释模式之间可以并行不悖,甚至可以相互补充。也就是说,生物学所透视的只是人类文化现象的一个侧面,它所形成的理论假说能得到经验的支持,也可以被其他的解释模式所吸收。潘光旦明确反对单一的线性决定论,承认理化、生物、心理、社会与文化之间,事实上是"互为本末先后因果"的关系,无论是"人"(人性、人道、人生)还是"文"(社会、政治、文化现象)的解释,他对先天的遗传决定论和后天的环境决定论持一种"折中的说数"。然而,由于将生物性看作是影响文化现象的主导性因素,潘光旦试图对其他解释模式进行整合时,实际上仍然立足于生物学派的立场,这种整合是有选择性的,因而无法突破其自身的界限。

在文化人类学的各个流派之中,潘光旦的新人文思想唯独将马林诺夫斯基的功能学派作为其渊源之一。马林诺夫斯基的文化研究集中关注"社会制度":"任何社会制度都针对着一种基本的需要;在一合作的事务上,和永久团集着的一群人中,有它特具的一套规律及技术;任何社会制度也都是建筑在一套物质的基础上,包括环境的一部分及种种文化的设备。"[1] 潘光旦对马氏这段话的解释是:"环境"与"物质基础"包括化学、物理、气象、地理等,属于科学级层中的最下几层;"基本需要"是生物生理的;"群""永久集团""合作"是心理的与社会的,其中"永久集团"也牵连到一点地理;"规律""技术""设备"则属文化的级层。马林诺夫斯基将"社会制度"(即文化体系)看作是对生物和生理的"基本需要"的满足,潘光旦指出,这与生物学派已经有"通家之好";同时又认为,功能学派还是过于强调社会因素了,对文化的生物基础肯定得还不够,言下之意是,文化除了满足基本的生物需要外,其具体的创设还有更多的成分是基于"自然的倾向"。由此可见,尽管潘光旦试图从"一个更广泛的立场,更超脱的展望"立论,但就文化现象的解释而言,人文生物学关于"生物人"的假说始终是一以贯之的,而且构成了他理论

---

[1] 转引自《派与汇——作为费孝通〈生育制度〉一书的序》,辑入《政学罪言》,《潘光旦文集》第6卷,北京大学出版社,2000年,第107页。

综合的基本前提。在此意义上,"人文"的价值蕴含,即是"肯定活生生的生物人是构成群体的实体,一切群体所创制的行为规范,以及其他所谓文化等一切人为的东西都是服务于人的手段"[1]。

在20世纪的文化理论中,大多数派别属潘光旦所言的"文化的文化学观",其共同取向是从文化本身来研究它的观念,而不是从生物或遗传的立场来解释文化现象。马林诺夫斯基可以说是其中最"生物学化"的一位人类学家了。由于他的文化观把人类生物学意义上的本性或欲望视为在任何文化中都是相同的常数或常量,认为艺术和宗教都起源于机体的需要,因而饱受文化社会学派和文化心理学派的抨击,其功能主义被特指为"生物功能主义",以别于涂尔干、布朗等人的"结构功能主义"。马林诺夫斯基所受的两面夹击——生物学派嫌他过于强调社会因素,而社会学派和心理学派则指责他将超有机的文化属性和复杂的行为模式简化为生物需要的派生物,恰恰表明"文化的生物学观"与"文化的文化学观"之间关于文化的解释有着难以逾越的界线,即使承认生物的与社会的成分同时影响人类状况,但在试图将二者整合为一体时,都不可避免地面临着是以"生物人"还是"社会人"作为逻辑起点的选择,逻辑起点不同,理论结构也便大相径庭。文化解释上的这种"分化而繁变",迄今还看不出"汇"的趋势。

脉络之二:"囫囵的人"与"两纲六目"

"囫囵的人"是潘光旦关于"真正的人"的基本看法,它构成了"两纲六目"论的思想前提。"囫囵的人"是在人文的立场上提出来的:

> 人是本,历史是末,人是主,环境是宾。
> 任何人的生命是在一个十字街头,是一个四达之衢的中心,这

---

[1] 费孝通:《个人·群体·社会——一生学术历程的自我思考》,费孝通《乡土中国 生育制度》附录,北京大学出版社,1998年,第325页。

十字街，这四达之衢，东西指的是空间，是自然环境或地理环境，南北指的是时间，是往古今来，是历史，而十字街的交叉点是当时此地和与当时此地发生紧密接触的我。[1]

"囫囵的人"具有时空两方面的含义。就空间而言，在人同人之外的各种本体（包括一切自然的物体和"人道范围内的事物，或人为的事物"）的关系上，人始终是重心，"除了人生的本身可能自成目的而外，其余的一切大概全是工具，全是手段"。因此，"人虽然是一个有职业、有阶级、有国、有家……的东西，他却不应当被这许多空间关系所限制，而自甘维持一种狭隘的关系或卑微的身份"。与此同时，"一个囫囵的人不但要轶出空间的限制，更要超越时间的限制"，即"真要取得一个囫囵的人的资格，须得把已往的人类在生物方面和文化方面所传递给他的一切，统统算在里面。不但如此，他这承受下来的生物的与文化的遗业，将来都还得有一个清楚的交待"。[2]

在潘光旦看来，"人是囫囵的、整个的、并且是个别的囫囵或整个的"。换言之，"人生是一个整体，知识、学问、行为，所以辅翼人生与表达人生的，也不得不是一个整体，凡属整的东西，全的东西，我们不能以一偏来概括"。[3] 从方法论的角度来说，"人的了解必须是囫囵的，不囫囵不足以了解"。无论是社会科学和人文科学的舍近求远，还是自然科学把人拆成若干物质的片段来研究，都不足取法。从认识论的角度来说，"人是比较唯一有个性而能自作主张的动物，……每一个人是一个有机

---

1 潘光旦：《说乡土教育》，辑入《政学罪言》，《潘光旦文集》第6卷，北京大学出版社，2000年，第140页。

2 潘光旦：《说"文以载道"》，辑入《自由之路》，《潘光旦文集》第5卷，北京大学出版社，1997年，第243页；《中国人文思想的骨干》，辑入《政学罪言》，《潘光旦文集》第6卷，北京大学出版社，2000年，第114、118—119页。

3 潘光旦：《荀子与斯宾塞尔论解蔽》《人文学科必须东山再起——再论解蔽》，辑入《政学罪言》，《潘光旦文集》第6卷，北京大学出版社，2000年，第56、67页；《自由、民主、与教育》，辑入《自由之路》，《潘光旦文集》第5卷，北京大学出版社，1997年，第260—261页。

体,每一个人是囫囵的,而其所以为有机、所以为囫囵,每一个人又和每一个别的人不一样",由此形成"人"这一个"纲"的"三目":通性(人之所以为人)、个性(此人之所以不同于彼人)和性别(男女之所以互异)。进而言之,人是群居的动物,有机和超有机的许多个人过着一种群居生活,人与人之间关系的总和构成了社会。"社会"是"人"之外的另一个"纲",亦包括"三目":秩序的维持、文化的进展和族类的绵延。个人之"纲"与社会之"纲"所阐述的,是人这一物种与一般物类相比较而言的特殊性:人以下的动物里,个体与群体不论倚重在哪一个方面,全都由于本能,而不邀情理的自觉的认可;只是到了人类,个体与群体同样的存在,同样的邀自觉的认可,人类的生活经验证明两者同样的需要,很难贱彼贵此。与个人之纲和社会之纲的联系相对应,个人的三目与社会的三目,亦自有其联络与互为因果的关系,"秩序基于通性之同,进步基于个性之异,而绵延则系于两性的分工合作;反之,如果秩序有亏缺,文化缺乏进步的需求,或族类对于绵延的欲望不够强大,则通性、个性、与性别的发展也就分别的受到限制以至于抹杀"。[1]

"两纲六目"关于人与社会关系的阐述,从以下经验事实出发:人是一种过着群居生活的动物,群体由一个个有机和超有机的个体构成,超有机表明人是有"觉知"即有文化的。由此事实可以直接推论出人是通过特定的社会关系而发生联系,群居生活中的"人"乃是"社会化的个人",而非原子式的实体机械地拼凑在一起;此外,人的群居生活受自然环境(包括外部的自然和人身内的自然)和历史环境的制约,与此同时,人的生命活动得以进行,也受"生物的遗业"和"文化的遗业"之所赐。在这个事实和推论的基础上,潘光旦进而认为,个体和社会都是一个囫

---

[1] 潘光旦:《派与汇——作为费孝通〈生育制度〉一书的序》,辑入《政学罪言》,《潘光旦文集》第6卷,北京大学出版社,2000年,第102—103页。此外参见《当前民族问题的另一种说法》,《潘光旦文集》第9卷,北京大学出版社,2000年,第50—51页;《论青年与社会思想》《个人、社会、与民治》,《潘光旦文集》第5卷,北京大学出版社,1997年,第280—281、460—465页;《教育究为何来?》,《潘光旦文集》第10卷,北京大学出版社,2000年,第247页。

囫的、有机的整体。个体的"人性"中，既包括与所有其他个体相一致的"基本的人性"，也包括仅属个体所有的"个性"以及男女两种性别，而社会作为共同体需要三个基本的构成要素，即社会秩序、社会进步和社会范围内的种族绵续。由此可见，"两纲六目"论力图超越任何学派都有的"执一"之"偏弊"，寻求将多元的解释整合在一个统一的理论构架之中的途径，从横向上找到结合个人与社群的结构，从纵向上将生物、心理、社会与文化各派揭示的人类现象各个层面的"片面"真实联络在一起。

潘光旦称"两纲六目"论为"健全的社会思想"，并不仅仅是因为它对经验事实的解释比别的社会思想更全面、更具有包容性，更重要的是，这种解释背后蕴含着他对"真正健全的社群生活"的价值理想。他如是说："事实上，要用我们目下的尺度（即两纲六目——引者按）来衡量，古今中外真正健全的社群生活可以说是没有。"换言之，"真正健全的个人生活""真正健全的社群生活"以及"真正健全的人类生活"，是作为"理想"而被提出来的。"两纲六目"对人和社会及其相互关系的看法，基于某种人性理论和历史哲学的设定，并由此形成一种面向未来的社会理想。

脉络之三：中和位育与自由之境

"囫囵的人"这一概念，一方面包含了关于人的生物属性的见解——无论是通性还是个性，先天的遗传品性都是其中的一个构成因素，男女性别分化则直接根源于生物学；另一方面，潘光旦又将"囫囵的人"的本质属性规定为自由，将个性的自觉视为自由的先决条件。"囫囵的人"超越时间和空间限制的本质属性表明，自由是生命的目的，自由作为人的企求，是对本能和环境制约的克服，"人也未尝没有本能，但本能可容制裁疏导；人又未尝不仰仗环境，但环境可容选择、修润、以至于开辟创制"，"能抑制疏导我们的本能，能选择、修润、开辟、创制我们的环境，就是自由"。¹ 人以下的动物，但凭"天命的性"（遗传和本能）顺适自然，便没有自由的企求。从"囫囵的人"的立场来看，自由首先是个体的自由，"社会的自由终究建筑在个人的自由之上"，因为"社会生活从每一个人出发，也以每一个人作归宿"。在演化的过程中，人类出现之前的动物只有群体而没有个体，"群体是唯一的目的，个体只是手段"；到了人类，个体的重要性已经提高到一个程度，得以企求和群体并立，自觉的个性产生之后，"每一个人不止是一个个体，而是一个有意识的个体，是一个个人，是一个人格"，"自觉的发展到此，个人才成为一个人格，而群体才成为一个社群"。² 总之，"囫囵的人"是自然演化到人类的段落之后，历史地生成的，在其本质属性上，"囫囵的人"首先显示的是人类与其他动物相比较而言的对自由的企求，其次是个体自由或个性自觉相对于社群生活或社会自由而言的优先性，前者是"一般人道"或"基本的人性"，后者则是"个性"或"人格"。

在达尔文演化论的意义上，"位育"指的是"物体"与"环境"之间的协调。"世间没有能把环境完全征服的物体，也没有完全迁就环境的物体，所以结果总是一个协调，不过彼此的让步的境地有大小罢了。"倘若人类只是消极地顺应于人自身的本能和人之外的环境与历史，任凭其操纵摆布，那就与一般动物无异，即无自由可言。作为人类生活的一个基本事实，"人与历史的关系，人与环境的关系，都是相互的，即彼此之间可以发生影响，引起变迁……说历史与环境完全由人安排，是错误。说

---

1 潘光旦：《自由、民主、与教育》，辑入《自由之路》，《潘光旦文集》第5卷，北京大学出版社，1997年，第258页。
2 潘光旦：《个人、社会、与民治》，辑入《自由之路》，《潘光旦文集》第5卷，北京大学出版社，1997年，第462、463页；《"伦"有二义——说"伦"之二》，《潘光旦文集》第10卷，北京大学出版社，2000年，第147页。此外参见《派与汇——作为费孝通〈生育制度〉一书的序》《中国人文思想的骨干》，辑入《政学罪言》，《潘光旦文集》第6卷，北京大学出版社，2000年，第102—103、118—119、121页。

历史与环境完全支配着人,也是错误"。[1] 在新人文思想的脉络中,"自由"是对人生"位育"的规定,而"中和位育"则是对"自由"的状态或者说实现方式的一种呈现。尽管一切生命的目的在求其位育,但"囫囵的人"的位育与其他生命的区别在于,"唯有经由中和的过程,才能达到位育的归宿"。在潘光旦看来,"两纲"和"六目"需并重和协调地发展,而其中的每一个方面又受"分寸"原则的节制:"遇有二事以上发生冲突时,一切折中于人,即由人来斟酌损益,讲求应有的分寸,使不致畸轻畸重。"[2] 此"分寸"的原则也就是人生的"常道"或"常经",其中最重要的是"中庸而不固执一端",因为"中为天下之大本,和为天下之达道,而实践中和的结果,便是天地位而万物育,便是一切能安所而遂生"。中和或中庸的"执两用中",并不等于折半,那中之所在是活动的,故"经"或"常道"与"权"须臾不可分离。总之,自由的真义即是中庸或中行,中庸与自由是"一个健全理想的两个方面"。[3]

自由是生命的目的,但是,人类应付本能与环境的力量亦即对自由的企求,只是一种潜能,要化潜能为动能,端赖教育,教育最基本的目的或功能便是促进人生的位育。潘光旦倡导"自由教育",此处的"自由"有二义:其一意在强调教育不是强制灌输,而应是自求自得;其二,既然教育着重在自求自得,必然以自我的教育为对象,即每一个人为了完成自我而教育自我。自我教育最基本的是自我认识与自我控制,因为这是自由的两个先决条件,倘若一个人既没有认识自己,更不能控制自

---

[1] 潘光旦:《说乡土教育》,辑入《政学罪言》,《潘光旦文集》第 6 卷,北京大学出版社,2000 年,第 138—139 页。此外参见《所谓"历史的巨轮"》,辑入《自由之路》,《潘光旦文集》第 5 卷,北京大学出版社,1997 年,第 315—318 页;《近代种族主义史略》,辑入《优生概论》,《潘光旦文集》第 1 卷,北京大学出版社,1993 年,第 388 页;《优生与文化》,辑入《人文史观》,《潘光旦文集》第 2 卷,北京大学出版社,1994 年,第 387 页。

[2] 潘光旦:《派与汇——作为费孝通〈生育制度〉一书的序》,辑入《政学罪言》,《潘光旦文集》第 6 卷,北京大学出版社,2000 年,第 104 页。

[3] 潘光旦:《说"文以载道"》,辑入《自由之路》,《潘光旦文集》第 5 卷,北京大学出版社,1997 年,第 239—240、246 页。又参见《生物学观点下之孔门社会哲学》,《潘光旦文集》第 8 卷,北京大学出版社,2000 年,第 130 页。

己，自由便无从谈起。在内容上，自我认识与自我控制即是对自我品格的塑造；在途径上，则有两步，即自知者明和自胜者强，"自明是理智教育的第一步，自强是意志与情绪培养的第一步，惟有能自明与自强的人方才配得上自由"。自由教育在自我教育这个"点"上实现之后，就向群体乃至人类的"线""面""体"上推进，"有了明能自知与强能自胜的个人，我们才有希望造成一个真正的社会"。因此，个人自由教育的结果，"在个人可以取得比较有分寸有裁节的生活，在团体可以取得比较有组织而更协调的秩序"[1]。进而言之，"如果因教育的努力而人人各得其位育，人类全部的位育是不求而自致的"[2]。

潘光旦的自由理念，将个体的道德自主性这一儒家概念，从人类遗传学的知识视角作了重新解释——"明能自知"（个体对自身先天遗传的才智和才性的自觉体认）被视为个体自由之获得的两个必要条件之一，而且优先于"强能自胜"的个体道德自主性这一必要条件。一方面，个体自由包含着儒家对自我之伦理属性的规定；另一方面，个体自由又奠基于生物演化论和遗传学之上。在潘光旦看来，个体自由所体现的个性，乃是从人类种群的生物演化史中逐渐形成的，个体之为个体的"个性"，一旦从人之为人的"通性"中脱胎出来，便获得了价值上的优先性。真正的"社群"是由个性各异、性别分殊的个体构成的。"社群"中的个体，若能循"明能自知"和"强能自胜"的途径，做到"以群则和，以独则足"，那么社会的位育——秩序和进步之间的和谐，乃至人类的位育——由"修己"而"新民"进而至"大同"，便可实现。由此来看，潘光旦对自由理念的论述，始于进化生物学的生命观，归宿于儒家式的价值信念——个体的"安其所，遂其生"，指向"天地位而万物育"的"中和"之境。

---

[1] 潘光旦：《散漫、放纵、与自由》，辑入《自由之路》，《潘光旦文集》第5卷，北京大学出版社，1997年，第232页。

[2] 潘光旦：《说乡土教育》，辑入《政学罪言》，《潘光旦文集》第6卷，北京大学出版社，2000年，第139页。

五、"自然主义的立场"与"人文的立场"的"调和"及其张力

作为一个人文思想家,潘光旦在中国民族出路问题的讨论中提出优生强种的主张,同时也关注现代文明普遍面临的困境,试图通过儒家人文信念与进化生物学的会通,"调和"自然主义的立场和人文的立场,寻求"自然"与"文化"、"生物"的人与"自由"的人之间的结合点,构建一种综合性的人性-文化和社会-政治理论,并设想一种为所有人认同且倾心向往的生存方式和相处之道。

无论是人文生物学所期望达到的"人文进步",还是人文思想的"新汇",潘光旦所持的"人文的立场"是一以贯之的。简言之,"人文的立场"就是"重人道",一切以人为本位。潘光旦自觉地将自己的"人文思想"与"人道主义""人本主义""人类中心主义"等"主义"话语做出区分。在他看来,"人道主义"建立在"玄学的平等主义"之上,"人文思想"与"人道主义","同一重人道,同一注重道的和同,而后者所见的'同'等于'划一',等于'皂白不分',所见的'和',等于和泥土粉末之和,而不是调和五味之和"[1]。"人文思想"与"人本主义"根本不同的一点在于,"我们把人看作中心、看作比其他本体都要重要的时候,也还得有个分寸,决不能目空一切,唯我独尊"。而"人类中心"所表征的,正是那种超过了分寸的自负与自信心理,"二三百年来世界思潮有若干共同谬误之倾向",其最后的根据即是"人类中心"及"物为人存"一段不自量、无根据的玄学,具体表现是"忽生物的遗传,不因势利导,重人为的环境,必强异就同……"由此来看,"人本主义""人道主义"或"人类中心主义"首先错在认为人类凭借文化的力量可以对"天择"或有机演化随意裁剪,结果是裁剪过当,反过来伤害自己。因此,潘光旦主张调和"自然主义的立场"和"人文的立场"。"自然主义"在中国以道

---

[1] 潘光旦:《中国人文思想的骨干》,辑入《政学罪言》,《潘光旦文集》第6卷,北京大学出版社,2000年,第116页。

家为代表，其目的在接纳自然、顺适自然，反对一切人类自作聪明的活动，西洋的自然主义则是对宗教的超自然主义（神本论）的一个反响，其目的在了解自然、分析自然，"西洋的哲学科学，以至近百年以来贯通一切学问的学说如同演化论"，都是从自然主义产生出来的。西洋式的自然主义（即自然科学的机械论和还原论）表现在人生哲学上，即是主张顺应先天遗传的类型：

> 从比较自然主义的立场来看，类型的存在有它的演化的价值，正复无须改变。生物界有所谓多形现象（polymorphism）的说法，类型的存在就是此种现象的一个表示，而人类在一切生物之中是最多形的，唯其多形，人类才最讲求分工合作，才会有复杂的社会，才会有繁变的文明。[1]

潘光旦认为，自然主义的立场固然很重要，但还不够，因为类型之分并不是绝对的，但是类型的发展却很容易趋于过度（即畸形发展），故须添上一个人文的立场才比较"圆满"和"健全"，前者意在"顺适自然"，后者意在"挽回造化"。潘光旦价值取向的特点是在生命观上"调和"自然主义和人类中心主义。他一方面坚持只有人文教化才可能使人类达到"自由"，使人类不再受"天命的性"的"朴野"状态的支配或操纵，另一方面又对西方文艺复兴以来人道主义或人本主义的扩张感到忧虑，试图找到人同自然相互贯通的途径，如列维－斯特劳斯所言："一种严格意义的人文主义决不能从人文主义本身的记述开始，而是必须把世界置于生命之前，把生命置于人类之前，把尊重他人置于自身利益之前。"[2] 潘光旦通过将进化生物学的生命观（生命世界遵循统一的法则、人类的多形现象）与他所理解的先秦儒家人文思想相结合，探寻"自然"

---

1 潘光旦：《类型与自由》，辑入《自由之路》，《潘光旦文集》第5卷，北京大学出版社，1997年，第225页。

2 转引自爱德蒙·利奇著，吴琼译：《列维－斯特劳斯》，昆仑出版社，1999年，第39页。

与"文化"的统一性:"文化"从"自然"派生出来,从而受制于"自然",但"文化"又积极地反馈于"自然";相应地,生物属性始终是人的品性的一部分,人作为生命世界的一个成员,并不拥有超出生命法则的力量,但人在有机演化中形成的"觉知",又使人得以摆脱"天命的性"的支配,并由此而获得自由。

因此,潘光旦认为,"三才通论是一个最完整的文化观"。"三才"即天、地、人,当"天"指称精神之天时,演化为神本论,与人本论和物本论相对照,中国和西洋的传统文化各偏于人本和神本,近代自然科学的发展和技术的运用,则偏于物本,偏的结果,是"人道"被宰割、被支解。演化论和遗传学证明了"天"的自然属性,对于人来说,"天命"意味着自然演化赋予人的先天遗传品性。"地"既包括一切自然的物体,也包括人所创造的"文物的环境"和"意识的环境"。人类自身是联结或凝聚"天"、"地"的枢纽,即"人"(生理品性+心理品性)、"文"(文化或教化)"合一"——当然,这指的是"真正的人"或"囫囵的人"。欲使"应该"变为"事实",潘光旦认为需培植三个"理想",即"宇宙一体"、"世界一家"和"人文一史"。这样一种价值取向既避免了单纯人本主义对"人类中心"和"进步"的迷信,与此同时,它又对人类通过文化教化达到个性的自觉,由自知自胜而自由抱有坚定的信心。正是这种生命态度,使潘光旦在一个混乱、血腥的时代既不迷狂,也没有遁入虚无,忧思现代文明,但仍不失谨慎的乐观。

尽管潘光旦本人自觉地在种种相对峙的观念和信仰中寻求调和与贯通,并初步形成了一个思想框架,但是,我们从潘光旦的理论整合与价值"调和"中,依然感受到"调和"的张力甚至困境。

首先,人文生物学立场上的民族本位,与新人文思想中个体自由优先性之间存在着一种紧张关系。人文生物学所关注的重点是如何实现"人文进步"。"人文进步"的具体内容是"好人"(人才)与"好文化"(即能够促使人才产生、维持和增殖的"文化的因缘")之间的良性互动,其实现途径是文化选择,衡量文化势力的"选择"与"反选择"、"修道"

与"害道"的标准,是文化的种种设施(包括观念和制度)是否使种族或民族的"精质"(遗传品质)改进。这种"人文的立场"中的"人",主要不是个体,而是以种族或民族的方式存在的"群"。更具体地说,"人文进步"的着眼点不是个人幸福或健康,而是"民族健康"。"新人文思想"强调的则是"个人自由"的先决条件和实现方式,认为"社会自由"建立在"个人自由"基础之上,"个人自由"如果在社会的每一个体那里都已实现,"社会自由"乃至人类的自由,便可以渐次实现。个体、群、人类各个层次上的"自由",如何通过教育的途径,得以从"潜能"变为"动能"?教育在新人文思想中被视为"挽回造化"从而实现生命的最大目的(自由)的根本途径。由此可见,人文生物学和新人文思想所对应的"人文"含义有差别:具体内容上,前者是"好人"与"好文化"及其良性互动,后者是个人、社会、人类生活的"健全";"人"这一重心所指,前者侧重于群(种族或民族)的层次,后者则侧重于个体的层次;"人文"企求的实现途径上,前者是文化选择,后者是自由教育与品格塑造。"人文"内涵的差异构成了一种潘光旦本人似乎未曾意识到的紧张。在人文生物学中,个人幸福或健康并不等于"民族健康",二者之间甚至是相冲突的,而在冲突的局面下,个人的健康或幸福不能不退避一隅,因为"对民族行其大孝"即民族本位优先于个人本位。但从新人文思想的视野来看,自觉的个性产生之后,个人才成为一个人格,而群体才成为一个社群;社会基于个人,社会自由建立在个人自由之上——个人相对于社会、个人自由相对于社会自由的优先性,在新人文思想对于自由(中和位育)的展望中是显而易见的。简言之,人文生物学与新人文思想在理论上的紧张,实即"民族健康"和"个人自由"之间的紧张。当然,这种紧张并不必然导致冲突,健全的人格之养成与种族"竞存力"增强之间,事实上也可以"相须相成"。

其次,潘光旦的自由理念在生命观和历史观之间存在着逻辑上和价值上的断裂。潘光旦从生命哲学的角度将"自由"视为人类根本性的一种生命特征(最广泛的"自由",则标识"物体"从"环境"的摆布上获得自主性的程度），它一方面是人类生活的一个基本事实，与低于人类的一般动物相比较而言，人类的生命活动并不仅仅凭借本能，更重要的是"邀情理的自觉"，即人类是一种有"觉知"的动物；但另一方面，按照潘光旦的阐述，"自由"之于人类（无论是个体还是群体）又只是一种潜能、一种理想。"人类的由来"受自然选择的支配，且在此过程中形成了以"自由"为指向的人类生命特征。但文明的发生和发展，使得人类生活的支配法则发生了变化，即自然选择逐渐由社会选择取而代之，而自然环境的重要地位也逐渐地转让给社会环境。文化的创制和增益，以人类具有"觉知"这一生命特征为前提，其"原始的效用"，在于帮助人这一"物体"与"环境"之间的协调：

> 我们以为道就是人生……《中庸》开头的几句说："天命之谓性，率性之谓道，修道之谓教。"性是人生的根源，道是人生的表现，教就是文化，所以帮表现的忙的；换言之，性是人生的体，道是人生的用，教是此种用的剪裁润色。[1]

文化对人生的"剪裁润色"，即是作为辅助力量，维护、促进人这一生物物种在自然界中的"位育"。但是，文化既兴，"人类意识之活动，日与自然背道而驰"，人以为剪裁润色的权能完全操之在手，与自然全不相干，因而不是剪裁过度，便是润色过度。人文生物学所言的文化的"反选择"，便是"害道"的一种表现。潘光旦还指出，人道范围以内的事物，"往往会畸形发展到一个尾大不掉的程度，使人不但不能驾驭，反而被驾驭，不特无益于人，反而有害于人，原以辅助人道者始，反以危害人道终"。因此，"自由的真义"在人类文化史中总是很难将潜能转化为现实，人类摆脱了本能的支配，却又时时处处受文化的驾驭，古往今来能够领会、实践自由的并没有几个人，"我们见到的只是许多骑墙的人，

---

[1] 潘光旦：《说"文以载道"》，《潘光旦文集》第5卷，北京大学出版社，1997年，第244页。

模棱两可的人,与更多的平凡庸碌的大众"。也就是说,潘光旦所阐述的"自由的真义",对于人类及其文化史而言,几乎是遥不可及的,它只是"不健全的人"所怀抱的一个"健全的理想",以及少数"健全的人"的所具有的德性。

第三,"天演"与"位育"之间的张力,表现为如何看待"自然"与"文化"之间的连续和断裂,英国人类学家利奇称之为"永恒的难题":"人类是什么?文化与自然的分界究竟在何处?"[1]如果人类的产生仅仅是自然演化的一个偶发事件,而不是预期中的结果,在宇宙冰冷冷的无限空间中,"任何地方都没有规定出人类的命运和义务"[2];而一向被视为人类所独有的超生物属性(社会文化存在),最终只不过是生物适应的延伸,它并不能改变人类作为一个生物物种受自然法则的支配这个事实,那么任何一种基于人类中心主义的价值设定都是虚妄。如果人类的超生物属性表明人类不但是生物学上的一个伟大成就,而且人类的出现乃是基于动物与人、自然与文化之间连续性的中断,那么人类的历史就是人高于或超出自然限制的自由的历史。这两种不同的观点都可以获得足够多的知识依据和经验基础,然而选择何种观点最终只能诉诸于个体或群体的信念。理论的"片面和不圆满",可以通过知识整合得到潘光旦所说的"瓜皮帽子"或"百纳袈裟",然而,一旦涉及价值选择,结果只能是无休止的"诸神"斗争,因为我们生活的时代对于人已无法达成一致的观念,潘光旦所看到的关于人的学说"支离灭裂,不可究诘",至今非但没有减弱,反而愈演愈烈。

总之,潘光旦的理论整合与价值"调和",依旧是以问题、而非以问题的"圆满"解决而存在。一种思想如果不是封闭的神学体系,其价值之所在便是我们能够从它已经思考过的问题中发现新的问题,或在它对问题的解决中发现问题依然存在。但这些恰恰是我们可以且必须通过思

---

[1] 参见爱德蒙·利奇著,吴琼译:《列维-斯特劳斯》,昆仑出版社,1999年,第39页。

[2] 雅克·莫诺著,上海外国自然科学哲学著作编译组译:《偶然性和必然性——略论现代生物学的自然哲学》,上海人民出版社,1977年,第137页。

想史与他分担的,因为他所面临的问题对后来者依然具有现实的紧迫性和理论的挑战性。

在我看来,潘光旦人文思想的最大启示是其思想方式以及凝聚了这种思想方式的人格方式。作为贯穿人文生物学和新人文思想的"位育"观念,最能体现潘光旦的思想特点:

> 既求位育与调适,就不能不注意一事一物一人所处的场合情境,不能不讲求部分与全部的关系,于原委之外,更不能不推寻归宿,于事实之外,更不能不研求意义价值。[1]

就后一方面来说,潘光旦强调生命的范围大于学问的范围,科学家的态度和理想家的热忱,在他的生活史中比在他的理论构想中更能体现出一种适度的张力。潘光旦是一个怀抱着人生和社会理想的现实主义者,理想之于他乃是一种"拟制"而非教条。[2] 在日常生活中,潘光旦"遵从孔子的教导","他一生的做人做事,就是儒家思想的一个典型表现"。[3] 谢冰心先生评论过一些学者,唯独称赞潘光旦是"男子中理智感情保持得最平衡的一个"[4]。在一个虚无主义盛行和意识形态狂热交织的时代里,潘光旦凭借自知自胜而成就了他向来称许的"中行"的人生境界。

---

[1] 潘光旦:《派与汇——作为费孝通〈生育制度〉一书的序》,辑入《政学罪言》,《潘光旦文集》第6卷,北京大学出版社,2000年,第107页。

[2] "明知其无而假定为有,而此种假定的有在生活上和实际的有一样可以发生影响,在行为上一样可以引起反应,就是拟制。"潘光旦:《边沁二百年祭》,《潘光旦文集》第10卷,北京大学出版社,2000年,第254页。

[3] 费孝通:《推己及人》,《中和位育——潘光旦百年诞辰纪念》,中国人民大学出版社,1999年,"代序",第IX页。

[4] 邓锐龄:《回忆潘仲昂先生之一》,《中和位育——潘光旦百年诞辰纪念》,中国人民大学出版社,1999年,第286页。

生物保守主义与潘光旦的社会思想

田方萌[*]

一、导言：中国保守主义的异类

在有关潘光旦的研究中，论者一般将他视为民国时期著名的社会学家，在优生学、天才研究、性心理学和民族学等领域均做出了开创性的学术贡献。就政治光谱上的位置而言，潘光旦一般被归入自由主义阵营。例如，谢泳认为，就像同时代的中国社会学家一样，潘光旦留学美国，回国后任教名校，"……在政治上无疑是坚持自由主义立场的"[1]。潘光旦的传记作者吕文浩也指出："我对潘光旦社会政治思想的基本判断是，他是倾向于自由主义的自由知识分子，他的思想倾向于较多地肯定自由、民主、宪政一类的主张……"[2] 在20世纪50年代的思想改造运动中，潘光旦本人也承认自己受美国教育多年，"自由主义思想浓厚"[3]。

因此，本文将潘光旦与保守主义联系起来，似乎有故作惊人之论的

---

[*] 田方萌，中央民族大学社会学系副教授。
[1] 谢泳：《西南联大与中国现代知识分子》，湖南文艺出版社，1998年，第49页。
[2] 吕文浩：《1949年前后潘光旦政治思想转变初探》，《中国社会科学院近代史研究所青年学术论坛》(2003年卷)，社会科学文献出版社，2005年，第619页。
[3] 杨奎松：《思想改造运动中的潘光旦——潘光旦"历史问题"的由来及其后果》，《史林》2007年第6期。

嫌疑。潘光旦从未自称保守主义者，他的亲人、师友和学生也没有将他看作保守主义者[1]。研究中国现代保守主义的文献从来没有将潘光旦纳入视野[2]，他与清末民初主要的保守主义派别——如国粹派和学衡派，以及后来被誉为"国学大师"的那些学者，也很少人事上的往来或学术上的交流。

然而，潘光旦的社会思想主旨正是保守主义的，而不是自由主义或社会主义的。吕文浩曾罗列过潘光旦发表的一些自由主义言论，同时也注意到他的思想主张"呈现出较强的文化保守主义色彩"[3]。吕也曾指出潘"不是一个严格的自由主义者，因为他反对自由主义各个流派都共同承认的思想基础——个人主义"[4]。在谈及性别问题的争论时，吕文浩评价道："作为一个受过新式教育，且留学归国的学者，潘光旦站在争辩中的保守一方，这是很耐人寻味的。"[5] 他将原因归结为潘光旦"旧有的士绅社会素养"和"从西方学习来的保守色彩的优生学"。这两点原因值得进一步讨论。

很多中国现代知识人成长于传统的士绅环境，包括胡适、鲁迅、梁启超和陈独秀。从改良到激进，他们的思想主张有很大差别，潘光旦的保守倾向也就不能简单归结于他的成长环境。20 世纪初，优生学曾一度传播于欧美各国，并被介绍到包括中国在内的非西方国家[6]。当时优生学者的基本主张，并非保守主义，而属于激进主义[7]，甚至构成了法西斯国

---

1 潘乃穆等编：《中和位育——潘光旦百年诞辰纪念》，中国人民大学出版社，1999 年。

2 傅乐诗等：《近代中国思想人物论：保守主义》，时报文化出版事业有限公司，1980 年。胡逢祥：《社会变革与文化传统——中国近代文化保守主义思潮研究》，上海人民出版社，2000 年。何晓明：《返本与开新——近代中国文化保守主义新论》，商务印书馆，2006 年。

3 吕文浩：《中国现代思想史上的潘光旦》，福建教育出版社，2009 年，第 242 页。

4 吕文浩：《1949 年前后潘光旦政治思想转变初探》，《中国社会科学院近代史研究所青年学术论坛 2003 年卷》，2003 年，第 619 页。

5 吕文浩：《中国现代思想史上的潘光旦》，福建教育出版社，2009 年，第 174 页。

6 冯客著，杨立华译：《近代中国之种族观念》，江苏人民出版社，1999 年。

7 Maurizio Meloni. *Political Biology: Science and Social Values in Human Heredity from Eugenics to Epigenetics*. New York: Palgrave Macmillan, 2016, p66.

家人口政策的重要部分。[1] 本文旨在从保守主义自身的视角探析潘光旦的思想特征。在展开详细论述之前，下文先简要说明潘光旦社会思想的保守主义性质。

作为世界近现代史上的三大政治思潮之一，保守主义兴起于18世纪末。出于对法国大革命的反思和批判，英国思想家柏克最早提出了保守主义的基本原则，包括对传统制度的肯定，对有机社会的强调，对激进政治的否定，以及对平等观念的批判。[2] 伴随着工业革命和民主化进程，现代社会走向了自由主义和社会主义。保守主义就是对这两大思潮的反动，保守主义者具有强烈的反现代性观念，虽然他们并不完全排斥19世纪后的种种社会变迁。除了最早进入现代社会的英国和法国，其他国家的保守主义还表现出存续本国文化的倾向，因为这些国家受到了外来文化的猛烈冲击，它们的现代化在相当程度上也是"西化"的过程。[3]

晚清和民国时期，中国本土的保守主义者致力于维护传统和阻抑西化，他们大体可分为四派。一是主要由清室旧臣组成的"遗老派"，其代表人物包括郑孝胥和罗振玉等人。他们扛起政治保守主义的大旗，主张恢复帝制和君权，反对共和与民主，并积极投身其中。[4] 二是晚清汉族士人组成的"国粹派"，包括章太炎和刘师培等人。他们的言论有排满革命的内容，混杂了提倡民权的成分，不能简单用"保守主义"概括。[5] 三是由留美学人发起的"学衡派"，其领军人物包括吴宓和胡先骕等。这一派的理论建立在美国学者白璧德的"新人文主义"之上，与新文化运动抗衡十年之久，主要致力于文化保守主义。[6] 此外还有主张调和中西的东

---

[1] Stefan Kuhl. *The Nazi Connection: Eugenics, American Racism, and German National Socialism.* Oxford University Press, 1994, USA.

[2] 休·塞西尔著，杜汝辑译：《保守主义》，商务印书馆，1986年。

[3] 艾恺：《世界范围内的反现代化思潮——论文化守成主义》，贵州人民出版社，1991年。

[4] 周明之：《近代中国的文化危机——清遗老的精神世界》，山东大学出版社，2009年。

[5] 郑师渠：《晚清国粹派：文化思想研究》，北京师范大学出版社，1997年。

[6] 张源：《从"人文主义"到"保守主义"——〈学衡〉中的白璧德》，生活·读书·新知三联书店，2009年。

方文化派,以杜亚泉和章士钊为代表。[1]虽然具有明显的内部差异和分歧,这些派别在"保存国粹"和"维护孔教"方面却是颇为一致的。

潘光旦的社会思想与中西方的保守主义有着高度的相似与重合之处。兹举几例。就本文作者所见,潘光旦只在一处引用过保守主义的鼻祖柏克。[2]不过,他的一些观点符合柏克存续传统的理念:"文化为累世积聚之结果;欲期社会改革事业之成功,对于文化之积聚,不能不先加以参考,继加以评估,最后加以选别,合者留之,不合者将次匡救之……若欲举已往之积聚而全盘推翻之,则不特势所不能,抑且理有未顺;强而行之,行见庭构未成而藩篱尽撤,改革家将无所措手足耳。"[3]早在一百多年前,柏克就表达过类似的看法:"我决不排除另一种可以采用的办法;但是,即使我改变主张,我也应该有所保留。"他还说过"修缮工作要尽可能符合房屋的风格"[4],与潘光旦不谋而合地都使用了与建筑有关的比喻。

法国大革命提出"自由、平等、博爱"三信条,就像西方一些保守主义者,潘光旦认为它们都是不能成立的。他直斥博爱为空想:"……就生物事实,人类经验,和社会问题的前途而论,可知博爱不特从来没有做到,不特事实上做不到,且事理上也不宜做到。"潘还质疑人权的神圣性:"至于人权神圣之说,他(胡适)的根据的薄弱几等于零。……人权如无此东西,则所谓神圣二字,适足以表示信仰神权者的自卫心理和夸大狂罢了……"[5]人权理论构成了自由主义的基石,潘光旦对人权的神圣

---

1 袁立莉:《东方文化派思想研究》,黑龙江大学出版社,2013年。梁漱溟和钱穆也是重要的保守主义者,两人分别自成一家,不宜归入某一派别。潘光旦在1950年1月23日的日记记载了他与梁漱溟的会面:"漱溟近自蜀来京……书中所论(梁著《中国文化要义》),间亦采及余频年议论,盖延此大致均从人文思想出发,相同之处之多,或更在余与东荪之上。"(见《潘光旦日记》,群言出版社,2014年,第161—162页)两人应是旧识,在中国民主政团同盟的活动中有过来往,具体细节尚待考证。

2 姚中秋、阎恒选编:《现代中国通识教育经典文集》,2013年,第243页。

3 潘光旦:《中国之家庭问题》,《潘光旦文集》第1卷,北京大学出版社,1993年,第70—71页。

4 休·塞西尔著,杜汝辑译:《保守主义》,商务印书馆,1986年,第40—41页。

5 潘光旦:《科学与新宗教新道德》,《潘光旦文集》第8卷,北京大学出版社,2000年,第213—215页。

性全然否定,足可见他对自由主义的批判立场。

在1937年出版的《人文史观》一书中,潘光旦将自由主义的三个基本概念——自由、人权和平等,视作"一二好事者幻想之结果,不足经事理之盘驳者也"[1]。他还说:"……权利观念不打破,功能观念即无由产生,因为权利发乎个人,而功能才顾到全体,其立脚点完全相反:在国家政治里如此,社会生活里如此……"[2] 潘光旦自己的学说则"顾到全体",将社会功能置于个人权利之上。一位学者对自由主义的基本理论都持有否定或批判的态度,我们也就不应将他看作自由主义者。

像其他保守主义者一样,潘光旦的社会思想也具有反现代性的浓厚色彩。他将掌握了科技的现代人比喻为"童子操刀","人既不能认识自己,更不知所以控制自己之道。……我们吞并了全世界,却是抛撒了自己的灵魂"。[3] 现代都市是集中体现现代性的空间,潘光旦对其嗤之以鼻:"……都市是杀人灭种的地方,都市化的程度越高,此种破坏的力量越大。一个初入都市的个人,争名,夺利,好自由,爱享乐,便很有希望不结婚,或迟结婚,不生子女,或少生子女。……都市不就等于一个杀人不见血的屠宰场么?"[4]

类似本土的保守主义者,潘光旦也有着阻抑西化的思想:"中国是一个常数constant,世界文化潮流的动荡终究是一些变数variables。我们决不能因变数的繁多而忘却了常数的存在。我们更应以变的造就常的……"[5] 他对中国传统制度抱着同情、理解和有选择的保留的态

---

1 潘光旦:《平等驳斥》,辑入《人文史观》,《潘光旦文集》第2卷,北京大学出版社,1994年,第365页。

2 潘光旦:《妇女解放新论》,辑入《人文史观》,《潘光旦文集》第2卷,北京大学出版社,1994年,第425页。

3 潘光旦:《说童子操刀》,辑入《政学罪言》,《潘光旦文集》第6卷,北京大学出版社,2000年,第9—10页。

4 潘光旦:《论疏散人口》,辑入《优生与抗战》,《潘光旦文集》第5卷,北京大学出版社,1997年,第80页。

5 吕文浩:《中国现代思想史上的潘光旦》,福建教育出版社,2009年,第256页。

度:"我对于旧制度 —— 若'无后为大不孝''女子无才是德''婚姻父母主裁''科举取士'等等 —— 的根本态度,无非是一个谅字和一个允字。"[1] "一味保守,主张复古,固然不合,但若认定前人的经验中确乎有一部分不因时代而转移的东西,从而加以维护,这种选择的保守还是对的。"[2]

潘光旦的评论文章包含了大量具有保守意味的观点,足以说明他的社会思想属于保守主义。他的思想也涉及政治和文化保守主义,可他最关切的问题则在社会和种族领域,并以生物学和进化论作为主要的理论基础,本文因此称其为"生物保守主义"。这与主流的保守主义在学理上有着根本的区别,潘光旦堪称中国保守主义的异类。生物学与进化论本是科学理论,如何由潘光旦导向了保守主义?他的保守主张与优生学代表的激进主义有何联系?为何潘光旦与中国的保守主义者少有思想上的交流?如何评价他在中国社会学史上的地位,以及对中国保守主义的贡献?这些就是本文试图回答的问题。

本文第二节简要回顾潘光旦的学术历程,说明他的学科归属。第三节和第四节分别讨论社会选择论和两纲六目论,以及潘光旦在此基础上形成的保守主义思想。第五节介绍潘光旦对自由、民主和平等的另类诠释,以及他提出的中庸思想和公道原则。第六节重新评价他的学术贡献,第七节探讨生物保守主义在中国的言说。

二、从生物学到社会生物学

1922年秋到1926年秋,潘光旦在美国留学四年,连续攻读本科和硕士学位,并主动放弃了博士学位。其间他曾在四所机构学习:达特默思学院、纽约冷泉港实验所、哥伦比亚大学和马萨诸塞州的海滨生物研究

---

[1] 潘光旦:《优生学概论》,《潘光旦文集》第1卷,北京大学出版社,1993年,第289—290页。
[2] 潘光旦:《悠忽的罪过》,辑入《自由之路》,《潘光旦文集》第5卷,北京大学出版社,1997年,第310—311页。

所，所学的内容均与生物学有关。[1] 20 世纪 30 年代末到 40 年代末，西方生物学界曾发生过一次名为"大综合（The Great Synthesis）的整合运动，将达尔文的进化论与遗传定律结合起来，并在数学上阐明了两者的一致性。[2] 潘光旦的生物学水平尚在大综合之前，今天的生物学家看来就很初级了。可是，他当年在哥大师从遗传学家摩尔根，后者曾获得 1933 年度的诺贝尔医学和生理学奖，属于当时生物学界的领军人物。[3] 按常理来说，潘光旦只要追随摩尔根的研究方向，回国推动遗传学的学科建设，就能成为中国现代生物学开创者，在谈家桢之前成为"中国的摩尔根"。

然而，潘光旦治学的落脚点在人类，而不在动物。在当时的西方学界，优生学是生物学的应用学科，它以人类为主要的研究对象，并结合了社会科学和历史资料，最能满足潘光旦的学术兴趣。冷泉港的优生学纪录馆（Eugenics Record Office）是美国优生学的研究中心之一。潘光旦在那里系统地接受了优生学培训，这决定了他今后的学术道路。在留美的短短四年中，他在优生学纪录馆的学习时间长达一年半，[4] 并与该馆主任达文波特（Charles Davenport）建立了亲密的师生关系。[5] 1923 年 11 月，来美仅 15 个月后，潘光旦就发表了题为《优生学与中国》（Eugenics and China）的英文论文。[6]

从 1926 年底回国到 1934 年进入清华大学，潘光旦先后执教于华东 8 所大学，讲授的课程包括优生学、进化论、种族问题、社会学和家庭问题。[7] 在抗战爆发前的三年间，潘光旦在清华共讲授 6 门课程，除了优生

---

1 吕文浩：《潘光旦》，群言出版社，2013 年，第 56—57 页。

2 Aaron Gillette, *Eugenics and the Nature-Nurture Debate in the Twentieth Century*. New York: Palgrave Macmillan，2007，p9.

3 Daniel Kevles, *In the Name of Eugenics: Genetics and the Uses of Human Heredity*. Berkeley and Los Angeles: University of California Press，1985，p44.

4 吕文浩：《中国现代思想史上的潘光旦》，福建教育出版社，2009 年，第 49 页。

5 吕文浩：《潘光旦图传》，湖北人民出版社，2006 年，第 47 页。

6 In Pan Guangdan, *Socio-biological Implications of Confucianism*. Beijing: Foreign Language Teaching and Research Publishing Co.，Ltd and Springer-Verlag Berlin Heidelberg，2015.

7 吕文浩：《中国现代思想史上的潘光旦》，福建教育出版社，2009 年，第 68 页。

学和家庭问题外，又新开设了家庭演化、人才论、西洋社会思想史和儒家社会思想。[1] 从课程名称的变化可以看出，潘光旦的教学内容由学术而思想，由问题而主义，逐渐形成了一套独特的针对中国社会的看法。直到 50 年代初，他基本没有改变这套看法。本文主要以潘光旦在民国时期的著述展开讨论。

从学术训练和治学方法来看，与其说潘光旦是位社会学家，不如说他是社会生物学家（socio-biologist），即用生物学理论研究社会现象的学者[2]，或用他的话来说，是"站在生物学的立脚点来观察文化"[3]。今天，学科的划分标准主要基于方法和理论，而不在于研究对象。贝克尔（Gary Becker）用经济学方法研究家庭问题[4]，仍然被看作经济学家，而且在经济学界取得了极高的学术声誉。潘光旦的系列研究虽然取材多样，视角总不出社会生物学的范畴——除了他晚年的民族研究以外[5]。况且，早在留学美国时，潘光旦就用"社会生物学的（socio-biological）"一语来形容自己的研究范式。[6]

这里仅举三例，说明潘光旦的社会生物学视角。他曾根据一些生物学者的观察指出，就人类品性的变异程度而言，男性一般大于女性，这

---

1 吕文浩：《中国现代思想史上的潘光旦》，福建教育出版社，2009 年，第 71—72 页。从潘光旦后来的文章来看，他讲授的内容多半是广义的社会思想，而不是社会学的思想史。

2 潘光旦的中文著作多用"人文生物学"一词，含义相同。当代社会生物学的集大成者威尔逊将这门学科定义为"一切社会行为的生物学基础的系统研究"，这里的社会也包括动物社会，见爱德华·威尔逊著，阳河清编译：《新的综合——社会生物学》，四川人民出版社，1985 年，第 7 页。

3 潘光旦：《文化的生物学观》，辑入《人文史观》，《潘光旦文集》第 2 卷，北京大学出版社，1994 年，第 312 页。

4 加里·贝克尔著，王献生、王宇译：《家庭论》，商务印书馆，2005 年。

5 蒋功成：《文化解释的生物学还原与整合——评〈潘光旦文集〉中的人文生物学和新人文思想》，《社会学研究》2007 年，第 6 期。

6 Pan Guangdan, *Socio-biological Implications of Confucianism*. Beijing: Foreign Language Teaching and Research Publishing Co., Ltd & Springer-Verlag Berlin Heidelberg, 2015.

也许是女性天才较少的部分原因[1]。这显然不同于强调环境因素的社会学解释。潘还指出过农业社会中父母包办婚姻的进化优势——"彼（父母）以其比较丰富之经验，比较冷静之态度，必有以补子女之不及而匡正其失"[2]。正是在相近思想的基础上，当代国外也有学者提出了复杂的婚配演化模型。[3] 在20世纪40年代出版的《优生原理》中，潘光旦就谈到欧亚大陆与美洲的人类具有不同的进化史，抵抗病菌的免疫力相差很大，因此印第安人在欧洲人登陆后大量死亡。[4] 这一观点到90年代末才在学术界普及开来。[5]

潘光旦曾回忆他为何转向了社会学："（在美国留学时），自己去转图书馆，逛书库。后来转来转去，莫明其妙地就转到了社会学。"[6] 他在文章还记叙过："我原先学生物学，后来因为'优生学'与'社会达尔文主义'的关系，又转入'社会学'与社会思想的领域。……我对于社会学，尤其是对于美国的社会学，根本没有太多的理解，总觉得它浅薄而不屑于下功夫。……半路出家的我，根本对它没有太多的情感上的联系。"[7]

这两段文字对理解潘光旦与中国社会学的关系非常重要。潘光旦承认"半路出家"，至少说明他认为自己是个社会学家，可他对美国的社

1　《潘光旦文集》第2卷，北京大学出版社，1994年，第318页。用今天统计学的术语来说，潘的意思就是某一品性（如身高、智商）在男性群体中分布的方差大于女性群体的方差。有些当代研究肯定了这一观点，虽然尚不能得出一致结论。见David C.Geary, *Male, Female—The Evolution of Human Sex Differences*. Washington, DC: American Psychological Association, 2010, p411.

2　潘光旦：《中国之家庭问题》，《潘光旦文集》第1卷，北京大学出版社，1993年，第180页。

3　Menelaos Apostolou. *Sexual Selection in Homo sapiens-Parental Control over Mating and the Opportunity Cost of Free Mate Choice*. Cham, Switzerland: Springer International Publishing AG, 2017.

4　《潘光旦文集》第6卷，北京大学出版社，第341页。

5　贾雷德·戴蒙德著，谢延光译：《枪炮、病菌与钢铁——人类社会的命运》，上海译文出版社，2000年。

6　王燕妮：《光旦之华》，长江文艺出版社，2006年，第22页。

7　潘光旦：《为什么仇美仇不起来——一个自我检讨》《潘光旦文集》第10卷，北京大学出版社，2000年，第500—501页。

会理论既不理解也不欣赏。除了孔德和勒普雷等少数几人,他很少正面引用西方社会学家的作品。他同孙本文、陈达和吴景超等民国社会学家展开过激烈的学术争论,每次都站在强调生物因素的一方。[1] 作为中国第一位社会生物学家,潘光旦回国后不得不在社会学界谋职,因为他不可能找到美国冷泉港那样的研究机构,也不能像达文波特那样获得大笔资助。[2]

在民国的学术世界里,潘光旦就像一位居住在他国的孤独移民,既不愿融入当地文化,还宣扬着母国文化的优越性。加入中国社会学界多年后,他依然认为民国时期的社会学空疏浅薄:"社会学的对象是人伦之际,要紧的是那一个际字……不大能运用抽象的脑筋的学子往往不免扑一个空。所扑的既然是一个空,不用说具体的人是扑不着的了。"[3] 根据他的"文化的生物学观",研究人性(具体的人)是首要的,研究人际(人伦之际)则是次要的。因为生物学是处于社会学"下位"的科学,先有"生物人",后有"社会人",社会文化现象受制于生物学的规律。[4]

潘光旦当然是位优生学家。民国时期主张"强种优生"的学者不止一人,潘光旦乃是其中翘楚。[5] 优生学的要旨在于将人类的品性分为不同等级,通过生育技术和公共政策控制人类的演化进程,让"品性良好"的社会成员提高生育率,也让"品性不佳"的社会成员降低生育率,潘光旦分别称为"留强"和"汰弱"的优生学。[6] 作为一门应用科学,优生

---

1 吕文浩:《潘光旦》,群言出版社,2013年,第105—114页。

2 Yuehtsen Juliette Chung, *Struggle for National Survival: Chinese Eugenics in a Transnational Context*, 1896–1945. New York: Routledge, 2002, p50.

3 潘光旦:《说童子操刀》,辑入《政学罪言》,《潘光旦文集》第6卷,北京大学出版社,1997年,第10—11页。

4 潘光旦:《文化的生物学观》,辑入《人文史观》,《潘光旦文集》第5卷,北京大学出版社,1997年,第288页。

5 优生学吸引了清末民初的不少中国思想家,包括谭嗣同、康有为和章太炎,他们提出过种种奇怪的优生方案,但潘光旦普及优生学的功绩无人可及。(见冯客著,杨立华译:《近代中国之种族观念》,江苏人民出版社,1999年,第153—157页。)

6 吕文浩:《潘光旦》,群言出版社,2013年,第91页。

学的理论基础在于社会生物学,西方当时的很多优生学者同时也是社会生物学家。[1] 潘光旦的学术贡献更多在于阐明理论,而不是研究政策,因此他更宜被视为社会生物学家。

作为社会生物学的基础学说,达尔文的进化论在 19 世纪中叶才诞生,它的出现震动了西方思想界,动摇了基督教的神创论。潘光旦晚年曾翻译达尔文的名著《人类的由来》,费孝通在该书附记中写道:"……这书(《物种起源》)的发表,对上帝造人的宗教神话和靠神造论来支持的封建伦理却不啻发动了空前未有的严重挑战。"[2] 那么,潘光旦又如何经由进化论走向保守主义,去维护那些"封建伦理"?答案系于社会选择论。

三、社会选择论及其价值基础

在西方学者眼中,保守主义一般具有如下特征:依赖传统,重视社群,主张有限政府,怀疑社会工程和否定理想主义。[3] 就这些特征而论,20 世纪的中国并没有严格意义上的"保守主义者"。民国时期的"保守主义者"往往根据从西方引进的某一标准,作为正当性的最终根据,以此主张存续或淘汰中国的典章制度。如余英时所言:"……当时批评五四的所谓'守旧派',也和他们'进步的'对手一样,不但具有批判的精神而且也采取了西化的立场。"[4] 例如,国粹派基于自由人权等西方观念,重

---

1 Aaron Gillette, *Eugenics and the Nature-Nurture Debate in the Twentieth Century*. New York: Palgrave Macmillan, 2007.

2 潘乃穆等编:《中和位育:潘光旦百年诞辰纪念》,中国人民大学出版社,1999 年,第 257 页。

3 杰弗里·托马斯著,顾肃、刘雪梅译:《政治哲学导论》,中国人民大学出版社,2006 年,第 296 页。

4 余英时:《现代危机与思想人物》,生活·读书·新知三联书店,2005 年,第 91 页。

新界定了中国文化中的"精华"[1];学衡派的胡先骕则"欲以欧西文化之眼光,将吾国旧学重新估值"[2]。

类似国粹派和学衡派,潘光旦也从西方引进了一种标准,只是这种标准并非文化的,而是生物的。他要保存的"国粹"乃是"血系"或"精质"——用今天的话来说,即"优秀基因"。潘光旦一方面按照存续优良血系的原则,呼吁政府实施扬优抑劣的人口政策;另一方面,他也依此审视历史上的制度和习俗,并给以生物学意义上的功能主义评判。如吕文浩所说:"……他(潘光旦)以优生学来维护中国传统文化,与学衡派以白璧德的新人文主义来捍卫古典文化的正当性,有相似之处。"[1]

作为一种科学理论,进化论本身并不包含价值判断。它只说明物种适应环境的品性会通过自然选择保存下来。至于哪些品性在美学、伦理学或政治哲学的意义上应当得到保存,并不是进化论关心的问题。潘光旦很清楚生物进化不具有方向性,也不含价值判断,这正是达尔文理论的本意。[4] 在1944年出版的《优生与抗战》一书中,他认为"演化"是比"进化"更好的译法,并依此批判了当时流行的进步观:"赫胥黎在《天演论》一文的注脚里说得很清楚,演化是无所谓进退的,一定要加以进退的判断的话,也是有进有退的。"[5]

然而,作为优生学家的潘光旦必须建立一套评判进步的尺度,否则他就不可能说明何者为优,何者为劣。就像尼采要"重估一切价值",潘光旦也用生物理论重新审视中国传统,他的卓越成就之一便是介绍和发

1　Yu Ying-shih, The Radicalization of China in the Twentieth Century. *Daedalus* 122(2): 129–130, 1993.

2　孙尚扬、郭兰芳编:《国故新知论——学衡派文化论著辑要》,中国广播电视出版社,1995年,第283页。

1　吕文浩:《中国现代思想史上的潘光旦》,福建教育出版社,2009年,第242页。

4　彼得·狄肯斯著,涂骏译:《社会达尔文主义——将进化思想和社会理论联系起来》,吉林人民出版社,2005年,第32页。

5　潘光旦:《演化论与几个当代的问题》,《潘光旦文集》第5卷,北京大学出版社,1997年,第34页。

展了社会选择论。在他看来，人类演化除了由自然选择决定，还受社会选择的影响。社会选择是指观念、风俗和制度对人类生物演化的作用，[1]它虽不能改变遗传的机制，却可以左右选择的方向。[2] 在 1925 年发表的《近代种族主义史略》中，潘光旦概括了社会选择的标准："文化势力之善者与天择并行不悖，可使人类日益精进；否则倒行逆施，可使强亡弱存，优败劣胜，陷种族于危亡之域。此派学说（社会选择论）之正宗，其后演为优生哲学……"[3] 这里潘光旦明确指出，优生学还是一种具有价值指向的"哲学"，而不仅是一种生物科学。

那么，哪些社会选择有利优生，哪些不利呢？就一个社会内部而言，潘光旦主要看重有利于其"优秀分子"婚配和繁育的制度和观念。他相信"文化盛衰由于人才消长，而人才消长由于生物原因"[4]，社会选择通过影响人才多寡，间接地决定着一国文化事业的繁荣或衰退。潘光旦虽然承认个人成就受到三种因素综合作用的影响，即生物遗传、文化遗业和平生遭际，他仍认为生物因素"最为基本"，另外两者属于次要的外因。"真正的人才，第一靠遗传的良好。但他可以成才到什么程度，局部也要看他所处的社会有多少文化遗业，有什么文化遗业。"[5] 他对民族兴衰的解释也与此类似，在生物遗传、地理环境和文化遗业三个因素中，"遗传最为基本，其次是环境，又其次是文化"[6]。

这种"生物决定论"很大程度上受到了优生学的创始人高尔顿的影响。高尔顿首先使用进化论原理和家谱材料解释历史上的天才现象，他

---

[1] 潘光旦也在相同意义上使用过"文化选择"和"人文选择"两种说法（见《潘光旦文集》第 2 卷，北京大学出版社，1994 年，第 315、440 页）。

[2] 潘光旦：《人文选择与中华民族》，辑入《人文史观》，《潘光旦文集》第 2 卷，北京大学出版社，1994 年，第 440 页。

[3] 潘光旦：《近代种族主义史略》，《潘光旦文集》第 1 卷，北京大学出版社，1993 年，第 373 页。

[4] 潘光旦：《文化的生物学观》，辑入《人文史观》，《潘光旦文集》第 2 卷，北京大学出版社，1994 年，第 315 页。

[5] 潘光旦：《人文史观与"人治""法治"的调和论》，《潘光旦文集》第 2 卷，北京大学出版社，1994 年，第 336 页。

[6] 潘光旦：《中国人的特性》，《潘光旦文集》第 3 卷，北京大学出版社，1995 年，第 35 页。

相信"……通过连续几代人审慎的婚配,产生一批天赋很高的人才,这是相当可行的"[1]。像高尔顿一样,潘光旦认为社会选择论之于中国的意义,在于"如何利用已然的现存的文化势力,和如何产生新的文化势力,使中华民族里比较优秀的分子可以取得婚姻生产的保障,取得婚姻率生产率的提高"[2]。他虽认为中国不乏聪明强干者,却也警告说:"一个不理会社会的生物基础的民族,一个但知利用生物本钱而不知自觉的与自动的来增加这种本钱的民族,是危险的。"[3]

在增加"生物本钱"的意义上,潘光旦肯定了魏晋时代的选官制度,因为它保证了一种优生功能:"选举制施行后第一步的效果是定流品,流品越好,社会身份越高,婚姻选择的范围越狭,选择的标准越严;故家大族,流风余韵,因而可以历久不坠,民族有故家大族做领袖表率,也得以历久而不衰微灭亡。"[4]他依此解释大书法家为何集中于这一时期:"……魏、晋、六朝、三唐书法的发达,是因缘于门地主义的婚姻;两晋比较的更发达,是因为门地讲得更严格,王卫二氏的特殊发达,是因为门地的讲究而外,再加上好几代的血缘结婚。"[5]

从社会选择论的视角重新考察古代制度,潘光旦揭示了它们在进化意义上的潜在功能,这正属于保守主义的论证方式。[6]潘光旦在一篇英文论文指出,虽然选举制度建立在中国古代哲学家的思想之上,可他们并

---

1 Francis Galton, *Hereditary Genius*. London: Macmillan And Co. And New York, 1892, p1.

2 潘光旦:《人文选择与中华民族》,《潘光旦文集》第2卷,北京大学出版社,1994年,第443页。

3 潘光旦:《闲话生物学的课程》,辑入《优生与抗战》,《潘光旦文集》第5卷,北京大学出版社,1997年,第46页。

4 潘光旦:《人文选择与中华民族》,辑入《人文史观》,《潘光旦文集》第2卷,北京大学出版社,1994年,第451页。

5 同上书,第453页。

6 杰里-马勒著,刘曙辉,张容南译:《保守主义——从休谟到当前的社会政治思想文集》,译林出版社,2010年,第19—21页。

不具有社会生物学知识，从未由这一角度论述过制度功能。¹ 用他的话来说，"社会的伦理的功用是明的……，种族的生物的功用是暗的……"² 用英国保守主义者奥克肖特的话来说，社会选择论通过追踪"暗含的东西"，对传统进行了反思。¹ 潘光旦由此为保守主义找到了一种基于生物学的理论支持，它为传统的文化和制度张目，却不同于主流保守主义者的学说。

潘光旦对科举制度的辩护和批判也都基于社会选择论。科举制度的建立虽出于政治目的，却有着优生强种的功效。在他与费孝通合作发表的《科举与社会流动》一文结尾，作者写道："……凡是由科举考试出身的人，一般的说，遗传的智能要好一些，教育的便利要多一些。当代心理学家，对以前考试制度曾作研究的，认为八股文的考试方法多少是一种智力测验……"⁴ 由于科第选拔的原因，基因优秀的人才更容易彼此婚配，造成后代的"品貌整齐"。他举苏州为例："苏州是近代科举最出人才的地方，讲起品貌来，也是最出秀的地方，也是谈吐比较最蕴藉流利的地方，这三端同时存在……当然也不是偶然的符合。"⁵ 甚至他对科举的批评，也集中在"（社会）选择的标准太狭太少"⁶，而不是自由主义者常常批评的钳制思想。

潘光旦的社会选择论从未走向极端，他曾批评法西斯国家的种族主

1　Pan Guangdan, *Socio-biological Implications of Confucianism*. Beijing: Foreign Language Teaching and Research Publishing Co., Ltd and Springer-Verlag Berlin Heidelberg, 2015, p36.

2　潘光旦：《人文选择与中华民族》，辑入《人文史观》，《潘光旦文集》第2卷，北京大学出版社，1994年，第446页。

1　杰弗里·托马斯著，顾肃、刘雪梅译：《政治哲学导论》，中国人民大学出版社，2006年，第301页。

4　潘光旦、费孝通：《科举与社会流动》，《潘光旦文集》第10卷，北京大学出版社，2000年，第124页。

5　潘光旦：《人文选择与中华民族》，辑入《人文史观》，《潘光旦文集》第2卷，北京大学出版社，1994年，第454页。

6　同上。

义,认为排犹政策是出于笼统判断的"庸人自扰"。[1] 不过,他对外来人口和社会底层不时发表典型的右翼论调,例如他赞成二三十年代美国出台严苛的移民法案,[2] 也支持美国某些州实行的绝育政策,因为他认为下层人口的血统产生人才的可能性很小。[3] 回顾性地阐明传统典制具有优生功能,属于保守主义的论述;前瞻性地主张"择优抑劣"的人口政策,则走向了右翼的激进主义。在潘光旦看来,两者一以贯之,都要存续优良的血系,实则具有相异的思想气质。他较为纯正的生物保守主义思想,主要体现在两纲六目论之中。

四、作为社会理想的两纲六目论

在1944年发表的《个人、社会与民治》一文中[4],潘光旦总结了以"两纲六目"为特征的社会理论(下页图一)。在五年前发表的《论青年与社会思想》中[5],他首次展现了这一图示,只是两端的两纲分别为"个人人格"与"社会生活",中间左边的三目为"通性""个性"和"性别"。右边三目与1944年的图示基本相同,差别在于使用了"文化进步"和"民族延展"的字眼。前后对比,潘光旦将两纲改得更为抽象,左三目则更强调人性的同异与两性的分别。

就本文作者所见,两纲六目论的图示在潘光旦的著作中仅出现过这

---

1 潘光旦:《演化论与几个当代问题》《〈遗传与政治〉》,辑入《优生与抗战》,《潘光旦文集》第5卷,北京大学出版社,1997年,第39、184页。
2 潘光旦:《沉着与自由——英美人性格的一斑》,辑入《自由之路》,《潘光旦文集》第5卷,北京大学出版社,1997年,第277页。
3 潘光旦:《美国优生绝育的经验之一斑——二十八年来美国加州优生绝育的经验》,辑入《优生与抗战》,《潘光旦文集》第5卷,北京大学出版社,1997年,第179页。
4 潘光旦:《个人、社会、与民治》,辑入《自由之路》,《潘光旦文集》第5卷,北京大学出版社,1997年,第460页。
5 潘光旦:《论青年与社会思想》,辑入《自由之路》,《潘光旦文集》第5卷,北京大学出版社,1997年,第281页。

两次,虽然他曾说:"……我在别处已经再三提出过(有关两纲六目论的看法)。"[1] 两纲六目论是潘光旦对其社会思想的概括,他对这一理论的阐释散见于更早的文章著述。他的社会选择论借助西方学说维护中国传统,偏于单一的价值取向;两纲六目论则是原创性的宏大理论,包含几个层次和维度,体现了保守主义的多元价值观。[2] 可惜,在内忧外患的20世纪40年代,潘光旦并没有深入阐述这一理论。50年代后,他在历次运动中接受思想改造,失去了撰写系统性专著的机会。两纲六目论未及进一步发展即被中断,不过我们还是可以从中看出生物保守主义的要旨。

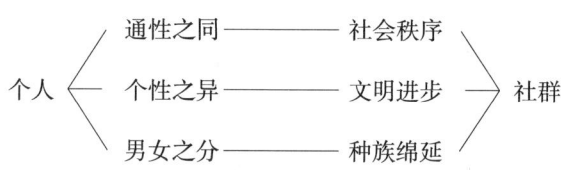

图一 潘光旦的两纲六目论

在潘光旦看来,个体和群体各有其价值。作为两纲的个人和社会具有对等的重要性,两者的关系是相辅相成的,"社会生活需要个人生活的充实,个人生活需要社会生活的涵养"[3]。他承认"……民族亦必与每个个人以充分发展其智能兴趣的机会",不过充分也是相对而言的,"……其相对的对象就是民族的要求"[4]。美国保守主义哲学家凯克斯也持有这种平衡的观点:"没必要坚持认为个人自主或社会权威应当系统地压过另一方。两者都是好生活所必需的。……两者之间的联系纽带就是传统。因此,保

---

1 潘光旦:《派与汇》,辑入《政学罪言》,《潘光旦文集》第6卷,北京大学出版社,2000年,第102页。

2 John Kekes, *A Case for Conservatism*. Ithaca and London: Cornell University Press, 1998, p44.

3 潘光旦:《论青年与社会思想》,辑入《自由之路》,《潘光旦文集》第5卷,北京大学出版社,1997年,第280页。

4 潘光旦:《人口数量与人口政策》,辑入《优生与抗战》,《潘光旦文集》第5卷,北京大学出版社,1997年,第104页。

守主义者合理地偏向的中间信念可以被称作传统主义。"[1]

两纲六目论将人性分为三个层面：通性、个性和性别。通性是人类普遍具有的相同点，它是社会教化的基础，也是人格平等的依据。个性则因人而异，而且有着高下优劣的差别。潘光旦将个性纳入理论，并非出于承认个体或欣赏多样性，而是着眼于优秀分子对文明的贡献："……下劣者不论，卓越优异的个性，如果保护得周到，培植得适宜，往往是文化生活踏一步的因缘。"[2] 这与他的社会选择论一脉相承：社会成员的通性和个性就像生物学中的遗传与变异。通性是静止的，保守的，具有维持秩序的功能；个性则是动态的，活跃的，具有推动文明的功能。

潘光旦曾将人类思想划分为三种类型：社会思想、社会理想和社会冥想。社会思想相当于科学理论，社会理想则属于政治哲学或意识形态。[3] 两纲六目论既是一种分析社会的科学理论，用于解释国家兴衰、文明更替，也是一种评价社会的政治哲学，"一个诊断的尺度"，可以为各民族的病症把脉。[4] 潘光旦承认，"……在政治理论上，这尺度是一样的适用，因为政治生活原是比较组织化的社会生活，就是社会生活的一部分"[5]。

本节通过潘光旦关于家庭和性别的论述，说明两纲六目论的保守主义本质。如果说自由主义以个人为本位，社会主义以集体为本位，保守主义则以家庭为本位。潘光旦很早就强调家庭是社会的基石，他引用英国学者席勒的话说："……人类生活的生物的单位既不是个人，亦不是国

1　John Kekes, *A Case for Conservatism*. Ithaca and London: Cornell University Press, 1998, p38.
2　潘光旦：《论青年与社会思想》，辑入《自由之路》，《潘光旦文集》第5卷，北京大学出版社，1997年，第281页。
3　潘光旦：《派与汇》，辑入《政学罪言》，《潘光旦文集》第6卷，北京大学出版社，2000年，第85页。
4　同上书，第103页。
5　潘光旦：《个人、社会、与民治》，辑入《自由之路》，《潘光旦文集》第5卷，北京大学出版社，1997年，第460页。

家，而是家庭。"[1] 家庭具有三种基本功能："……为个人求发展，为社会谋秩序，为种族图久长保大。"[2] 这三种功能分别对应个性、通性和性别，因此家庭是联结个人与社会，解决人生问题的关键组织。一种健全的社会哲学当以家庭为本位，即家庭主义。

家庭主义平衡了个人与社会的两纲，潘光旦继而左右开弓，批判了自由主义和社会主义。在他看来，社会主义过于强调社会，而自由主义过于强调个体，皆偏于两纲之一端，唯有家庭主义"执两而用中"[3]。欧美的自由社会偏重个性发展，家庭关系日渐薄弱，社会秩序趋于紊乱。[4] 西方的现代人"便好比永远在空中乱飞的鸟，找不到比较可以常川栖止的地方"[5]。潘光旦还将他们比作热锅上的蚂蚁："试问他们忙着些什么？归根还不是求一己感情生活的满足么？满足而不得其相当的场合 —— 若家庭；满足而不达其相当的程度 —— 若家庭分子间情感之醇厚；于是紊乱以生。"[6]

虽然个人主义与社会主义的理念大相径庭，在潘光旦眼中二者都导致了传统家制的瓦解。"……以个人主义为内应，以社会主义为外合，而家庭制度无幸免之理矣。"[7] 他在《中国之家庭问题》中解释说："浪漫生活为个人之要求，以彼为前提者必坚信个人主义之哲学。个人主义与家庭之安全相抵牾，其过当之发达即为近代家庭制度崩溃之一大原因……"[8] 在另一篇文章中，他还将人口的低生育率归罪于个人主义："个

---

[1] 潘光旦：《人文选择与中华民族》，辑入《人文史观》，《潘光旦文集》第2卷，北京大学出版社，1994年，第447—448页。

[2] 潘光旦：《中国之家庭问题》，《潘光旦文集》第1卷，北京大学出版社，1993年，第130页。

[3] 潘光旦：《人文选择与中华民族》，辑入《人文史观》，《潘光旦文集》第2卷，北京大学出版社，1994年，第448页。

[4] 潘光旦：《中国之家庭问题》，《潘光旦文集》第1卷，北京大学出版社，1993年，第130页。

[5] 吕文浩：《中国现代思想史上的潘光旦》，福建教育出版社，2009年，第187页。

[6] 潘光旦：《中国之家庭问题》，《潘光旦文集》第1卷，北京大学出版社，1993年，第237页。

[7] 同上书，第135页。

[8] 同上书，第143页。

人主义,当一种主义看,也是有很大的流弊的,人口的无限制的紧缩即是流弊的一种。"[1]

就具体的家庭制度而言,中国传统的大家庭太像社会,西方现代的小家庭又偏向个体,潘光旦因而主张一种折中主义的家庭制度。在折中家庭中,大家族仅留其根干,去其枝叶,将家的范围限定在直系家庭的范围内;兄弟婚后即分家,轮流侍养父母和祖父母。[2] 如此父母与子女始终同住,前者先尽养育之责,后者再尽侍奉之义。[3] 潘光旦的这一主张借鉴了法国学者勒普雷(Frederic Le Play)的"家位学派"思想[4],后者忧心于工业化和城市化导致传统家庭解体,正是19世纪保守主义的代表人物之一。[5]

潘光旦还将折中主义拓展到他对其他问题的思考上。例如,他认为性问题可以在个人、社会和民族三个层面讨论,而不应仅执其一端。[6] 横向来看,他试图为性问题在个体欲求和社会功能之间找到一种平衡的立场。纵向来看,他还强调婚姻在种族绵延意义上的功能:"婚姻之事,……所期者白头,所责者子息,社会生活之治乱所系,种族命脉之荣替攸关,其绝对不仅为二人之事,又何待多辩?"[7] 他强调"性别之分"之于"种族绵延"的重要性,由此走向维护传统妇道的立场,表达了生物

---

[1] 潘光旦:《人口数量与人口政策》,辑入《优生与抗战》,《潘光旦文集》第5卷,北京大学出版社,1997年,第104页。

[2] 杭苏红:《性爱、家庭与民族:潘光旦新家制的内在理路》,《社会学研究》2018年第1期。

[3] 潘光旦:《社会行政与优生》,辑入《优生与抗战》,《潘光旦文集》第1卷,北京大学出版社,1993年,第133页。

[4] 吕文浩:《中国现代思想史上的潘光旦》,福建教育出版社,2009年,第172页。

[5] Robert Nisbet, *The Sociological Tradition*, Transaction Publishers, 1993, p16.

[6] 吕文浩:《中国现代思想史上的潘光旦》,福建教育出版社,2009年,第203页。

[7] 潘光旦:《人文史观》,《潘光旦文集》第2卷,北京大学出版社,1995年,第398页。就种族绵延的功能而论,潘光旦的思想也含有社会选择论的成分,认为父母的贡献取决于子女的"质量":"凡是对家族实行过'有后'主义的人也就是无意中对民族行过孝道的人;至于此种孝行的实际的大小,甚至于此种孝行究属是贤明的呢,还是不过是一种愚孝呢,那就得看他所留的'后',在质与量上,是属于那一等了。"(见潘光旦:《论"对民族行其大孝"》,辑入《优生与抗战》,《潘光旦文集》第5卷,北京大学出版社,1997年,第15—16页。)

保守主义对于女权问题的看法。

人性有很多方面，潘光旦将"性别"单独列出，作为六目中的一目，足见其重视程度："性别是男女之分，虽只有两个，却十分基本，婚姻的制度、家庭的组织、至于民族的寿命，直接间接都依赖着它。"[1] 他认为两性之间存在着生理结构和心理倾向的差别，甚至可以看成两个物种。这种深刻的差别具有其合理性："唯其不同，乃得收分工合作之效；人类文化之演进，其仰仗于此种分工合作者实多。"[2] 两性的社会职责建立在他们的自然功能之上，而不仅在传统的制度和文化上，潘光旦便为保守主义找到了更坚实的生物学基础。

生物保守主义看重女性作为母亲的天职："……同一负社会文物维持与进展之责，其实地工作大半属诸男子，而实地工作人才之所由产生，则大半属诸女子；责任之性质不同，而其为重要则一。"[3] 也就是说，男性承担人才的工作，女性则负责培育人才，两者具有同等的重要性。他的这一观点在民国时期从未改变，多年后还如此重复："……假定男子是创造文化产生财富的人，那女子就是创造创造文化的人的人，和产生产生财富的人的人。能这样看，母教的责任自然是高于一切了。"[4]

针对五四以来走出家庭的妇女运动，潘光旦提出了鲜明的保守主张："妇女生活的中心场合，说来说去，还是家庭，妇女教育的出路，说来说去，还是不外做人之道，不但自己要怎样为人，并且怎样要为社会种族创造新人出来……"[5] 他提倡现代女性将子女的初期教育当成事业——

---

1 潘光旦：《论青年与社会思想》，辑入《自由之路》，《潘光旦文集》第5卷，北京大学出版社，1997年，第281页。

2 潘光旦：《平等驳议》，辑入《人文史观》，《潘光旦文集》第5卷，北京大学出版社，1994年，第361页。

3 潘光旦：《潘光旦文集》第1卷，北京大学出版社，1993年，第152页。

4 潘光旦：《新母教》，辑入《优生与抗战》，《潘光旦文集》第5卷，北京大学出版社，1997年，第147页。

5 潘光旦：《妇女解放新论》，辑入《人文史观》，《潘光旦文集》第5卷，北京大学出版社，1994年，第421页。

"看法积极,一件事便引得起兴趣,激发得出精神,虽劳而无怨"[1],甚至上升到民族振兴的高度:"女子而能体念到这个民族的立场,……推小己以成大我,认为一己的辛劳和民族的保世滋大有不可须臾离的关系,从而从最大的贡献以至于牺牲中觅取最富厚的快乐……"[2]

值得注意的是,潘光旦的社会理想并非一味维护旧制,两纲六目论也有纠正传统之失的一面:"自来男女之分野太严,不承认女子之个别变异,故凡具女子之形态者,一律强其生殖及作其他与生殖有连带关系之任务。"[3]他承认传统制度对女性过于严苛,尤其压制了那些个性突出的成员。现代社会的问题之一,即是满足这一部分女性的个性发展,而不是让所有女性都摆脱传统的母职。"……实际上大多数是普通身心健全的妇女,她们在比较健全的社会状况之下,是很可以在家庭之内安插的。"[4]大多数保守主义者也持有类似的看法,他们将女权主义看作一种应当驳斥的激进主义。[5]

五、自由、民主和平等的另类诠释

自由主义和社会主义主导了现代社会的走向。自由主义主张权利和机会的平等,社会主义则进一步要求地位和收入的平等。在社会选择论和两纲六目论的基础上,潘光旦对自由和平等进行了自己独特的诠释,

---

1 潘光旦:《家庭·事业·子女》,《潘光旦文集》第10卷,北京大学出版社,2000年,第290页。
2 潘光旦:《新母教》,辑入《优生与抗战》,《潘光旦文集》第5卷,北京大学出版社,1997年,第141页。
3 潘光旦:《中国之家庭问题》,《潘光旦文集》第1卷,北京大学出版社,1993年,第153页。
4 潘光旦:《女权:学理上的根据问题》,《潘光旦文集》第8卷,北京大学出版社,2000年,第227页。潘光旦在一些技术问题上的观点,比如主张母乳喂养,既合乎生物保守主义,也得到了当代研究的支持。见潘乃穆等编:《中和位育:潘光旦百年诞辰纪念》,中国人民大学出版社,1999年,第153—155页。
5 Larry Arnhart, *Darwinian Conservatism*. Imprint Academic,2005,pp51—52.

提出了中庸思想和公道原则，并相应地批判了自由主义和社会主义。吕文浩称潘光旦在"自由主义方面的著述基本上局限在教育思想文化领域，极少涉及政治经济的安排方面"[1]。至少他对自由和平等的阐释介入了民国的现实政治争论，有力地表达了保守主义的思想主张。

根据两纲六目论的架构，潘光旦发展出了一种权衡折中的价值体系，一套颇含哲理的中庸思想。他的这一思想受到霭理士和儒家传统很大影响，因为两者有着相近的思维方式，都主张通过中庸之道臻于和谐之境。[2] 潘光旦曾在一篇英文评论中介绍过霭理士的学说，即人生的主旨在于达到人与自然的外在和谐，以及人与本性的内在和谐。[3] 为了达到两种和谐，人类需要善用其自由。

潘光旦将自由理解为一种高明的境界："……我们口口声声说自由，实际上就讲到了中庸。……自由教育的结果，不但使人不受制于本能，更进而控制一己的本能，以自别于禽兽。"[4] 在他看来，自由就是通达和中庸，因此自由不是天赋的，而是需要努力争取的。[5] 潘光旦对个人生活的看法也以节约为准则，即"有分寸的满足"，即不完全遏制情欲，也不完全满足情欲。[6] 这样的自由观追求德性的完善，而不是权利的绝对。英国保守主义作家斯克拉顿也像潘光旦一样批评过抽象的个人自由：如果一个人不能敏锐感知事物的价值，自主也就无从谈起。[7]

针对个体的中庸思想也适用于政治制度。潘光旦主张一切政制"要

---

1 吕文浩：《潘光旦》，群言出版社，2013年，第322页。

2 吕文浩：《中国现代思想史上的潘光旦》，福建教育出版社，2009年，第201页。

3 Pan Guangdan, *Socio-biological Implications of Confucianism*. Beijing: Foreign Language Teaching and Research Publishing Co., Ltd & Springer-Verlag Berlin Heidelberg, 2015, p200.

4 潘光旦：《自由、民主、与教育》，辑入《自由之路》，《潘光旦文集》第5卷，北京大学出版社，1997年，第260页。

5 同上书，第257页。

6 潘光旦：《节约运动与民族》，辑入《优生与抗战》，《潘光旦文集》第5卷，北京大学出版社，1997年，第27页。

7 斯克拉顿著，王皖强译：《保守主义的含义》，中央编译出版社，2005年，第55页。

奠定个人与社群间应有的平衡，要取得人格三方面与群格三方面应有的协调"[1]。就人格三方面来说，不偏废通性、个性和性别的任何一目，即做到了政治制度上的通达，他将这种制度称为"民主政治"，有别于个人主义或社会主义的民主制度。[2]在潘看来，后两者都有所偏废，舍本逐末："要是旧日的弊病在唯本舍末，今日的弊病似乎在忘本逐末。革命的哲学，要是走上极端，一定是一个忘本的哲学。"[3]

今天西方学者一般将保守主义放到政治光谱的右端，社会主义放在左端，自由主义处在中间。[4]潘光旦则认为自己的学说才是持中之论，社会主义偏向通性，压制个性，自由主义恰恰相反。[5]他引用19世纪英国保守主义者阿诺德（Matthew Arnold）的观点，说明从希腊和犹太文明开始，到20世纪的美国和苏联，西方社会就在这两端之间来回打转。[6]民国时期的中国同样在这两股思潮之间打转，[7]潘光旦想必会自视为找到中庸之道的智者。

这里值得特别分析潘光旦对自由主义的批评，因为很少有人将他视

---

1 潘光旦：《个人、社会、与民治》，辑入《自由之路》，《潘光旦文集》第5卷，北京大学出版社，1997年，第469页。

2 潘光旦：《民主的先决理论》，辑入《自由之路》，《潘光旦文集》第5卷，北京大学出版社，1997年，第465—467页。潘光旦还将"民主"释为"以民为主"，而非"人民作主"。因为"民"与"人"通用，"主"与"本"同义，民主思想即人本思想："我们为民主的理论打基础，……就是就人本的立场（humanist与personalist），力求一个融会贯通，折中至当。"（见《潘光旦文集》第5卷，北京大学出版社，1997年，第453页）这与"主权在民"的宪政理论也大相径庭。

3 潘光旦：《说本》，辑入《优生与抗战》，《潘光旦文集》第5卷，北京大学出版社，1997年，第14页。

4 利昂·巴拉达特著，张慧芝、张露璐译：《意识形态起源和影响》，世界图书出版公司，2010年，第17页。

5 潘光旦：《论青年与社会思想》，辑入《自由之路》，《潘光旦文集》第5卷，1997年，北京大学出版社，第282页。

6 潘光旦：《欧洲局势与思想背景》，辑入《政学罪言》，《潘光旦文集》第6卷，北京大学出版社，2000年，第36—38页。

7 余英时：《中国思想传统及其现代变迁》，广西师范大学出版社，2004年，第79—81页。

为社会主义者[1]，却有不少学者将他看作自由主义者。吕文浩也强调了潘光旦的非自由主义思想，可同时注意到他与民国的自由主义知识人"在思想气质上也有相通之处"[2]。当时的自由主义者恐怕更多看到了他们之间的分歧。例如，在一次学术交流后，胡适在日记中写道："平社在我家开会，潘光旦读论文……他的论文很好，但见解也不无稍偏之处。他反对个人主义，以为人类最高的理想是'承先启后''光前裕后'。……真能完成个人，也正是真能光前裕后也。"[3] 两人的社会理想存在着原则性的分歧，即以个人为本位，还是以家庭为本位。

作为自由主义的代表人物，胡适师承美国哲学家杜威，后者以实验主义闻名。潘光旦在一篇书评中批评了杜威的思想："至于政治，杜威的见解也近乎原子论或机械论一流，他认为政治社会……是一种彼此牵制的凑合，而不是彼此协调的融合；……因此，政治的作用只是消极的防杜分歧，而不是积极的推进融洽。"[4] 这一批评的立场很接近保守主义的有机论，即将社会看成一个有机结合的整体，而不是一盘散沙的集聚。

潘光旦的平等观更能显示他保守的思想本色。保守主义最关键的特征之一，就是为经济和社会的不平等辩护。[5] 斯克拉顿说过："天赋、才干、精力等等实际上纯属人类生命的衍生物，其分配是不平均的，所以

---

1 潘光旦曾提到哈耶克的《通往奴役之路》，并评论说："哈氏认为自由经济与计划经济不能两立，过分的抨击计划经济与集体主义的措施，我是不赞成的……"谢泳据此认为潘光旦等人在"思想倾向上更愿意接近拉斯基，正是他们的这种取向，影响到了他们最终的政治选择"（见谢泳：《教授当年》，百花文艺出版社，1998年，第131页）。吕文浩也指出："在评论当时英美个人主义的市场经济与苏联的集体经济时，潘光旦认为两者皆有弊端，最好是把两者综合起来，走一条折中的社会民主主义道路。"（见《中国近代思想家文库·潘光旦卷》，中国人民大学出版社，2015年，代导言第7页）潘光旦的"中间道路"实为保守主义，而不是拉斯基式的左翼自由主义或社会民主主义。

2 吕文浩：《中国现代思想史上的潘光旦》，福建教育出版社，2009年，第13页。

3 曹伯言编：《胡适日记全编（第五册，1928—1930）》，安徽教育出版社，2001年，738页。

4 潘光旦：《政治与教育》，辑入《自由之路》，《潘光旦文集》第5卷，北京大学出版社，1997年，第265页。

5 Peter Dorey, *British Conservatism—The Politics and Philosophy of Inequality*. London: I.B. Tauris & Co Ltd, 2015, pp1-2.

财产的分配也会是不平等的，……不应把财产不平等分配的事实看作'不公平'。"[1] 优生学家清楚人类的自然品性存在巨大差异，而且这些品性很大程度上由遗传决定。诸如身高、智力、心理倾向、道德水平、兴趣爱好和易患疾病等一系列生理和心理属性，都适用于这一规律。[2] 作为优生学者的潘光旦不会为不平等感到不安，因为品性的差异正是文明进步的根源。他最看重的上等品性包括卓越的智力和突出的才能，并以此界定社会中的"优秀分子"和"人才"。[3]

既然人与人之间生性不平等，如何看待现代社会中的平等诉求呢？潘光旦指出，从肯定意义上说，平等就指一个人的地位升降完全由其才志决定，类似于今天讲的"贤能统治"（meritocracy）；从否定意义上讲，平等指不存在特权阶级，即人人拥有平等权利。[4] 由此可见，潘光旦绝非捍卫皇权制度和贵族利益的老保守主义者，而是承认社会流动和精英轮替的新保守主义者。后者虽然也强调品性差异，并不认为这些品性只属于某个阶层或集团的成员。

一个人的天赋才能与其发展机会、工作环境和物质待遇都相匹配，既没有屈才，也没有抬举，在潘光旦看来就实现了"平等"。因为平等的概念在当时的舆论中已被滥用，他又提出"公道"一词指称他所理解的平等。[5] 公道原则要求社会成员依其才能各安其位，偏上偏下皆失其据。"……言公道必参考二种事物，一曰个人之能力，二曰社会之需要：二者

---

1 斯克拉顿著，王皖强译：《保守主义的含义》，中央编译出版社，2005年，第85页。
2 潘光旦：《优生原理》，《潘光旦文集》第6卷，北京大学出版社，2000年，第284页。
3 潘光旦在别处列举的重要能力还包括体力、研究能力、组织能力和社会服务能力（见潘光旦：《民族特性与民族卫生》，《潘光旦文集》第3卷，北京大学出版社，1995年，第206页）。
4 潘光旦：《民主政治与先秦思想》，辑入《自由之路》，《潘光旦文集》第5卷，北京大学出版社，1997年，第433页。
5 潘光旦：《妇女解放新论》，辑入《人文史观》，《潘光旦文集》第2卷，北京大学出版社，1994年，第428页。

如相须而不相抵触,则社会与此个人之间,可云已有公道之授受。"[1] 当人们指责不平等之时,其实他们在抱怨不公道,潘光旦建议将机会平等改为机会公道,法律平等改为法律公道。[2]

位育之说是潘光旦代表性的思想之一,他将生物学概念"适应"(adjustment)译为位育,取自《中庸》里的"致中和,天地位焉,万物育焉"。潘光旦解释说"位者安其所也,育者遂其生也"[3]。这种译法一方面强调了人类个体的主动性,另一方面也包含了各安其位的秩序性。他曾写道:"社会的位育有两方面,一方面是位,即是秩序,秩序的根据是社会分子间相当的'同';一方面是育,即是进步,进步的根据是社会分子间适量的'异'。"[4] 这里的同和异对应着通性和个性,在保养通性的基础上才有个性的发展,因此他特别用了"适量"二字。

在同胡适辩驳的一篇文章中,潘光旦提到他对古代人生观的看法:"……古所云之乐天,安命,知足,守分,我也不甚赞成,却也以为不宜推翻,宜加以相当的修正……"他说的修正之法,即是要人们承认"自然的限制"和遗传的作用。他引用英国遗传学家的"新安分论":"……改良社会的目的,决不应在取消阶级,却应使各个人,率其子女,加入相当的阶级而安之。"[5] 他希望社会成员接受彼此的自然属性差别,也安于不平等的地位。

在潘光旦看来,平等的权利并不意味着平等的结果——因为人与人有着先天的品性差异。在一个理想世界里,各种资源按照才能和努力分

---

[1] 潘光旦:《中国之家庭问题》,《潘光旦文集》第1卷,北京大学出版社,1993年,第152页。

[2] 潘光旦:《平等驳议》,辑入《人文史观》,《潘光旦文集》第2卷,北京大学出版社,1994年,第357页。英文中的 equality 和 equity 两词分别对应平等与公道,现在都被译为"平等",潘光旦的区分是很有必要的。

[3] 潘光旦:《"位育"?》,《潘光旦文集》第8卷,北京大学出版社,2000年,第439页。

[4] 潘光旦:《尚同与尚异》,辑入《读书问题》,《潘光旦文集》第2卷,北京大学出版社,1994年,第64—65页。

[5] 潘光旦:《科学与"新宗教新道德"——评胡适《〈我们对于西方近代文明的态度〉》,《潘光旦文集》第8卷,北京大学出版社,2000年,第220页。

配,那么结果不平等恰恰意味着公道的实现,因此他反对要求实质平等的激进政治主张。像同时代的西方保守主义者一样,潘光旦对社会上流行的种种平等观进行了驳斥。例如,他猛烈批评有关人类天性相近的错误假设:"……(曰)人人有为尧舜之可能性,而此可能性者实为彻底改造社会之张本,则不特与科学事实相抵触,且亦为常识所不容许已。"[1]

激进的平等主义者将个体差异完全归因于后天的环境因素,他们据此谴责社会不公,并要求政府采取强制措施实现平等。潘光旦认为这反倒导致了极度不公:"世间不平等之事无过于不平等事物之平等待遇。"[2]例如,有人主张给予不同职业相近的工资,潘光旦首先强调它们之间有着不同的技能要求,考虑到工作性质的差别,"……欲求其(技能要求不同的工作)经济价值之相等而无害于公道,我恐任何主义之政治下所不可能。不可能而强之,行见社会上价值标准日趋紊乱,而公道日即于沦丧而已"[3]。

赫希曼将保守主义思想归纳为三种论证方式——悖谬的命题、危险的命题和无效的命题。[4] 从上例可以看出,潘光旦已经指出了激进平等主义的危险和悖谬——效率降低,不公加剧。在多年后的一篇文章中,他还采用过无效命题的论证方式,指出任何政治体制都存在少数统治者和多数被统治者,"……根据一部分人的理想,一切社会阶级前途可能消灭,但这个最低限度的双重分化大概是取消不了的"[5]。

---

[1] 除了外在的生理条件差异,人类也存在内在的心理禀赋差异。潘光旦曾批评否认心理差异的"心物二元论":"生物个体之结构,演化至某种复杂程度时,即发生相当复杂之生理作用,心理作用不过生理作用之一部分耳。"(见潘光旦:《平等驳议》,辑入《人文史观》,《潘光旦文集》第 2 卷,北京大学出版社,1994 年,第 354—355 页)

[2] 潘光旦:《平等驳议》,辑入《人文史观》,《潘光旦文集》第 2 卷,北京大学出版社,1994 年,第 353 页。

[3] 同上书,第 360—361 页。

[4] 阿尔伯特·赫希曼著,王敏译:《反动的修辞——保守主义的三个命题》,江苏人民出版社,2012 年。

[5] 潘光旦:《一种精神两般适用》,辑入《自由之路》,《潘光旦文集》第 5 卷,北京大学出版社,1997 年,第 478 页。

对于平等主义在现代社会的流行，潘光旦将其归结于政客与大众的合谋："至政客及其他宣传家口吻中之平等，其旨在博民众之欢心而求自逞，其始终不肯放弃之故，更显而易见也。"[1] 由此引出了他对普选制的批评。在他看来，一般民众的平等观属于卢梭的"自然平等论"，即人人天生品性相近。他们拥护一人一票的普选制，因为它不计投票人的地位或资格。考虑到大部分人资质平庸，通过多数决策机制，他们也会让政治走向平庸。[2] 斯克拉顿也表达过类似的观点："就权力和权威两者而言，平均分配前者会导致后者的丧失。"[3] 潘光旦不相信多数的意见一定正确，"多者未必是，而少者未必非也"[4]。可见他在政治上也持有批判西方民主的保守主义立场。

六、学术贡献的重新评价

粗略梳理过潘光旦的社会思想与保守主义的关系后，我们可以从新的视角重新评价他的学术贡献。当代研究中国社会学史的学者，常常将潘光旦列为名家之一。[5] 郑也夫认为："……中国社会学前辈中，非一枝独秀，有双峰并峙，即潘光旦和费孝通。"[6] 他在别处甚至将列为中国"社会学第一人"[7]。可潘光旦在民国时期只是接近了一流学者的地位。1948年，中央研究院举行过一次院士选举，潘属于人文组55名候选人之一，

---

1 潘光旦：《平等驳议》，辑入《人文史观》，《潘光旦文集》第2卷，北京大学出版社，1994年，第364页。
2 同上书，第365页。
3 斯克拉顿著，王皖强译：《保守主义的含义》，中央编译出版社，2005年，第35页。
4 潘光旦：《中国之家庭问题》，《潘光旦文集》第1卷，北京大学出版社，第129页。
5 韩明谟：《中国社会学名家》，天津人民出版社，2005年；阎明：《中国社会学史——一门学科与一个时代》，清华大学出版社，2010年。
6 郑也夫：《序言：隔代一书谈，回首百年身》，陈心想：《走出乡土——对话费孝通〈乡土中国〉》，生活·读书·新知三联书店，2017年，第13页。
7 郑也夫：《吾国教育病理》，中信出版社，2013年，第71页。

最后选出的28名院士中并没有他。[1] 在此前通信投票的环节中，潘光旦的票数（5票）不仅低于陶孟和（11票）与陈达（8票），也低于半数（6票），结果陶陈两人当选院士。[2]

潘光旦在同代人的眼中没有进入一流学者之列，他对当代社会学的贡献也不显著。从论文引用量来看，他和费孝通对社会学研究的影响甚至不在一个数量级上。基于中文社会科学索引数据库（简称CSSCI），本文作者搜索了标题中包含潘或费姓名的社会学论文篇数。从1998年到2018年，与费孝通相关的社会学论文高达87篇，与潘光旦相关的只有9篇。一位学者求学时未进入社会学专业，治学时不沿用社会学理论，其学术遗产对社会学界也没有很大影响，我们就很难高抬他在社会学史上的地位了。

不过，某位学者对一门学科的贡献并不能代表他对整个学术界的贡献。上述分析并不是要贬低潘光旦的学术声誉，只想指出他的贡献放在整个学术史和思想史来看更有意义。囿于社会学的学科边界，我们只能将潘光旦看作这一领域的"另类人物"[3]，或所谓"生物学派"的代表。今天的学科划分早已默认"自然/文化"的二分法，生物学既属前者，研究"文化"的社会学又何来"生物学派"？无论民国末年的院士选举还是今天的专业研究，都在学科的藩篱下低估了潘光旦的思想价值。

英国思想家伯林曾将学者分为两类——刺猬和狐狸："狐狸知道许多事，而刺猬知道一件大事。"潘光旦的学术兴趣广泛，研究对象包括人

---

[1] 谢泳编：《胡适还是鲁迅》，中国工人出版社，2003年，第181页。费孝通当时已经写出了《生育制度》和《乡土中国》等代表作，不过他比潘光旦等人低了一辈，并未进入55名候选人之列。

[2] 郭金海：《1948年中央研究院第一届院士的选举》，《自然科学史研究》第25卷第1期，2006年，第42页。早先胡适在日记中记录了人文组人文部分院士的拟提名单，他想不出"人文地理"和"民族学"两学科合适的人选。潘光旦在这两方面均有著述，可以推断，胡适认为他的相关研究尚未达到评选院士的水准。见曹伯言编：《胡适日记全编（第七册，1938—1949）》，安徽教育出版社，2001年，第657页。

[3] 吕文浩：《中国现代思想史上的潘光旦》，福建教育出版社，2009年，第65页。

才、家庭、科举、性心理和民族问题,似乎像个狐狸式的学者。[1] 可这些研究大都基于社会生物学,他其实是一位刺猬型学者,符合伯林说的"凡事归系于某个单一的中心识见,一个多多少少连贯密合成条理明备的体系"[2]。

重新评价潘光旦的学术贡献,应当从他知道的"一件大事"出发,有些学者也提出了相近的看法。费孝通曾写道:"……潘先生广博洋溢的学术思想始终没有越出他自己选定的那条'强种优生'的主流。"[3] 潘的学生全天慰也说过:"潘先生提倡的社会思想大都和他的优生原理有联系……他早先是优生学家,后来才是优生学家兼社会学家。"[4] 根据本文第二节的分析,优生学更宜被看作潘光旦基于社会生物学的应用研究,而不是他的学科归属,他所知的"一件大事"也应该是社会生物学。

今天,优生学只是当代医学中的一个小分支,人文社科领域的学者几乎无人涉及。可在20世纪20年代的西方,优生学不仅是一门显学,其思想和方法还影响到国家政策与公众舆论。美国就有30多个优生学的学术组织[5],其中的高尔顿协会(Galton Society)吸收了数位当时一流的生物学家[6]。潘光旦的一篇文章如此评价优生学的广泛影响:"西方文化的时代精神,德人所时常称道的 Zeitgeist(时代精神)要是真有的话,于此也可以窥见一斑了。"[7] 他日后主张做学问要像"逆流而上的鱼"[8],当时他可是顺应时代潮流的。

---

1 闻翔:《陈达、潘光旦与社会学的"清华学派"》,《学术交流》2016年第7期,第157页。

2 以赛亚·伯林著,彭淮栋译:《俄国思想家》,译林出版社,2001年,第26页。

3 费孝通:《重刊潘光旦译注霭理士〈性心理学〉书后》,《潘光旦文集》第12卷,北京大学出版社,2000年,第739页。

4 潘乃穆等编:《中和位育:潘光旦百年诞辰纪念》,中国人民大学出版社,1999年,第10页。

5 吕文浩:《潘光旦》,群言出版社,2013年,第45页。

6 Aaron Gillette, *Eugenics and the Nature-Nurture Debate in the Twentieth Century*. New York: Palgrave Macmillan, 2007, p11.

7 潘光旦:《文化的生物学观》,辑入《人文史观》,《潘光旦文集》第2卷,北京大学出版社,1994年,第320页。

8 潘光旦:《学问与潮流》,辑入《读书问题》,《潘光旦文集》第2卷,北京大学出版社,1994年,第46页。

潘光旦回国后大力向国人普及优生学，引领了一场"民族卫生"的思想运动。[1] 与此同时，西方学界已经开始批判和否定优生学了。优生学家相信他们可以像培育动物一样，用人工选择的方式改善人类的品性，然而他们的科学理论远非扎实。潘光旦的老师达文波特的研究成果就被后来的学者批评为"数据质量差，缺乏一致性和明显的统计过分简化"[2]，甚至就当时的学术水准而言，他的结论也是大可怀疑或纯粹错误的。[3] 当潘光旦在40年代继续传播优生学的时候，这门学科在美国已成绝学，[4] 他未被选为院士也许与此有关。

优生学导致了可怕的政策后果，即使温和的措施也侵犯人们的生育权。幸或不幸，潘光旦一生从未遇到让优生学付诸实践的机会。他因此没有像西方的优生学家那样染上恶名，也没有在生物学界内部受到深入的批判，[5] 虽然社会学家与他的争论一直持续到50年代。20世纪80年代中国推行计划生育政策后，潘光旦和优生学都恢复了名誉。[6] 在百年诞辰之际，他甚至得到了中国医学界的隆重纪念[7]——虽然当代优生学与他的

---

1 冯客著，杨立华译：《近代中国之种族观念》，江苏人民出版社，1999年，160—162页。

2 Aaron Gillette, *Eugenics and the Nature-Nurture Debate in the Twentieth Century*. New York: Palgrave Macmillan, 2007, p65.

3 Daniel Kevles, *In the Name of Eugenics: Genetics and the Uses of Human Heredity*. Berkeley and Los Angeles: University of California Press, 1985, p48.

4 Aaron Gillette, *Eugenics and the Nature-Nurture Debate in the Twentieth Century*. New York: Palgrave Macmillan, 2007, pp145-146.

5 例如，赵功民和谈家桢等人编著的《中国遗传学史》给予潘光旦很高的评价："潘光旦作为我国优生学研究的先行者和著名的社会学家，为推动我国早期的优生运动，推动遗传学在社会中的应用，作出了突出的贡献。"（见蒋功成：《文化解释的生物学还原与整合——评〈潘光旦文集〉中的人文生物学和新人文思想》，《社会学研究》2007年第6期，第214页。）这完全不同于今天西方学者对早期优生学的批判态度。而改革开放前对优生学的批判，主要是从意识形态出发的。（见潘乃穆等编：《中和位育：潘光旦百年诞辰纪念》，中国人民大学出版社，1999年，394—395页）

6 Yuehtsen Juliette Chung, *Struggle for National Survival: Chinese Eugenics in a Transnational Context, 1896-1945*. New York: Routledge, 2002, p174.

7 李崇高：《潘光旦优生思想研究——纪念我国优生学家潘光旦诞辰100周年》，《中国优生与遗传杂志》1999年第6期。

思想相去甚远。[1]

今天我们应当批判地看待潘光旦的优生主张,不宜将其视为他的主要学术成就。潘光旦没有像西方的同行那样,以人类为实验对象,从事优生学的实证研究,而是根据社会生物学分析和评判中国历史,尤其是儒家的文化和制度,这当属于他最大的学术成绩。他在中国开创了社会生物学的研究范式,引进了达尔文主义的思想和方法,在这一领域走到在国际学术界的前沿。在阐述"优生原理"和"人文史观"的著述中,潘光旦的思考不仅涉及文化对人类演化的作用,文化自身的演化和选择过程,还探讨了文化与生物的协同演化,例如他对东西方宗教的社会生物学分析。与其称他为"中国早期的优生学家",不如说是社会生物学的先驱者。

在家谱学、天才研究和民族问题方面,潘光旦结合史料,做过大量开创性的研究。这些研究的学理和方法存在着很大的问题,后来的学者很少使用他整理过的材料,[2] 也不宜评价过高。在先天和后天的争论持续一个多世纪后,现在的学者至少清楚,高尔顿高估了先天因素,因为他并没有将先天和后天因素在统计上分开处理。出现多位天才的家族成员具有近似的基因,可他们也生活在相近的环境中。[3] 潘光旦也跟随高尔顿犯了同样的错误。[4]

今天,发达的行为基因学(behavior genetic studies)能够更清楚地揭示遗传现象。人类品性的变化有多少可以被基因差异解释?行为基因

---

1 蒋功成:《新旧优生学的区别及其社会建构》,《淮阴师范学院学报》(哲学社会科学版) 2008年第2期,第172—178页。

2 聂莉莉:《知识分子的思想转变——新中国初期的潘光旦、费孝通及其周围》,(台湾)清华大学出版社,2018年,第48页。

3 Dean Keith Simonton,*Genius 101*. Springer Publishing Company, 2009, pp85-86.

4 在1949年出版的《优生原理》中,潘光旦已经引用了区分后天和先天因素的近期研究,可他的结论又偏向了高尔顿(见《潘光旦文集》第6卷,北京大学出版社,2000年,第226—238页)。他曾译介过高尔顿和其他学者的双生子研究,这些研究主要对比了相同家庭环境的同卵双生子和异卵双生子,以及寄养子与亲生子,很少对比不同家庭环境的同卵双生子(见《潘光旦文集》第9卷,北京大学出版社,2000年,第1—34页)。

学家使用"遗传力"（heritability）这一指标来测度生物因素的作用。一项综述性研究表明，成年人的智商在 0.8 以上，即基因差异至少可以解释成年人口中 80% 的智商差异。[1] 个性（如外向/内向）在 0.5 左右，偏好（如艺术/研究）仅在 0.3 至 0.4 之间。如果天才的产生仅仅取决于智商，那么遗传机制将起到主要的决定作用。但是他们不能仅仅依靠智商取得杰出成就，内在的个性和偏好，外在的机遇和条件，同样也很重要。而且，这些因素的综合作用可能不是累加的（additive），而是具有乘数效应的（multiplicative），它们的相互作用还没有被研究清楚。[2] 可以想见，潘光旦当年对遗传和环境作用的理解就更缺乏严谨的科学依据了。[3]

尽管潘光旦过高估计了遗传因素的影响，对社会选择的理解也不像后世的社会生物学家那样顾及多个层面，他对人类行为的生物学解释，依然在中国现代学术史留下了光辉的印迹。他的遗传学知识达到了国际水平，其学术眼光和问题意识超越时代，今天的学者仍能从中得到启发。主流的社会学家一般偏向于使用环境论或文化论解释人类行为。潘光旦的一大贡献在于抗衡这些理论，与同时代的社会学家展开辩论，维持了思想生态的平衡。[4]

19 世纪末的几十年间，人类对动植物的了解比以往深入了许多，进化论更是为解释物种的起源和物种之间的关系提供了基本理论。到了 20 世纪初，优生学家相信很多人类行为都具有遗传基础，他们开始用自然选择和性选择理论研究人性，并积累了一批研究成果。与此同时，一些社会科学家则相信环境因素决定人类行为，他们自称为"行为学派"

1　Thomas J Bouchard, Genetic Influence on Human Psychological Traits: A Survey. *Current Directions in Psychological Science* 13(4): 148-151, 2004.

2　Dean Keith Simonton, *Genius 101*. Springer Publishing Company. pp98-100, 2009.

3　潘光旦后来也承认："就目前（四十年代末）论，我们对于造成复杂品性的若干单纯品性，事实上还分辨不出，姑无论其背景里的种种基因了。"（见《潘光旦文集》第 6 卷，北京大学出版社，2000 年，第 315 页。）

4　吕文浩：《潘光旦》，群言出版社，2013 年，第 95—104 页。

（Behaviorism），并与生物学家们展开论战。[1]

当潘光旦于20世纪20年代前往美国求学时，这就是围绕他的学术环境。他当时接触过行为主义学派，对单纯的环境论持有强烈的怀疑态度。[2]虽然他过于重视遗传因素，可并非不承认环境影响。在潘光旦看来，问题在于行为主义者和社会学家常常忽略生物因素："……在文化社会学家方面，对于先天的种种能力或能性，却大有掉头不屑一顾的态度，坐使二派学问（先天派与后天派）彼此不能携手，互相启衅，这是我认为很不幸的。"[3]

二战以后，由于意识形态的原因，无论在美国还是中国，人的行为越来越被看作一种社会现象，而非生物现象。社会学家不再像孔德那样将生物学作为位于下层的基础理论，而是将它看作与己无关的"自然科学"。潘光旦在40年代中期抱怨道："……许多社会学家就不大参考生物的立场，更不免反对遗传与选择的学说。"[4]在学科分工越来越细化的今天，社会学家依然很少接触生物理论，[5]甚至走向了相对主义或后现代主义等"过度的社会学化"。[6]潘光旦早年的告诫仍然具有现实意义。

1　Aaron Gillette，*Eugenics and the Nature-Nurture Debate in the Twentieth Century*. New York: Palgrave Macmillan，2009.

2　潘光旦：《平等驳议》，辑入《人文史观》，《潘光旦文集》第2卷，北京大学出版社，第363页。

3　潘光旦：《优生与文化》，辑入《人文史观》，《潘光旦文集》第2卷，北京大学出版社，第388页。

4　潘光旦：《闲话生物学的课程》，辑入《优生与抗战》，《潘光旦文集》第5卷，北京大学出版社，第45页。

5　Jerome H Barkow edited，*Missing the Revolution Darwinism for Social Scientists*. New York: Oxford University Press，2006.

6　彼得·狄肯斯著，涂骏译：《社会达尔文主义——将进化思想和社会理论联系起来》，吉林人民出版社，2005年，第57页。

七、结语：中国的生物保守主义

由于种种原因，潘光旦长期被误认为一位自由主义者。本文的主旨就是要抹去贴在他身上的自由主义标签，还原其保守主义者形象。[1] 有点讽刺的是，潘光旦从未自视为"保守主义者"，他这样看待进步与保守的关系："进步和保守也是相对而不是相反的两个概念。进步不一定是功德，保守不一定是罪恶……我们应当窥察所前进的是怎样的一步，所保守是怎样的东西，然后再下功罪的判断。"[2] 根据社会选择论，他所要保守的事物，就是优良的血种。潘光旦在这点上肯定了科举等中国古代制度具有优生强种的隐功能。

类似中国现代史上的其他保守主义派别，社会选择论以一种从西方引入的现代价值观评价中国传统的典章制度，区别在于它更重视生物遗传，而非文化遗产。这种保守主义带有理性主义的色彩，不同于为现状辩护的工具性保守主义。[3] 当指向现实政治时，它就走向了右翼激进主义。潘光旦抱着学术救国的情怀，相信优生学肩负着宏大的使命："我们期望着，民族的生命延长一代，民族的品质也迈进一代。只有民族品质的继长增高，才可以把我们从因循苟且的旧辙里搭救出来，才可以教我们重新讲求继志述事与显扬光大的大业。"[4]

潘光旦也许已经意识到，他强种优生的政策主张从家庭本位偏向了

---

1 吕文浩在近作中指出："……他（潘光旦）的家庭教养、求学经历和人际交往圈子大体上是在自由主义阵营，其社会思想在这一阵营的同调更多一些。数目之多，难以枚举。"（见《中国近代思想家文库·潘光旦卷》，中国人民大学出版社，2015年，代导言第11页）潘光旦的确发表过不少自由主义言论，但就其思想主旨来看，自由主义阵营中的同道者实在罕见——如果不是没有。

2 潘光旦：《民主的先决理论》，辑入《自由之路》，《潘光旦文集》第5卷，北京大学出版社，1997年，第455—456页。

3 Samuel Huntington, Conservatism as an ideology. *American Political Science Review* 51: 454-473，2007.

4 潘光旦：《论"对民族行其大孝"》，辑入《优生与抗战》，《潘光旦文集》第5卷，北京大学出版社，1997年，第19—20页。

国家本位，这正是西方优生学的特征之一。[1] 他在抗战时期指出："……健全的民族分子的增加，本身不是一个目的，而是一个手段。这种民族分子的增加，就等于民族一般品质的提高，也就等于民族经济生产力与文化创造力的扩大。能力扩大，事功加多，直接可以抬高民族的地位，间接可望对全人类的演化，有所贡献。这才是最后的目的。"[2] 在民族危亡的历史时刻，救亡并没有压倒"启蒙"，"启蒙"正是为了救亡。乐黛云对此评价道："激进派强调革命，鲁迅等人强调改造国民性，保守派强调重建'国魂'，都不是以个人为本位。"[3] 潘光旦也不例外。

然而，在另一篇文章里，潘光旦明白无误地否定了进步观："历史是不是一个巨轮，这巨轮有没有轨道，这轨道所引到的境界，是不是越前进越光明；我们的答复是很简单的：不，没有。"[4] 他的思想还包含着另一条主线，从作为科学理论的社会生物学发展到作为社会理想的两纲六目论。[5] 在潘光旦看来，符合这种理想的"健全社群"古今中外都找不到，也很难说今胜于昔了。[6] 不过，相对而言，儒家文化不趋极端，兼顾群体和个体，接近合乎中庸的平衡状态。[7] 潘光旦因而称赞道："……绳以今日社会生物学之学理，则可知孔门学识独到之处，有足惊人者。"[8] 他还列出

---

1 Maurizio Meloni, *Political Biology-Science and Social Values in Human Heredity from Eugenics to Epigenetics*. New York: Palgrave Macmillan, 2016, p67.

2 潘光旦：《论"对民族行其大孝"》，辑入《优生与抗战》，《潘光旦文集》第5卷，北京大学出版社，1997年，第19页。

3 乐黛云：《比较文学与比较文化十讲》，复旦大学出版社，2004年，第131页。

4 潘光旦：《所谓"历史的巨轮"》，辑入《自由之路》，《潘光旦文集》第5卷，北京大学出版社，1997年，第315页。

5 社会选择论和两纲六目论的思想都出现在潘光旦的早期作品里。他一方面希望优生强国，另一方面又批判现代性，这两种理论也交织在他一生的治学为文中。它们之间的复杂关系需要另文讨论。

6 潘光旦：《个人、社会、与民治》，辑入《自由之路》，《潘光旦文集》第5卷，北京大学出版社，1997年，第465页。

7 余英时：《中国思想传统及其现代变迁》，广西师范大学出版社，2004年，第81页。

8 潘光旦：《生物学观点下之孔门社会哲学》，《潘光旦文集》第8卷，北京大学出版社，2000年，第124页。

了儒家学说和社会生物学的对应关系表[1],说明两者多有相通之处。在这个意义上,潘光旦堪称中国第一位生物保守主义者。

保守主义认为现代文明使人类享受了巨大的好处,同时也让他们的生活变得更糟糕了。[2]生物保守主义者得出了大致相同的结论,他们的洞见在于,人性并非无中生有,而是经过几百万年,甚至更久远的自然选择演化而成。人类的品性更适应于史前采集狩猎的小部落,而非工业革命后的大都市,因为生物演化的速度远低于文明变迁的速度,现代社会由此产生了普遍的异化现象。[3]出于对现代性的这一体认,生物保守主义者和其他保守主义者所见略同:他们都强调家庭和社区的重要性,都承认性别和个体之间的差异,都反对平等主义的进步观[4],可以视为美国政治哲学家罗尔斯所谓的"重叠共识"。

潘光旦清醒地意识到了现代社会的异化问题[5],他的一段文字也许最好地诠释了生物保守主义的要旨:"《中庸》开头的几句话说:'天命之谓性,率性之谓道,修道之谓教'。性是人生的根源,道是人生的表现,教就是文化,所以帮表现的忙的……人生是一种功能,这功能原是自然的,但如完全任其自然,便……与其他动物没有多大分别,所以要剪裁润色……这剪裁与润色的权能好像是完全在人的手里,人类……往往不免滥用,结果,不是剪裁过度,便是润色过度……"[6]

---

1 潘光旦:《生物学观点下之孔门社会哲学》,《潘光旦文集》第8卷,北京大学出版社,2000年,第133页。

2 斯克拉顿著,王皖强译:《保守主义的含义》,中央编译出版社,2005年,第103—104页。

3 Felipe Fernández-Armesto, *A Foot in The River—Why Our Lives Change and the Limits of Evolution*. Oxford: Oxford University Press, 2017, pp197-199. 马克思的异化理论当然也注意到了这一问题,可他更重视人类的社会性,而社会生物学家强调基因的自私性(见彼得·狄肯斯:《社会达尔文主义——将进化思想和社会理论联系起来》,吉林人民出版社,2005年,第112页)。

4 Larry Arnhart, *Darwinian Conservatism*. Imprint Academic, 2015.

5 潘光旦:《工业化与人格》,《潘光旦文集》第10卷,北京大学出版社,2000年,第324页。

6 潘光旦:《说"文以载道"》,辑入《自由之路》,《潘光旦文集》第5卷,北京大学出版社,1997年,第244—245页。

也许由于潘光旦思想中的激进主义成分，民国时期的保守主义者和后来的研究者都没有将他归入保守主义阵营。更重要原因恐怕在于潘光旦的学理基础和论证方法。就政治哲学的理路而论，潘光旦虽然称自己的学说"人文史观"，实则为"文化的生物史观"，人和文分成两部分。[1]他的保守主义基于自然主义的"人"，而不是儒家经学、基督教神学或人文主义的"文"。从清朝遗老、国粹派到学衡派，各派保守主义者的知识结构大都基于传统或西方的人文学科。他们即使了解一点进化论，其解读也偏于社会进化论或社会达尔文主义，[2]并将它与实验主义或共产主义等量齐观。[3]进化的概念主要用作比喻，与生物学没有多大关系。潘光旦虽然说过进化不必然意味着进步，[4]毕竟宣扬了一种自然主义的学说，其他保守主义者也就不会将他引为同道。

针对事实的科学理论是否能推导出一种政治哲学？逻辑学上有所谓"事实／价值"谬误，即由事理升至伦理，由实然判断跳跃到应然判断，也有人借此批评生物保守主义。[5]从当代进化论的角度来看，有机体并不是为了自己而活着，而是基因制造更多基因的工具。基因通过演化进程赋予了有机体目的和行为，人类也概莫能外。[6]潘光旦也说过："从严格的生物学立场看，父与母不是子女的产生者，而是一派精质的保管者与监护者……"[7]可这并不意味着拥有自我意识的个人应当出于复制基因的目的规划他们的人生。同样，个体的生殖行为在事实上具有种族绵延的功能，也不能推论说个体应当为了种族而生殖。当潘光旦声称个人对种族

---

[1] 潘乃穆等编：《中和位育：潘光旦百年诞辰纪念》，中国人民大学出版社，1999年，第400页。

[2] 浦嘉珉著，钟永强译：《中国与达尔文》，江苏人民出版社，2008年。

[3] 余英时：《现代危机与思想人物》，生活·读书·新知三联书店，2005年，第87页。

[4] 潘光旦：《演化论与几个当代问题》，辑入《优生与抗战》，《潘光旦文集》第5卷，北京大学出版社，第34页。

[5] Thomas A. C. Reydon, The Evolution of Human Nature and its Implications for Politics: A Critique, *Journal of Bioeconomics* 17:17–36, 2015.

[6] 爱德华·威尔逊著，阳河清编译：《新的综合——社会生物学》，四川人民出版社，1985年，第4、52页。

[7] 潘光旦：《优生原理》，《潘光旦文集》第6卷，北京大学出版社，2000年，第276页。

繁衍负有义务，女性尤其担负着"创造新人"的任务，他确实犯了"事实/价值"的谬误。

然而，潘光旦也不是没有道理——生物学事实与人类的价值观具有内在的联系。[1]说一位女士朱唇皓齿，我们不仅在描述纯粹的事实，也在审美上称赞着她的价值，这价值可以由社会生物学得到解释。美国政治哲学家阿哈特（Larry Arnhart）列出了20种人类的自然欲求，包括性别认同、天伦之情、身体健康和艺术审美等，它们都有着社会生物学的事实基础，也都具有价值或伦理意义。[2]一个国家越是能够满足其成员的自然欲求，也就越接近美好社会。潘光旦根据两纲六目论构想出了理想社会，他的立论基础也在于这种社会满足了人性的多种欲求，而现代社会未能做到这一点。

现代社会带来了诸种问题，部分由于激进主义者误解了人性。他们或是强调人性的某一方面，或是认为人性易于改造，或是将少数人的理想强加给全体社会成员。生物保守主义至少在理论上能够抗衡和节制各种激进主义。遗憾的是，潘光旦在20世纪50年代以后就没有机会发展他的学说，他开启的社会生物学研究也长时间中断。就本文作者所见，在当代学者中，只有郑也夫一人多少接续了这一学统。

从90年代末开始，郑也夫自学了社会生物学和相关领域的前沿知识，并应用到对信任现象的解释中[3]，他还在大学里开授了一门课程《生物学对社会科学的启示》。他提出"神似祖先"的主张，合乎生物保守主义之要义，呼应了潘光旦对进步论的批评。[4]从90年代出版的《代价论》一书可见，郑也夫对制度选择的探讨包含着深刻的中庸思想。该书对经济平等的批判，对性别平等的反思，对反传统主义的解构，也与潘光旦

1　Larry Arnhart, The New Darwinian Naturalism in Political Theory. *American Political Science Review* 89(2): 389-400, 1995.

2　Larry Arnhart, *Darwinian Natural Right—The Biological Ethics of Human Nature*. New York: State University of New York Press, 1998.

3　郑也夫：《信任论》，中国广播电视出版社，2001年。

4　郑也夫：《神似祖先》，中国青年出版社，2009年。

的观点相近。[1] 他同情文化保守主义的立场，后来转向生物保守主义也许不是偶然的。

20世纪70年代后，以威尔逊的《社会生物学》出版为标志，社会生物学、演化心理学和基因行为学在西方学术界开始迅速发展。这一进程已经持续了40多年，有关的研究成果蔚为大观。2005年，《达尔文的保守主义》一书在美国出版[2]，标志着生物保守主义在西方思想界重新浮出水面。虽然主流的保守主义者对进化论尚存争议，它毕竟不是学者们能够回避的一个话题了。与此同时，生物科技日新月异，人类已经能够改变遗传机制本身，有关的技术和伦理问题也越来越受到关注。在新的时代精神下，潘光旦很可能又会受到国人的重视。

最后还有一个问题：经历数次思想改造运动后，潘光旦是否还坚信生物保守主义？从他的日记和有关资料来看，我们很难得出确定的结论。[3] 值得注意的是，潘光旦在临终前两年集中翻译了达尔文的名作《人类的由来》，10个月间就译出60万字。[4] 在当时的政治环境下，他只能通过翻译表达自己的思想，因此这部译作可以看作他的学术遗言。借助翻译此书，潘光旦重温了年轻时令他兴奋的那些观点和理论。通过他最崇敬的学者达尔文之口，潘光旦在全书最后一段道出了自己毕生追求的真理：

> ……我以为我们总得承认，人，尽管有他的一切华贵的品质，有他高度的同情心，能怜悯到最为下贱的人，有他的慈爱，惠泽所及，不仅是其他的人，而且是最卑微的有生之物，有他的上帝一般的智慧，能探索奥秘，而窥测到太阳系的运行和组织——有他这一

---

[1] 郑也夫：《代价论——一个社会学的新视角》，生活·读书·新知三联书店，1995年。

[2] Larry Arnhart, *Darwinian Conservatism*. Imprint Academic, 2005.

[3] 聂莉莉：《知识分子的思想转变——新中国初期的潘光旦、费孝通及其周围》，（台湾）清华大学出版社，2018年。

[4] 潘乃穆等编：《中和位育：潘光旦百年诞辰纪念》，中国人民大学出版社，1999年，第379页。

切一切的崇高的本领,然而,在他的躯干上面仍然保留着他出身于寒微的永不磨灭的烙印。[1]

---

[1] 查尔斯·达尔文著,潘光旦、胡寿文译:《人类的由来》,商务印书馆,1997年,第940页。

陈达、潘光旦与社会学的"清华学派"

闻　翔[*]

在民国学术史研究中,"清华学派"是近十几年来颇为引人关注的一个论题。王瑶先生最早在讨论清华中文系的学术传统时提出"清华学派"的概念,后来胡伟希、张岱年、徐葆耕、李伯重等学者又先后从哲学、文学、历史等学科出发对"清华学派"的学术传统和历史脉络进行梳理,由此,"清华学派"逐渐演变成为一个综合性的概念,指的是20世纪20—40年代清华整体的文科研究。[1]然而,学界既有的讨论主要集中在文史哲等人文学科,对于社会科学,尤其是清华社会学系的学术传统,却尚未有人从"学派"的高度加以梳理和总结。事实上,1926年成立的清华社会学系是民国时期社会学教学与研究的重镇之一,陈达、潘光旦、李景汉、吴景超、吴泽霖等诸多中国社会学的早期奠基者都曾在此任教。可以说,清华社会学系构成了中国社会学史上绕不过去的一个存在。2016年恰值清华社会学系建系90周年,在这一个历史时点上,重新梳理和总结"清华学派"的社会学传统,或许是对其最好的纪念。

在清华社会学的学术谱系中,陈达和潘光旦是前后期两位灵魂人物。他们不仅长期在清华任教,而且曾先后出任过社会学系的系主任。陈达是社会学系的创始人,自创系以来一直主持系务,直到1943年因病卸任,

---

[*] 闻翔,中国人民大学社会与人口学院副教授。
[1] 参见刘超:《"清华学派"及其终结——谱系、脉络再梳理》,《天涯》2006年第2期。

潘光旦则执掌了接下来近十年的岁月,直到 1952 年在高等学校院系调整中清华社会学系被取消。对这两位老清华社会学"掌门"的比较,不仅能够加深我们对于"清华学派"的学术传统的认识,而且也有助于我们理解中国早期社会学自身的丰富性和多样性。

一、人生史与智识史之对照

按照知识社会学的观点,学者的学术思想是无法脱离其个人的生命传记和智识背景来理解的。陈达与潘光旦的人生史和智识史,恰恰形成了有趣的对照。

陈达与潘光旦都出生于 1890 年代,前清光绪年间。这是一个新旧交汇的时代,西学东渐的大潮已然涌起,社会学也开始传入中国,严复译的《天演论》《群学肄言》等著作也正是在这一时期问世。陈达比潘光旦年长 7 岁,两位先生都是南方人,但家世迥异:陈达出生于浙江余杭县里河村一个农民家庭,用现在的话说,他是在一个没有多少"文化资本"的环境下长大的。这位农家子弟命运的转折点发生在 1910 年,那一年他考入杭州府中学堂,这所浙江省最早也是最好的一所公立中学培养了近代史上不少赫赫有名的人物,比陈达晚一年入学的就有郁达夫、徐志摩等人;潘光旦则出生于江苏宝山县(即今上海宝山区)的一个书香门第,其父潘鸿鼎是戊戌科二甲进士,曾任翰林院编修,旧学渊博,又曾赴日本学习法政,对于新学也有相当的了解。虽然潘鸿鼎在潘光旦 14 岁时就去世了,但这样的家庭熏陶与陈达相比,仍然是不可同日而语的。潘光旦日后对传统社会思想尤其是儒家社会理论的研究,显然有家学的底子。

从求学经历上看,两人基本上遵循了同样的轨迹:都毕业于清华留美预备学校,后来都赴美留学。陈达 1911 年入学,1916 年毕业;潘光旦 1913 年入学,1922 年毕业。两人曾经有三年的时间同在一校,而当时清华学校的全部师生加起来也不过四五百人¹，因此两人很可能在这个时候已经认识了。潘光旦晚年回忆清华初期学生生活的一篇文章也证实了这一点，文中提到1916年清华校内曾经举办过一场让他印象深刻的中文演讲比赛，而在文后的一条脚注中，他提到那一届的冠军正是陈达。²

值得注意的是，陈达与潘光旦在留美之初都没有选择社会学作为专业，陈达先是在俄勒冈市的里德学院学习外交，而潘光旦则是到达特茅斯大学攻读遗传学。在里德学院，陈达结识了在此任教的社会学家威廉·奥格本，从而对社会学产生兴趣，并在获得学士学位之后追随奥格本来到哥伦比亚大学，在后者的指导下最终于1923年获得社会学博士学位。潘光旦大学毕业之后也来到了哥伦比亚大学，但念的不是社会学，而是动物学，他拿的是硕士而非博士学位。事实上，留美时期的潘光旦，并没有表现出对社会学的浓厚兴趣，他甚至没有选修过一门社会学的课，这与他对美国社会学的看法是有关系的。后来他曾回忆道："我对于社会学，尤其是美国的社会学，根本没有太多的理解，总觉得它浅薄而不屑于多下工夫。"因此，在美国的时候，他"社会学的书一本也没有读完过"³，相比之下，倒是读了很多社会思想的书。这对他后来的学术取向显然产生了很大的影响。

与潘光旦不同，陈达则接受了系统的美国社会学的学术训练，他所在的哥伦比亚大学社会学系是除芝加哥大学之外美国最早成立的社会学系，他在系内成绩优异，曾获得社会学系"荣誉学生"称号，并得奖金750美元；他在文化史课上提交的论文曾被授课的系主任吉丁斯教授赞为"五年以来最佳的作品"；此外，他还曾与导师奥格本一起去大西洋市

---

1 潘光旦：《清华初期的学生生活》，《潘光旦文集》第10卷，北京大学出版社，2000年，第586页。

2 同上书，第583页。

3 潘光旦：《为什么仇美仇不起来——一个自我检讨》，《潘光旦文集》第10卷，北京大学出版社，2000年，第500—501页。最近发现的潘光旦在达特莱斯学院的成绩单显示，他选修过社会学课程，后来在政治运动中的回忆与实际有出入。——编者注

出席美国社会学年会。[1] 从 1920 年起，他就经常在《每月劳工评论》等权威杂志上发表关于中国劳工问题的英文论文，他 1923 年完成的关于中国移民的博士论文也由美国劳工统计局在当年出版。可见，早在学生时代，他就已经比较成功融入了美国社会学的主流中去，且取得了一定成绩。

两人都属于社会学界较早一代留学回国的"海归"，在这一拨留美生中，还有后来也成为清华社会学系教授的李景汉、吴泽霖等人。从回国之后的任教经历上看，陈达和潘光旦可谓"殊途同归"。陈达回国后直接回到母校清华任教，先是为全校师生讲授现代文化史、社会学等公开课，三年后清华成立社会学系，陈达任系主任，在创系初期他甚至是系里唯一的教授。陈达在清华任教 29 年，直到社会学系于 1952 年取消；潘光旦回国后则是首先到上海任教，先后辗转于政治、光华、大夏、暨南、东吴、复旦、中国公学等校，教心理学、优生学、进化论、遗传学、家庭问题等等，并曾担任《学灯》《华年》等沪上多家报刊的主编或主笔，直到 8 年之后才回到清华任社会学教授。事实上，潘光旦 1934 年回到母校清华任教，正是由陈达延聘的。在陈达的布局中，社会学系的课程分成三组，除人类学组由旧俄流亡学者史禄国主持外，他和潘光旦分别主持应用社会学组和理论社会学组。

两位先生一生都维持了深厚的友情。在陈达的自传体著作《浪迹十年》一书中，有许多地方提到了"老友"潘光旦。1947 年，陈达受邀赴美参加哥伦比亚大学百年校庆。在美期间痔疮旧疾复发，入院割治。为免国内的夫人担心，他也是先写信告知潘光旦，然后再由潘转告陈的家人。[2] 1952 年高等学校院系调整，社会学系被取消，教师按照劳动、民族和民政三个研究方向，分别分配去处。陈达去了中央财经学校（后来又调到劳动干部学院），潘光旦则去了中央民族学院。1967 年 6 月 10 日，潘光旦在家中辞世，陈达得到消息后，写下七绝《哭潘仲昂》："廿年同

---

[1] 参见陈达：《北美重游（二）》，《时与文》第 2 卷第 16 期，1948 年 3 月 14 日，第 14 页。
[2] 参见潘光旦 1947 年 8 月 12 日致梅贻琦的信，《潘光旦文集》第 11 卷，北京大学出版社，2000 年，第 198 页。

事不平常,死去孤魂我断肠。梦里寻君徒自苦,醒来犹自独悲伤。"从这首悲怆凄切的悼亡诗中,我们看到了这两位清华社会学家历经世变之后仍未减色的深厚交谊。

二、治学风格与研究旨趣之比较

在民国时期的社会学界,陈达和潘光旦都称得上是成就出众、深孚人望的前辈社会学家。虽然同为清华留美生,且都曾求学于哥伦比亚大学,后又同在清华社会学系任教,但陈达与潘光旦却是截然不同的两类社会学家,在研究旨趣、治学风格等各个方面都形成了鲜明的对照。

概言之,陈达是一位非常典型的现代学术分工体制之下的专业社会学家,其研究主要聚焦于人口、劳工与移民等"社会问题"领域,强调问卷调查与定量方法,同时也兼顾民族志的田野调查,对于西方社会学的理论和方法运用娴熟;潘光旦却不那么讲究学科界限,他是一位出了名的"通人",在研究兴趣上独重优生学,在治学方法上也更侧重于历史研究和文献研究,虽然他对西方社会思想有着广博的研究,但却更致力于发展本土的儒家社会理论。同时,在学术与政治的关系上,潘光旦的介入也较陈达更深。

潘光旦的"通"表现在各个方面:作为优生学家,却对社会思想有着深厚的研究,早在20世纪40年代,他就已经注意到卡尔·波兰尼关于市场社会的著述并曾写文评介[1];将传统的谱牒学与现代意义上的优生学相结合,写出了《中国伶人血缘之研究》《明清两代的嘉兴望族》等名著。此外,潘光旦身上还带有一些中国传统文人的色彩:他虽不以诗名,却有诗人之实,他的《铁螺山房诗草》直到50年后还被引为老辈学人诗

---

[1] 潘光旦:《文明往那里走——一个讨论会的述评》,《潘光旦文集》第6卷,北京大学出版社,2000年。

作的典范；[1] 文思敏捷，有倚马之才，经常替他人代拟贺联、挽联，所撰联语必贴切其人其事而又文辞精到；潘光旦还精于鉴赏古籍书画，于金石碑帖之学亦有心得，曾长期兼任清华图书馆馆长，其日记中就记载了很多与琉璃厂的旧书商打交道替图书馆鉴别、收购古籍善本的轶事。相比之下，陈达却是一位非常"美国化"的学者。他相当强调专业分工，他曾经说自己"除了本行，都是外行"，虽是谦逊之言，但也的确反映了他治学的特点。他曾经对学生袁方说："我觉得一个人不容易通。我的办法是一条路，要走一条路才有成绩和贡献。"[2] 他的研究主要集中在人口、劳工和移民问题上，他发表的大部分文章，即便是在平常报刊上的，也几乎都是与他所研究的这三个问题有关。陈达的"专"和潘光旦的"通"恰好构成了对照，两人的差异，如果用以赛亚·伯林的一个著名比喻来说的话，可谓是"刺猬"与"狐狸"的差别："狐狸多知，而刺猬有一大知。"

在具体的研究取向上，陈达和潘光旦也形成了鲜明的对照：陈达强调实地调查，潘光旦则注重历史研究。陈达非常讲求实证，注重从社会调查中挖掘数据，发现事实。他一生主持过大大小小至少几十项人口调查和工厂调查，其中抗战期间他指导清华国情普查所在昆明、重庆、陕西、上海等四地进行的工厂抽样调查以及在云南进行的人口普查实验，规模都相当庞大，也正是在这个意义上，陈达在当时被视为"社会调查运动"的先驱和代表人物之一。与社会调查的研究方法相应，他的著作几乎无一例外地总是包含大量的统计表格，以其代表作《中国劳工问题》为例，该书中大约有四分之一的篇幅都是统计表格，其中最长的一个表格甚至达到了90多页的篇幅。与陈达相比，潘光旦几乎很少参与实地社会调查，他少有的一部实地调查著作还是解放之后写的《苏南土地改革访问记》，此外他早年还有一部《中国之家庭问题》，是先在报纸上刊登

1　陈乐民：《茶烟香袅逗高歌——从潘光旦〈铁螺山房诗草〉想到的》，《读书》1992 年第 7 期。

2　袁方：《现代中国人口的拓荒者：忆陈达先生》，《读书》1983 年第 3 期。

调查问卷，然后根据对邮寄回来的问卷进行统计分析写成的，但这也并非实地调查。

除了一个偏实地调查，一个偏历史研究之外，两人在著述风格上也有所不同。陈达的几部代表作《中国劳工问题》《人口问题》《南洋华侨与闽粤社会》都是大部头的学术专著，此外还有《现代中国人口》（*Population in Modern China*，芝加哥大学出版社）等英文著作以及在《美国社会学杂志》）（*American Journal of Sociology* ）、《社会力》（*Social Forces* ）等顶尖学术杂志上发表的英文论文。[1] 而潘光旦则较少发表英文学术著述，且除了学术著作之外，他更多的是写作了大量的报章随笔和评论，这些文字在他的写作中实际上占据了更大的篇幅，他的一些著作如《人文史观》《政学罪言》《优生与抗战》等都是将这些文字结集而成的。这样的著述风格，也遭到了时人的议论甚至偏见。例如，1948 年中央研究院首届院士评选，陈达当选为社会学界仅有的两名院士之一，潘光旦虽然也获得提名，但在第一轮投票中就出局了。关于潘光旦的提名，傅斯年在给胡适的信中写道，"社会学一项，有潘光旦君。潘君自是聪明人，然其治谱牒学之结论，实不能成立。……故潘君之功夫，似未可与陈达君同列也。治学不可以报纸文字定其高下……"[2] 可见，在傅斯年看来，潘光旦的学术成就之所以不能与陈达"同列"，一方面是因为从史学研究的专业角度他对潘光旦的谱牒研究有所批评，另一个重要原因，就是对其"报纸文字"的著述形式与风格的不认同。

就对现实政治的介入而言，潘光旦和陈达也代表了社会学家的两种类型。陈达虽然早年曾短暂出任国民政府户政司（一说人口司）司长，

1　Chen Ta, Basic Problems of the Chinese Working Classes, *American Journal of Sociology*, No.3, Vol.53 (Nov., 1947); Chen Ta, The Foundations of a Sound Social Policy for China, *Social Forces*, No.2, Vol.26 (Dec., 1947).

2　见傅斯年 1948 年 3 月 9 日致胡适等人信，载《傅斯年全集》第 7 卷，湖南教育出版社，2003 年，第 348 页。

但很快挂冠离去，回到校园，[1] 其政治参与仅限于就人口政策、劳工政策等他自己的专业领域以学者身份提交议案。潘光旦对政党政治的参与则远较陈达更加深入，他是民盟早期的重要成员，曾任民盟中央常委，还曾同共产党打过交道，以清华大学教务长的身份掩护过学生激进分子。[2] 如果按照布洛维关于四种类型的社会学的划分，[3] 就政治介入而言，陈达在某种意义上更接近于一个政策社会学家的角色，而潘光旦可能更似公共社会学家的角色。

三、对"清华学派"的不同影响

陈达与潘光旦各自的治学取向大异其趣，他们执掌社会学系、推动学科建设的方式也很不一样，由此也分别对清华社会学传统的形塑和变迁产生了不同的影响。事实上，如果我们对清华社会学的发展历程做一个阶段性的考察的话，那么我们就更能理解陈达与潘光旦两人在其中的位置和影响。

从 1926 年清华社会学系创办到 1930 年代中期是清华社会学发展的第一阶段，这一时期的当务之急是确立社会学作为一门"科学"的合法性和科学性，因此，陈达作为创系主任大力引进标准的美国式实证研究方法和社会调查技术，主持大规模调查，发表调查报告和研究论文。这一时期他在清华社会学系的同事李景汉、林颂河等人亦秉持了这样的研究取向。

1937 年抗战全面爆发，清华学人相继衣冠南渡，清华社会学系亦在

---

1 参见袁方、全慰天：《社会学家陈达》，《社会科学战线》1980 年第 2 期。据最新发现资料，应为统计司司长。——编者注

2 参见杨奎松：《忍不住的"关怀"：1949 年前后的书生与政治》，广西师范大学出版社，2013 年。

3 Michael Burawoy, For Public Sociology, *American Sociological Review*, Vol.70.

云南昆明重建为西南联大社会学系,这一阶段清华社会学呈现出更加多元化的发展趋势。一方面,陈达一脉的社会调查和量化研究得以继续推进,其标志性事件即是在陈达的建议和主持下清华大学建立了国情普查研究所,陈达以该所为平台,主持了若干大规模的人口调查和工厂调查,这些调查培养和锻炼了很多社会学系的师生,也使得劳工研究与人口研究成为清华社会学重要的研究方向。例如,在劳工研究领域,袁方、任扶善等弟子即继承了他的衣钵,他们不仅在当时就已经做出了一些出色的研究,尤其是在80年代社会学恢复重建之后,对于国内的劳动社会学、劳动关系与劳动经济研究等做出了重要的贡献。

另一方面,在社会调查式的研究之外,潘光旦所提倡的社会思想研究亦得以发展。除了潘光旦本人关于优生与人文生物学说的研究之外,清华社会学的其他同仁例如李树青等人受到潘光旦的很大影响。此外,与社会调查取向的社会学研究更加形成明显张力的是,一些同仁主张以"社区研究"弥补社会调查的不足。例如费孝通即批评社会调查没有理论,仅以事实本身为目的,他转而提倡能够"在实地观察中寻求新的解释,形成新的理论"的"社区研究"。[1] 在当时的社会学系学生中,史国衡、谷苞等人即受到这一看法的影响。例如史国衡毕业后原来在国情普查所工作,后转投费孝通的"魁阁",在费孝通的指导下完成了与陈达的劳工研究风格很不一样的工厂民族志著作《昆厂劳工》。[2] 潘光旦对社会调查方法也有自己的看法,他曾将之比喻成象牙手艺人雕琢的"象牙球":"自从有了洋学堂以后,自从有了留学生以后,中国也就有了这种社会调查。我们的资本主义虽不发达,我们的社会调查却相当发达。……访问的技术、项目的编排、事例的归纳、数字的统计、曲线的描绘、图表的制造,那一样不细致?但细致的像广东象牙手艺工人所雕琢的镂空的球,一层又一层,一套又一套,层层活动,套套玲珑,又有什么实际的

---

[1] 费孝通:《〈昆厂劳工〉书后》,史国衡:《昆厂劳工》,商务印书馆,1946年,第200页。
[2] 参见闻翔:《"乡土中国"遭遇"机器时代"——重读费孝通关于〈昆厂劳工〉的讨论》,《开放时代》2003年第1期,第211—222页。

用处？解决了些什么真正的问题？"[1]

在潘光旦看来，社会调查往往只能看到社会现象的"然"，而看不到"所以然"，因为社会现象不是一个平面的东西，有其"来历"和"原委"，这"来历"和"原委"只有向历史中去找寻。因此，潘光旦自身的治学多半是跟历史文献打交道。他认为"近代中国社会学界忽略本国的文献，不注意本国社会的由来演变"，是"空疏而不切实际"，研究社会的不通晓历史，"有很大的危险"。[2] 不过，他虽然提倡历史研究，但却反对简单套用西洋的经济史观或唯物史观，然后对中国史料加以剪裁，后者在他看来同样也是疏阔而不切实际的。潘光旦对于家族和谱牒的研究[3]以及其与费孝通合作的关于中国科举制度的研究即可视为其历史研究的尝试。[4]

1943年，潘光旦接替陈达担任社会学系主任之后，更是尝试对清华社会学的研究取向进行改造。从留下来的潘光旦日记中，我们可以看出一些线索。例如，1947年2月24日，潘光旦看到正在哈佛大学读博士的学生史国衡寄来的哈佛社会关系系教师和学程一览，非常兴奋，在日记中写道："其改称社会关系与联合社会、人类、心理诸学程于一系，显是一种进步，其注重社会心理与变态人格，则自我主持此间系务后，亦尝试为之，仍有待发展也。"[5] 这里提到的哈佛社会关系系即原来的哈佛社会学系，结构功能主义的社会学大师帕森斯担任系主任之后将社会学系与心理学系、人类学系等合并，试图将社会学建设成为更具包容性的整体社会科学。虽然我们并不知道潘光旦这里所说的"尝试为之"的具体内容指的是什么，但从他看了帕森斯主持下的哈佛社会关系系学程之后

1　潘光旦：《调查与实践》，《潘光旦文集》第10卷，北京大学出版社，2000年，第474页。
2　潘光旦：《谈中国的社会学》，辑入《自由之路》，《潘光旦文集》第5卷，北京大学出版社，2000年，第429—430页。
3　潘光旦：《中国伶人血缘之研究 明清两代嘉兴的望族》，商务印书馆，2015年。
4　潘光旦、费孝通：《科举与社会流动》，《社会科学》第4卷第1期，1947年10月。
5　潘光旦1947年2月24日日记，《潘光旦文集》第11卷，北京大学出版社，2000年，第242页。

"心有戚戚焉"的表现，可以猜测到其大概的方向应该是拓宽社会学的传统界限，与其他学科相融合，这其实也与潘光旦本人求通的治学旨趣相符。与此相印证的是，潘光旦1947年4月3日的日记曾记载，他与吴景超、费孝通等人商量筹办比较社区研究所、近百年中国发展研究所以及比较文化研究所，成员则兼纳社会学系及文学院、法学院的同仁。[1] 此外，这里的"社会心理和变态人格"，亦是潘光旦本人一直感兴趣的领域，他早年曾受到梁启超激赏的成名作《冯小青》即是利用中国传统社会的一个奇女子冯小青为个案的一个变态心理学研究的典范。可见，在接替陈达担任系主任之后，潘光旦曾试图给清华社会学开辟一些新的研究方向，然而，遗憾的是，这个尝试因为院系调整、社会学被取消而很快就中断了。

四、小结

在中国社会学史上，一提起"学派"二字，大家首先想到的就是"燕京学派"。这个以吴文藻及其学生为核心成员、以"社会学的中国化"为鲜明治学旨趣、以社区研究、民族志研究为主要研究方法的学术共同体，对于中国社会学的影响不可谓至大至深。正因为如此，"燕京学派"在近些年来的学术史研究中，得到了充分的重视和讨论。然而，人们往往忽视了，在"燕京学派"之侧，还曾出现过一个与其双峰并峙的学术共同体，即本文所要讨论的"清华学派"。但是，对清华社会学系的学术传统，至今尚未有人从"学派"的角度加以梳理和总结。究其原因，恐怕在于清华社会学的内部异质性更强，学术上的张力也更加突出。从上文对陈达与潘光旦这两任清华社会学系的"掌门"的比较中我们已经清晰地看到这一点。

---

[1] 潘光旦1947年4月3日日记，《潘光旦文集》第11卷，北京大学出版社，2000年，第251页。

事实上，无论是陈达对清华社会学之奠基，还是潘光旦对清华社会学之改造，在某种意义上都应该视为社会学中国化、本土化的努力。陈达与潘光旦的异同，以及"清华学派"的演变轨迹和内部张力，其实关系到这样一个更加根本的问题：近代中国的社会学虽是维新变法以来"西学东渐"的产物，然而，却并非如一般所谓的"舶来品"所足以概括。中国早期的社会学家，虽大体都有在欧美留学的经历，然而他们回国之后对社会学这门学问在中国的奠基，也并不止于对其在西方所受科班训练的简单应用或移植，而是与中国自身的知识与思想传统相结合，在近代中国特定的历史情势与社会脉络下，最终生发出独特的样貌和品格。同时，早期社会学奠基者们对社会学这门学问在中国的"想象"与实践，又受到所嵌入的制度环境和学术场域的影响，同时又与其各自的人生史、政治介入、智识传承乃至性情倾向密切相关，因而往往呈现出不同的个性和气质。因此，当我们讨论中国社会学的学术传统时，既需要从外部留意其相对应于西方而言的自主性和独特性，也需要进入内部，考察这样一个传统自身的多元性与歧异性。这才是本文讨论社会学的"清华学派"之根本用意所在。

中国早期社会学的人文取向：
以潘光旦为例

王君柏[*]

潘光旦虽然以博雅闻名，但在社会学领域，还是存在认知度不高的情况，究其原因，固然有他研究的内容如优生之类在社会学领域中没有成为主流，也有后学们对他的思想介绍，更侧重"思想家"的一面。但从更深层次上讲，主要原因是在科学取向与专业化占优势的背景下，潘先生的人文取向与通识理念不为人所重视。但人文关怀或人文取向对当前中国社会学的发展，正是至关重要的一维，尤其对于纠正方法至上、技术至上的倾向，在社会学研究中实现文化自觉、切实向纵深发展上，是一剂良药。

一、社会学的两种取向

社会学自从孔德创立这个名称开始，实际上一直存在两种研究的倾向：一是将社会学与其他自然科学同等看待，甚至号称是科学的最高阶段，是"科学的皇后"（孔德语），这是社会学的科学倾向；一是认为人类社会与自然界有根本的不同，历史科学与人文科学具有特殊性，应该

---

[*] 王君柏，江南大学社会学系教授。

更侧重主观意义的理解，这是社会学的人文倾向。[1] 只是在社会学的发展过程中，科学倾向渐渐占了优势，这一方面固然是希望分享"科学"的光环，确立学科的地位的缘故，一方面也是因为人文传统式微的结果，以致到了米尔斯的时代，他不得不指责"当代社会学已经不能保卫自由和正气"[2]，陷入技术主义而失却了理想，因为社会学追求方法上的形式主义，使社会学的科层气质渗透入文化、道德和学术领域。[3] 这种取向发展到极致，就是我们今天看到的各种方法至上的数字游戏，运用精巧复杂的设计过程和漂亮的数据演算，最后只为来验证某一个常识，正如有人讽刺酒鬼只在路灯下找自己的钱包一样，理由只是路灯下才看得见。

中国的社会学是近百年间的事情。作为舶来品的社会学，其本身固有的两种倾向，在近代中国接受科学的过程中，自一开始就呈现出两种倾向的分野。最明显的就是严复与章太炎之间的分歧，严复极力引进的是斯宾塞的社会学，强调社会学是一门科学，章太炎引进的则首先是岸本能武太的社会学，岸本氏又多承袭吉丁斯的思想，强调社会学的心理倾向，重"同类意识"。相应的，严复倾向社会学的科学取向，实际上成为社会学的主流，而章太炎则强调社会学的思想性、文化性，也就是社会学的人文取向。他们两人之间的分歧与争论，可能主要是各自的学术背景决定的，严复自幼学习西学，容易以西学诠释中学，即所谓以今释古，章太炎则国学基础更雄厚，对于现代社会学的科学价值不太在意，而更在意其思想价值。"两人介绍社会学之目的都不在社会学本身的研究，严复之意图在于以社会学'修齐治平'，而章太炎等人则在于借社会

---

1 对这两种倾向有不同的表述，如实证主义与反实证主义，描述研究与规范研究等（参见《中国大百科全书·社会学》，第12页，中国大百科全书出版社，1991年），默顿甚至精确按照引文方式对此作了考察，发现社会学介于纯粹的科学与纯粹的人文学科之间（见默顿：《社会理论和社会结构》，译林出版社，2006年，第42—46页）。

2 英克尔斯著，陈观胜、李培荣译：《社会学是什么》，中国社会科学出版社，1981年，第150页。

3 米尔斯著，陈强、张永强译：《社会学的想象力》，生活·读书·新知三联书店，2001年，第108—111页。

学以弘扬国粹"[1]。即前者追求社会学作为科学的实际用处,后者追求社会学对中国传统的解释与发扬,这两种取向一直影响中国社会学的发展。

潘光旦是承上启下的一代社会学家中的重要一员,从学科化的社会学发展进程来看,甚至是第一代社会学家。他在上述两种倾向中的选择,有一个发展的过程,有时候他很"科学",有时候却又很"人文",或者综合地说,他倡导的是人的科学,集中体现在其新人文思想之中,他的这种导向对维持两种倾向的平衡起到了很大的作用。费孝通是一位"田野里的大师",追求的是科学精神的运用,终生"志在富民",但晚年念兹在兹的一个学术使命,却是文化自觉,认为这是他最后需要翻越的一座大山,明显倾向于人文的回归。而费孝通这个思想的来源,与潘光旦的新人文思想是有很大关系的,费孝通处处弘扬潘光旦的新人文思想,甚至在弥留之际的"世纪遗言"里,还特别提到"潘光旦的新儒学的见解,我也没有好好学会"[2],表示深深的遗憾。所以梳理潘光旦社会学研究的人文倾向,对于理解中国社会学的本土特色以及未来发展、促进真正的文化自觉,具有重要意义。

二、潘光旦社会学的人文取向

潘光旦生于诗书之家,自幼接受较为开明的家学熏陶,一方面允许广泛涉猎,一方面又注重传统,不允许妄议古人。[3] 稍长,则入清华接受中西合璧的新式教育,在他那个时代,清华应该是最接近现代西方科学的地方了。出国又以生物学为初始目标,但并未对具体的生物技术发生兴趣,而是对生物的理论或哲学情有独钟,重点关注优生学与社会达尔文主义,并继而进入社会思想的领域。总体而言,是倾向思想与人文,

---

[1] 姚纯安:《社会学在近代中国的进程》,生活·读书·新知三联书店,2006年,第103页。

[2] 李昇明:《中国人的自觉——费孝通传》,中信出版社,2014年,第430页。

[3] 吕文浩:《中国现代思想史上的潘光旦》,福建教育出版社,2009年,第24页。

尤其是对传统思想之人文价值的挖掘，即他自己所谓的"人文生物学"的研究。[1]

（一）潘光旦社会学的主要内容

1. "强种优生"的主流

正因为是从生物学过渡到社会达尔文主义，所以我们可以看到潘光旦的著作，大都集中于"强种优生"这个为民族找出路的焦点上。[2] 从比较具体的层面上，他探讨两性、家庭、青年群体如何调适的问题，比如从最早的《冯小青：一件影恋之研究》，到《性心理学》《性的道德》与《性的教育》（《性与社会》的两章）的翻译，到具体研究家族遗传与人才发展的研究（《中国伶人血缘之研究》《明清两代嘉兴的望族》等）。在中观层面上，对社会达尔文主义加以运用，比如《优生原理》《优生概论》等。在宏观层面上，上升到思想的层面加以探讨，尤其是儒家思想、传统制度在中国的人文选择中的作用，如《人文史观》之类，都是他的新人文思想的体现，其中最令人瞩目的是"位育"的概念，是他充分利用中国传统人文思想的点睛之笔，完美融合了生物学与儒家中庸观念。

2. 科学作为一种精神

潘光旦回国伊始，就开始在各种杂志和报刊上发表大量时评，甚至自己直接间接地负责一些杂志或报纸副刊。这些评论文章除了上述主流学术领域外，还广泛涉及教育、文化、政治等，而关于科学与人文之关系的评论，尤其引人注目（集中在《政学罪言》等集子中），有学者认为这些讨论集中体现了潘光旦以人为中心的科学观[3]，其实这也正好体现了

---

[1] 20世纪50年代初，潘光旦自述，他对社会学本身并无多少感情，虽然可能也是特定时代里言不由衷的话，但联系其研究的主题与一般社会学的研究领域的关系，也不算虚语，参见《潘光旦文集》第10卷，北京大学出版社，2000年，第500—501页。

[2] 费孝通就认为潘光旦社会学思想的主流正在于此，虽然杂，但都没有溢出这个主流，参见费孝通：《重刊潘译注〈性心理学〉书后》，《费孝通文集》第10卷，群言出版社，1999年，第494页。

[3] 杭苏红：《人的科学：潘光旦的科学观》，《学海》2018年第5期。

潘光旦的人文倾向，尤其是对科学主义的纠偏。在他看来，科学就是一种客观精神，就是摆脱"我执"的努力与结果，这一精神贯彻到外物中，就是科学，贯彻到人与人的关系中，就是民主。

3. 晚年的民族研究

新中国成立以后，随着院系的调整，因工作的需要，研究重点转向民族研究，其中关于犹太人和土家族的研究最为深入，更为难能可贵的是，他这一时期走出书斋，做了一些田野工作，如苏南土地改革的访问调查、土家族识别中的实地调查等。当然，主要的研究还是在书斋里进行，尤其是从历史典籍中圈点出与民族有关的史料，锲而不舍。但至此已经难以继续其"人文史观"的阐发了，优生之学也与时代潮流相距甚远，都不允许讲了。在1952年的思想改造运动中，他不得不适应新的时代，[1] 但终归是没有完全适应过来，乃倾其心力于民族源流的考证和翻译之中。

（二）潘光旦社会学的科学性与人文性

首先，关于"强种优生"的研究，应该是始于科学，终于人文。虽然潘光旦的学术生涯从清华就开始崭露头角，写了《冯小青考》，并得到梁启超的鼓励，但终归是一篇课程作业，扩充到现在所见的五万字的规模，还是1927年的事情，根据"较旧作多至四五倍"可知，最初的文本不会超过1万字。所以对于留美之前的作品，不能评价太高。1922年留美学习生物学，可视为学术生涯的真正开始。虽然所学为生物学，但从发表的作品来看，却主要是论述宏观文化问题，尤其是儒家社会哲学，而论证之方法，还是对儒家义理加以分析比较，结论是孔门哲学本身是切于时用的，只是被后世一误再误。我们先不论先秦儒学到底是否具有良好的"位育"功能，仅从形式上来看，潘光旦是崇尚经典、原典的，是从生物学的角度看待儒家原典，而这是当时具有科学倾向的大部分人

---

1 聂莉莉：《知识分子的思想转变——新中国初期的潘光旦、费孝通及其周围》，（台湾）清华大学出版社，2018年。

所不取的立场。退一步讲，就是从潘光旦倡导的进化论来看，充分肯定两千多年前的儒家思想，归咎于两千多年的环境不妥，其实也未必中肯的。从他出国带了一部《十三经注疏》，也就可以理解这一典型的人文倾向了（按照默顿的理解，越是崇尚远古文献，越具有人文倾向）。随后的一系列著作，都是在这个基本框架下进行，其中关于人才的研究（伶人血统、嘉兴望族），是从考据的途径来论证其人文生物学，也正成为后来与科学派发生龃龉的关键。要而言之，这个"强种优生"的主流，具有无可争议的纯正、宏大的初衷，即费孝通总结的"他返国后在各大学讲授的课程和所有的著作也可以说百变不离'提高民族素质'这个宗"[1]，但其科学性，还有待时间的检验。

其次，关于科学与人文的直接论述，总的来说是倡导了科学精神，抵制了科学主义的狭隘，彰显了人文价值在社会科学中的不可或缺。概而言之，潘光旦认为科学精神就是客观精神，就是在认识人和物的过程中，祛除偏蔽。关于人的研究，他提出如下几个主张：第一，社会科学的研究对象是人，人与物不同，也就不能采取研究物的方法来研究人，即必须将人作为整体来加以研究，既要将个人当做囫囵的人进行研究，也要将人作为一个类加以研究，既要研究当前的人，还要研究过去的人；第二，未来社会的组织，取决于人首先能够控制自己的程度，能够控制自己的前提是认识自己、觉悟自己；第三，人文科学可以救科学之蔽，因为人文科学提供的是人生共通的情趣、共通的理解、共通的行为准则，过去一切生活经验都是求同的基础，指导未来生活的基础。也正因为如此，潘光旦主张的是通识教育，认为专业化的教育不利于人格的完善，无助于社会的和谐。所以潘光旦对于社会学的评价不是很高，主要是不认可社会学中的一些具体技术的学习，不认可对人的各种割裂的研究。从这一点上也可以明显看出，潘光旦的社会学是属于人文科学的，而不是以价值中立相标榜的科学。

---

1 费孝通：《重刊潘译注〈性心理学〉书后》，《费孝通文集》第10卷，群言出版社，1999年，第494页。

最后，关于晚年的民族研究，可以说是潘光旦人文视野下的具体研究实践。当优生学不让讲了，人文与科学的通识教育梦想被院系调整后的专业教育所取代，旋即调整到中央民族学院，在迅速适应新时代的过程中，潘光旦以其博雅应对专业化的工作，也是得心应手，尤其是利用擅长历史的优势，很快就有关于犹太人、土家族、畲族的研究成果问世，此前在清华因教学需要还翻译过马列经典作家的相关作品。虽然因为各种运动没有让这种专业化的工作进行下去，但完全可以说明其广博的人文视野在具体实践中游刃有余。

（三）潘光旦自己对其人文取向的明确立场

其实除了学术方向中的人文生物学外，潘光旦自己明确提出过，自己的研究属于社会理想的范畴。1946年，他给费孝通的《生育制度》写了一篇很长的序，名为《派与汇》，文中将社会学的研究分为社会思想、社会理想、社会冥想三类。社会思想志在解释，通过对过去与当前社会具体现象进行观察、整理、分类、测量，描述过去是什么，现在是什么，过去与现在之间有什么联系，这实际上就是我们通常讲的实证研究。社会理想则志在改造社会，对未来社会设定一些目标、培育相应的情绪，并为此一些努力。他认为费孝通的工作属于社会思想的范畴，他自己的工作属于社会理想的范畴。[1] 虽然社会理想要以社会思想为基础，但终归是迈出"是什么"和"为什么"的科学解释的层面，进入到"怎么办"的层面，于是我们就看到潘光旦提出了各种模型，如个人与社会之间如何达成"位育""三纲六目"等，即理想状态应该是什么样，带有很强的人文取向。虽然与社会冥想相比，还是脚踏实地一些，但已经走出了客观的科学领域。

---

1 潘光旦：《派与汇——作为孝通〈生育制度〉一书的序》，辑入《政学罪言》，《潘光旦文集》第6卷，北京大学出版社，2000年，第73—111页。

三、逆流而上的鱼

在近代高唱科学与民主的主旋律下，潘光旦的人文取向的研究，在当时处于什么位置或者得到了什么样的评价？可以从1948年的中央研究院院士选举看出一些端倪。

1948年中央研究院的院士选举，虽然多少也有不同的声音，但总体是得到普遍认可的，所选出的81名院士，绝大多数都代表了当时学界的最有成就者。[1] 选举首先是提名，通过资格审查后，提出一个510人的候选人名单，在此基础上又提出一个402人的初步名单，然后在评议会第四次年会上，最后讨论确定150人的候选名单并向全国公布，至此，潘光旦都在名单之中，同属社会学的还有陶孟和、陈达、吴景超、凌纯声等。但是在最终由25人组成的评议员的选举中，连续投票五轮，潘光旦得票数均为零，宣告与院士无缘，而社会学领域的陶孟和与陈达则高票当选。

从学科发展的角度看，选举结果本身并不是很重要，但通过这次选举结果，大致可以看出当时科学与人文两种取向的地位。首先，并不能完全排除选举中存在人事上远近亲疏的原因，这只要从胡适和傅斯年各自提出的名单就可见一斑。[2] 其次，潘光旦在小组通讯投票时，得票虽然不高，但至少也在临界值上，最后胜出的人中，既有与他相同票数的，更有低于他的，之所以最终投票时一票也没有，与傅斯年的信是有很大关系的。简单地说，就是傅斯年明确向主事者提出刘文典、潘光旦资格不够，而最终的实际结果，这两位在五轮投票中竟未得一票。胡适、傅斯年等人在选举中具有举足轻重的作用，对潘光旦的排斥，实际上主要是学术观点的分歧，尤其是科学派与人文派的分歧。[3]

简短地说，就是以胡适为首的主流知识界，都是以科学相号召，对

---

1 郭金海：《1948年中央研究院第一届院士的选举》，《自然科学史研究》2006年第1期。
2 岳南：《傅斯年与中央研究院首届院士选举》，《史事经纬》2009年第4期。
3 应该说，政治立场因素在此次选举中基本得到抑制，甚至如郭沫若这样立场站在中共一边的人，虽然有人提出异议，但都被抑制而最终成功当选。

中国传统人文基本持否定态度。在方法上，他们主张"大胆假设，小心求证"，要从实践中去找材料，所谓"上穷碧落下黄泉，动手动脚找东西"，所以对传统经典，基本只当作历史材料看待，更不会从"敬惜字纸"的角度对文字有无理由的尊崇，甚至无一例外都对崇尚文字本身、钻在书本里出不来的治学态度表示鄙夷，大都作无情的口诛笔伐。[1] 在内容上，他们并不认为传统中有多少"中国经验"可以利用，不仅作演讲、写文章对儒家义理加以否定，还在实践中与主张回归传统的强硬势力对垒。在这一点上，哪怕是与胡适派不合的鲁迅，立场都是一致的，他甚至反对青年学生读中国书，认为过去的经验就是"吃人"两个字。

很显然，潘光旦的立场不是这样，他对传统充满温情，对"中国经验"充满信心。在方法上，他推崇原典，无论是早期留美期间发表的《生物学观点下之孔门社会哲学》，还是后来在清华的儒家社会思想的讲课提纲，都是对儒家经典的义理进行条分缕析，表示出对传统文化的尊崇，甚至直接对胡适等人进行辩驳。[2] 在内容上，他不仅认为"圣人之言"有可敬畏处，而且中国历史上一切人文制度，都有其积极的价值，相信中国数千年的生活经历，足以提供人与人如何相处的智慧。几乎是与当时占主流的科学派处于对立的立场，傅斯年认为潘光旦关于苏州人才的研究站不住脚，又认为潘多在报刊上发议论文章，是所谓"二三小文"，其实根本原因还是科学与人文的对立。其实在更早的时候，与傅斯年持对立态度的鲁迅也对潘光旦的人才遗传的研究多有讽刺。[3] 所以，潘光旦的人文立场，在当时是处于非主流地位，是被时代视为保守议论的。反观以高票当选的两位社会学家陶孟和、陈达，固然也因为年龄更长、资历更老，但他们都是用现代调查研究方法，对现实社会进行科学研究的，

---

1 参见胡适：《名教》，《胡适文存》三集，黄山书社，1996年；李济：《关于在中国如何推进科学思想的几个问题》，《李济学术随笔》，上海人民出版社，2008年；傅斯年：《中国学术思想界之基本误谬》，《傅斯年经典文存》，上海大学出版社，2008年。

2 潘光旦：《科学与"新宗教新道德"——评胡适〈我们对于西方近代文明的态度〉》，《潘光旦文集》第8卷，北京大学出版社，2000年，第212—221页。

3 鲁迅：《理水》，《鲁迅全集》第2卷，人民文学出版社，2006年。

都组织了较为系统的、规模较大的调查，是符合"动手动脚找东西"，符合现代科学的实证研究取向的。人文组中的其他当选者，除了哲学和文学以外，也都是这种科学取向。

"假如你观察山涧里一派激流的水，……涧内种种东西应付水流的方法，是很不一致的。树叶，草根，落花，是完全跟水走的，可以算第一种。大一些的东西，例如石块，大树的老根，无论水流得如何湍激，是丝毫不动的，可以算第二种。涧床深处，有许多鱼，头部一律向着上流顶着，鱼身的方向恰恰和水流的方向相反，好像争着向上流游去，却是并不见有什么进步。他们是潮流中的挣扎者。"[1] 潘光旦正是以山涧里的鱼的姿态自喻，认为做学问，在潮流之中至少应当做一个挣扎者，才能无愧于山涧里的鱼。

四、人的科学与文化自觉

潘光旦是从整个人的科学出发，所以对一般的社会学研究是不满意的，并且不分中西，"西洋的社会学，以及中国大学校里所讲授的社会学，我一向嫌它过于空疏，不切实际"[2]。而具体的不切实际之处，他列举为：首先，社会学的核心问题是人事问题，其他诸如人口、家庭、婚姻、种族、犯罪、劳工、贫困等问题都是表象，而数十年的社会学研究都舍本逐末，没有对根本问题进行研究；其次就是只研究一般社会，甚至以西洋社会为一般社会，忽略中国社会本身；三是对中国社会纵深的了解还一知半解，就开始套用西方的史观来解释中国社会（对唯物史观等大不以为然），即使是在西方也未必适用，更不要说生搬硬套到中国来。而导

---

[1] 潘光旦：《学问与潮流》，辑入《读书问题》，《潘光旦文集》第 2 卷，北京大学出版社，1994 年，第 46 页。

[2] 潘光旦：《谈中国的社会学》，辑入《自由之路》，《潘光旦文集》第 5 卷，北京大学出版社，2000 年，第 428 页。

致上述问题的关键,就是社会学研究中"见同不见异",即看不见人与人之间的差异、社会与社会之间的差异、不同社会历史之间的差异。反过来说,社会学的研究需要深入了解人性的差异,社会横向的差异性,以及历史的差异性,惟有如此才能达到对人事的洞察。从他的"儒家的社会思想"讲课提纲可以看出,他正是朝着这个方向努力的,先从天地人三才开始,讲人与其他本体之间的关系、人对待他人、人对待自己、人与社会、人与以往和未来之人的关系。[1]

无独有偶,著名社会学家涂尔干有着与此非常相似的看法。涂尔干在 1902 年开始撰写的《教育思想的演进》一书中,认为人类在训练自己的理智时,就必须面对具体的事物,这些事物可以分为两类,一类是人自身,一类就是自然,前者对应的是人文学科,后者对应的是自然科学。对人自己的了解,就需要通过历史和文学,从横向上认识不同类型的人,从纵向上认识不同历史时期的人,只有对人的本性变化的范围有了足够的认识,才能理解人性本身,才能在不同的人之间建立起可以理解的关系,最终解决人世的问题。[2] 所以历史学家和文学家应该服务于认识我们自己,不仅如此,"关于人世的教育如果完全局限在研究现代民族的历史与文学上,它的任务就将彻底失败"[3]。另外,他进一步认为人文与科学之间并没有必然的鸿沟,甚至是互为一体的。所以涂尔干坚持的教育理念也是通识教育,认为语言、科学、历史的修养是必需的。

不管是潘光旦借鉴了涂尔干的思想,还是英雄所见略同[4],他们都表达了一个共同的社会学抱负:要从历史纵深和文化比较的角度审视人世

---

1 潘光旦:《儒家的社会思想》,北京大学出版社,2010 年。

2 涂尔干同样认为人是极为复杂的,人性的表现究竟会达到什么限度,需要不断地去探索,文学与历史的作用正在于展现这种多样性与复杂性。

3 涂尔干著,李康译:《教育思想的演进》,商务印书馆,2017 年,第 484 页。

4 到目前为止,在潘光旦的著作中没有发现涂尔干的影响,尤其《教育思想的演进》一书,虽然从 1902 年就开始写作,但 1938 年才有法文版,1977 年才有英文版,潘看到此书的可能性是很小的。该书虽然是挂在教育的名下,但正如 1938 年版导言所言,当时"社会学并未允许大事声张地进入索邦,而是转经教育理论这扇小门悄悄进去的",涂尔干也不仅仅是在履行他的教育学教授之职,而是认为"这项工作属于人的科学的一部分"。

间的事，了解人类行为的复杂性与可能性，尤其要加深对我们自己的认识。只不过涂尔干在这里是从教育的角度论述该问题，并最终在社会学领域加以阐发。在他晚年的定论之作《宗教生活的基本形式》中，进一步阐述了这一思想，强调理性就是人们对某些范畴的共同认可，即共识，"人类的思想绝不是原始的事实，思想是历史的产物，是我们无限趋近却几乎永远不能达到的理想极限"，所以"社会学注定是要开辟一条通往人的科学的新途径"[1]，不仅仅将个体视为终极自然，还要将群体与社会、历史与文化视为解释人类的必要途径。潘光旦则更多的是从中国传统思想和近代生物学的角度出发，提出"人的科学"研究的问题，将社会学置于"人的科学"这一广阔的视域中，并最终进入到通识教育的教育思想之中。可以说前者是从教育学进入到社会学领域，后者是从社会学进入教育学领域，殊途同归。

从上述广阔的"人的科学"的角度出发，社会学研究的视野一下子就开阔起来、立体化而丰满起来，以此视角看待诸多现时态的、某一侧面的研究，难免成为潘光旦眼中"单薄"的研究，甚至"读起来总不能没有纸上谈兵、一厢情愿之感"。所以"社会学者不得不注意到人性的问题，一般的人性与个别的人性。……希望大家多涉猎到人文学科，哲学、历史、文学，以至于宗教、艺术，原因不外此，因为，关于人性的了解，目前科学所还不能给我们的，以往人类所累积的经验或许能"[2]。这种希望从传统经验中去寻找人与人相处经验的倾向，在费孝通晚年不断得到强调[3]，最后以"文化自觉"这一点睛之笔为学界所熟知。仅从这一点来说，

---

1 涂尔干著，渠东、汲喆译：《宗教生活的基本形式》，商务印书馆，2017年，第611—613页。
2 潘光旦：《社会学者的点、线、面、体》，《潘光旦文集》第10卷，北京大学出版社，2000年，第261页。
3 典型的如《个人·群体·社会》一文，认为自己过去只重社会不重个人，而"把人和社会结成一个辩证的统一体的看法正是潘光旦所说的新人文思想"，强调"在我们中国世世代代这么多的人群居住这块土地上，经历了这样长的历史，在人和人中和位育的古训的指导下应当有丰富的经验"。（见《费孝通文集》第12卷，490页）

潘光旦的人文取向的社会学思考，已经很自然地融入以费孝通为主的社会学主流之中去了。

五、贡献与启示

从学科发展和知识积累的角度来说，对老一辈社会学家的思想进行总结，目的在于在他们的基础上继续前进，而不是对先贤的盲目崇拜或脱离情境的指摘。下面正是从这个角度赘述几句，即使不当，也希望能够引起相关的讨论。

潘光旦人文取向的社会学最大的贡献，在于坚持社会学兼具科学与人文的双重性质，一方面批判支离的表面研究、技术至上的研究，一方面批判照搬域外概念、强调对自身已有经验的研究。前者是普遍存在的一个倾向，各自抓住某一个小的社会问题无限延伸，都以这一孔来看世界，看似很专业、很深入，实际以管窥豹，离真实社会很远。更有技术至上的研究者，用极复杂的模型、烦琐的演算，最后只证明日常生活中一句大白话；或者唯科学主义，将一切人事都当成一个可以演算的博弈系统[1]，这样的社会学研究，貌似科学，实际上对于理解人的世界恐怕并没有多少作用。潘光旦的解决之道，在于以整体的人为中心，在研究中力争综合，尤其是从传统的人文精神，到现代的一些综合性的学派，最终形成一个贯通的局面，即他的新人文思想。或者退而求其次，各派虽然是以管窥豹，但要能够意识到自己是在以管窥豹，注意与其他的研究相衔接，至少可以形成一件百衲衣式的整体。

而对于后者，即照搬域外概念的研究，在社会学领域也是比较普遍的，毕竟，社会学本身就是舶来品，在现代西方文化处于强势的背景下，西方的范畴、概念、方法就很容易处于主流地位，甚至以西方概念

---

[1] 弗兰克·施尔玛赫著，谭琳译：《自私——生命的游戏》，机械工业出版社，2014年。

为圭臬也就容易出现。潘光旦批判的是滥用西方概念，不分青红皂白套在中国的社会分析中，[1] 解决之道，在于深入中国社会，深入的方法，一是走出书斋，走进田野，一是深入历史，从几千年的民族经验中寻找发展的轨迹与可供继续应用的准则。潘光旦因为身体残疾的限制，更多地采取后面一条路径，在挖掘中国传统经验的过程中，有"位育""三才""伦""文以载道""新人文思想""人文史观"等概念的提出。这直接影响了费孝通的社会学思想，以致费孝通晚年对学界津津乐道国外新概念的现象进行了尖锐的批判[2]，并进一步提出"文化自觉"的概念，而这可以说是中国社会学真正自觉的开始，其意义不仅仅在社会学研究本身，而且对于整个中国社会科学提出了新的反思，即如何从历史经验中寻找中国社会科学的基本营养。

但在现代分工高度发达的大背景下，人文取向对综合、纵深的强调，也是有诸多的困难，正是这些困难，在潘光旦的时代，他就感受到自己是"逆流"的压力，而这种"逆流"的力量在今天仍然是需要克服的。严格来讲，与其说是"逆流"的压力，倒不如说是人文取向自身面临的不足（与科学取向相比）。第一，关于博与专的悖论。人文取向强调将人作为整体来加以考察，甚至将天地人综合起来考察，从而要求通识科学与人文。但现代知识的积累，在每一个领域都有相当丰富的文献，不熟悉这些前人的研究，似乎难以入行，要熟悉就需要大量时间的投入，要各领域都熟悉，就更成为几乎不可能的任务。第二，理想的研究不能代替现实的研究。潘光旦自己也说，自己的研究更多属于社会理想的范畴，即回答的是"社会应该是什么样"的问题。而在向历史寻找经验的过程中，潘光旦侧重的是"义理"而不是"考据"，儒家经典中的"义理"主要是人伦关系的理想状况应该如何，但这很难说就是社会的现实，甚至

---

[1] 潘光旦反感的是各种所谓史观的盲目引进，比如他认为唯物史观在西方社会都未必符合实际，更不要说用它来整理中国的历史文献，可参见《潘光旦文集》第5卷，北京大学出版社，1997年，431页。

[2] 参见费孝通：《文化与文化自觉》，群言出版社，2014年。

可以说高高宣扬的东西，可能恰好是现实生活中缺乏的东西（鲁迅就持此立场）。倒是同样从历史角度进行研究的另外一些学者，如傅斯年、李济、顾颉刚等，大多是从"考据"入手，也就是当时更倾向科学的一派，其研究结果更接近历史现实，这样的经验可能也就更加具有参考的意义。可见人文取向的研究，有一定的社会理想的引导是必要的，但社会理想不能取代社会现实。第三，人文取向的社会学也需要考虑时代的轻重缓急。潘光旦研究的主要领域，可以称之为人文生物学，不可否认是有其重要意义的，但无论是在当时，还是在新中国成立之后，都未得到充分的认可（新中国成立之前，其研究被认为不科学、被讽刺为迂腐，新中国成立之后，优生学更是不允许讲了），虽然有社会的急功近利等因素，但不可否认的是，这个问题并不是时代的主要问题，在国家处于存亡之秋，或者百废待兴的建设高潮中，这个需要在长久的未来才能判别结果的研究，自然难以获得足够的重视。反过来讲，人文社会科学也需要面对时代的主战场，为每个时代的重要问题寻求答案。费孝通接着潘光旦的思想而发展出的文化自觉，以及进而提出的人类命运共同体视角，就是对21世纪的新时代的提供的智慧。

六、结语

潘光旦在清华学校时，因为课程作业"冯小青考"得到梁启超的鼓励，期以"头脑之莹澈，可以为科学家；情绪之深刻，可以为文学家"[1]。我们考察潘先生一生著述经历，可以发现他基本上是介于科学与文学之间，是一位典型的人文取向的社会学家或社会思想家，并力图去统一两种倾向。按照美国社会学家默顿的说法，大部分社会学家都摇摆于科学与人文之间，只有少数人试图要统一这两者，或许，潘光旦就是这少数

---

[1] 潘光旦：《潘光旦文集》第1卷，北京大学出版社，1993年，书前插图"梁启超先生阅《冯小青》初稿后评语"。

试图统一科学与人文的学者。他的这一尝试，对于中国社会科学的自觉与自省，具有杰出的贡献，这正是我们讲的理论自觉的早期实践。当然，具体的实现路径，还需要在此基础上继续探索、继续走下去，这也正是中国社会学未来要充分注意的一大关键。

读潘光旦先生的《派与汇》

马 戎[*]

在民国的大师级学者们当中，潘光旦先生是极为特殊的一位。他出生于1899年，父亲潘鸿鼎虽为清末进士并在翰林院任职，但仍鼓励他考入当时留美预备学校——清华学校。他在清华学习期间因锻炼时不幸受伤而截去右腿，但是由于成绩优异，1922年被保送到美国常春藤名校之一的达特茅斯学院主修生物学，1924年毕业，第二年入哥伦比亚大学生物学系，但他的选课与阅读跨越到社会学和心理学等领域，他在《大江季刊》上发表的《近代种族主义史略》《基督教与中国》等论文表明他在人文与社会科学领域亦有深入的研究与思考。1926年他获得哥伦比亚大学硕士学位，同年回国在国立政治大学等学校任教，深受各校师生的欢迎。谭其骧先生在暨南大学历史社会学系学习时，曾听过潘先生的社会学基础、种族问题两门课，谭先生后来发表的论文也深受潘先生的影响，两人保持了终生的交往。潘先生的古文献基础和英语都非常好，研究领域跨越了自然科学、人文学科和社会科学，这样的知识结构在当时的学术界十分难得，使他得以在对各学科知识体系和不同学派的比较中获取更为独立和更加深刻的洞见。他以高屋建瓴的研究视角俯览纵观人类社会和中外学术界的演变趋势，提出许多独具慧眼的思考，而这些闪着智慧火花的观点就散见在他的著述之中。

---

[*] 马戎，北京大学社会学系教授。

1934年潘先生回到母校清华大学任教。抗日战争期间，他随清华师生先迁至长沙，1938年转入在昆明重建的西南联合大学，先后两次出任西南联大教务长。1941年加入由知识分子组成的中国民主同盟。1946年民盟重要成员李公朴、闻一多两位教授被国民党特务暗杀后，他与费孝通先生进入美国领事馆避难。蒋介石政府曾希望他二人出国，但他们坚持留在国内。清华大学在政治压力下转任潘先生为清华大学图书馆馆长，负责回收日伪期间流散出去的图书资料。1952年中国大学开展"院系调整"，社会学专业被撤销，潘光旦先生和费孝通先生等转入中央民族学院研究部，从事少数民族研究工作。1957年潘先生被定为"右派"。叶笃义曾说："在被划为右派的人当中，也有未讲过任何话而被划的，如潘光旦……"[1] 所以他被定成"右派"，并不是因为他当时说了些什么，而是由于他的独立观点和社会影响。此后，他便再也没有发表著述、上课及指导学生的机会，直至1967年68岁时过世。潘光旦先生学贯中西、融通古今，是20世纪中国学术界名副其实的大师级学者，只是由于受到国内政治运动之累，50岁后的研究和写作受到种种限制，未能给国人留下更多的精神财富，实在是极大的憾事。

自鸦片战争后，中国人开始引进西方文明的知识体系和教育体系，"废科举，兴新学"，从中华文明传统的"经、史、子、集"体系转为西方工业文明的学科体系，如自然科学、人文学科、社会科学等门类，而各门类中又分成不同学科，每个学科在在是今天中国学术界也是十分常见的现象。我们固然可以根据每个学科的专长把客观世界和人类社会划分为不同块区，但是这个地球和人类的活动是不可能真正分割开的整体系统，人类的知识只能汇集在一起才能真正理解与认识这个世界。"宇宙万象原是相通的，事物的演出，当其初虽有先后之分，科学为研究方便起见，虽亦不能不作级层门类之别，但现象之间，决不因人为的强分畛

---

[1] 叶笃义：《虽九死其犹未悔》，北京十月文艺出版社，1999年，第112页。

域而末减其息息相关的程度。"[1] 我读潘先生的论文《派与汇》，所感受到的就是他力图超越学科门类与学派的门户之见，探索人类知识的"汇"。他指出，"三百年科学的作风是一贯的分析的、流衍的、支蔓的，结果是愈分愈细，愈流愈远，……到现在为止，所有关于人的科学，包括所谓人类学在内，全都是支离破碎，算不得了解。既不了解，控制自更无从说起"[2]。因此他十分推崇儒家的"中庸之道"和"中和位育"的思想，认为如果想使人类社会"收取思想与理想之利，而尽量的祛除其弊，……而无论治标治本，关键均在一个汇字，治标的路是莫忘旧汇，治本的路是寻求新汇"[3]。

潘先生归纳了社会思想"在最近百年之内，如何由派分而汇合，更由汇合而派分的一些迹象"。他把"思想"与"理想"做了明确的区分，并对二者的差别提出独到的见解。潘先生认为，"思想分派的利弊参半，而理想分派则弊多于利"，理想往往基于某种"主义"的追求，而"主义是成套数的，是多少先经过一番规定的，是有一定的解释而发生疑义需要重新解释时又须诉诸一定的权威的，是具备了近乎教条的形式与精神、只许信仰而不容怀疑评论的"[4]。在社会变革与发展过程中，各政党必须坚持这样的主义追求，这样其主导的政治运动方可有效地推进。但是，作为观察与研究人类社会进程的学者来说，各种"主义"仅仅是他们的分析对象。潘先生就是站在超越意识形态的高度来审视世界上流行的各种"主义"的。他明确地指出："美国过分注意个人的自由，苏联过于着重集体的管制，前途可能各有各的吃亏，并且有的已经开始在吃亏。"[5] 1949年后，新中国一度学习苏联的计划经济体制，后来实践证明确有弊端，80

1　潘光旦：《派与汇——作为费孝通〈生育制度〉一书的序》，辑入《政学罪言》，《潘光旦文集》第6卷，北京大学出版社，2000年，第95页。

2　同上书，第108—109页。

3　同上书，第101页。

4　同上书，第99页。

5　同上书，第103页。

年代又转过来引进市场机制，经济得以快速发展。但是现实的经济活动表明，美国式的自由主义体制也有其弊端。如何把两种体制"汇"在一起，获其利而避其弊，这不正是今天的中国社会在努力探索的道路吗？

19世纪后半叶的中国学者，曾深深地纠结于历史悠久的传统文明与船坚炮利的西方文明之间。20世纪前半叶的中国学者努力学习欧美国家的文明与知识体系，大批青年学子赴欧美留学，带回一套西方思想理论与知识体系。50年代新中国开始"以俄为师"，积极学习践行苏联式的马列主义理论和社会制度，大批学子留学苏联，许多苏联专家来华指导工作。80年代后实行"改革开放"，又转而学习欧美，包括人文和社会科学在内的学术研究水平均以美国学术期刊作为评价标准，甚至有些大学的文科院系职称评审也要西方学者参与。如果按照潘先生的看法，这些转变大概只能算作是某种"轮回"，是不能算作一个真正做到趋利避弊的"汇"的。

我近些年从事中国民族问题研究，深感从西方国家引进的"民族"（nation）、"种族"（race）、"族群"（ethnic group）、"民族国家"（nation-state）这些基本概念和话语体系与中华传统的群体认同和社会体系观念之间存在根本性的隔膜，生硬套用不仅严重脱离社会现实，而且必然引发各种深刻的矛盾。我们面对的现实是：一方面，生活在今天处于全球化进程的世界体系中，中国学者已不可能不借用西方文明的这些概念来分析和思考问题；但是另一方面，东亚大陆上的中华文明毕竟延续了几千年，而且是核心理念与发展轨迹完全不同于欧洲文明和基督教世界的另外一个文明体系。打个比喻，其间的差别就像是西医和中医的差别，不仅在对人体生理的认识上差异极大，对疾病的理解及治疗的思路也全然不同。中西文明之间应当如何共处并存，中国学者应当如何理解和思考不同文明之间的差异与优劣呢？

尽管传统的中华文明体系在近代工业化进程中一度处于滞后和挨打的境地，中国人被迫全面地学习吸收西方的知识体系和社会制度，但是，中国人毕竟变不成欧洲人和美国人，几千年的文化传统基因总是不断地影响着中国人的思维,东亚大陆从来不是多国并立的欧洲大陆,今后也不希望变成今天的欧洲。那么,在西方社会思想和制度的一些弊端在欧美国家以及引进西方制度的亚非拉国家逐步暴露出来之后,中国今后的道路应当如何走?中华文明的传统智慧能不能为我们提供一些有益的启示和思路呢?清末和民国时期,是中国人开始接触、了解西方文明并将其与中华传统进行对比的一个重要的历史时期,像潘光旦先生这样学贯中西、融通古今的大师级学者的著作与思考,为今天的中国人提供了一个认识"派"和思考"汇"的思想宝库。在今天活着的中国学者中,年纪大一些的比较熟悉马列主义和前苏联的学科体系,年轻一些的努力学习欧美学术界的新流派,而真正下功夫努力理解中国社会传统的学者则是凤毛麟角。因此,我觉得认真阅读民国时期著名学者的著述并思考如何从中国传统智慧中吸取营养,从而理解中华文明历经几千年的生存之道,探讨新世纪中国社会的道路选择,应当作为中国青年学者必修的功课。

研究中国当代的民族问题,必须追溯这些群体的历史由来。潘先生的《中国民族史料汇编》(天津古籍出版社2005年、2007年版),就是我们研究中国民族史的重要参考书。记得我前些年写《中国传统"族群观"与先秦文献"族"字使用浅析》[1]一文时,《中国民族史料汇编》就是一部主要的工具书。前人栽树,后人乘凉。2014年出版的《潘光旦短评集》中,汇集的是潘先生主要在20世纪30年代为不同刊物撰写的短评,虽然篇幅不长,但仔细读来,字字珠玑,颇堪玩味,令人无法不佩服潘先生的学识、见地与智慧。陈寅恪在撰写王国维纪念碑时赞颂道:"唯此独立之精神,自由之思想,历千万祀,与天壤而同久,共三光而永光。"非唯此即无法发扬真理,非唯此即不能研究学术。潘光旦先生就是践行独立精神、自由思想的一个光辉典范。对于后辈学人来说,潘先生的著述可以说是一座有待深入开发的思想金矿。

---

[1] 收入乔健主编:《文化、族群与社会的反思》,北京大学出版社,2005年。

潘光旦先生在讨论中国传统的"伦"的概念时曾提到人的"流品"。这讲的其实是人的文化修养与精神品格所达到的层级,是可以与个人掌握的技能、才华、财富和社会地位无直接关系的另一类评价标准。社会上绝对不乏显赫一时、才华惊人、大富大贵但是人品低下的高官、富豪、教授和艺人,但是他们当中有许多人无法得到广大民众内心的尊敬与钦佩。与之相比,那些具有高尚品德情操的普通知识分子、工人、农民和战士的一些朴实无华的行为,却往往能够动人心弦、催人泪下,这里反映出来的就是人的"流品"。中国出了许多许多名人,包括政治领袖、学术大师、艺术大家、杰出将帅、商界奇才,但是单靠这些精英人物是撑不起中国这片天地和共和国这座大厦的。近代中国社会中的任何发展,无论是抗日战争、抗美援朝、工业建设,还是教育、医疗、交通等各项事业,都是由无数平凡和普通的民众每日每时默默无闻的工作来推动并成就的。

潘光旦的二女儿潘乃穆老师就是他们当中的一位。她自1986年退休后,全力以赴整理潘光旦先生的论文和著作。至2000年,《潘光旦文集》(以下简称《文集》)14卷全部完成出版,这套643万字的《文集》汇集了潘先生一生的重要著述,是后人了解民国学术史的无价宝库。除了《文集》之外,潘乃穆老师还先后整理出版了《中国境内犹太人的若干历史问题》《中国人的特性》《儒家的社会思想》《潘光旦民族研究文集》《中国民族史料汇编》《斯文悬一发——潘光旦书评序跋集》《潘光旦英文文集》《潘光旦短评集》《直道待人——潘光旦随笔》《夔庵随笔》《铁螺山房诗草》等著述,共约300万字。在民国时期的大师级学者们当中,潘光旦先生遗著的重新出版可以说是相当完整的,在这近千万字的学术遗产中凝结的正是潘乃穆老师30余年的全部心血,可以说没有潘老师,后人几乎是完全没有机会读到民国时期零散出版的这些珍贵文献的。

潘乃穆老师的学术关怀和追求与无私奉献联系一起,今天,我们这些后辈学人们之所以有机会系统阅读潘光旦先生的著作,能够努力追随潘光旦先生的思路去认识今天人类世界和中国社会中出现的种种问题与矛盾,这是必须要感谢潘乃穆老师的。

人伦与位育：潘光旦先生的社会学思想及其儒学基础

周飞舟[*]

潘光旦先生是民国时期的社会学大家，但是他的社会学思想在学界一直没有引起足够的重视。这其中的原因可能是多方面的。一是潘先生学问宏富，除社会学外，于优生学、心理学、民族学等都有大量著述；二是潘先生的社会学著述大部分都是理论性的，这在注重经验研究的民国社会学界显非主流；第三个可能也是更重要的原因在于，潘先生的社会学"别具一格"，他并非像"燕京学派"那样将西方的社会学理论和方法应用于中国社会的研究，实现对中国社会研究的"社会科学化"，[1] 而是以中国传统儒学思想去理解和阐释西方的社会学，从另一个角度来看，也可以说对中国传统儒学思想进行了"社会学"的阐发。如果说民国时期的社会学是"西体中用"，那么潘先生的社会学可以说是"中体西用"，传统儒学在潘先生这里焕发着新的生命，从这个意义上看，潘光旦先生是社会学中国化真正的先驱人物。[2]

学界对于潘光旦先生思想的梳理和研究已经颇有成果。大部分学

---

[*] 周飞舟，北京大学社会学系教授。

[1] 参见谢立中：《论社会科学本土化的类型——以费孝通先生为例》，《江苏行政学院学报》2017年，第1期。张静：《燕京学派因何独特？——以费孝通〈江村经济〉为例》，《社会学研究》2017年第1期。

[2] 闻翔：《陈达、潘光旦与社会学的"清华学派"》，《学术交流》2016年第7期。

者是从学科入手，对潘先生涉及的诸多领域及专门论题进行了阐发，如"位育论"、优生学、教育思想、家庭与女性、心理学、民族学、科学观；也有学者对潘先生在中国近现代思想史中的地位进行了专门讨论。[1] 对于潘先生的社会学及其思想来源，吕文浩进行过相对零散的讨论，翟学伟专门讨论了潘先生的"伦"的思想等等，大部分研究都指出了潘先生的社会学思想一方面与优生学关系密切，另一方面又以传统儒学作为基础，是结合了二者的思想精华。[2] 这其中以张津梁的研究更为全面和系统，他着力于分析潘先生在位育思想基础上对社会中的个人定位的分析，称之为"儒家自我主义"，并将其放在民国思想史背景中进行考察，一方面以此为中心梳理了潘先生的社会学思想，另一方面进一步强调了潘先生思想中的儒学因素。[3]

潘先生基本上没有专门的社会学著作，其社会学思想大部分散见于各种著述的章节和专门的论文中。但是这些论著散而不乱，并且构成了一个较为完整的理论体系。这个理论体系涵盖了人与自然、个人与社会的关系以及政治、教育各个方面，充满了极富启发性的真知灼见。本文是在以往研究的基础上，通过进一步整理和梳理潘先生的社会学著述，力图勾勒出潘先生社会学思想的结构框架及主要观念，尝试更为深入地探寻这些思想的儒学基础，对他如何将传统思想加以时代的阐发，使其辉光日新进行一个初步的分析。

---

1 对于这些方面，吕文浩等众多学者都有专门的研究，限于篇幅，此处不再罗列赘述。

2 李玥：《潘光旦的中国社会论——"位育范式"解析下的中国社会研究》，吉林大学2004年硕士学位论文；翟学伟：《伦：中国人思想与社会的共同基础》，《社会》2016年第5期；吕文浩：《他克服了社会学"见社会不见人"的流弊》，《北京日报》2017年6月5日；吕文浩：《以社会学方式回应"社会思潮"——以潘光旦中国之家庭问题为中心》，《家庭与性别评论》第7辑，社会科学文献出版社，2017年。

3 张津梁：《从"中和位育"到"明伦"——潘光旦儒家自我主义的现代建构》，哈尔滨工程大学2019年硕士论文。

一、天人之际

潘先生在美国留学期间攻读的是生物学学位，因此对于优生学、遗传学研究颇深。回国任教期间，他虽然以教授社会学课程为主，但是也在社会学系开设优生学等课程，出版了诸如《优生概论》《优生与抗战》《优生原理》等著作以及运用优生学研究社会现象的著作，如《中国伶人血缘之研究》《明清两代嘉兴之望族》等。生物学、优生学尤其是民国时期流行的进化论思想无疑对潘先生的社会学有着很大的影响，并且构成了他社会学思想的基础之一，但是生物进化论对潘先生的影响却与民国时期的主要趋势大相径庭，"物竞天择、适者生存"这种人人皆知的思想在潘先生那里变成了很多人不太熟悉、不易理解的"位育论"。[1]

进化论思想在 19 世纪末进入中国，以严复翻译赫胥黎的《天演论》为重要标志，并得到了比在西方世界远为迅速的传播和接受。[2] 此书先后出版了 30 多种版本，仅上海商务印书馆从 1905 年到 1927 年就先后再版 24 次。[3] 进化论是生物学理论，之所以在中国社会被迅速接受，与中国思想中经世致用的传统有密切的关系。当时的中国，正急需破除旧观念、建立新的社会和伦理观念，进化论的到来适逢其时。虽然从理论上看，进化论实际上是一种强调"渐进"和"自然过程"的理论，但在中国当时的环境下，无论革新派还是革命派都以进化论发展出的"社会达尔文主义"作为其理论基础。[4] 在倡导社会进化论的思想家中，严复和康有为等一直坚持其"维新"的立场，而梁启超和谭嗣同则相对激进，对于优

---

[1] 杭苏红：《性爱、家庭与民族：潘光旦新家制的内在理路》，《社会学研究》2018 年第 1 期。

[2] 余英时：《中国思想传统的现代诠释》，江苏人民出版社，1995 年。

[3] 张明国：《进化论在近代中国社会的传播过程、特点及其原因》，《科学技术与辩证法》1996 年第 3 期。

[4] 王中江：《进化主义与中国近代的保守、渐进与激进》，郑大华、邹小站编：《西方思想在近代中国》，社会科学文献出版社，2005 年。

胜劣败、平等自由等观念提倡最力。[1] 当时的思想界和学术界，严复所译的"天演"一词与日本传来的"进化"一词被混用，"物竞天择、适者生存"被认为是社会演化的"公例"或"公理"，被认为是浩浩荡荡、不可阻挡的历史潮流。所谓"公理"，就是被国内的改良、维新、革命和唯物论等各种思潮所公认，并在不同程度上构成其理论基础，虽然很多人对进化论的了解并不深入而仅限于口号式的理解。[2] 潘光旦先生作为受到专业生物学训练、对进化论有着深入认识的社会思想家，虽然也将生物学及生物进化论作为其社会学思想的重要基础部分，却提出了反对"进化"的社会思想，形成了逆当时潮流而动的"新人文史观"。

在《人文史观与"人治""法治"的调和论》一文中，潘先生将人类的史观分成唯物、唯神、唯人、唯文四类。世界上各类宗教思想、中国传统中的墨家都是"唯神"论；很多地理学、经济学思想都是"唯物"论；就中国传统思想儒法两家而言，潘先生认为，儒家是"唯人"的，法家是"唯文"的。所谓"唯文"，是以世间的制度文化作为根本，所以法家强调"法治"；而"唯人"，则是以人为本，认为社会和历史的基础既非神、亦非物，更不是人创造出来的礼法和文化，而是人本身。潘先生认同儒家的这种"唯人"史观，称之为"人文史观"，并在此基础上进一步阐发，他自己叫作"新人文史观"。[3]

据潘先生自己的说法，他的"新人文史观"与中国传统以儒家为核心的人文思想亦有不同，也可以说是对儒家"唯人"史观的发展。潘先生说自己不仅是一个"唯人论者"，而且变本加厉，是一个"唯好人论者"，认为社会的形成、历史的演进既从人而来又离不开人，而且是"好

1　王中江：《进化主义原理、价值及世界秩序观——梁启超精神世界的基本观念》，《浙江学刊》2002年第4期；张曙光：《"天"之重释与"仁"之重光——纪念〈天演论〉与〈仁学〉发表120周年》，《学术界》2018年第2期。

2　王中江：《进化主义原理、价值及世界秩序观——梁启超精神世界的基本观念》，《浙江学刊》2002年第4期。

3　潘光旦：《人文史观的"人治""法治"的调和论》，辑入《人文史观》，《潘光旦文集》第2卷，北京大学出版社，1994年，第327—340页。

人"。但是对于"好人"从哪里来、如何出现的问题，潘先生与传统思想有着明显的分歧，而这种分歧就是生物进化论带来的。

潘先生认为，在中国传统儒学中，圣贤俊杰也就是杰出人物或者优秀人才的出现会被归于"天"的意志，如孟子有"天将降大任于斯人"的说法，或者出于自己的不懈努力，或者出于上几代人的"积德行善"，等等，这都不是科学而切实的解释，不是一个追求"因果关系"的解释。"好人"出现的关键因素有二：一为遗传，一为教育。实际上，教育的因素是儒家思想中最为强调的，而潘先生强调的遗传因素，则是来自于他所受的生物学和进化论的启发，这也是他致力要做的——把生物学的理论引入到社会和文化的解释中来。[1]

潘先生按照一般的观念，将世界划分为理化（无机）、有机（生物）、心理、社会、文化五级。他认为，一般对于文化的解释，都是用文化或者心理、社会这种相邻的层级来解释，心理、社会和文化现象一样，都"太活"，不容易做出切实的解释。他主张用生物现象来对文化进行理解，庶几可以开出一条科学的研究文化的路线。若用生物现象来解释文化，那么一定是要以"人"为本的，因为人从生物演化而来又拥有一般生物没有的社会文化，所以只有"人"才是连接生物和文化之间的媒介，也是文化最为主要的载体，由此我们可以理解潘先生注重"人文史观"在方法论层面的含义。与儒家的"人文史观"相比，潘先生的"新人文史观"的身与心的地位是不同的。在"新人文史观"看来，人分为"体""用"两个部分，形态和结构是"体"，智力和性情是"用"，生物学关注"体"，由"体"而探知"用"，是潘先生优生学和社会学思想的主要方法和思路，他称之为"文化的生物学观"。[2]

这种"人文思想"或"新人文史观"的核心观点是"人"，而又将

---

[1] 潘光旦：《人文史观的"人治""法治"的调和论》，辑入《人文史观》，《潘光旦文集》第2卷，北京大学出版社，1994年，第327—340页。

[2] 潘光旦：《文化的生物学观》，辑入《人文史观》，《潘光旦文集》第2卷，北京大学出版社，1994年，第311—326页。

人的身体看作是"体",人的精神看作是"用",生物进化论必然构成其思想的重要基础。但是潘先生对进化论的理解与当时的思想界很不相同。他反对"进化"这个词,主张用"演化",生物的演化可以叫作"自然演化"和"有机演化",社会的演化则属于"超有机演化",不属于生物学的范围,与生物演化有明显的区别,但是也不能完全脱离生物的有机演化。[1]

严复在翻译赫胥黎《天演论》时,只截取了原书的第一、二部分进行节译,并多有所铺陈和发挥。实际上,赫胥黎在原著中认为"天行"与"人治"迥然有异,人类社会的"伦理进程"与自然世界的"宇宙进程"完全不同,明确反对当时的社会思想家斯宾塞提倡的"社会达尔文主义"。这就是严复节译《天演论》并在书中对斯宾塞大加赞赏的重要原因之一。[2] 潘光旦先生既对"社会达尔文主义"持明确的反对态度,也不赞同人类社会的"伦理进程"与自然演化相对立的观点,而是提倡一条中间道路,他称之为"位育"。

"位育"一词是潘先生对进化论中的关键词 adaptation 或 adjustment 的翻译,他反对日本人将此词翻译为"适应"或"顺应",认为"毛病就在太过含有物体迁就环境的意思"[3]。"位育"一词来自《中庸》,出处是"致中和,天地位焉,万物育焉",朱子注云:"位者,安其所也;育者,遂其生也。"意谓天地间万物各有其不同的结构性位置,在此位置上"万物相育而不相害,道并行而不相悖"。"位",是天,是自然;"育",是人,是文明;"位育"一词隐含了儒家对于天人关系的基本认识。潘先生用这个词来翻译,实际上代表了他将生物进化论应用于社会演化之后的新观点,这个观点的核心内容就是儒家的"天人合一"。

---

[1] 潘光旦:《演化论与当代的几个问题》,辑入《优生与抗战》,《潘光旦文集》第5卷,北京大学出版社,1997年,第32—41页。
[2] 张曙光:《"天"之重释与"仁"之重光——纪念〈天演论〉与〈仁学〉发表120周年》,《学术界》2018年第2期。
[3] 潘光旦:《演化论与当代的几个问题》,辑入《优生与抗战》,《潘光旦文集》第5卷,北京大学出版社,1997年,第36页。

在《演化论与当代的几个问题》中,潘先生指出:

> 位育是一切有机与超有机物体的企求。位育是两方面的事,环境是一事,物体又是一事。位育就等于二事间的一个协调。世间没有能把环境完全征服的物体,也没有完全迁就环境的物体,所以结果总是一个协调,不过彼此让步的境地有大小罢了。[1]

所以,天人关系的重点就在"天人之际"的双方"协调",协调就是不过分偏重一方,而且之所以叫作"协调",就不是通过彼此冲突和斗争达到的平衡,而是通过你中有我、我中有你而达到的交汇感通的状态,这就是"合一"了。《中庸》开篇云:"天命之谓性,率性之为道,修道之谓教",是说性出于天,道因乎性,教以修道。人事养育既是根出于天,也是为了知天事天。另一方面,天也必因人而成其天,所谓"诚者天之道也,诚之者人之道也"。天人之间的这种关系正好对应了潘先生所谓的"遗传"与"环境"即 nature 和 nurture 二者之间平衡协调的关系。遗传代表先天和自然,环境代表后天和养育,潘先生借用《论语》中孔子"性相近也,习相远也"以及《孟子》中"苟得其养,无物不长"的话将两者分别译作"性"和"养",他的《优生原理》一书的第一章就叫"性和养",实际的内容是遗传与环境,借此来"表示新的学术与旧的经验必有其渊源的关系"[2]。

潘先生的这种"协调""折中"的观点并非是一种调和论,而是一种中立不倚的鲜明立场,这可以从他对当时的两种"执一"思潮的激烈态度中看出来。这两种"执一"的思潮,一种是偏重文化的后天、环境决定论。这种观点认为:"人类自呱呱堕地而后,处处和文化接触,处处受文化的影响。我们所见人类种种方面的活动,全都是受着文化影响以后

---

1 潘光旦:《演化论与当代的几个问题》,辑入《优生与抗战》,《潘光旦文集》第5卷,北京大学出版社,1997年,第36页。
2 潘光旦:《优生原理》,《潘光旦文集》第6卷,北京大学出版社,2000年,第245页。

的表现"[1]，潘先生认为这就是忽视了人的遗传因素或者说"性"的作用。实际上，人的生物特性和文化影响在很多情况很难区分清楚，如人在青春时倾慕少艾是出于生物性，但是喜欢的女子是什么特征则既有共性又有特性，共性和特性中哪些出于文化，哪些出于遗传和生物性，就会变成很复杂的问题。在为费孝通《生育制度》一书所写的序《派与汇》中，潘先生就委婉地批评了费先生的文化功能主义立场，即认为生育制度除了"种族绵延的生物需要""最起码的一点而外，都算作社会与文化之赐而和自然的倾向完全绝缘了"[2]，这是一种文化的自大狂，容易发展为"人类中心"及"物为人存"的"不自量、无根据的玄学"。"忽生物的遗传，不因势利导；重人为的环境，必强异就同"，这种"人定胜天"的"玄学"必然导致人类的碰壁和失败。[3] 用中国儒家思想的语言来说，这种文化决定论的倾向忽视了基于自然的、人性的力量，而将社会文化和礼法制度建立在"外铄"而非"固有"的基础上，是"蔽于人而不知天"。

潘先生着力批判的另外一种社会思潮则是由生物学而来的社会进化论或社会达尔文主义。潘先生认为这是"一部分西洋人"及"大部分中国人"对演化论的不求甚解甚至是误解所致。"自孔德以来，早就喜欢讲分期的演进，到此（演化论发现以来）更不免随风而靡罢了"，"社会演化，无疑的是进步的，是一条比较直线的，是线上有些分段的记号的；不是一条直线，怎会见得它有方向？段落不分明，又何以见得它在那里动？"以家庭理论为例，社会进化论会认为这条进步的直线是从大家庭到小家庭，从小家庭到无家庭，婚姻从父母之命到婚姻自主，再到自由

---

1 这是孙本文在《文化与社会》一书的章节《文化与优生学》中从文化人类学或文化社会学的立场来批评优生学的一段文字，转引自潘光旦：《优生与文化：与孙本文先生商榷的一篇文字》，辑入《人文史观》，《潘光旦文集》第2卷，北京大学出版社，1994年，第386页。

2 潘光旦：《派与汇——作为费孝通〈生育制度〉一书的序》，辑入《政学罪言》，《潘光旦文集》第6卷，北京大学出版社，2000年，第75页。

3 潘光旦：《西化东渐及中国优生之问题》，辑入《优生概论》，《潘光旦文集》第1卷，北京大学出版社，1993年，第266—288页。

结合和自由离异，等等。在潘先生看来，这是典型的"靠进步吃饭，如今更有人靠进化吃饭，靠有动向有阶段的进化吃饭"，这种靠进化吃饭的理论与靠天吃饭的命运主义理论，"在形式上尽管不同，在精神上有何分别？"[1] 所以，这种思想的偏颇在于直接将生物界的物竞天择论推广到人类社会，所谓将人与动植物同等看待，犯了"蔽于天而不知人"的错误。

钱穆先生总结中国传统思想的天人观念时，用荀子批评庄子的话，认为道家思想"蔽于天而不知人"，但是荀子以性为恶，以善为伪，制天命、法后王，开启了法家"唯文"史观的滥觞，偏于另外一个极端，可谓"蔽于人而不知天"。从容中道、以人为本的天人观，仍以孔孟为尚。[2] 潘先生对于这两种思潮的批评，正是以孔孟之"天人观"为其基本立场展开的。

建立"究天人之际"的社会理论，关键在于以人为本，通过人而知天。人与其他无机、有机现象的差别在于不但有知，而且"有觉"，即有灵明的自觉——这构成了社会的基础："全部的关键似乎端在'同异的自觉'或'人格的发见'的一层上。有了这个，就有社会，没有这个，就没有社会。"[3] 就上述两种错误思潮而言，社会进化论的将人拟物、不以人为本的错误很明显，相比之下，文化决定论的错误则比较隐蔽——也是忽略了人的"自觉"与"自动的力量"。实际上，人受支配于自然和"天"的力量与受支配于"文化"与社会制度的力量，虽"支配的力量不同，而其为受支配则一"。在这个意义上，极偏重于自然与极偏重于文化的社会思潮犯了相同的错误，都是忽视了人本身的重要性。强调以人为本，是以同时作为生物人与社会人的"人"为本，中立不倚，所以潘先生在陈述自己的思想观念时，既不用"人本主义"，也不用"人文主义"，

1　潘光旦：《演化论与当代的几个问题》，辑入《优生与抗战》，《潘光旦文集》第5卷，北京大学出版社，1997年，第35页。

2　钱穆：《双溪独语》，九州出版社，2012年。

3　潘光旦：《"伦"有二义——说"伦"之二》，《潘光旦文集》第10卷，北京大学出版社，2000年，第148页。

他认为只要带"主义"二字的，就有"执一的臭味"，所以宁可说"人文史观""人文思想"，他向往建立的社会学，是"人化的社会学"，而不是某种主义的社会学。[1]

"人化的社会学"必须以人为中心，而人首先是生物的，其次是社会的。所以潘先生的学问，是由生物学而至优生学，由优生学而至于社会学。在斟酌了各家各派的定义之后，潘先生也给优生学下了一个定义：

> 优生学为学科之一，其所务在研究人类品性之遗传与文化选择之利弊，以求比较良善之蕃殖方法，而谋人类之进步。[2]

这里的关键问题是回答何为"优生"之"优"的问题，或者说"文化选择之利弊"如何衡量与何为标准的问题。在甲文化内为良善者，在乙文化内未必如此；在甲时代为良善者，在乙时代未必如此；即使在同一时代、同一文化内，从甲角度看为良善，从乙角度看则大有弊端。用潘先生自己的话来说，"同一文化势力，用同一优生眼光端详，而利弊已未可概论若此。然则种种文化势力下之权衡轻重问题，甚非片言可以解决也"[3]。

要寻找"优生"的权衡，就需要对社会的深入探索，需要把握住人文思想的骨干。潘先生从"位育"的理论入手，以"性"为基础，以"养"为内容，发现了中国人文思想的骨干，也构成了他的社会学理论的骨干，这个骨干就是"伦"，潘先生的研究也从"天人之际"走向"人伦之际"。

---

[1] 潘光旦：《中国人文思想的骨干》，辑入《政学罪言》，《潘光旦文集》第6卷，北京大学出版社，2000年，第112—124页。

[2] 潘光旦：《优生概论》，《潘光旦文集》第1卷，北京大学出版社，1993年，第254页。

[3] 同上书，第265页。

二、人伦之际

潘先生的社会研究，内含着一个从"位"到"育"的逻辑线索，这条线索连接着自然与人文、个人与社群、家庭与国家等不同的层次，而赋予这条线索以动力和活力的力量都是人，是生活中在人伦中的"人"。

古语说，"天地者，生之本也；先祖者，类之本也"；朱子说，"万物本乎天，人本乎祖"。在中国的传统思想中，人之本在于祖先而非"天"或"神"，祖先也是人而非神，这是中国社会被认为是人本社会或人文社会的根本。研究中国社会，必自本始，也就是自祖先始。沿着探讨"天人之际"的思路，潘先生对中国社会和中国人之"本"有着既传统、又创新的别开生面的研究。

所谓创新，指的是潘先生所做的一系列有关人才和家谱的研究。其中最为出名的是《近代伶人的血缘的研究》与《明清两代嘉兴的望族》，此外还有诸如《明代以前画家的分布与移殖》《近代苏州的人才》《存人书屋历史人物世系表稿》等。在这些研究中，潘先生运用社会科学的方法，通过分析实证性的经验材料来得出结论。例如他详细考察了一百七八十个伶人的家系，逐个分析了其"奕世蝉联"的情况，并发现其中六七十个家系显示出明确的特种脚色（戏曲中的行当）的遗传倾向，他得出的结论是除了后天的教育之外，家族的"气质"[1]有遗传，而某些气质更适合某类脚色，便有了这种"世家"的现象。[2] 在对嘉兴望族的家谱研究中，潘先生驳斥了一些无法证伪的"虚说"如风水、福报等，将世家兴旺归结为移殖、婚姻和寿考三个比较实在的要素作用，其中婚姻的类聚选择效应非常明显，就连寿考这样一个传统中国人认为是纯粹由

---

[1] 潘先生引用了王国维的说法："罗马医学大家额伦，谓人之气质有四种，一热性，二冷性，三郁性，四浮性恶。我国剧中脚色之分，隐与此四种合。大抵净为热性，生为郁性……"（王国维《录曲余谈》）则王国维所谓"气质"，为现在所说"性格"或"个性"。

[2] 潘光旦：《中国伶人血缘之研究》，《潘光旦文集》第2卷，北京大学出版社，1994年，第235—236页。

"命"和福报决定的因素,潘先生也通过研究赋予其新的意涵:

> 中国人的生活理想之一是寿,……高寿的人是人中之瑞,是儒家所称三达尊之一。……以前的人也明白寿是活力充盈的表示,活力充盈是值得歌颂的。近世自遗传学发达,我们更知道活力充盈不止是一个个体的健康的特征,更是一个血系的健康标识,并且是最可靠的标识。[1]

从另一方面来说,潘先生的人才和家谱的研究又是极为传统的,是为"尊祖敬宗"的这棵大树在培根固本。在儒家思想及深受其影响的中国民间社会中,"本枝百世""源远流长"的家世绵延是中国人的人生理想,"在中国民族里早就成一派极坚固的信仰,其地位相当于许多宗教的灵魂不灭的信仰,而其力量要远在灵魂不灭的信仰之上"[2]。这样一种具有信仰力量的观念,既具有涉及鬼神、风水、福报、命运的神秘性,又有孝子贤孙尊祖敬宗、传承家业的感情和责任,是中国传统社会的基础。潘先生的研究向这棵大树注入了更为理性和科学的因素:

> 好祖宗的存在,也很可以引来做一个很实在的解释。祖宗,尤其是中国的祖宗,代表两种力量:一是遗传,二是教育。祖宗贤明端正,能行善事,表示他自己就有一个比较健全的生理与心理组织,这种组织是他的遗传的一部分,很可以往下代传递的。他这种种长处也往往给子孙以一些很好的榜样,一些力图上进的刺激。……这样说来,好祖宗就直接成为好子孙所由产生的一个理由,直接成为世家大族所由兴起与所以维持的一种动力,不必假手于第三者的因

---

1 潘光旦:《明清两代嘉兴的望族》,《潘光旦文集》第3卷,北京大学出版社,1995年,第399页。

2 潘光旦:《说"本"》,辑入《优生与抗战》,《潘光旦文集》第5卷,北京大学出版社,1997年,第9页。

缘果报之说了。[1]

在民国时期，主流的社会思潮大多追求进步，认为青年是社会的希望和未来。潘先生反其道而行之，是在不停地向前追本溯源，但是其研究目的也是在于青年，他是通过研究传统而追求未来。在潘先生看来，传统是未来之本，未来是传统之新芽。若传统断裂，则未来将从何而生？这是潘先生担心的大问题，集中体现在他的家庭研究上。

在《中国之家庭问题》一书中，潘先生对《学灯》杂志征集的317份关于家庭观念的读者问卷进行了细致的分析，得到了当时青年人[2]家庭婚姻观念的许多重要发现。其中一条发现是教育程度越高的人越将婚姻目的看作是"个人浪漫生活"而非养育子女，这引起了潘先生的极大忧虑，他称之为"大不幸"。在潘先生看来，婚姻和家庭的重心就是养育子女和种族绵延，若此功能不再重要，则家庭所附带其他社会功能亦将随之瓦解，这就更是不幸中之不幸了。

家庭是构成社会的基础单位，而中国社会的家世绵延和尊祖敬宗的基本观念最为完备地体现在家庭之中。与这种观念相配合，中国理想的家庭形态以"折中式家庭"为主要形式，它既非核心小家庭，亦非三代及以上大家庭，而是"兄弟一旦成立（成家），即各自成生计之单位，为父母及祖父母者即由彼等轮流同居侍养"，这既适应了家庭规模变小的趋势，又保留了中国家庭上有祖宗、下有子孙的赡养和抚育的"反馈"模式。[3]另外，尊祖敬宗的观念并非只有家世绵延的意义，而且是社会伦理

---

1 潘光旦：《明清两代嘉兴的望族》，《潘光旦文集》第3卷，北京大学出版社，1995年，第388页。

2 317人中30岁以上者仅42人，30岁及以下者占87%。

3 费孝通先生将西方和中国的家庭分别叫作"接力模式"和"反馈模式"，接力模式以抚育为主，子女成年后即与家庭脱离，反馈模式则既须抚育子女，又须赡养父母，其承上启下的功能是中国家庭的基本特征。（参见费孝通：《家庭结构变动中的老年赡养问题——再论中国家庭结构的变动》，《费孝通全集》第10卷，内蒙古人民出版社，2009年，第38—56页）相比之下，潘先生的"折中制"其实是通过家庭形式的变化保留期"反馈"的精神，名为"折中"，其实是以变守常之法。

观念的基础，是家国之本。

尊祖敬宗在现实中的表现是"慎终追远"，即所谓"丧尽其礼，祭尽其诚"。死去的父母祖宗，已经对自己没有功利价值，仍然以极为诚敬的态度对待他们，这其中体现出的至孝伦理，不但对社会极其重要，而且能够超越时代，潘先生将其称之为"种族伦理"（racial ethics）[1]。冠以"种族"二字，意味着这种伦理已经成为中华民族的"遗传基因"和不自觉的潜意识；用"伦理"二字，则意味着此种意识足以与西方的权利责任观念分庭抗礼：

> 父母对于子女应为之事，每称之为曰愿；为儿女婚嫁，曰"了向平之愿"；盖显然以儿女之事为一己之事，为一己欲望之一部分，而不能不求满足者。子女之奉养父母，与父母之受其奉养，亦未尝作责任或权利观。总之，昔日国人家庭分子间之关系，芟其支蔓，去其糟粕，大率出乎情感之自然流露，而无须乎哲学观念为之烘托。自西人权利与责任观念年之传播，国人以之解释积弊已深之家庭制度，乃弥觉其可憎可厌；然张冠李戴，本不相称，憎厌之心理，徒自扰耳。[2]

对于中国的这种"种族伦理"，家庭是最为重要的培养和训练场所，中国人能够懂得孝悌忠信，能够推己及人，乃至能够上阵抗战、为国杀敌，"为民族行其大孝"[3]，归根结底要靠家庭的养育。由此潘先生质问一些当时的制度变革主张如儿童公育、国家养老、婚姻绝对自由等等，若真的将家庭功能削弱至斯，"不能老其老，而欲其老人之老；不能幼其幼，

---

1 潘光旦：《中国之家庭问题》，《潘光旦文集》第1卷，北京大学出版社，1993年，第138页。
2 同上书，第135页。
3 潘光旦：《论"对民族行其大孝"》，辑入《优生与抗战》，《潘光旦文集》第5卷，北京大学出版社，1997年，第15页。

而欲其幼人之幼，天下宁有是理耶"[1]？

在潘先生对于家庭、家谱、血系的研究中，一条清晰而明确的线索就是强调家在世代绵延和品质流传中所起的作用，世代绵延也是对家族特质的传承和保护。这些家族的品质或特质，在潘先生看来，并非纯粹出于文化养育和文化选择（"化择"）的结果，也与遗传与自然选择（"天择"）有关。[2] 因此，人与人之间、家与家之间流品的差别是社会存在的前提，也就是位育的"位"字的意思。只不过"位育"是用来指称万物演化的词汇，对于人类社会，与"位"字相对应的词，潘先生称之为"伦"。

从1940年潘先生第一篇关于"伦"的文章《明伦新说》开始，他陆续写了四篇专门研究"伦"的文章，包括《说"伦"字》《"伦"有二义》《说"五伦"的由来》等，利用中国古代文献对"伦"做了深入细致、前无古人的研究。当时的学界有不少学者对"伦"进行了探讨，[3] 包括费孝通先生著名的"差序格局"的概念也用了"伦"的含义，但是相比之下，潘先生对伦的关注和研究另辟蹊径，挖掘出了"伦"这个概念已经消失了的古义而重点加以讨论，其用意之深值得我们细致讨论。

现在的"伦"通常指"关系"，潘先生认为这是受了孟子的影响，这实际上只是"伦"这个字的第二义。"伦"字更早的古义是"类别"和"差别"，如《尚书》中"八音克谐，无相夺伦"。在《"伦"有二义》这篇文章中，潘先生列举了大量文献，追寻了"伦"字之第一义消失的历史，尤其是"到了最近，一半也是因为受了西洋平等哲学的影响，我们不但把伦字的第一义忘了，并且根本不愿意提到这第一义与人类差等的

1　潘光旦：《中国之家庭问题》，《潘光旦文集》第1卷，北京大学出版社，1993年，第136页。

2　参见李崇高：《潘光旦优生思想研究——纪念我国优生学家潘光旦诞辰100周年》，《中国优生与遗传杂志》1999年第6期。蒋功成：《潘光旦先生优生学研究述评》，《自然辩证法研究》2007年第2期。

3　如柳诒徵：《明伦》，孙尚扬、郭兰芳编：《国故新知论——学衡派文化论著辑要》，中国广播电视出版社，1995年；贺麟：《五伦观念的新检讨》，《文化与人生》，商务印书馆，2011年；等等。

种种事实"¹。中国社会中通常讲的"五伦",我们一般将其理解为五种关系,即所谓父子、夫妇、君臣、兄弟、朋友,但是在具体情景中,我们容易忽略了这些关系实际上类别之间的关系,而不是具体的一个人与另一个人之间的关系。若第一义的"类别"和"差等"不明,而只有第二义的"关系",则这些人伦关系就容易变成个人性的功利交换而缺少伦理意涵。以君臣关系为例,若只讲"关系",则君礼臣忠²就容易被理解为交换关系,父慈子孝就容易被理解施报关系,会发展出诸如"你不仁我便不义"之类的说辞。这种个人间的、你来我往的直接关系并不是"五伦"的真正含义,因为这其中既缺少了作为类别含义的"伦",也缺少了"明伦"的"明"。

在潘先生的社会学思想中,"关系"或者说"社会关系"是有前提条件的。交相感应、有着自觉意识的行动才能发生"社会关系"。潘先生说,社会关系至少要满足三个递进的条件:"一是品性同异的存在;二是同异之辨,即同异的辨识;三是同异的辨别的自觉。"³潘先生所谓同异,就是类别或分类。万物皆有类别,唯动物可以区分之,又唯人非但可以区分之,还可以形成自觉和自我意识。对于每一类别应如何对待,包括自己的类别应如何定位,人都能形成明确的自我意识,对类别规范的理解和反应就形成了人格。在潘先生的思想体系中,类别就是"伦",关系也是"伦",自觉就是"明",人们通过"明"类别而"明"关系,通过"明"关系而"明"类别,此之谓"明伦"。

由此我们看到,类别之伦重差别,关系之伦重沟通。差别是沟通的前提,沟通是差别的展现,而其中的关键离不开"明伦"的人。如前所述,若只有关系而无类别,则关系缺少伦理性;反之,若只有类别而无

1　潘光旦:《明伦新说》,辑入《优生与抗战》,《潘光旦文集》第5卷,北京大学出版社,1997年,第25页。

2　见《论语·八佾》:定公问曰:"君使臣,臣事君,如之何?"孔子对曰:"君使臣以礼,臣事君以忠。"

3　潘光旦:《"伦"有二义——说"伦"之二》,《潘光旦文集》第10卷,北京大学出版社,2000年,第147页。

关系，则忠臣孝子会变成愚忠愚孝。只有类别与关系并重，五伦才有可能变成仁至义尽的伦理关系。潘先生的这种观念，比贺麟先生以柏拉图、康德及耶稣思想来比附三纲五伦的要义似乎更符合中国文化的精神[1]。

需要补充说明的是，潘先生在讨论"伦"的含义时着重强调类别与关系二义，伦所包含的"条理""次序"的意思没有多加注意。事实上，"条理"和"次序"正是对"伦"所含的类别的一种关系式的理解。《中庸》中"今天下车同轨，书同文，行同伦"，朱子注曰："伦，次序之体"；《论语》中"言中伦、行中虑"，朱子注曰："伦，义理之次第也"；"欲洁其身，而乱大伦"，朱子注曰："伦，序也"。这几处的文本都显示出"伦"亦指代了类别之间的等差次序。由此可见"伦"的第一义也没有完全消失，而是隐藏在了"次序"中。实际上，费孝通先生在《乡土中国》一书中阐述"差序格局"概念时使用的"伦"字就更接近于"次序"的含义。实际上，正是由于"明伦"的自觉，各种类别和关系才构成了由己到人、由内到外的次序结构。这种次序结构是理解社会的关键所在。潘先生的社会学虽然对此次序结构的直接论述较少，但是他的社会学思想体系从祖宗、家庭、人伦到社群、国家和政治，本身就构成了一个次序鲜明的"伦"。

从"本"到"伦"，从"类别"到"关系"，潘先生构建了一个从个人到社会的思想体系，他自己称之为"诊断社会的尺度"，并概括为"两纲六目"，如下图所示：

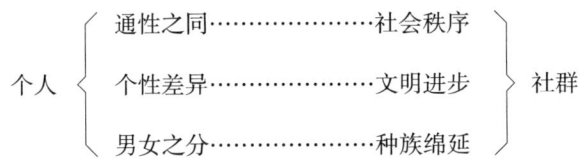

图片资料来源：潘光旦《个人、社会、与民治》，辑入《自由之路》，《潘光旦文集》第5卷，北京大学出版社，1997年，第460页。

---

[1] 见贺麟：《五伦观念的新检讨》，《文化与人生》，商务印书馆，2011年。

所谓"两纲",是个人和社群。每纲分为三目。个人生活中的三目包括通性,即人之所以为人者;个性,即此人之所以不同于彼人者;性别,即男女之所以互异者。社群生活也包括三目,一是静态的社会秩序;二是动态的文明进步;三是长久维持此动静两方面的种族绵延。个人的三目和社群的三目分别相呼应,即通性与秩序相呼应,个性与进步相呼应,性别与种族绵延相呼应。这种相互呼应或相互对应,隐含着潘先生的两个意思。一是个人和社会不存在根本的对立,比如社会对秩序的追求可能压抑个性的发展,但是却是基于个人中之通性的部分而来;二是个人的发展和社会的发展是可以达到协调的,这种协调是一种复杂的平衡和调节系统,例如个性的发展恰好能促进文明进步而又不过分威胁社会秩序,社会秩序的获得是建立在通性的基础上又不妨碍个性的发展,等等。这两层意思要得到展现,不只是需要两纲之间的协调,更需要两纲之内其各自三目之间的协调。按照潘先生的论述,对于个人一纲而言,人格健全的特征就是其三目的平衡发展,即能保持个性,不随俗浮沉,又能保持通性,不以立异为高,同时男又能有男的通性和个性,女又能有女的通性和个性,并行不悖;对于社会一纲而言,既要有社会秩序,又不能保守到妨碍进步,同时还要保证种族绵延。做到这三方面平衡发展的社会很少见,比如中国重秩序而无发展,美国发展快而秩序不稳,潘先生说:"历史上的中国社会与今日的美国社会都有几分病理的状态,如果美国人犯的是痉挛,我们犯的便是瘫痪。"[1]而在这两方面较为健全的社会如古希腊则是昙花一现的短命的例子。我们由此可以看到,潘先生的社会观念是一个四平八稳、"中正平和"的各方协调的平衡体,要达到这种平衡,潘先生指出的要点是两个方面:

> 要个人生活与人格的健全发展,要通性、个性、性别三节目的不偏废,责任端在教育,在一种通达的教育,就是自由教育。要社

---

[1] 潘光旦:《个人、社会、与民治》,辑入《自由之路》,《潘光旦文集》第5卷,北京大学出版社,1997年,第465页。

群生活与群格或国格的健全发展，要秩序、进步、绵延三节目的不偏废，责任端在政治，在一种通达的政治，就是民主政治。自由教育与民主政治的相辅而行，互为因果，是我们一向认识而主张的。[1]

由此我们能够理解，潘先生大量的时政文章都在谈论教育问题和政治问题，而他谈教育和政治时，又带有很强的学术讨论的色彩，实际上是将其社会学思想应用于时政问题的讨论，我们可以把他们看作潘先生的教育社会学和政治社会学思想。

三、昌公道，励自强

民国时期的社会政治思潮汹涌澎湃，尤以西风东渐为主。在这些思潮中，最引起潘先生注意的是与西方政治哲学密切相关的观念，在这些观念中，尤以平等、民主、自由最为世人追随。潘先生对于这三个观念分别撰写了一系列论文进行辨析和批评，其真知灼见超越时代，卓然不群，展现了一个社会思想家的洞察力。

在上述三大观念中，潘先生批评最力的是"平等"，专门著有《平等驳议》一篇长文，对主要的平等观念进行逐个驳议。潘先生对平等观念的批判基于他的"新人文思想"，是生物学与儒家思想相结合的产物。孟子说，"物之不齐，物之情也"，而潘先生重视的遗传、选择和变异，更是以因果关系来论证了"物不齐"论，潘先生称之为"自然不平等"："物种间最平等之一端，亦莫不平等之现象若，而人类不再例外焉"[2]。对于各类平等理论，潘先生将他们分为宗教、哲学、法律、经济、教育、

---

1 潘光旦：《个人、社会、与民治》，辑入《自由之路》，《潘光旦文集》第5卷，北京大学出版社，1997年，第465页。

2 潘光旦：《平等驳议》，辑入《人文史观》，《潘光旦文集》第2卷，北京大学出版社，1994年，第356页。

性别、心理等进行逐个批判。

经济理论提倡的平等可以分为"分配平等"与"机会平等"两类。在潘先生看来，分配平等是最不平等的，他在本文的标题之下即引用美国最高法院法官法兰克福特（Frankfurter）的话："世间不平等之事无过于不平等事物之平等待遇。"[1] 至于机会平等，机会的平均分配亦是不平等，因为人之天赋不齐，天赋高的人就浪费了天赋，天赋低的人则浪费了机会。真正的机会平等，是按人的才能与机会匹配，这种分配与其叫作"平等"，不如叫作"公道"。法律平等亦是如此。不挟势挟富，不阿势徇私，这是法律的"公道"与"正义"，无关乎平等。因此，在这些涉及分配和待遇的领域，"公道"一词足矣。[2]

无论是"分配平等"还是"机会平等"，其基础是哲学家提倡的"人格平等"说。与许多宗教提倡的出世平等之论类似，人格平等说承认世间之"自然不平等"，但是在人格或人权方面，即作为人的基本权利方面如不奴役、不侮辱等方面，人人生而平等。这当然是没有错，人之所以为人者之大端，就在于有基本的人格意识。但对于社会而言，这种"平等"观是不足够的。把人只作为人来看待，而不区分大人小人，不区分才智德行，是有严重后果的。人之应该被当作人来对待的观念，世界各文明中固已有之，如中国儒学思想中恕人体物之原则已远尽其说。人之所以不被当作人来对待，属于政治问题而非理论问题。

在"人格平等"说之上，又有"教育平等"说。潘先生引申当时美国行为派心理学者的理论，他们认为后天的教育可以实现人与人之间的平等，愚弱者可以通过教育使之明强。这固然不错，但是潘先生认为仍然不能否认遗传的作用。人因有遗传而有流品，因材施教，方为公道之社会。平等观念泛滥之教育，"大学树人，几与工厂制物无异，其言如出模铸，千篇一律也。真能领会文化之精髓而有所发明，而同时又不为狭

---

[1] 潘光旦：《平等驳议》，辑入《人文史观》，《潘光旦文集》第2卷，北京大学出版社，1994年，第353页。

[2] 同上书，第358页。

隘之功利主义所束缚之大学生,多乎哉?不多也。近满坑满谷举皆大学生,则其价值可想见也"[1]。潘先生的这类见解与几十年后布鲁姆对美国大学的批判可算得上英雄所见略同。[2]

总结来看,潘先生对平等观念批判的社会思想基础是儒家思想。在"物不齐"论的基础上有流品,所谓"生而知之、学而知之"之分,重视流品又极重视教育,所谓"下学而上达",是潘先生的基本立场。虽然潘先生对孟子"人皆可以为尧舜"的议论尝加批评,认为抹杀了先天的作用,但是又对孟子的"得天下英才而教育之"的论调大加赞扬,认为这是同时承认了先天的流品和后天的教育的作用。细读《平等驳议》一文,其基本精神就是《孟子·滕文公上》之"许行"章的民国版本[3],其结论深斥学说之伪足以害世,辩论风格之奋扬激烈而有失平和,亦复有神似处:

> 中国文化中未尝无平等之理论,而平等之名词与平等观念之传播,则西化东渐以后始有之。西化东渐后类是之赐赉多矣:曰自由,曰人权,曰平等,举皆一二好事者幻想之结果,不足经事理之盘驳者也。……乃国人不察此种变迁之迹,既拾人之唾余,复从而簸扬之,若唯恐其臭味之不广被者;恶劣概念之奴役人类,而人类堕性之深,甘受其奴役,抑何若是之甚耶?[4]

潘先生对民主的认识,也是基于他对儒家政治思想的理解发展而来。民主有三个重要的方面,即民有、民享和民治,可以理解为民既为政治

---

1 潘光旦:《平等驳议》,辑入《人文史观》,《潘光旦文集》第2卷,北京大学出版社,1994年,第366页。
2 布鲁姆著,缪青、宋丽娜译:《走向封闭的美国精神》,中国社会科学出版社,1994年。
3 在反驳"职业平等"说时,直接以《孟子·滕文公上》"许行"章"大屦小屦同价,人岂为之哉"作为结论;在批评"教育平等"说时,"教员同,教科材料同,重点多寡同,授课数量同"就是直接套用《孟子·滕文公上》"许行"章中"布帛长短同""麻缕丝絮轻重同""五谷多寡同""屦大小同"的句式。
4 潘光旦:《平等驳议》,辑入《人文史观》,《潘光旦文集》第2卷,北京大学出版社,1994年,第364页。

之基础（民有），又为政治之目的（民享），还构成了政治运作过程的主体（民治）。潘先生认为，中国的先秦思想尤其是儒家思想已经论述了民主政治的所有三个方面，与世界公认的民主政治精神并无二致。

具体而言，孟子的"民为贵"论就是"民有"的基本思想。与民相比，君和社稷都为"轻"，都可以"置换"，唯有民不可以置换。因为不可以置换，所以所有的政治过程和目的都要以此为基础展开。另外，儒家的"民父母论"可以视作"民享"的中国版。民父母论的要义在于"一切为人民设想，好比做父母的一切为子女设想一样"[1]。潘先生认为近代官员不再自认民之父母而自认民之公仆是一种退步，因为天下的父母没有不慈的，但天下的义仆却找不出许多。最后，潘先生认为中国儒家思想里也有很完整明确的民治论，他称之为"贤人政治论"[2]。

"民治"，重在人民参与政治的过程，而参与的核心在于代表的产生。儒家的贤人政治论的核心，就是政治过程需要从人民中选出来的"贤人"的参与。既然是"贤人"，就不能是随机选出代表。所以，贤人政治论的核心就是一个人的愚贤如何确定，这构成了基本的政治过程。在潘先生看来，贤人政治的过程分为递进的三步：知人、尊贤、举善。知人是第一步，就是在"众好之""众恶之"的基础上的"必察之"[3]，这属于运用理智所达成的，故谓之"智"；尊贤是第二步，就是撇开自己的权势地位，撇开对方的权势地位，纯粹以贤为尚[4]，这运用理智已不足够，还需要加上意志与情感的努力，故古人称尊贤为"义"；举善是第三步，不但能知之、尊之，而且能举之、任之，这就达到了民治的最高境界，古人

---

1 潘光旦：《民主政治与先秦思想》，辑入《自由之路》，《潘光旦文集》第 5 卷，北京大学出版社，1997 年，第 442 页。

2 同上书，第 445 页。

3 见《论语·卫灵公》：子曰："众恶之，必察焉；众好之，必察焉。"

4 见《孟子·尽心上》：孟子曰："古之贤王，好善而忘势；古之贤士，何独不然？乐其道而忘人之势。故王公不致敬尽礼，则不得亟见之。见且犹不得亟，而况得而臣之乎？"

称之为"仁"[1]。有了知、义、仁这三步，就有可能造就一个政治局面，即从民间出来的贤人所造成的贤人政治，这就是真正的民治。潘先生说，如果孟子也像民国人士那么爱编口号的话，他完全可以编一句"民权至上，贤人至上"的八字口号作为中国民主运动的纲领。[2] 中国没有英美民主政治的形式，但是不能说没有民主政治的真精神，而且形式可以多样，也不能说除了英美之外，天壤间就不会有其他民主政治的形式。问题的可怕在于，我们在照搬形式的时候，却丢掉了自己原有的精神。

如果说《民主政治与先秦思想》这篇文章的用意在于追根溯源地寻找中国民主政治的精神，《家制与政体》这篇文章则是在探讨民主政治制度的可能。在这篇文章中，潘先生详细考察了法国"家位学派"的观点，试图厘清家庭类型与政体类型之间的复杂关系。按照梳理的结果，家庭类型被分成父权制、不稳定与偏特制三种类型，其中父权制偏于大家庭制和家庭本位，偏特制偏于小家庭制和个人本位，而不稳定型介于二者间，偏于国家和政府本位，而后面两种类型分别构成了民主政体和极权政体的社会基础。中国的家庭是较为典型的父权制类型，而这种家庭本位的社会构成了对抗极权的重要力量。潘先生并不将中国的传统社会看作是极权社会。在他看来，极权政治是一种现代制度，"它至少仰仗着两个条件，在政术方面是科学发达后的交通与宣传工具，在社会方面是各个家庭父权的没落与夫家庭生活的一般的解体"[3]。因此，中国社会走向极权还是民主仍是一个未定之数，决定政治走向的重要力量就是家庭的变化情况。

我们由此可以理解潘先生为何对传统家庭的解体忧心忡忡，对"折中制"家庭的建立呼吁弥急。作为有着超越时代洞察力的社会学家，他

---

[1] 见《孟子·滕文公上》：孟子曰："分人以财谓之惠，教人以善谓之忠，为天下得人者谓之仁。是故以天下与人易，为天下得人难。"

[2] 潘光旦：《民主政治与先秦思想》，辑入《自由之路》，《潘光旦文集》第5卷，北京大学出版社，1997年，第447页。

[3] 潘光旦：《家制与政体》，《潘光旦文集》第10卷，北京大学出版社，2000年，第94页。

从对社会的观察中感受到了极权政治的威胁：

> 老人可以不管，儿女尽量少生，期功亲族的休戚利害自更在不闻不问之列，其他疏远的支派可以不必说了。而事实上旧有的家庭与氏族的种种关系，又有到处掣肘，绝不容许你直截了当的做去，你又毕竟是中国人，多少是任运惯了的，多少要讲些人情，年事较长，阅历渐深，也就不知不觉的和它们周旋起来。结果是，旧的父权制固然是逐渐解体，新的偏特制并没有产生，实际所得可能是近乎不稳定的那种格局。……父权是散失了，收拾到与行使着这权力的却不是各国公民，而是假国家民众之名的一部分特殊人物。[1]

东西之民主政治的理性形式有异，但是民有、民享、民治的精神则同。探索中国民主政治的关键不在形式，而在"人"或者"民"。民主政治是人们享有较好的政治环境，而这个政治环境能否实现与维持健康的态势，也端赖于特定的国民：

> 道个人而不忌社会，讲法治而不致寡情，重自由独立而不趋于肆放攘夺。这样的国民才足以掌握权力而无愧，行使权力而无弊，才是自能做主宰的民，才足以语于真正的民主政体。[2]

要有这样的国民，唯有依靠教育。教育是潘先生整个社会学思想体系中极为重要的一部分。如果说前面的人伦和政治相当于"位"，那么自由和教育就相当于"育"，潘先生的教育思想的核心是"自由"，其实质是儒家思想中的"明、诚"二字，是人格培养的学问。

潘先生对"自由"概念的辨析是他倡导自由教育的前提。他指出，

---

1 潘光旦：《家制与政体》，《潘光旦文集》第10卷，北京大学出版社，2000年，第97—98页。
2 同上书，第99页。

对"自由"的误解有两类。一类是不承认限制的绝对自由,这个就是自肆,其谬误毋庸深斥。另外一类自由是西方输入的"自由"观念,潘先生称之为"外铄的"自由。这种自由观念提到的"有限制的自由"中的"限制"都是来自于自身之外,例如自己是人,别人也是人,自己要自由,别人也要自由,所以应该照顾到别人的自由,由此产生的平等博爱就是"外铄的";再例如自己的自由应以不妨碍别人的自由为原则,好比蜗牛的触角触到别的蜗牛时便应该缩回来,这更是"外铄的";至于自由是一种尽社会责任的自由,是一种法律范围内的自由,等等观念,更是"外铄的"。而外铄的限制是不会生效力的,过分责成只会导致虚假。所以这些博爱的要求、对别人自由的尊重、法律的遵守、社会责任精神的提倡等等都不是自由的真正意涵,即使勉强做到,也不会使人成为自由的人。[1]

"外铄"一词出自《孟子》,原文为:"仁、义、礼、智,非由外铄我也,我固有之也,弗思耳矣。故曰:求则得之,舍则失之。"孟子性善论的主要观点,就是认为仁义之善端皆发自于"内",而非外在的自然、神祇、礼法强我向善,故谓之为"义内"之学。这构成了潘先生自由教育理念的基础,在此基础之上的一系列自由教育的论述可以看作是儒学思想在"五四"之后的新生。

内发的"自由",是一种有着自我意识和自我控制能力状态下的自由,用潘先生的话来说,就是"中庸",即"从心所欲不逾矩"[2]——位育的最高境界。教育的对象不在外而在内,就是"学者为己"[3],是为了完

---

[1] 潘光旦:《梦魇的觉醒?》,《潘光旦文集》第10卷,北京大学出版社,2000年,第177—178页。

[2] 见《论语·为政》。潘先生说,"孔子自己说他'七十而从心所欲不逾矩','从心所欲不逾矩'就是自由,就是自由最好的注脚,最好的界说。……我甚至可以说,中庸的难能,实就是自由的难能,可立可权的道理,事实上就等于从心所欲而不逾矩的道理,这在对儒家思想有心得的人自知之,在此无庸多说。"参见潘光旦:《散漫、放纵与自由》,辑入《自由之路》,《潘光旦文集》第5卷,北京大学出版社,1997年,第231页。

[3] 见《论语·宪问》。子曰:"古之学者为己,今之学者为人。"

成自我而教育自我。这个"自我",不是为了见知于人,也不是为了有用于人:

> 自由教育下的自我只是自我,不是家族的、阶级的、国家的、种族的、宗教的、党派的、职业的……。这并不是说一个人不要这许多方面的关系,不要多方面生活所由寄寓的事物,乃是说教育的主要目的在完成一个人,而不在造成家族的一员,如前代的中国;不在造成阶级的战士,如今日的俄国;不在造成一个宗教的信徒,或社会教条的拥护者,如中古的欧洲或当代的建筑在各种成套的意识形态的政治组织;也不在造成一个但知爱国不知其他的公民,如当代极权主义的国家以至于国家主义过分发展的国家;也不在造成专才与技术家,如近代一部分的教育政策。[1]

那么,这个"自我"的标准是什么呢?潘先生在此使用的仍是儒家的观念,他称之为"品格"。品是流品,格是标准和典范。品格的内容潘先生称之为"和",是来自于社会生活,具体而言,是人们在与他人的互动中自己的"个性"与人与人之间的"通性"达到"和"的状态。"和"的概念来自《中庸》:"喜怒哀乐之未发谓之中,发而皆中节谓之和。中也者,天下之大本也;和也者,天下之达道也。"在笔者看来,潘先生所谓"通性"即是"未发之中",所谓"个性"即是"已发"之喜怒哀乐,个性在教育的作用下达到与通性的和合,做到"皆中节",就是中庸的自由状态了。[2]所以,学者为己的"己"字或者自由教育的"自我"归根结

---

[1] 潘光旦:《自由、民主、与教育》,辑入《自由之路》,《潘光旦文集》第5卷,北京大学出版社,1997年,第256页。《荀子》曰:"君子之学以美其身,小人之学以为禽犊。"此段可以作为这句话的新注脚。

[2] 潘光旦:《论品格教育》,辑入《自由之路》,《潘光旦文集》第5卷,北京大学出版社,1997年,第366—369页。

底是社会和人伦中的"己"和"我"。[1]

要做到和,具体的方法有两层,潘先生称之为"自明""自强",用儒家思想的话来说,就是明恕或者明诚。"自明"是自我认识,就是要有自觉和自我意识,有自知之明,这主要属于理智和智识的范围。《论语》中孔子曰,"不患人之不己知,患不知人也"[2],所谓"患不知人",正是通过"知人"而知己,获得自知之明;"自强"是自我的控制,就是要有稳定的情绪和坚强的意志,这主要属于情感和意志的范围。《孟子》中孟子曰,"强恕而行,求仁莫近焉"[3],正是通过"恕人"而推己,获得自胜之强。自明重在"知",自强重在"行",知行合一,正是自由教育的真谛之所在。

四、余论:赞天地之化育

潘先生的社会学思想视野开阔,凡天人之际与古今之变,无不在其讨论范围之内。本文以意逆志,尝试一窥潘先生社会学思想体系的全貌及其历史渊源,浮光掠影之失在所难免,但是其思想体系的锁钥之所在却能清晰地显现出来。正如潘先生自己所言,他的思想是"新人文思想",他的社会学是"人化的社会学",关键就在于一个"人"字。

从人化的社会学出发,潘先生对人类的文明走向和未来忧心忡忡,其根本的原因在于人类控制物力的力量与人类自我控制的力量的差距越来越大,以至于形成了"拖宕"。人类控制物力的力量在科学的助力下一往无前,但人类对自我的认识和控制力量却如童子婴孩。那些研究人类

---

[1] 张津梁:《从"中和位育"到"明伦"——潘光旦儒家自我主义的现代建构》,哈尔滨工程大学硕士论文,2019年。

[2] 见《论语·学而》。子曰:"不患人之不己知,患不知人也。"

[3] 见《孟子·尽心上》。孟子曰:"万物皆备于我矣,反身而诚,乐莫大焉。强恕而行,求仁莫近焉。"

自身的学科，或者迂阔不切、或者支离破碎，而对此最应该有所发明的社会学被潘先生呼为"有名无实""只晓得在人身外围兜着圈子"，对于人如何自我认识和自我控制可谓茫如捕风。[1] 其中一个重要的原因，在于人们误将社会学当作了人类如何操控和驾驭社会的科学，而不去反思这个操控和驾驭的主体"配不配"进行驾驭和操控。所谓"配"，既不是指其能力之强，也不是指其操控之妙，而在于操控的主体"自己，必须是一个身心比较健全的人"。所以人类文明的未来，危险并不在"运用失当"或者操控失误，而在于"童子操刀"或"醉汉骑马"，是人和社会本身会出大问题。[2]

基于这种担忧，潘先生提出了"人化的社会学"的方向，使人类能够加深自我认识和自我控制的能力，即自明自强。具体而言，一是要"以人观人"，要用恕人体物的方式研究人，二是"事实上必须每一个人各自研究自己，方才清楚，各自控制自己，方才有效"，"所以真正的人的学术包括每一个人的自我认识与自我控制"。[3] 所以，社会学的根本使命在于教育。

这种教育既非大众教育，亦非宣传鼓动，要真正起到教育的作用，使得人人着力于自我认识和自我控制，根本的要害又在于"人"，在于杰出的好人作为榜样。潘先生认为，近代所谓教育最大一个错误就在于侈谈各式各样的教学方法而不讲求好榜样和好楷模的授受。社会学的一大使命，就在于研究往圣先贤之嘉言善行、君亲师长之以身作则如何能够兴顽敦薄、入人之深，研究人人如何自安其所，自遂其生。[4]

《中庸》首章末句云："中也者，天下之大本也；和也者，天下之达道也。致中和，天地位焉，万物育焉。"朱子集注云："自戒惧而约之，以

---

[1] 潘光旦：《说童子操刀——人的控制与物的控制》，辑入《政学罪言》，《潘光旦文集》第6卷，北京大学出版社，2000年，第10页。

[2] 同上书，第6—12页。

[3] 同上书，第12—13页。

[4] 潘光旦：《再论教育的忏悔》，辑入《政学罪言》，《潘光旦文集》第6卷，北京大学出版社，2000年，第131页。

至于至静之中无少偏倚，而其守不失，则极其中而天地位矣。自谨独而精之，以至于应物之处无少差谬，而无适不然，则极其和而万物育矣。盖天地万物本吾一体，吾之心正，则天地之心亦正矣；吾之气顺，则天地之气亦顺矣。故其效验至于如此。"潘先生的"位育"论，其贯穿的精神是"致中和"，即天人之间、人伦之际无不协调平衡，而无偏狭失调之虞。而要实现中和位育，其要害端在存养省察，正己而物正，乃能尽己之性，尽人之性，尽万物之性，乃能赞天地之化育。

自明自强的社会学，关键在于榜样的力量，关键在于知行合一。潘先生不但倡导之，亦以身示范之。1999年，在潘先生诞辰100周年的座谈会上，年近90高龄的费孝通先生有一篇讲话，叫作《推己及人》。作为潘先生生前的弟子兼挚友，费先生向我们展示了潘先生社会学的自我生命实践：

> 潘先生这一代人的一个特点，是懂得孔子讲的一个字：己，推己及人的己。……他们首先是从己做起，要对得起自己。怎么才算对得起呢？不是去争一个好的名誉，不是去追求一个好看的面子，这是不难做到的。可是要真正对得起自己，不是对付别人，这一点很难做到。考虑一个事情，首先想的是怎么对得起自己，而不是做给别人看，这可以说从"己"里面推出来的一种做人的境界。……我还没有深入到这个"己"字，可潘先生已经做出来了。不管上下左右，朋友也好，保姆也好，都说他好，是个好人。为什么呢？因为他知道怎么对人，知道推己及人。他真正做到了推己及人。……他的人格不是一般的高。我们很难学到。造成他的人格和境界的根本，我认为就是儒家思想。儒家思想的核心，就是推己及人。[1]

---

[1] 费孝通：《推己及人》，《费孝通全集》第16卷，内蒙古人民出版社，2009年，第474页。

《中庸》的"位育"思想及其诠释

——兼论潘光旦的位育论

徐 磊[*]

"位育"是中国社会学的重要概念,从个体、社会到国家的位育,是历代思想家们的核心关怀。山东曲阜孔庙大成殿里历代皇家赐予的多块匾额中,就有一块上书"中和位育"四个大字,[1]潘光旦把儒家思想中的"位育"概念接引到中国社会学中,[2]费孝通更明确指出发掘人和人"中和位育"的经验是社会学学者应尽的责任。[3]关于潘光旦的位育概念,李全生指出它至少超越了个体与社会的对立,动态与静态的对立,社会性与生物性的对立,传统与西方的对立;[4]吕文浩指出从位育概念来理解潘光旦学术思想的全貌具有重要意义;[5]费孝通认为,位育是潘光旦全部思想的核心,是关于人己如何和谐相处进行的理论思考;[6]刘建洲清晰地阐明,潘光旦的位育论包含着一种美好的重人道社会理想,它的提出在社会学

---

[*] 徐磊,贵州民族学院民族学与社会学系讲师。
[1] 费孝通:《乡土中国》,上海人民出版社,2013年,第242页。
[2] 潘乃谷:《潘光旦释"位育"》,《西北民族研究》2000年第1期。
[3] 费孝通:《个人·群体·社会——一生学术历程的自我思考》,《北京大学学报(哲学社会科学版)》1994年第1期。
[4] 李全生:《位育之道超越了什么?》,《读书》1997年第11期。
[5] 吕文浩:《玩味"位育"》,《读书》1998年第4期。
[6] 费孝通:《想起潘光旦老师的位育论》,《西北民族研究》2000年第1期。

理论发展上是一种创新，昭示着生物学演化论思想和传统中国文化结合的一种路数，是社会学中国化难能可贵的探索方向。[1]但是，这些研究似乎忽视了潘光旦位育概念与儒家位育思想的联系，只有对儒家的位育思想及其诠释的历史进行深入分析，才能把握潘光旦位育论的核心关怀。

一、位育的含义

"位育"现于《中庸》的首章末句"致中和，天地位焉，万物育焉"。对于该章在《中庸》全书中的位置，朱熹说道："杨氏所谓一篇之提要是也。其下十一章，盖子思引夫子之言，以终此章之义。"[2]也就是说，这一章乃是《中庸》全书的宗旨所在，而其后的章节均是对此章内容的进一步说明。笔者观"位育"位于此章收尾之处，则似乎尚需再加一句："中和位育，乃一章之提要也"，"位育"的重要性不言而喻。[3]

"位育"可能是《中庸》中最易理解而争议最少的两字。郑玄释"位育"为："位，犹正也。育，生也，长也"，其下孔颖达疏为："阴阳不错，则天地得其正位焉。生成得理，故万物其养育焉"。[4]天地正位，万物养育，亦是朱熹对"位育"的解释，他说："位者，安其所也。育者，遂其生也。"[5]天地正位，即是安其所，万物养育，即是遂其生。那么，天地正位，万物养育，具体而言是何景象呢？在《荀子》的《天论篇》中谈道："天有其时，地有其财……，列星随旋，日月递炤，四时代御，阴阳大化，风雨博施。万物各得其和以生，各得其养以成。"[6]《荀子》此论，

---

[1] 刘建洲：《"位育论"：一条寂寞的社会学本土化路数》，《人文杂志》2003年第2期。

[2] 朱熹：《四书章句集注》，中华书局，1983年，第18页。

[3] "中和位育"乃是中国文化的核心。参见徐复观：《中国思想史论集》，九州出版社，2014年，第8页。

[4] 郑玄：《礼记正义》，孔颖达疏，北京大学出版社，2000年，第1662—1663页。

[5] 朱熹：《四书章句集注》，中华书局，1983年，第18页。

[6] 王先谦：《荀子集解》，中华书局，1998年，第308—309页。

正可与《中庸》第二十九章互相映照:"辟如天地之无不持载,无不覆帱,辟如四时之错行,如日月之代明。万物并育而不相害,道并行而不相悖。"[1]而天地不正,万物不育又是何景象呢?在《文言》中有"天玄地黄"之说,意即天崩地裂的乱象,朱熹更说道:"三辰失行,山崩川竭,则不必天翻地覆,然后为不位矣。兵乱凶荒,胎殰卵殈,则不必人消物尽,然后为不育矣。"[2]如此而言,可知"位育"乃含有天地实现秩序、万物得到发展之意。

二、位育的思想内涵

在解释了"位育"二字的含义之后,我们更需要讨论《中庸》中"位育"的思想内涵,在笔者看来,"位育"思想至少涉及以下两个重要的理论问题:

(一)"位育"如何可能?即怎么理解中和与位育的关系?

(二)"位育"如何实现?即怎么理解实现位育的中和方法?

《中庸》说"致中和,天地位焉,万物育焉",那么,天地万物的位育是指自然环境的秩序、社会关系的协调抑或是个体身心的平衡呢?而且,天地万物的位育如何就能够通过"致中和"实现呢?这些问题,《中庸》显然没有进行论证性的解释。但如果我们从《中庸》文本的内在逻辑设定上来理解,这个问题实际涉及"位育"的基本假设:合内外之道。在《中庸》看来,个体与环境统一不二,自然环境的秩序、社会关系的协调与个体身心的平衡是相统一的,也可以说是不加区分的,由于这种统一性以及不加区分的逻辑设定,天地万物的位育就转化为"致中和"的问题。

1　朱熹:《四书章句集注》,中华书局,1983年,第37页。
2　朱熹:《朱子全书(第6册)》,上海古籍出版社、安徽教育出版社,2002年,第559页。

《中庸》言"天命之谓性,率性之谓道"[1],冯友兰解释认为,天与性的关系与道家所言道与德的关系相同,就此而言,天乃是万物所以生的总原理,性则是各物个体所以生之原理[2],性乃得之于天,故在各物个体之性中,已然内含了天的普遍之性,而天本身具有道德的性质。《中庸》云:"辟如天地之无不持载,无不覆帱,辟如四时之错行,如日月之代明。万物并育而不相害,道并行而不相悖,小德川流,大德敦化,此天地之所以为大也。"[3]天地既具有道德的自足性,得天地之命而生的个体便亦是道德自备的,既然天地万物之性与吾之个体之性具有这种同源性,那么"率性"的过程,实现吾之个体之性的过程,也就内含了对天地万物之性的实现,在这里,天地万物的位育就转化为吾之个体的位育。何以如此?《中庸》云:

> 诚者物之始终,不诚无物。是故君子诚之为贵。诚者非自成己而已也,所以成物也。成己,仁也。成物,知也。性之德也,合外内之道也,故时措之宜也。故至诚无息。不息则久,久则徵,徵则悠远,悠远则薄厚,薄厚则高明。高明,所以覆物也;悠久,所以成物也。薄厚配地,高明配天,悠久无疆。[4]

成己,即吾之个体的位育,是"内之道";成物,即天地万物的位育,是"外之道",成己成物,就是合内外之道的过程,真正的"成己",必然包含了"成物"的过程,即"诚者非自成己而已也,所以成物也",舍天地万物之位育而仅谈个体之位育,在《中庸》看来是不可想象的。《中庸》进一步说,个体位育的实现,其特点是薄厚高明,而薄厚高明亦是天地万物位育的表征,那么,一切问题就转化为吾之个体位育的实现

---

1 朱熹:《四书章句集注》,中华书局,1983年,第17页。
2 冯友兰:《中国哲学史(下)》,华东师范大学出版社,2015年,第105页。
3 朱熹:《四书章句集注》,中华书局,1983年,第37页。
4 同上书,第34页。

问题。《中庸》云:

> 唯天下之至诚,为能尽其性。能尽其性,则能尽人之性。能尽人之性,则能尽物之性。能尽物之性,则可以赞天地之化育。可以赞天地之化育,则可以与天下参矣。[1]

个体受命于天,尽其性,就是尽从天受命而来的性,如此就是"成己",也就是吾之个体的位育。而人之性与吾之性相同又相通,吾之个体的位育真正实现,必然也就能实现和谐的社会关系,也就是社会的位育;更进一步,天地万物之性亦与吾之性相同又相通,吾之个体的位育、社会的位育的真正实现,必然也包含了自然环境的位育,如此便是"赞天地之化育""与天下参"了,那就是"天地位焉,万物育焉"的至大境界。虽然境界高远,《中庸》并不从这些虚无缥缈的地方入手,而在实践中把天地万物之位育的起点放在了吾之个体的位育问题上,《中庸》正是在这一点上,才说"致中和"就可以了,"致中和"就是实现吾之个体的位育,如此天地万物的位育也能实现,可以说,《中庸》把吾之个体放在了社会关系、自然环境的中心位置上,其思想关怀的核心不在别处,正是在社会、环境的网络关系中实现个体位育。

那么,何以说"致中和"就是实现吾之个体的位育呢?究竟如何理解《中庸》所言的"中和"?杜维明在《中庸:论儒学的宗教性》中提出,"中"是一个人绝对不受外在力量骚扰的心灵状态,应该从本体论的角度理解"中",即指先天赋予人的真实存在,是存有的终极依据,如此,"中"才能够恰当地运用于"喜怒哀乐之未发"的内在自我,而"和"则是"中"的展现过程,标志着"发而皆中节"时人所取得的现实成就,简单点说,"中"是人之"所是","和"是人之"能是","致中和"的过程就是弥合人之"所是"与"能是"之间的间隔,这个过程就是"修

---

[1] 朱熹:《四书章句集注》,中华书局,1983年,第32页。

身"。[1] 笔者以为,"致中和"确如杜维明所说是"修身"的过程,也就是笔者所说的实现吾之个体位育的过程,但在杜维明的讨论中,"中"是天命之性,"和"则是"率性"之道,此说固然有道理,可《中庸》只需言"致和",而不必多言一个"致中","致"即是达成、实现之义,也就是说"中"与"和"的状态都是需要后天来达成与实现的。应该说,"中""和"均与天命之性即人之"所是"存在着较大的间隔,"中""和"均应该是人之所"能是"的状态,均是"率性"的过程,"致中和"就是"修道",只有从这个角度来讨论,才能理解《中庸》为何要着重提出"中""和"这两个概念。

《中庸》云:"中也者,天下之大本;和也者,天下之达道",喜怒哀乐未发的"中"是"大本",发而皆中节的"和"是"达道",在《中庸》看来,"中和"显然是人要实现吾之个体的位育不可逾越的途径,而且是捷径,亦是康庄大道,舍此别无他法。关于"中和"的诠释,一直是儒家思想讨论的关键问题[2],笔者以为,《中庸》所谓"君子和而不流,强哉矫!中立而不倚,强哉矫"[3]便是"中和"的最佳注解,"中立而不倚"之中,即是《论语》里面的"允执厥中"[4]之中,"和而不流"之和,即是《论语》里面的"和而不同"[5]之和,只是在《中庸》里面,"中和"概念被提高到更显要的地位,并进一步阐明"致中和"的方法,从个体的角度而言,《中庸》认为,关键在于是否能够在自己的行为中切实做到"慎独"与"忠恕"。《中庸》云:

> 君子戒慎乎其所不睹,恐惧乎其所不闻。莫见乎隐,莫显乎微,故君子慎其独也。[6]

---

1 杜维明:《中庸:论儒学的宗教性》,生活·读书·新知三联书店,2013年,第27—28页。
2 王煜:《儒家的中和观》,龙门书局,1967年。
3 朱熹:《四书章句集注》,中华书局,1983年,第21页。
4 孔丘:《论语》,杨伯峻、杨逢彬译注,岳麓书社,2000年,第189页。
5 同上书,第125页。
6 朱熹:《四书章句集注》,中华书局,1983年,第18页。

> 忠恕违道不远，施诸己而不愿，亦勿施于人。[1]

喜怒哀乐未发之时，个体的心灵处于静寂的状态，但并非不动，《中庸》认为应该用"慎独"的方法来实现身心的平衡，实际也就是对自己的情欲进行裁节，无过与不及之差，是对内在自我的真正实现。但《中庸》并不认为"慎独"就要避世独处，而是坚持要在社会关系的网络中实现内在自我，所谓"道不远人。人之为道而远人，不可以为道"[2]，故而在喜怒哀乐已发之时，要用"忠恕"的方法，做到"人情练达"，使以自己为中心的社会关系达到和谐。以慎独和忠恕为个体行为的理据，《中庸》便提出"君臣、父子、夫妇、昆弟、朋友"[3]五达道是以自己为中心参照而延展的关系网络，"所求乎子，以事父未能也；所求乎臣，以事君未能也；所求乎君，以事兄未能也；所求乎朋友，先施之未能也"[4]，只有在这些社会关系中个体才能实现到真正的自我，也就是说，社会关系的处理与个体身心的平衡是实现吾之个体位育的两个方面，自我同时兼具个体性和社会性，通过"反求诸己"的"慎独"，与"推己及人"的"忠恕"行为，在社会中个体才能实现自我，也就是"致中和"，亦就是实现了个体之"位育"。[5]

虽然《中庸》的核心关怀在吾之个体位育的实现，但是，由于"合

---

[1] 朱熹：《四书章句集注》，中华书局，1983年，第23页。

[2] 同上书，第23页。

[3] 同上书，第28页。

[4] 同上书，第23页。

[5] 徐复观以为，向内的功夫是慎独，向外的功夫是明善，此两者是就道德修养而言，参见徐复观：《中国思想史论集》，九州出版社，2014年，第95页。若就个人与社会的关系而言，实现吾之个体的位育，应采潘光旦的慎独与明伦说。向内的功夫为慎独，向外的功夫是明伦，明伦就是《中庸》所说的忠恕，忠恕也就是孔子所说的"仁"的具体践行。实际上，杜维明亦指出，成为君子所需要做的一切就是"慎独"，而要消解个人与社会关系的紧张，需要做的则是"忠恕"，参见杜维明：《中庸：论儒学的宗教性》，生活·读书·新知三联书店，2013年，第46—47页。也有学者从本体而非方法的角度诠释"忠恕"，以进一步提升"忠恕"在儒家思想中的地位，参见陈满铭：《学庸粗谈》，文津出版社，1982年，第129—142页。

内外之道"的基本设定，以及"致中和"的方法，《中庸》实际上认为，社会位育的实现伴随着吾之个体位育实现的过程，因而社会的位育亦是个体位育的题中之意，或者说，个体位育是社会位育的基本前提。在《中庸》的"哀公问政篇"中，《中庸》指出："文武之政，布在方策。其人存，则其政举；其人亡，则其政息。人道敏政，地道敏树。夫政也者，蒲庐也。故为政在人，取人以身，修身以道，修道以仁。仁者人也，亲亲为大；义者宜也，尊贤为大；亲亲之杀，尊贤之等，礼所生也……凡天下国家有九经，曰：修身也，尊贤也，亲亲也，敬大臣也，体群臣也，子庶民也，来百工也，怀诸侯也。"[1] 如此，我们便可理解，《中庸》何以把其重点放在了吾之个体位育的实现上，天下国家以及社会的位育，实在都要以修身为基本的前提，正是在个人与社会的关系中达致个体的位育，其他问题才就迎刃而解。故而《中庸》感叹道："天下国家可均也，爵禄可辞也，白刃可蹈也，中庸不可能也。"朱熹注释道："若中庸，则虽不必皆如三者之难，然非义精仁熟，而无一毫人欲之私者，不能及也。"[2]

三、位育的诠释史

从上述的分析中，我们总结了《中庸》提出的内外相合论及实现位育的"中和"方法。自朱熹将《中庸》与《大学》《孟子》《论语》合编为"四书"之后，《中庸》获得了极高的学术地位，[3] 后代儒家学者，根据自己的学术立场对"位育"进行了更深入的讨论，故而，我们还需要对这些讨论进行剖析，总结这些学者是如何进一步发展《中庸》"位育"思

1　朱熹：《四书章句集注》，中华书局，1983 年，第 28 页。

2　同上书，第 21 页。

3　朱熹以前《中庸》的历史地位问题，杜维明进行了详细的介绍，参见杜维明：《中庸：论儒学的宗教性》，生活·读书·新知三联书店，2013 年，第 14—15 页。笔者关注"位育"思想的发展，着重选取了朱熹、王阳明、王夫之和戴震四位学者为代表阐述他们的诠释。

想的。

朱熹,"集周邵张程之大成,作理学一派之完成者"[1]。朱熹解释"位育"的最大特点在其"理"的哲学立场:"有问:'若一介之士致中和,如何得天地位万物育?'先生曰:'有此理便有此事,有此事便有此理。且如一日克己,如何天下便归仁?为有此理故也。'"[2]正是从"理"的哲学立场出发,朱熹把对天地万物"位育"的追求,直接转化为如何实现身心秩序的问题,甚至于认为吾之个体亦有个天地万物所在,从而倡导"位育"乃是"中和"的效验,意即"位育"乃是吾之个体身心秩序实现的表征。如此,朱熹指出关键就是如何"致中和"的问题,其方法的重点在格物,格物就是穷尽天下事物之理。

朱熹认为,"天下之物莫不有理"[3],"形而上者,无影无形是此理。形而下者,有情有状是此器"[4],理是与器相对应的概念,意为抽象的原理[5]。在朱熹看来,天地万物与吾之个体虽有具体的不同,此理却是遍及天地万物与吾之个体,即"盖在天在人,虽有性命之分,而其理则未尝不一;在人在物,虽有气禀之异,而其理则未尝不同"[6],可以说,吾之个体与天地万物具有理的同一性,如此,只要"穷此理",天地万物之位育的实现亦只在吾之身心秩序的建立中,朱熹解释"致中和,天地位焉,万物育焉",云:

1　冯友兰:《中国哲学史(下)》,华东师范大学出版社,2015年,第105页。
2　朱熹:《朱子全书(第16册)》,上海古籍出版社、安徽教育出版社,2002年,第2051页。
3　朱熹:《四书章句集注》,中华书局,1983年,第7页。
4　黎靖德:《朱子语类(第6册)》,王星贤点校,中华书局,1986年,第2420页。
5　关于朱熹所言"理"的特点,黄俊杰总结为五个方面:(1)"理"是一元的;(2)"理"可以在林林总总的具体事实中以不同方式呈现出来;(3)"理"是超越时间和空间的存在,它是永不灭绝的;(4)理的延续或发展,有待于圣贤的心的觉醒与倡导;(5)历史中之"理"具有双重性格,"理"既是规律又是规范,既是"所以然"又是"所当然"。参见黄俊杰:《中国孟学诠释史论》,社会科学文献出版社,2004年,第200—201页。
6　朱熹:《朱子全书(第16册)》,上海古籍出版社、安徽教育出版社,2002年,第550页。

> 自戒惧而约之，以至于至静之中，无少偏倚，而其守不失，则极其中而天地位矣；自谨独而精之，以至于应物之处，无少差谬，而无适然，则极其和而万物育矣。盖天地万物本吾一体，吾之心正，则天地之心亦正矣；吾之气顺，则天地之气亦顺矣。故其效验至于如此。[1]

此段值得注意的是，朱熹专门提出了"位育"乃"中和"的效验，也就是说，由于天地万物之理与吾之个体所得之理是同一的，在建立个体之身心秩序的过程中已然内含了天地万物秩序的建立，所以，朱熹说天地万物之"位育"，即是吾之身心秩序实现的表征，从此处朱熹消解了对外在秩序的追求，而执着于吾之个体身心秩序的建立，更进一步，朱熹明确说道："但能致中和于一身，则天下虽乱，而吾身之天地万物，不害为安泰；其不能者，天下虽治，而吾身之天地万物，不害为乖错。其间一家一国，莫不皆然。"[2]那么，何以说吾之个体位育实现的过程已然内含了天地万物之秩序的实现呢？如何是上文所言的"穷此理"呢？这便与朱熹的格物说有关系，朱熹云：

> 盖人心莫不有知，而天下之物莫不有理，惟于理有未穷，故其知有不尽也。是以大学始教，必使学者即凡天下之物，莫不因其已知之理而益穷之，以求至乎其极。至于用力之久，而一旦豁然贯通，则众物之表里精粗无不到，而吾心之全体大用无不明矣。此谓物格，此谓知之至也。[3]

格物，就是穷尽事物之理，关于朱熹的格物穷理，学者已有比较充

---

[1] 朱熹：《四书章句集注》，中华书局，1983年，第18页。
[2] 朱熹：《朱子全书（第16册）》，上海古籍出版社、安徽教育出版社，2002年，第560页。
[3] 朱熹：《四书章句集注》，中华书局，1983年，第7页。

分的论述。[1] 朱熹的格物说，在方法上走的是由外而内的道路，通过对外在事物之理的认知，尤其是外在的人事关系之理的认知，其目的还是在个体之身心秩序的建立，以至于并没有通向对自然世界或社会关系的客观研究之路。由于格物之由外而内的道路，当个体位育实现的时候，天地外物之理必已在心的掌握中，如此，天地万物的秩序，尤其是人事秩序的和谐便是不消分说的。

朱熹说天地万物之"位育"，即是吾之身心秩序实现的表征，即"位育"的效验说，亦得到了王阳明的响应。王阳明，是心学的集大成者，他认为："且问戒惧慎独何如而深致其功，则位育之效自知矣"[2]，"圣人到'位天地，育万物'也只从'喜怒哀乐未发之中'上养来"[3]，当然，王阳明的本意，是重过程而轻结果，重功夫而轻效验，但从中亦可看出王阳明的观点，即"位育"乃是吾之个体身心秩序健全的结果。当然，王阳明对格物的解释不同于朱熹，王阳明认为格物就是正事，事正则物格，格物的关键就在于体认自家之良知，致良知则可达致天地万物之位育，可以说，王阳明走的是由内而外的道路，或者说，在王阳明的心学中，已无内外之分，如在《紫阳书院集序》中便明确说道"是故君子之学，惟求得其心，虽至于'位天地，育万物'，未有出于吾心之外也"[4]。

明末清初的王夫之，对朱熹所持之"位育"的效验说提出了质疑，他认为从效验立说，专就于"吾身之天地万物"下功夫，"尤释氏'自性众生'之邪说"乃是一种想象的虚假，并不实际，[5] 天地万物的位育并不因个体身心秩序的建立而自然实现，还尚需要外在的方法，来切实实现天地万物的位育。如此，王夫之指出，《中庸》的"位育"是从实际着眼，

---

1 参见冯友兰：《中国哲学史（下）》，华东师范大学出版社，2015年，第208页。黄俊杰：《中国孟学诠释史论》，社会科学文献出版社，2004年，第192—195页。

2 葛兆光：《清华汉学研究（第一辑）》，清华大学出版社，1994年，第182页。

3 王阳明：《王阳明全书》，中国文史出版社，2014年，第32页。

4 同上书，第229页。

5 王夫之：《读四书大全说》，中华书局，1975年，第86页。

乃从事事物物之对人有利的角度才获得实践的意义。王夫之云：

> 帝尧之时，洪水未治，所谓天下之一乱也。其时草木畅茂，禽兽繁殖，则为草木禽兽者，非不各遂其育也，而圣人则以其育为忧。是知不切于身之万物，育之未必为利，不育未必为害。达而在上，用于天下者广，则其所取于万物者弘；穷而在下，用于天下者约，则取万物者少；要非吾身之所见功，则亦无事于彼焉，其道一也。[1]

可见，王夫之把"位育"还原为天地万物秩序的实现问题，而不仅仅只是"中和"的效验，不仅仅是吾之个体秩序实现的表征，同时，他还进一步提出"位育"的功利说，指出天地万物的位育需要人发力其上，必须在实现吾之个体位育的同时，发挥人的主观能动性，从而转化客观的外在世界，使从对人有利的角度来达致天地万物的位育。从功利说出发，王夫之认为，实现天地万物之秩序的方法应该是内外两条道路并进，即：

> 若其为吾身所有事之天地万物，则其为业，非但修吾德而听其自位，圣人固必有以位之。其位之者，则吾致中之典礼也。非但修吾德而期其自育，圣人固有以育之。其育之者，则吾致和之事业也。祀帝于郊而百神享，在璇玑玉衡而四时正，一存中于敬以位天也，而天以此位焉。奠名山大川而秩祀通，正沟洫田畴而经界定，一用中于无过不及以位地也，而地以此位焉。若夫于己无贪，于物无害，以无所乖戾之情，推及万物，而俾农不夺、草不窃、胎不伐、夭不斩，以遂百谷之昌、禽鱼之长者，尤必非取效于影响也。[2]

---

[1] 王夫之：《读四书大全说》，中华书局，1975年，第86页。

[2] 同上书，第85—86页。

王夫之对"位育"所持的功利说，在某种程度上进一步发展了《中庸》的"位育"思想，弥补了朱熹、王阳明对吾之个体位育的过分关注，实际上，他对"致中之典礼"与"致和之事业"的强调，开启了对个体以外的世界进行客观研究的可能性。至清中叶的戴震，对"位育"概念的解释跳出了体用二分的观点，前人基本认为，"中和"是体，"位育"是用，"中和"是方法，"位育"是结果；而戴震指出，"位育"即是"中和"，"中和"即是"位育"，"凡位其所者，中也；凡遂其生者，和也。天地位，天地之中也；万物育，天地之和也"。[1] 由此，"位育"既是体也是用，既是方法也是结果，包含了"尊德性"与"道问学"的全部，从修身立德、日用人伦而至宇宙万物，对"中和位育"追求，均应贯穿其中，随处可见，他说："凡位其所者，天定者也，本也；凡遂其生者，人事于是乎尽也，道也……盖天地位，万物育，无适而不可见也。"[2] 中和之位，中和之育，谋求"中和位育"，贯穿于修身立德以至于治国平天下。可以说，戴震对"位育"思想的这种诠释，弥合了"中和"与"位育"之间的差别，极大地扩展了《中庸》"位育"思想在实践上的适用性。

　　通过上述的讨论，我们可以总结，《中庸》的位育思想实则包含两个方面的陈述。一是个人与环境的统一，环境包含自然环境及社会环境，在《中庸》中，个人与自然环境的和谐以及个人与社会关系的协调，是实现位育的不证自明的基本前提，这个前提在朱熹、王阳明、王夫之、戴震等儒家学者的思想中是一脉相承的。二是中和是实现位育的方法，中是个人独处时的和谐状态，和是与人相处时的取得的和谐状态，表现在具体的行为中则是慎独和忠恕的原则。这种中和的方法，在朱熹、王阳明、王夫之、戴震那里，则有侧重的不同。朱熹认为格物是关键，王阳明认为致良知即可，王夫之实则强调外在的规范，而戴震进行了综合，

1　戴震：《戴震全集》(第1册)，清华大学出版社，1991年，第119页。
2　同上书，第120页。

中和的方法包括道德修养及学问知识的全部内容,并且中和即是位育,位育即是中和。

四、潘光旦的位育论解读

"位育"在儒家思想中占据重要位置,但它从儒家思想发展而成为社会学的重要概念,则离不开潘光旦的创造性解释。那么,如何理解潘光旦的位育论?若仔细阅读潘光旦的文章,其位育论依然关涉两个问题,一是个人与环境的统一,二是位育实现的方法。从这两个问题出发,潘光旦的位育论进一步发展了儒家的位育思想。

在《忘本的教育》中,潘光旦谈道:"一切生命的目的在求位育……位的注解是'安其所',育的注解是'遂其生',安所遂生,是一切生命的大欲……所位与所由育的背景,当然是环境,环境可以大别为二,一是体内的环境,一是体外的环境。体外的环境,就人而论,又可分为两种,一是横亘空间的物质的环境,二是纵观时间的文化的环境。"[1]此外,他又提出:"讲位育,当然要有两个条件。一是生物的个体或团体,一是个体或团体所处的环境。生物和环境是息息相关的,要是这关系,对于知觉的生物很是美满,我们就说位育得好,否则便是不好,这种不好的局面,我们也替它起了一个名字,叫做'失其位育'。"[2]由这两段引文可知,潘光旦的位育概念取义安所遂生,指人与环境之间达致相成而不相害的关系,这种谐和的关系,在《大学一解(稿)》中,潘光旦解释更加清楚:"文明人类之生活要不外两大方面,曰己,曰群,或曰个人,曰社会;而教育之最大目的,要不外使群中之己与众己所构成之群各得其安所遂生

---

1 潘光旦:《忘本的教育》,《潘光旦文集》第8卷,北京大学出版社,2000年,第554页。
2 潘光旦:《当前民族问题的另一种说法》,《潘光旦文集》第9卷,北京大学出版社,2000年,第48页。

之道，与夫共得其相位相育之道，或相方相苞之道。"¹ 群己的和谐，或曰个人与社会的统一，即是潘光旦位育论的核心关怀。

当然，不同于儒家社会思想，潘光旦对个人与社会关系的讨论，不是来自理论预设或推理，而是来自对中国社会的现实认知。在《欧洲局势与思想背景》中，潘光旦从西方社会思想史的线索中总结道："西洋的社会思想虽有二千几百年的历史，表面上也像有过许许多多的派系，但从大处看去，似乎始终是一个个人主义与社会主义互为消长或彼此对垒的局面。西洋的思想家也似乎始终承认个人与社会是根本上无法调和的两个东西。……个人与社会所构成的西洋生活，始终是一个起伏与代谢的局面，而不是一个平衡与相制的局面。"² 西方的社会思想及其生活始终处于个人与社会的对立境况中，而近代欧洲的混乱也源于这种不可调和的矛盾，潘光旦因而指出："我们的思想背景另有它的来龙去脉，不同得多，而也不免吃到同样性质的亏，未免有些不值得了。"³ 潘光旦把这种东西的差异，归结为个人与社会关系的不同，在西方社会，个人与社会是此消彼长的关系，存在着难以调和的矛盾，始终存在着群己权界的难题，而中国社会，潘光旦说道："在中国的传统思想里，个人与社会并不是两个对峙的东西；不但不对峙，它们的所以成为东西，也有还有问题。""（在中国，个人与社会的关系）是一种'推广'与'扩充'的关系，即从自我扩充与推广至于众人，即从修身始，经齐家治国，而达于平治天下。"⁴

正是对东西社会这种差异的认知，决定了潘光旦位育论在方法方面，必然切入到社会现实问题的解决，这些现实问题，虽然涉及个人、家庭、社会、国家诸多层面，但在潘光旦看来，核心确是中国传统思想在实践中所犯的家庭主义问题的毛病，这是中国问题的症结，潘光旦说："家

---

1 潘光旦：《大学一解（稿）》，《潘光旦文集》第9卷，北京大学出版社，2000年，第528页。
2 潘光旦：《欧洲局势与思想背景》，辑入《政学罪言》，《潘光旦文集》第6卷，北京大学出版社，2000年，第35—37页。
3 同上书，第40页。
4 潘光旦：《过渡中的家庭制度》，《潘光旦文集》第9卷，北京大学出版社，2000年，第337—345页。

庭的畸形发展，自成目的，兼并了个人，篡夺了社会，这便是最初的滥觞。"[1] 在此，我们不可偏狭地理解潘光旦所谓的家庭主义的问题就是指家庭问题，以为解决了家庭问题，使中国的家庭得到转型以适应现代社会生活，便可圆满实现个人与社会的通体位育或曰群己关系的和谐。家庭主义的问题，实际上意味着如何重新认识中国，从个人与社会的关系入手，在新的时代条件下，除弊立新，以使中国不至于走上西方个人与社会此消彼长的陷阱中，又不至于陷入家庭独大而钳制个人与社会的两极发展中去，这一症结的解决，在于重新理顺个人、家庭、社会的关系。

理顺个人、家庭、社会之间的关系，切入点在哪里呢？潘光旦在《谈中国的社会学》中说道："社会学的对象是社会，社会是许多人的一个集合，是人与人之间的关系的综合。"如此，对中国社会学来说，研究人事问题，才是其他所有社会问题，如人口问题、家庭问题、种族问题等等的根本，"人事一类的问题可以说是社会问题之本，而其它是末。所以数十年来社会学虽发达，其所研究的问题虽多，所已得的结果虽复可观，我总觉得它有几分舍本逐末，特别是从中国社会的立场看去"[2]。此处潘光旦所说的人事问题，也就是中国特色的人伦关系问题，此问题贯穿于个人、家庭以及社会的各个层面，也是儒家社会思想讨论的中心议题[3]，要实现个人与社会的通体位育，关键就是如何处理和解决人伦关系的转型问题，也就是要祛除传统中国所犯的家庭主义问题的毛病，又不陷入西方个人与社会对立的框架中去，正是从这里潘光旦找到了实现群己位育的切入点。

人伦关系的研究是中国社会学的核心，潘光旦的人文思想正是为此而述，他指出，中国文化之最大特质，由儒家折中而来，可名之曰人本，

---

1 潘光旦:《派与汇——作为费孝通〈生育制度〉一书的序》，辑入《政学罪言》，《潘光旦文集》第6卷，北京大学出版社，2000年，第79页。

2 潘光旦:《谈中国的社会学》，辑入《自由之路》，《潘光旦文集》第5卷，北京大学出版社，1997年，第428—432页。

3 孔孟即是以人事为本位的思想。正是在这里，中国社会学与传统的儒家思想有了对话的可能性。

以别于西洋前代之神本，或西洋近世之物本。而所谓人本，就是以人为本，就是在二元的冲突矛盾中，或者多元的凌乱纷扰情况下，一切折中于人，具体而言，包含三四个基本的信念，即人的尊严必须重视、人的智慧足以决策、凡所决策必利于人以及一切文化皆为工具。[1] 潘光旦认为，人本的立场之所以重要，是因为近代以来，除了历史上或目前存在的神道与物道以外，各种国家主义、社会主义、家族主义、金钱主义、个人主义均把人进行了宰割、支解，原本是辅助人道的，反而取得了本体的身份，使人不但不能驾驭，反而沦落到被驾驭的地步，这种主客易位的结果，使人类在天地间的地位，发生了根本的动摇。回归人本的立场，就是在实践中重新理顺人与自己、人与人、人与物的关系，潘光旦把儒家重人道的思想总结为四个方面，并认为这四个方面对于处理人伦关系依然可供借鉴。[2]

在本文中，不可能对潘光旦的人文思想展开详细论述，但若从位育论的角度，我们却能把握潘光旦处理人伦关系的总原则，或者说实现个人与社会统一的总原则——分寸的原则。执中而有权衡，即是分寸的原则。[3] 潘光旦提出"分寸的原则"，即是《中庸》"中和"思想的进一步阐发，是实现个人与社会关系和谐的总方法。他认为，把"中庸"解释为执中有权，并翻译成白话的"分寸"二字，可谓恰到好处，"执中有权，对事：守常待变；对物：推十合一，以一待万，以约持博（博学以文，约之以礼）；对人：忠而能恕"[4]。这就是说，分寸的原则应可运用于人、事、物的诸方面，以分寸的原则调节个人与社会的关系，才能实现个人与社会的通体位育。

1　潘光旦：《中国文化之特质》，《儒家的社会思想》，北京大学出版社，2010年，第109—111页。
2　潘光旦：《中国人文思想的骨干》，《儒家的社会思想》，北京大学出版社，2010年，第214—220页。
3　同上书，第222页。
4　郑安仑记录：《儒家社会思想课堂笔记》，《儒家的社会思想》，北京大学出版社，2010年，第136页。

若就社会方面而言，潘光旦认为："无论人伦范围的大小，以往的人群总趋向于'我群'与'尔群'之分，'我群'多少是一个用情的对象，'尔群'则多少是用（理）法以至于力的对象。"[1] 以家庭为"我群"，则是用情的方面多，这时候应该遵循"亲亲之杀"的分寸律，以至亲的人为起点，把情推广到老人、小孩、朋友、邻里等关系之中。潘光旦认为这就是儒家"仁"的体现，"仁"以一种社会意识尽到对他人的责任，这种责任具有等差的大小，是一种情爱的责任，"情感的行为而得起当，谓之仁；而其大用在亲亲"。家庭以外就是"尔群"，则是用理法的方面多，这时候应该遵循"尊贤之等"的分寸律，"义以行之"，"理性的行为得其宜，谓之义；而其大用在尊贤"。[2] 以德性和才能为贤能评估的标准，这要求社会阶层流动的顺畅，使贤能者能够发挥作用，替社会服务谋人民幸福。如果从社会安排方面，能够以"礼"规范"仁义"的施行，并有着合理的家族制度及政治制度予以保障，则"亲亲有杀，则一家之内，人人得用情之宜。长幼有序，则家与家之间，亦能推情爱之心而相安。是谓之家齐。尊贤有等，贵贵逮贱而不滥，则人才各得其用而不相倾轧，而一国之事以理。是谓之国治"[3]，家齐而国治，就是社会的位育。

若就个人方面而言，潘光旦主张"以个人为主体的修己论"，修己亦是使自己的情与理的运用得当，而其本质，在于成就独立而完整的人格，潘光旦把这种人格归纳为囫囵的人，他说："人文思想者心目中的人是一个整个的人，囫囵的人。他认为只是一个专家、一个公民、一个社会分子……不能算人；人虽是一个有职业、有阶级、有国、有家……的东西，他却不应当被这许多空间关系所限制，而自甘维持一种狭隘的关系或卑微的身份"，同时，"一个囫囵的人不但要轶出空间的限制，更要超

1　潘光旦：《这是讲情分的时候了》，《潘光旦文集》第10卷，北京大学出版社，2000年，第55页。

2　潘光旦：《生物学观点下之孔门社会哲学》，《儒家的社会思想》，北京大学出版社，2010年，第152页。

3　同上书，第153页。

越时间的限制……真要取得一个囫囵的资格,须得把已往的人类在生物方面与文化方面所传递给他的一切,统统算在里面。不但如此,他这承受下来的生物与文化的遗业,将来都还得有一个清楚的交代"。[1] 简言之,"囫囵的人"指的是成就人的完整性,既在空间关系中能够主导自己的生活,又在时间之流中能够继往开来。而要成就"囫囵的人",潘光旦认为关键在教育从而主张自由的教育,他认为教育当以提升人的修养为本,使人能够合理运用其情理于事物的诸方面,这样的教育,起点是明强的教育,就是教人自由。在《自由、民主、与教育》中,潘光旦说到,自由的教育,着重在自求自得,以自我为主要对象,目的是使人自明与自强,"自明就是理智教育的第一步,自强是意志与情绪教育的第一步,惟有能自明与自强的人方才配得上说自由","自由的教育,不但使人不受制于本能,更进而控制一己的本能,以自别于禽兽"。[2] 可见,潘光旦"以个人为主体的修己论",就是以成就完整而独立的人格为目的,这种完整性体现于个人情理的分寸使用,起点是自强与自明,只有如此才有可能说是自由的人,即是个体位育的实现。当然,除了自明与自强,人在修己方面,潘光旦还从儒家思想中总结了敬戒论、情欲裁节论、明哲保身论、不朽论等[3],其核心仍是分寸的原则在具体情境中的应用。

五、小结

个人与社会的关系问题是社会学理论的基本问题。郑杭生指出,现代化的宏大过程铸就了个人与社会关系的现代性意涵,现代与传统的种

---

[1] 潘光旦:《中国人文思想的骨干》,《儒家的社会思想》,北京大学出版社,2010年,第219页。

[2] 潘光旦:《自由、民主、与教育》,辑入《自由之路》,《潘光旦文集》第5卷,北京大学出版社,1997年,第260页。

[3] 潘光旦:《儒家的社会思想(讲授提纲)》,《儒家的社会思想》,北京大学出版社,2010年,第72—86页。

种决裂使得个人与社会共历巨变而各求位育，正是这一历史过程赋予了个人与社会关系的"问题性"意义。[1] 伴随现代性而来的个人与社会的关系问题显然并非西方世界所独有，现代化的历史过程扩散到中国社会，必然凸显出中国问题的特殊性。面对三千年未有之大变局，个人与社会的关系剧烈变迁，传统与现代之间的连续性被打破，各种主义"万径千蹊，莫知所适"，激进的浪潮一浪高过一浪，个人与社会之位育岌岌可危。潘光旦所提出的位育论，便是要在某种程度上，为西方学说善后，为中国之个人与社会的现代变迁谋其前程。

通过本文论述可以看出，潘光旦的位育论并不是横空而出，其所讨论的问题，依然延续了传统"中和位育"思想的核心议题：个人与社会的统一。潘光旦认为，孔门哲学的第一大特点，始终以人类生活经验为理论之根据，承认人类之生而各异，"故其第二步在设法在个人方面，使人人各得发育之宜；在社会方面，则使人与人之间，不因相异而相害，而因相异而相成"[2]。潘光旦的位育论，依然在求得个人与社会的通体位育，从这个角度来说，潘光旦的位育论是《中庸》位育思想在近代的进一步发展。只是，通过潘光旦的创造性解释，"位育"明确成为解释个体与社会关系的理论，这种关系处于动态的历史变迁过程中，而其终点仍然是儒家思想式的，即个人与社会关系的和谐。我们不妨说，潘光旦使儒家的"位育"思想重新焕发了生命力，使其直接切入到当下关怀之中，如果能用一句话总结潘光旦的位育论，笔者认为就是："新的时空条件下的'以独则足，以群则和'。""独足而群和"，即是个人与社会的真正位育。

---

[1] 郑杭生、杨敏：《个人与社会的关系——从前现代到现代的社会学考察》，《江苏社会科学》2003年第1期，第1—9页。

[2] 潘光旦：《生物学观点下之孔门社会哲学》，《儒家的社会思想》，北京大学出版社，2010年，第151页。

"祖国的历史"与"民族位育"
——简论潘光旦先生的民族思想

张小军 李 芳*

在潘光旦先生的学术生涯中,民族研究是他凝结了许多心血的领域。这主要来自他对中华民族复兴和民族素质提高的关注,以及在 20 世纪 50 年代参与西南少数民族识别的经历。1952 年院系调整前,潘先生担任清华大学社会学系民族组的组长,当时的组员包括清华教务长吴泽霖和费孝通、李有义、胡庆钧等。这批学者后来悉数进入中央民族学院、社科院民族所等机构,成为中国民族学的重要学术支撑。其中潘光旦、吴泽霖、费孝通还在 50 年代的民族识别中,分别担任西南三省民族识别工作组的负责人。潘光旦最重要的民族研究成果就是关于土家族的研究,并由此识别出"土家族"这一少数民族。

中国的民族研究是西方科学(特别是人类学)在近代进入中国而积极本土化的结果,这里的"积极"有两层含义,一是对国外学术思想的积极引入;二是用中国本土的历史等研究积极回应。由此形成既避免盲目照搬国外学术,同时又能落地本土的民族研究实践。潘光旦的民族研究,可以说是这方面的典范。他的民族研究思想或可简单归纳为两个概念:第一个概念是"祖国的历史",这是潘光旦在民族研究中的理论基础

---

* 张小军,清华大学社会学系教授。李芳,清华大学社会学系博士。

和出发点,即从中国的国家历史演变来看不同族群或民族的迁徙、文化交流以及文化融合。在这一概念下潘光旦既反对狭隘的大汉族主义,亦反对狭隘的地方民族主义,意味着"民族"本身具有的某种"自我反省性"。第二个概念是"民族位育",也是最重要的,即对文化生态学中"文化适应(cultural adaptation)"概念带有批判的本土化吸收,主要强调民族生存的文化之道:"致中和,天地位焉,万物育焉。"这样两个概念所包含的民族思想,正是我们在今天理解中华民族共同体和多民族和谐共生的重要思想资源。

本文将简略通过土家族八部大王信仰及其摆手舞仪式(国家级非遗项目)的个案,探讨潘光旦的上述"祖国的历史"和"民族位育"的民族思想,理解民族生存的文化之道。

一、民族识别与"祖国的历史"

潘光旦在1955年发表《湘西北的"土家"与古代的巴人》一文,探讨了湘西土家的族源问题,并提出湘西"土家"是古代巴人的后裔。这一研究的直接成果,便是将"土家族"识别出来,成为56个民族之一。尽管该文受到一些学术商榷和质疑,甚至潘先生因此文被戴上了"民族分裂"的帽子,打成右派。然而从今天的结果看,在划定的湘西土家族核心区,"土家族"的文化认同已经成为高度共识——这至少受惠于潘光旦当年的土家族民族识别。那么,潘光旦当年的研究探讨究竟是否可以经受学术和实践的"检验"?这就需要回到潘光旦的研究"初心",看一看他在学术意义上的民族思想。

在中国,系统的民族识别发生在20世纪50年代。民族识别近年来一直被莫名地与民族问题联系在一起,导致一种对"民族"的无端敏感,由此产生了两个极端的狭隘,一是狭隘的国族主义,二是狭隘的地方民族主义。而这正是潘光旦当年所批评的。他在《检讨一下我们历史上的大民族主义》(1951)一文中,谈到《中国人民政治协商会议共同纲领》第 50 条提到的"大民族主义",以及"狭隘民族主义"。他认为大民族主义是一种"夸大的民族观"。"民族的关系,实质上是平等的朋友关系,或同志关系……""民族与民族之间,尽管有先进后进,早达晚达之分,却不应有高下主从之别。"[1] 潘先生曾经提到乐舞是少数民族向我们传播较多的一个文化部门,"我在这里特别提到乐舞,是想借一个例外来证明一个通例,就是,在凡属自以为高明的一切文化部门里,我们是不屑于向少数民族学习的,这就大大限制了文化的交流,阻碍了民族的团结"[2]。不难看到,潘光旦的民族思想是建立在既反对大汉族主义,又反对狭隘民族主义的基础上。如何超越上述两种狭隘性?潘先生提到少数民族的历史研究,必须与汉族,"乃至全部中华人民的大共同体,是如何形成的这样一个总问题密切的结合起来进行,……才有希望把头绪整理出来,孤立的搞是绝对不行的。在祖国漫长的几千年的历史里,这样一个族类之间接触、交流与融合的过程是从没有间断过地进行着,发展着,我们现在还在这过程之中,从人文学的方面来看,也不妨说,这过程就是祖国的历史"[3]。

可见,潘光旦认为,对某一民族的研究不能孤立进行,必须放在多民族的"中华人民的大共同体"如何形成的视野下,去理解"祖国的历史"过程。费孝通后来评述的:"正如潘光旦先生所说的,我们祖国的历史是一部许多具有不同民族特点的人们接触、交流、融合的过程。这个过程从没有间断过,而且还在发展着","中华民族是一个民族实体,因为他具有与世界上其他民族不同的特点,而且具有共同的民族意识"[4]。潘

---

[1] 潘光旦:《检讨一下我们历史上的大民族主义》,《潘光旦民族研究文集》,民族出版社,1995 年,第 152 页。

[2] 同上书,第 154 页。

[3] 潘光旦:《湘西北的"土家"与古代的巴人》,《潘光旦民族研究文集》,民族出版社,1995 年,第 165 页。

[4] 费孝通:《潘光旦先生关于畲族历史问题的设想"(代序)》,《潘光旦民族研究文集》,民族出版社,1995 年,第 3 页。

光旦的上述民族思想，反映在其土家研究中，体现为土家历史文化的交流与融合。

学界对土家族群的研究，多是从族群本身的视角展开，最早系统探讨土家族族源的，是潘光旦先生《湘西北的"土家"与古代的巴人》一文，潘光旦通过对《华阳国志》等文献的考据，对古代巴人的活动与迁徙区域进行了研究。他提出的"巴人说"是目前影响较为广泛的一种观点。[1]作为这一地区的主体民族之一，土家族人在不同历史时期与周边其他兄弟民族如苗族、瑶族、侗族等不断地产生互动与交融。土家族人自称"毕兹卡"，称苗族人为"白卡"（意思是"邻居的人"），称汉族人为"帕卡"（意思是"外来的人"），而作为"毕兹卡"的土家族共同体这一自称，潘光旦认为正是来自古代巴人。

潘光旦也是最早注意到巴人与羌人关系，后由彭官章通过考察土家语与古羌人氏族部落方言——巴语的关系，提出土家族是古羌人的一支，即"氐羌（羌人）说"。[2]该说主要从土家语与羌语的渊源关系、相似的葬俗、一脉相承的信仰以及建筑特色等强调其联系，认为巴人是直接形成土家族族体的主体成分，而古羌人只是土家族的远祖。上述虽然观点不同，恰恰反映出土家族多源、多元融合的特点。

以生活在湘西北酉水流域的土家族群为例，这个群体历史上主要分布在湘、鄂、渝、黔四省市交界的武陵山区，即费孝通在《武陵行》一

---

[1] "巴人说"由潘光旦提出，参见潘光旦《湘西北的"土家"与古代的巴人》；彭岑（即彭武一）：《湘西土家摆手舞的历史来源及其活动情况》，《舞蹈丛刊》（第四辑），上海文化出版社，1958年；庄燕和：《古代巴史中的几个问题》，重庆出版社，1988年；林奇：《巴楚关系初探》，《江汉论坛》1980年第4期；邓少琴：《巴蜀史迹探索》，四川人民出版社，1983年；陈启文：《鄂西土家族族源考略》，《武汉师范学院学报》（哲学社会科学版）1983年第2期；廖子森：《土家族源浅谈》，湘西土家族苗族自治州民族事务委员会编印：《土家族历史讨论会论文集》，1983年。

[2] "氐羌说"最早是潘光旦先生注意到巴人与氐羌关系的，后由彭官章提出。参见彭武一：《从语言角度看土家族族源》，《重庆师范学院学报》（哲学社会科学版）1983年第1期；彭官章、朴永子：《羌人、巴人、土家族》，《吉首大学学报》1982年第1、2期；刘尧汉：《彝族和土家族同源于虎伏羲》，《吉首大学学报》1984年第2期；何光岳：《巴人的来源和迁徙》，《民族论坛》1986年第1期等。

文（1992）中所提到的"武陵民族走廊"的核心地带。武陵山区在历史巨浪不断冲击下，已成为从云贵高原向江汉平原开放的通道，是一条多民族接触交流的走廊，一方面由于特殊的地貌还保住了各时期积淀的居民和他们原来的民族特点，另一方面又由于人口流动和融合，成了不同时期入山定居移民的一个民族交融。正如潘光旦所言，在一千多年来，不仅"土家"人自己，连专搞历史的汉人，都已经不理会其族源问题而又出现了"土家"的新称呼，而这一称呼其实是在与外族打交道时的一个自称，终于被外族所接受，好像"土家"一开始就是当地的土著似的，其与巴人的渊源关系于是趋于泯灭而无可查考，那么到底他们是经历过一种什么样的历史性变化才成为"土家"？

潘光旦论述道：巴人的较早记载来自《山海经》，其中《海内经》有："西南有巴国。大皞生咸鸟，咸鸟生乘釐，乘釐生后照，后照是始为巴人。"[1] 接着，潘先生讲了一个《后汉书》中的故事："巴郡，南郡蛮本有五姓，……皆出于武落钟离山。……未有君长，俱事鬼神；乃共掷剑于石穴，约，能中者，奉以为君。巴氏子务相乃独中之。又令各乘土船，约，能浮者，当以为君。余姓悉沉，唯务相独浮。因共立之，是为廪君。"[2] 廪为米仓，这个廪君，可能与从关中翻越大巴山的米仓山进入巴蜀的米仓关道有关。这意味着巴人与关中、汉中、汉水流域的粮食往来，以及这个"廪"所表达的迁徙通道。廪君作为巴人的祖先，"廪君死，魂魄世为白虎；巴氏以虎饮人血，遂以人祠焉"[3]。童恩正在《古代的巴蜀》中提出，廪君巴族的势力在北面到达了陕西南部汉中；在东边控制了汉水流域中上游；在南面不仅据有清江上游，还扩展到川东南、黔东北及湘西北，历史上称之为"巴黔中"；在西面到达重庆嘉陵江流域。春秋战

1　潘光旦：《湘西北的"土家"与古代的巴人》，《潘光旦民族研究文集》，民族出版社，1995年，第183页。
2　同上书，第184页。
3　同上书，第184页。

国时期,土家族地区还是巴人分布地。[1] 在酉水流域发现许多巴人墓葬及巴人遗物虎钮錞于,说明酉水土家族地区是巴人聚居地之一,他们是土家先民群体的重要组成部分。杨昌鑫认为从廪君时代开始,土家族共同体就逐渐形成,从周至秦,经历了发展、壮大、成熟、稳固的阶段,定居于这一地区的巴人,在融合土著人、濮人、楚人等民族后,才逐步形成土家族这一单一民族。[2]

关于上面的廪君殁后变为白虎的神话传说,到隋唐以后,作为廪君蛮后代的清江流域土家族群体崇敬白虎,形成了"向王天子"的崇拜与"敬白虎"习俗,而作为板楯蛮后裔的酉水流域土家族群体射杀白虎,形成了"驱白虎"的习俗。《华阳国志》载:"板楯七姓,以射白虎为业,立功先汉,本为义民……"[3]《后汉书·南蛮西南夷列传》也有记载:"板楯蛮长于狩猎,喜好歌舞,英勇善战。相传秦昭王时,白虎为害,板楯人应募射杀白虎有功,秦官府与板楯人盟誓说:'顷田不租,十妻不算,伤人者论,杀人者得以倓钱赎死。'"[4] 这与民间传说故事和《摆手歌》中的做社巴要杀"白水牛"(暗喻白虎)的"八部大王"崇拜叠合。

潘光旦先生曾对"白虎神崇拜"进行系统分析,认为白虎神是巴人与"土家"宗教信仰的中心对象,是他们前后所共有的,也是贯串着他们的一根主要的线索。从白虎神经过白帝,再到白帝天王三个阶段,是一个整的发展过程。[5] 同时,他也注意到湘西"土家"存在"赶白虎"的情况,他认为这是彭氏的"以龙斗虎"或"以龙换虎"的手法,是"土

---

1 童恩正:《古代的巴蜀》,四川人民出版社,1979年。
2 杨昌鑫:《对土家族民族共同体形成时间的再认识》,《中南民族学院学报》(哲学社会科学版)1999第3期,第75—78页。
3 (晋)常璩:《华阳国志》卷一"巴志",参见刘琳:《华阳国志校注》,巴蜀书社,1984年,第52—53页。
4 (南朝·宋)范晔撰,(唐)李贤等注:《后汉书》卷八十六"南蛮西南夷列传",中华书局,1973年,第2842页。
5 潘光旦:《湘西北的"土家"与古代的巴人》,《潘光旦民族研究文集》,民族出版社,1995年,第246—257页。

龙"为夺取"白虎"的子孙、人民才造作出来的一套戏法,而这手法也取得了足够的成功,帮其维持足足八百年之久的统治。[1] 1955 年,潘光旦考察龙山、永顺及来凤等地土家族历史及族源时考察了白虎神崇拜。他认为在唐中叶以前,这种崇拜盛极一时,后因大量汉人涌入巴人原住地区拓展,将白虎神崇拜变成了"杀白虎的汉将之神"。五代蜀杜光庭《录异记》中描述了关于"杀白虎神之神"神话,潘光旦指出这段资料真假参半,真的是巴人原有的,假的是汉人捏造出来的"翻案"文章,目的是使其改变原有的传统意识,而趋于汉化。[2] 黄柏权曾经分析了清江流域的土家人"敬白虎"、酉水流域土家人"赶白虎"、乌江流域土家人"又敬又赶"白虎的状况,认为土家族民间同时存在的"敬白虎"与"赶白虎"表面看来相悖的行为,实际上土家族"敬"的是图腾白虎,源于"巴人崇白虎";"赶"的是汉文化中的"四象"白虎。他认为土家族对图腾白虎神的崇拜是全民性的,并无地域上的差异。[3]

上面崇拜白虎、白虎到白帝天王、以龙换虎、杀白虎的汉将之神、驱赶白虎、赶汉人白虎等等,说明了围绕白虎信仰的转变:巴人地区的汉人进入,不是简单消灭白虎神话,而是围绕白虎神话和崇拜,进行文化的并接与再生产,汉人一端是"以龙换虎""杀白虎的汉将之神",意在淡化或者转移白虎的重要意义,让白虎神话为所谓的汉人服务;土家一端则将汉人的白虎驱赶之,继续坚持白虎崇拜。但是双方都在以白虎作为文化资源,有意无意间都在强化着白虎的神话。这样一种通过有趣的文化对话而进行的文化并接,正是萨林斯"并接结构"(structure of the conjuncture)关于两种文化相遇时的"文化秩序"如何通过文化再生产,将两种文化并接的过程。重要的是,这种经过文化再生产的文化秩序表

---

[1] 潘光旦:《湘西北的"土家"与古代的巴人》,《潘光旦民族研究文集》,民族出版社,1995 年,第 307 页。

[2] 同上书,第 250 页。

[3] 黄柏权:《土家族"敬白虎"和"赶白虎"辩证》,《湖北民族学院学报》(哲学社会科学版)1999 年第 3 期,第 46—49 页、第 114 页。

面上"系统的内容改变了,但它的规范一成不变",这意味着"行动在结构中开始,也在结构中结束"。[1] 这正是李芳关于湘西土家族博士论文的研究结论:族群(民族)是交融的,文化是连续的。[2]

尽管潘光旦一直坚持在"祖国的历史"和"中华民族"演变的大视角下来思考某一地区的民族形成与演变,而不是简单拘于"族源"的还原论,他的土家族研究的观点仍受到一些批评,甚至因此被打成右派。如有论文批评他"打着学术研究幌子的历史考证,妄图以引用186种参考书,长达15万字炫耀博学,冒充内行,污蔑党为外行,并肆意挑拨土家族、汉族和苗族的团结,制造民族分裂"[3]。实际上,作为学术研究,学者的观点都是可以商榷的,但是,也应该避免另外一种意识形态化的"夸大的民族观"。在"祖国的历史"长河之中,不同民族之间的文化交流、融合、彼此涵化,乃是常态。作为一个"文化体",任何一个民族都不可能有简单、纯粹、单一的起源和发展。因此,对任何一个复杂多元的族源研究,以固化的、"夸大的"某一民族去比对,并认为是破坏民族团结,十分不妥。我们现在的汉族、苗族、土家族,严格意义上都是由不同"民族"的人组成的,这些民族称谓本身也是历史上某一时空的形成,并非恒常的概念。因此,重要的是看不同民族的文化是否具有某种连续性,这才是识别"民族"这一文化群体的首要标准。

二、"民族位育"与民族复兴

除了上述"祖国的历史"的纵向视角,潘光旦还一直关注于中华民

---

1 萨林斯著,蓝达居等译:《历史之岛》,上海人民出版社,第273、331页。

2 李芳:《文化并接:湘西西水土家族祖先信仰及其仪式研究》,清华大学社会学系博士论文,2020年。

3 王忠:《驳向达、潘光旦关于土家族历史的谬论》,《历史研究》1958年第11期,第13—20页。

族的复兴。1935年在燕京大学社会学会公开演讲中,潘先生提出"民族位育"的概念。潘先生在批评了那些割裂、碎片的看法后认为,总体来看,"这囫囵的问题是什么?说出来也是十分寻常的。它是一个民族位育的问题"[1]。在"民族的根本问题"一文中,他说道:

> 我以为民族复兴的中心问题是:在扰攘的20世纪的国际环境之内,在二三千年闭关文化的堕性的拖累之下,我们的民族怎样寻求一个"位育"之道。约言之,民族复兴的中心问题是:民族位育。
>
> ……
>
> "位"与"育"是两个老字眼,合成一个名词,却是新的。《中庸》上有"致中和,天地位焉,万物育焉"的话;有一位老先生下着注脚说,"位者,安其所也;育者,遂其生也";安所遂生,就是位育。
>
> 所以民族的根本问题就是:怎样在上文所说的环境之内,背景之前,求一个所以安所遂生之道。安所,属于生活的静的方面;换言之,就是民族秩序的维持。遂生,属于生活的动的方面;换言之,就是民族进步的取得。[2]

潘光旦说:"一切生命的目的在求所谓'位育'。这是百年来演化论的哲学新发现的一个最基本最综合的概念。这概念的西文名词,我们一向译作'适应'或'顺应',我认为这译名是错误的,误在把一种相互感应的过程看作是一种片面感应的过程。人与历史的关系,人与环境的关系,都是相互的,即彼此之间都可以发生影响,引起变迁,而不是片面的。说历史与环境完全由人安排,是错误,说历史与环境完全支配着人,

---

[1] 潘光旦:《当前民族问题的另一种说法》,《潘光旦民族研究文集》,民族出版社,1995年,第32页。

[2] 潘光旦:《民族的根本问题》,《潘光旦民族研究文集》,民族出版社,1995年,第48页。

也是错误。"[1] 这里的一个重要文化生态观,就是既反对"环境决定论",也批判"以人为中心"的观念。正如"1989年,联合国教科文组织在加拿大召开'21世纪科学与文化讲座',通过的《温哥华宣言》,确认了人类当前在地球上的危急处境,因而去召唤'植根于多种多样的文化和着眼于未来的新视野'。宣言的第一个主张颇有几分哥白尼革命的味道:人类不再被视为宇宙的中心,甚至不是地球的中心;对于一个有机宏观世界的认识,承认生命的节奏,尊重自然,从而使人类重新回到自然,并理解它与整个生命世界和自然世界的时空关系成为可能"[2]。

人类学常用上面的文化适应(cultural adaptation)概念,这是"文化生态学"的核心概念之一。斯图尔德(Julian H. Steward)在其1955年出版的《文化变迁的理论:多线进化论的方法论》中论述了文化生态学,探讨环境、社会和技术三者之间的因果关系,聚焦于人类的文化方式如何适应自然和人文环境。[3] 潘光旦认为:中文的"位育"超过了"适应"的概念。因为这里的核心含义是万物和谐的"中和",而不是简单的对环境去适应,由此安其所,遂其生。致中和,是潘先生所言"位育"的核心,与自然相合,与社会相合,与民族相合,和谐共生。李亦园先生曾提出"致中和"的整体均衡与和谐,来表达中国文化三层次均衡观念的模型。这一理论最早是在布拉格用英文发表的论文中第一次提出来的。包括自然系统(天)的和谐、有机体系统(人)的和谐以及人际关系(社会)的和谐。[4]

中华民族的民族位育有两个层面,一是中国各民族的民族位育;二

---

[1] 潘光旦:《说乡土教育》,辑入《政学罪言》,《潘光旦文集》第6卷,2000年,第138—139页。

[2] 尼科勒·摩根:《镜中的人性:文艺复兴时期的人性创造》,《第欧根尼》1997年第2期(总26期)。

[3] 朱利安·斯图尔德著,谭卫华、罗康隆译:《文化变迁论》,贵州人民出版社,2013年。

[4] 李亦园:《从民间文化看文化中国》,《李亦园自选集》,上海教育出版社,2002年;李亦园:《和谐与均衡:民间信仰中的宇宙诠释》,林治平主编:《现代人心灵的真空与补偿》,(台北)宇宙光出版社,1988年。

是面对世界时中华民族的民族位育，实质都是"文化位育"。[1] 潘光旦认为："我们目前位育问题中的团体是中华民族，环境是20世纪的世界。我们的问题的本身是：以此民族，入此环境。从民族的一方的立场来看，究竟如何而后能'安其所''遂其生'？"潘先生讲了三点：（1）作为"迁就"，不得不竭力接受一些统治世界的西洋文化；（2）对于西洋文化的各个部分，需要挑选和推敲是否接受、部分接受或不接受；（3）看似衰败的中华民族有几千年的阅历和经验，难道"竟不值当代人的一盼，全都抛向故纸堆中去？""我们可以整理出怎样的贡献供世界采择？""世界能采择到什么程度，就等于我们转移世界环境到什么程度。这便是我们当前问题的一个比较囫囵的看法和说法。"[2]

在此，潘光旦有十分深刻的文化主体论和文化自觉，从文化位育的文化生态视角理解西洋文化的融入，更强调一种相对于消极迁就和半消极半迁就的"积极位育"：主动转移和改变世界环境，而这一程度，取决于我们能够对世界有多少贡献的程度。这意味着：中华民族自身文化能够贡献给世界有多大，中国能够跻身世界的程度就有多大。封闭自恋、唯我独大、自我煽情，都是不可取的，而是要开放自强、虚怀若谷、要向自己的民族文化学习，向世界优秀的文化学习，以自己文化的开放多元，融入世界民族文化的开放多元，潘光旦的这一民族思想，对于今天的民族复兴依然意味深长。

潘光旦还从优生学的角度，提出"民族的根本问题，具体言之，是一个人口位育的问题。人口问题的解决系乎量的控制与质的控制。量的控制，一面固恃经济环境的改进，一面尤赖生育的适当的节制。……质的控制，其关键端在选择，那就是优生学说的任务。量和质两方面都有了办法，民族生活里秩序的维持与进步的取得，即民族的安所与遂生，都

---

[1] 潘光旦：《再谈种族为文化原因之一》，《潘光旦民族研究文集》，民族出版社，1995年，第1—6页。

[2] 潘光旦：《当前民族问题的另一种说法》，《潘光旦民族研究文集》，民族出版社，1995年，第33—34页。

是必然的结果"[1]。也就是说,"位育"之"位"的安其所,解决的不只是安居,而是民族生活里的秩序和维持;"位育"之"育"的遂其生,也不是简单的生长,而是民族的进步。这样来看,民族位育的确不是简单的文化适应,而是一个民族全方位的文化生态的和谐发展。

　　土家族的历史文化过程也是这样一个民族位育的过程。上文提到湘西酉水土家族地区,今天仍然以信仰"八部大王"为主的酉水支流洗车河流域的土家族村寨,这里是土家语留存区,也是民间所谓的"土家文化核心区"。笔者数次深入湘西州龙山县、保靖县、永顺县、古丈县等地的土家族村寨,从最初调查酉水土家族"舍巴日"开始,发觉这里的土家人在举行舍巴日摆手祭祖活动时,不同社区曾经存在四类供奉不同祖先神的情况,即有崇拜远祖"八部大王"的,远祖"八部大王"被老土家人称为"拔普"或"一拔普、二拔普、三拔普……么拔普";有崇拜土王"吴着冲"的,土王"吴着冲"被称为"禾撮冲""禾撮菩萨""禾撮拔普";有崇拜土司王"彭公爵主、向老官人、田好汉"的,土司王"彭、向、田"被称为"土王拔普""彭拔普""向拔普""田拔普";还有崇拜社菩萨"七将军(七兄弟)"的,社菩萨被称为"拔普大神""择土拔普""田拔普"等。从这些称呼中可以看出,酉水土家族似乎经历了由"八部大王信仰"到"'冲'王信仰"再到"土司王信仰"的历史演进过程,然而其"拔普"信仰的核心观念并未改变。更为有趣的是,曾作为溪州土司统治中心的永顺土家族地区,在2012年举行舍巴日摆手祭祖时,敬的还是上面第三类"彭公爵主、向老官人、田好汉"的土司神,但到了2017年,便转向了敬第一类即远祖"八部大王"的情况。可见,在族群交融的情况下,酉水地域中土家信仰文化是并接和连续的。这个文化连续统意味着民族位育的上述两个方面:一是该地域民族生活的和谐及其文化秩序及其维持,二是民族生活的进步。两者构成了良好的文化生态体系。文化生态学强调文化多样性和"文化核"(cultural core)的沉

1　潘光旦:《民族的根本问题》,《潘光旦民族研究文集》,民族出版社,1995年,第50页。

淀，[1] 文化在多元交融中的连续，反映出一种文化多样性的生态位育：族群是交融的，文化是连续的。一种文化连续统必然包含文化核的稳定结构和文化多样性，文化核通常表达一个文化生态系统中最稳定的文化结构部分，斯图尔德强调了生计活动和经济安排关系最密切的各种文化特质。而对于民族文化生态体系而言，最稳定的文化核至少包括了信仰、祖先崇拜等文化认同。对于文化多样性对文化连续性的贡献，最近一篇关于多元语言的研究，比较了迁徙新疆的锡伯族在多元语言环境中，反而保留了自己的语言；而东北的锡伯族简单面对汉语的环境，却逐渐丢失了自己的语言。[2] 理解湘西土家族群交融与文化并接的连续性，或许可以从中得到启发。

"民族"本质上是一个文化群体，"民族虽然和种族，和国家都不相同，但它却是介乎两者之间的，因为种族是生物学上的东西，国家是政治与文化上的东西，而民族不但是生物学上的东西，同时也是文化上的东西"[3]。民族是生物的，也是文化的，是生物文化的。这意味着其自然的一面，不是可以由人随意摆布的现象。在文化丛林中，并非只有弱肉强食的"丛林法则"，还有万物和谐的文化生态法则，包括文化多样性、文化平等、文化尊重，等等。各个民族之间的文化交流、交融是相互增益的，不是相互排斥、相互折损的。

潘先生是学生物出身，骨子里却是坚定的文化主义者，这可以从他的研究中看出来。潘先生强调社会文化的生物学基础，落脚于社会文化的理解，是一个将生物和文化相结合的统一论者。一方面，他从"站在生物学的立脚点来观察文化"，另一方面，从文化来看人类的生物性。1931年他发表《文化的生物学观》一文，强调了自然选择和文化选择的

---

1 朱利安·斯图尔德著，谭卫华、罗康隆译：《文化变迁论》，贵州人民出版社，2013年，第36页。
2 郭人豪、王婷、张积家：《多元语言文化对个体情境下和社会情境下认知转换功能的差异性影响——来自锡伯族的证据》，《心理学报》2020年第9期。
3 潘光旦：《性与民族》，《潘光旦民族研究文集》，民族出版社，1995年，第40页。

共通性。有概念金字塔，从顶尖往下：文化现象—社会现象—心理现象—有机现象—理化现象。不难看到，最顶层的文化是最重要的。

最后，想特别提一下潘先生谈到的一件关乎民族复兴的根本之事，即喧嚣浮躁害国。他批评那种口号与宣传的风气，他认为：

> 这一类专门责成大家的意志，专门教大家定下决心，鼓起毅力，和打起精神的救国论，出路论，或复兴论，我以后都把它们比作敲钟打鼓，和实际上能不能自救，能不能找到出路，能不能复兴，全都不相干。……何以会有这种种纷乱、反复、喧嚣的情形？闹了二三十年的救国，寻出路，与复兴运动，何以成绩会这样的可怜，失望？我的答复是：我们根本没有把问题看清楚，也没有把问题说明白。自救，自寻出路，自己奋兴，固然是我们的一大目的，但是问题的陈述却不宜这样的简单，把问题陈述得太简单了，便无形地在自己的见解上与努力上加上了一些时间和空间的限制。[1]

静下心来理解潘先生的上述半个多世纪之前的民族思想，无论是"祖国的历史"，还是"民族位育"，都对今天的民族政策和民族工作意味深长。要摈弃狭隘的大民族主义和狭隘的地方民族主义，实现中国良好的民族位育，实现中华民族的伟大复兴，看来还有很长的路要走。

---

[1] 潘光旦：《当前民族问题的另一种说法》，《潘光旦民族研究文集》，民族出版社，1995年，第31—32页。

个性解放与种族职责之间的张力

——对潘光旦妇女观形成过程的考察

吕文浩*

潘光旦（1899—1967）是中国近代著名的学者型社会思想家，他一贯重视婚姻、家庭以及与此紧密相关的妇女、儿童、老人问题。在从20世纪20年代中期至40年代末期的大约20多年时间里，潘光旦围绕这些议题发表了大量的论述，包括明晰可读的专业论著以及面向一般读者的时论短评。其中引起最强烈而广泛的社会反响的，恐怕非妇女问题莫属。关于潘光旦在1939年就《妇女与儿童》一文与昆明知识界同仁的学理讨论，以及在1948年因《家庭·事业·子女》和《妇女问题的一个总答复》两文引起的与左翼知识分子的论争，笔者已有专文加以梳理。[1] 不过，仅仅关注一个思想家成熟时期的直接阐述和思想论辩是不够的，因为它无法充分呈现制约思想形成的学术的、社会的因素。

本文拟着重考察潘光旦妇女思想的形成过程并解析其学理根据与思维逻辑，时间段上以1922年夏撰写妇女史研究论文《冯小青考》至全面抗战前的1936年为主。梳理潘光旦妇女思想的动态发展过程，将会使其

---

* 吕文浩，中国社会科学院近代史研究所副研究员。

1 详见吕文浩：《抗战时期一场关于妇女角色定位的论争》，《团结报》2013年12月5日，第7版；《"妇女回家"——潘光旦一再挑起论争的观点》，中国政协文史馆编：《文史学刊》第一辑，中国文史出版社，2014年。

文本中蕴含的张力在历史叙述中得到生动的展示，有助于更好地把握其思想主张的特色所在。这种追本溯源的工作，也将会使我们对后来发生的两次争论的思维逻辑及其时代意涵有更加准确的理解。

对于20世纪三四十年代关于妇女回家以及贤妻良母主义的论辩，先行研究成果已经相当丰厚，不过这些成果多是结合当时的论辩议题加以叙述和分析的。[1] 对于像潘光旦这样具有较为成熟的学理依据的思想言论及其引起的论辩，学界还缺乏深入的个案分析。可以说，前人研究对于延续十余年的妇女问题论争的广度论述得比较充分，但对其所达到的思想深度的认识还有所欠缺。本文的努力或能多少弥补这种缺憾。

一、酝酿

1922年夏完成《冯小青考》时，潘光旦还在清华学校高等科学习，两年后此文刊登于《妇女杂志》第10卷第11号。虽然《冯小青考》是以性心理学的理论方法所做的妇女史个案研究，并非针对现实妇女问题的专门论述，但其社会关怀强烈而清晰，颇具五四时期反抗传统、追求个性解放的时代精神。

在论文的"余论"部分，潘光旦说，在中国传统社会里，迂执的道学家视女子为不祥，轻浮的文学家视女子为玩物，社会一般人的看法尤为芜杂不足道，"一弱女子不幸而生长其间，其生而发育得宜合乎常态者，终必至于反常变态，其生而有乖常态者，终必至于被拗戾而夭死，弥可哀已"[2]。凄恻之音，控诉之声，跃然纸上。在冯小青的个案研究之外，潘

---

[1] 比较有代表性的研究成果有：吕美颐：《评中国近代关于贤妻良母主义的论争》，《天津社会科学》1995年第5期；余华林：《女性的"重塑"：民国城市妇女婚姻问题研究》第二章"'娜拉精神'或'贤妻良母'：婚后妇女的家庭生活"，商务印书馆，2009年；吕芳上：《抗战时期的女权论辩》，《近代中国妇女史研究》第2期，1994年6月。

[2] 潘光旦：《冯小青考》，《潘光旦文集》第8卷，北京大学出版社，2000年，第77页。潘

光旦还将毕振达选钞清代女子诗词《销魂词》中"意涉消极之字或名词"加以分类和统计，以其来揭示中国女子的精神状态。其研究结论表明：女子作品中的满纸愁病，乃是知识女性普遍存在体力脆弱和精神郁结的表征。[1]

如何消除传统社会女子遭受的生理与心理摧残？《冯小青考》是一篇妇女史专题论文，不能详谈现实社会问题。潘光旦只是提出了他的基本见解："改造社会之两性观，实为目前当务之急。观念略更，然后性的教育可施，而适当的男女社交可以实行而无危害。"[2] 具体举措为推进女子教育并实行男女同学，所谓"是以女学兴而影恋（即自恋——引者）之机绝，男女同校之法行而同性恋爱之风衰"[3]。兴女学是清末妇女运动提出的重要议题；而男女同校和男女社交，则较之于单纯地兴办女学更进一步，在五四时期方见诸舆论并逐渐付之于实践。

受北京大学开放女禁的影响，1920 年四五月间清华学校的学生开始讨论男女同校的可能性。从《清华周刊》第 187 期的四篇讨论文章来看，清华学生当时的主流意见是赞成在该校实行男女同校的。[4] 1921 年 10 月 31 日，清华学生在高等科 205 号成立"清华男女同校期成委员会"，通过六条简章并选举委员，潘光旦和闻一多被选为文书委员。翌日，该会致函北京各专门学校及大学校长征求意见，并致函北京女高师自治会及北京女界联合会，请其支持清华实现男女同校。照章这个组织分责任会员和通常会员（至 1922 年 1 月初，责任会员约 60 余人，通常会员 100 余人），

---

1 《冯小青考》"余论"部分已经提出这个研究的基本情况，但未作为附录刊登出来，1927 年新月书店版的《小青之分析》及后来改版时的《冯小青：一件影恋之研究》将其作为附录二发表出来，即《女子作品与精神郁结》。

2 潘光旦：《冯小青考》，《潘光旦文集》第 8 卷，北京大学出版社，2000 年，第 78 页。

3 同上。

4 《清华周刊》第 187 期出版于 1920 年 5 月 7 日，四篇讨论男女同校的文章中，三篇持赞成态度，只有一篇反对男女同校。

委员由责任会员中选举二人担任。[1] 担任文书委员的潘光旦无疑是"清华男女同校期成委员会"的核心成员之一，他因此比较深入地参与了清华学生积极推动男女同校的种种行动。

《冯小青考》一文，给予深受不良社会环境压迫的女性以同情，并提出男女同学和男女社交的主张，这种思想主张和价值倾向深深契合了五四新思潮的精神气质。不过，很快到来的留学生涯使潘光旦的思想方向发生了某种程度的偏转。在旧有的思想底色之上，叠加了一层新的色彩——女性的家庭责任和种族责任被置于首要位置。

1922至1926年潘光旦留学美国，受到新兴的优生学的系统训练。潘光旦研习优生学时，这门学科尚处于初创时期，一方面有人将基因改进的作用过分夸大，视之为人类社会迈向进步的"万应锭""如意丹"，另一方面有人将优生学和种族主义结合起来，到处宣扬各种各样的白种人优越论。潘光旦则是以他对社会的精密观察，一方面断言"精质进步之意义有限"[2]，另一方面自觉地剥离了优生学和种族主义[3]。他希望优生运动能够成为"国家主义之后劲"[4]，也就是说，能为中华民族的强种优生提供强有力的科学知识支持。在优生学中，他比较欣赏的是所谓"社会选择论"，即以引导婚姻、生育行为朝着健康、良性的方向发展为己任。为此，潘光旦以优生学为起点，跨进了社会学的领域并以此为终生的专业追求。他的社会学研究始终具有浓厚的社会改良意识，与那种以描述和解释为主要特征的主流社会学迥异其趣。对于所有肯定婚姻和家庭正面作用的社会制度和社会观念，他都不吝赞美并乐于发掘其中的"优生价

---

1 《清华男女同校期成委员会纪事》、《清华男女同校期成会简章》，《清华周刊》第225期，1921年11月11日；陈石孚：《清华男女同校期成会底经过情形》，《清华周刊》第234期，1922年1月13日。

2 潘光旦：《优生概论》，辑入《优生概论》，《潘光旦文集》第1卷，北京大学出版社，1993年，第261页。

3 详见1925年发表的《近代种族主义史略》一文，辑入《优生概论》，《潘光旦文集》第1卷，北京大学出版社，1993年。

4 潘光旦：《二十年来世界之优生运动》，辑入《优生概论》，《潘光旦文集》第1卷，北京大学出版社，1993年，第343页。

值";相反,对于那些片面强调个性发展而忽视种族延续的社会制度和社会观念,他则毫不掩饰自己的忧惧之情。在男女关系上,优生学思想强调尊重生物学和心理学的事实,充分发挥女性之所以为女性的一些特征,尤其是要在种族绵延上发挥自己应有的功能和作用,也就是说比较强调女性在生育、抚育儿童上不可替代的重要作用。这种观点,和那种强调妇女摆脱家庭的束缚并积极参加社会劳动,在社会的广阔舞台上实现自我价值的思想主张格格不入。从这时起,潘光旦的妇女思想中就埋下了与妇女运动发生论争的根苗。

在留学时期发表的两篇关于儒家社会思想的论文中,潘光旦已经对抽象的天赋人权观念进行了批判;他主张从人类生而不平等的生物事实出发,以实力赋予相应的权力,从而使社会上的每个人都能尊重自己的天赋和位置,各安其位,发挥自己所能够发挥的作用。[1] 在讨论中国的优生问题时,他对五四时期的主流思想——个人主义大加挞伐,同时肯定了中国传统的某些思想如"女子无才便是德""不孝有三无后为大",以及家族制度、科举制度等所具有的优生价值。1924 年 8 月,在美国纽约优生学馆写成的一篇论文中,潘光旦是这样发掘"女子无才便是德"的"优生价值"的:

> "女子无才便是德"为目下女界攻击最热烈的一句旧话;然因不事智识生活,乃得注其全力于家庭之巩固,俾子女得一发育之地盘,其于种族全体,自亦不无功德可言。因个人主义不发达,非万不得已,不独身,不离婚,不入空门,诸如此类之观念深入人心;此身之不自由,斯宗祚得以不斩。[2]

---

[1] 潘光旦:《生物学观点下之孔门社会哲学》《孔门社会哲学的又一方面》,《潘光旦文集》第 8 卷,北京大学出版社,2000 年,第 123—211 页。

[2] 潘光旦:《西化东渐及中国之优生问题》,辑入《优生概论》,《潘光旦文集》第 1 卷,北京大学出版社,1993 年,第 272 页。

这种偏执一面的观点，引起了同样鼓吹优生学但热烈拥抱"五四"个性主义价值观的周建人的强力反驳。[1] 事后潘光旦解释说，他对于"女子无才便是德"等思想与制度的根本态度"无非是一个谅字和一个允字"，并不是"有意要不加条件地提倡他们"，他的目的只是将其中蕴含的优生价值，"不拘多少，指点出来"。[2] 但这种只见"谅"和"允"，不见"非"与"驳"的论调，其保守气息相当明显，它肯定乃至欣赏女性在巩固家庭和延续种族方面的价值，但对女性个人的发展却未尝措意。

留学时期，伴随着优生学研习的逐渐深入，优生学知识背后的那些价值预设逐渐显示出其改变思想的强大影响力，潘光旦起锚不久、尚未完全确定的思想航向逐渐发生位移。此前对女性的悲惨处境多有同情，并积极寻求解救之道；此后则多从家庭、种族方面着眼，要求女性遵守男外女内的传统社会角色规范。五四以后的若干年间，整个社会的风气朝着个性日益解放、女权日益扩大的方向发展，这就使得忧心民族前途的潘光旦认识到，必须对当下流行的妇女运动有所质疑了。所谓"不佞对于近世之所谓妇女运动者，置疑已久，思欲有所论列而未遑也"[3]，表述的应该就是潘光旦自留学以来不断发酵、不断成熟而急于提出的想法。

从求学清华到留学美国的短短十几年时间里，潘光旦对于妇女问题的看法有一些侧重点的转变，但他承袭于五四时期那种控诉传统社会压迫女性的思维底色并未消失。这样，他一方面是批判历史社会对于女性的"不公道"，另一方面则又强调女性的传统社会职责，两个看似矛盾实则可以融合的面向在潘光旦的社会思想里被有机地融合在一起了。因为，在潘光旦的思想体系里，从来就不是个人主义君临一切，个人、社会和种族三个方面的均衡发展才是他最为倾心的理想路径。关于这一点，下

1　周建人：《读〈中国之优生问题〉》，原刊于《东方杂志》第22卷第8号（1925年4月25日），并附载于《优生概论》，《潘光旦文集》第1卷。关于周建人与优生学的合与离是一个饶有趣味的学术议题，笔者拟专文论述。

2　潘光旦：《读〈读《中国之优生问题》〉——兼答周建人先生》，辑入《优生概论》，《潘光旦文集》第1卷，北京大学出版社，1993年，第289页。

3　潘光旦：《男女平权》，《潘光旦文集》第8卷，北京大学出版社，2000年，第230页。

文将会做进一步的介绍和讨论。

二、质疑

1927 年 5 月初，潘光旦回国不到一年，便开始担任《时事新报》副刊"学灯"的编辑。任职之初，他就以笔名印千在"学灯"上发表了一篇直接质疑女权学理根据的短文。

首先，他引用梁启超在《先秦政治思想史》上的一段话——"此种观念，入到吾侪中国人脑中，直是无从了解。父子夫妇间，何故有彼我权利之可言，吾侪真不能领悟此中妙谛。"——从中国人的价值观念出发，对于欧美政治思想上极为流行的权利观念表示难以理解。女权是人权的一种，如果回避使用权利观念，那么女权自然无所依托。尽管不能欣赏其"妙谛"，但潘光旦还是试图以人类实际生活中的经验来推敲西方社会哲学中抽象人权观念的由来。他认为所谓"权"并非一个抽象概念，而是一个实际的东西：权便是力。"所谓力当然不仅指体力，凡是可以发生效率的，如智慧，健康，德行，都是力。"[1] 有力者有权，无力者无权。但是，后来社会生活起了变化，在当初有力有权和无力无权两种人以外，又产生了有力而无权和有权而无力的人，有力而无权的人受到有权无力的人的压迫，总是不能出头，便在满腔怨愤之余创造出天赋人权的哲学观念——"这个观念说：人人本来有天赋的权的，如其这个权不能实现，一定因为环境恶劣，或人事有所未尽，被后天外来的势力剥夺了；既是剥夺了的，便应该设法夺回来。"[2] 潘光旦认为这种有力无权者创造出来的学说不能成立，因为，并不是上天赋予每个人平等的权利，"权"不能离开"力"而独立，创立这个观念的人自己有相当的力，够得上拿权，但

---

[1] 潘光旦：《女权：学理上的根据问题》，《潘光旦文集》第 8 卷，北京大学出版社，2000 年，第 225 页。

[2] 同上书，第 226 页。

并不表明其他无力者都像他那般有力,他们未必都够得上拿权。

在这样解释权利观念的起源和本质以后,潘光旦对女权的起源和实质作了类似的推论,即女权论的谬误在于:拿少数人的不幸经验所推出的结论来概括其余的人。具体说来,就是少数女子,或情感薄弱,不想嫁人;或母性薄弱,不想生子,同时也许不无相当的文学天才或艺术天才,甚至有一些组织和调度的能力,这些不同于普通女子的少数人不想像普通女子那样出嫁生子,而是一心一意要寻求一个前程,成就一番事业,她们对于有权的男子提出了争取权利的要求。依据这种推论,潘光旦认为,所谓女权,和人权一样,是一种少数有力无权者所创造出来的谬误观念,历来从事妇女运动的领袖人物都是弱于女性和母性的妇人,即便是五四时期为中国知识分子所熟知的竭力提倡母性的爱伦凯(Ellen Key),自己也未嫁人生子。对妇女作了少数和多数的切割以后,潘光旦认为,解决问题的办法是,开明的社会应该理解这些少数妇女的苦衷,另外安排她们。"不过要是她们不仅为自己着想,却以为别的女子都有这种苦衷,都用得着同样的待遇,这却大错特错了。"[1] 这就是潘光旦理解的妇女运动领袖们一厢情愿的错误。在他看来,大多数普通妇女,本来是可以在家庭之内安插的,可是一方面受社会生计的驱动,一方面受女权主义的驱使,不甚了解自己品性的妇女便有些厌倦于平日的家庭生活,又听见"解放"两字,很容易附和,从而推动妇女运动的广泛发展。妇女运动的日益扩大,则使得"家庭所以为社会中坚与道德维系力者,日益消失,而社会问题越发复杂了"[2]。

如果说以力释权和少多之分是潘光旦在社会哲学层次上所做的辨析,那么在科学基础上进一步抽掉男女平等论的根基也是一项重要的工作。1927年8月他发表的《男女平权》一文,批评了作为男女平权论依据之一的所谓"男女性夹杂不分说"。这种学说的大意是:男女之分不是

---

1 潘光旦:《女权:学理上的根据问题》,《潘光旦文集》第8卷,北京大学出版社,2000年,第226页。
2 同上书,第227页。

绝对的，女子或具有男性的特征，男性或具备女性的特征，世间无百分之百纯粹的男子，也无百分之百纯粹的女子，"普通之女子，女性重于男性，故以女子称；普通之男子，男性重于女性，故以男子称"[1]。潘光旦引用德国学者希尔虚费尔德（M. Hirschfeld）关于同性恋研究的统计批驳道："夫百人之中，男女性限不清者，仅二人而不足，余则男者为男，女者为女，其形态不同，其行为不同，其感觉不同，其人自知之，他人亦得分别而辨认之；凡此皆生物自然之事实，决非男性中心社会生活，所可压迫而强致者也。"[2]另外，从纯粹生物学的角度而言，也是"两性之不同，固历历可数也"[3]。强调男女两性生理的相通之处，可以为妇女进入社会劳动领域提供理论支持，而破除这个见解并强调男女生理上的相异之处，则为男女不同的社会分工提供了学理上的根据。

1927年回国后不久发表的这两篇文章尽管篇幅不长，却为后来潘光旦对妇女运动质疑的诸多论说提供了学理上的前提。前者是透过对"权"观念的重新解说区分了普通女子和少数女权运动领袖，后者则是透过强调男女生理上的差异来为男女不同的社会分工寻找合法性。

1927年潘光旦在做中国家庭问题的调查与研究中，曾就妇女运动的"偏颇"做了更为详细的论述，并试图重新规划妇女运动的发展方向。此时他对历史上的社会对于女性的"不公道"之处仍未曾忽略，他希望在纠正过去不足的基础上重新确定妇女运动的方向。他认为，历史社会对待两性关系真正不公道的是两点：（1）男女之分野太严，不承认女子的个别变异，凡具有女子形态的，一律强迫其承担生育以及与生育有连带关系的任务；（2）男子维持文化的功能是直接的，女子则是间接的，因其是间接的，历史社会的浅见者对之没有加以充分承认，甚至因而贬薄女子的地位。换言之，第一点要求给予女性或母性薄弱而希冀在事业上有所成就的女性预留发展空间，第二点是对于女子家庭劳动的社会价值予以

1　潘光旦：《男女平权》，《潘光旦文集》第8卷，北京大学出版社，2000年，第230页。
2　同上书，第231页。
3　同上书，第231页。

充分承认。潘光旦对当时流行的那种认定男子可以做的事情女子也可以做、也要去做的妇女运动深怀忧虑,他所设想的新的妇女运动是在纠正历史社会对待女子的两点不公正基础上重新予以规划的,"妇女运动而入正轨,则宜于此二端上用工夫"[1]。此时潘光旦对于他所设想的新的妇女运动方向,仅仅是在纠正历史社会的弊病基础上提出原则性见解,并未具体展开。他的主要精力还是用在质疑流行的妇女运动上。

1928年,潘光旦发表了确立其社会哲学基础的《平等驳议》一文,从优生学的角度对"平等"观念在社会生活中的种种表现予以驳斥,其第七点即为女权运动者之"男女平等"。他对男女之间既有共通处又有互异处的说法给予肯定,批驳了那种激进的"主张绝对平等"的看法,认为前一种的男女平等论"颇近情理"而且足以为激进派"下一针砭"。虽然认可前一种观点,但他并不愿意使用男女"平等"一词,而情愿用男女"公道"的新提法予以替代,因为"平等"有"等同""同一"的意涵。那么,什么是他所谓的"公道"呢?他认为基于生物的差异,男女应该分工合作,而不是完全等同。这里,潘光旦再次批评了"前此共同生活之经验甚有令女子失望者":"昔日之女子,职业,不与焉;教育,几不与焉;政治,绝对不与焉。反是,家庭经济,唯女子是问;生男育女,传宗接代,唯女子是问;举凡役使隶属之事,男子所不屑为甚或不屑措意者,唯女子是问。权利之不与享者如彼,而义务之不能不尽者又如此,宜女子之积不能平,而奔走呼号以自求解脱也。"这篇文章也表达了潘光旦对流行的妇女运动的忧惧,他担心未来妇女运动的趋势"将尽反历史之所为,强男女间不可以共通者而共通之,强本应互异者而使不互异;前途危害,或不亚于历史之所为也"[2]。

此时潘光旦还不足30岁,但他关于妇女社会角色的观点已经雏形初现,并具有鲜明的特色。他一方面同情妇女在传统社会遭受的不公道

---

[1] 潘光旦:《中国之家庭问题》,《潘光旦文集》第1卷,北京大学出版社,1993年,第153页。

[2] 潘光旦:《平等驳议》,辑入《人文史观》,《潘光旦文集》第2卷,北京大学出版社,1994年,第361—362页。

待遇，亟思加以改进；另一方面则是在优生学重视家庭和种族命运的视角下强调妇女应承担的责任。对于妇女个人的发展，他仅仅强调少数才力突出者的安插问题，但对于如何为这些少数妇女创造适宜发展的宽松环境，则未能展开论述。潘光旦关于妇女社会角色的论述，最为鲜明的特色就是质疑并试图纠正流行的妇女运动中的激进因素，这一思路贯穿于他在1949年前几乎所有的相关论述之中。这种以保守思想来纠正激进思潮的论述，受到了同样为文化保守主义者的吴宓的赞赏。吴宓在潘光旦著《中国之家庭问题》出版不久就写了一篇高度赞扬的书评，关于妇女论述部分，他评价道："今之徒为叫嚣破坏之女权运动家，不特缺乏常识，抑且未知西洋妇女问题最近之趋向。吾人观于潘君之论，深信吾国人业已显然进步，今后将舍感情、黜浮词，绝虚幻、戒盲从，共为平正通达切中事实利害之主张，而导群众于正轨，进国家于建设之途，非无望也。"[1]

三、交锋

潘光旦质疑流行的妇女运动，从其留学时期就已渐露端倪，在1927年以后的几年间，他开始较为频繁地发表有关言论，在当时社会中引起了一些关注。不过，我们现在所能看到的批评他的妇女论述的文章，则是始于20世纪30年代初。

事情得从1931年夏刘英士译毕英国社会哲学家蒲士（Meyrich Booth）的《妇女与社会》（*Woman and Society*）一书说起。因坊间已有一本内容不同但名称相同的书，刘英士便将蒲士的这本书易名为《妇女解放新论》，他认为这对原名虽有"曲译"之嫌，但就其内容观之，"尚

---

[1] 余生：《中国之家庭问题》（书评），《国闻周报》第5卷第20期，1928年5月20日。从《吴宓日记》1928年5月14日条，可知署名"余生"的这篇文章出自吴宓的手笔，参见《吴宓日记》第四册，生活·读书·新知三联书店，1998年，第61页。

属曲而能达"[1]。蒲士此书,批评流行的妇女运动是"男性主义"的全面胜利。他从生理学和心理学上的男女差异出发,为他认为的"真正的男女平等"重新加以解释,倾心于男外女内的基本社会分工格局,但也为女性规划了若干所谓适合于女性特点的社会劳动领域。潘光旦1927年写作《中国之家庭问题》时批评流行的妇女运动,论调与蒲士此书如出一辙,只是那时他没有特别注意欧美妇女运动的新趋势,也没有读到蒲士的这本书,他的论述完全是从自己研究优生学和性心理学的知识和见解出发加以推论的。至1929年5月,他才得以购读蒲士新著的这本《妇女解放新论》,"细玩内容,触处都是'实获我心'之论",感叹"我若有此材料,有此笔墨,我的志愿之一也就是要写这样的一本书"。[2] 正因为潘光旦与蒲士的妇女论述不谋而合,他极为欣赏蒲士此书,所以刘英士在翻译完毕后邀请潘光旦作序,潘光旦便愉快地答应了。[3] 1931年7月18日在赴广东旅行的船上,潘光旦完成了一篇洋洋洒洒的长篇序言,对蒲士原书的精华有所提炼,又根据自己的研究加以引申发挥与补充。他认为蒲士还不能忘情于"平等"(equality)这个名词,甚至霭理士在1929年第二版的《男与女》将其改易为"等值"(equivalence)也表示他对"平等"未能完全忘情。潘光旦则早在1928年发表的《平等驳议》一文[4]中不仅直接放弃了"平等"的概念而且对其大加挞伐。他以"公道"取代"平等",并认为若是男女彼此的发育机会、学习工作与享用,与其天赋的能力相符,无有余或不足之病,岂非性的公道已然实现?这就是他对蒲士一书最为重要的一个补充。

《妇女解放新论》一书由新月书店出版不久,倡导流行的妇女解放

---

1 蒲士著,刘英士译:《妇女解放新论》,新月书店,1931年,"译者序",第1页。
2 同上书,"潘序",第2页。
3 刘英士事实上也是蒲士和潘光旦思想上的同调,他之所以选择这本书来翻译并请思想倾向相同的潘光旦作序,都有这种考虑。他在"译者序"中推崇潘光旦的见解是"一种彻底的唯物的见解",他自己"所见适与潘先生相同",所以在译者序言里就不再就本书的主要观点作一番评议了。
4 辑入《人文史观》,《潘光旦文集》第2卷,北京大学出版社,1995年。

道路的《女声》半月刊就在第 1 卷第 8 期,以"障碍妇运前途的怪言论"为题,摘录了潘光旦的两句话和一句潘光旦引用蒲士的话。当时在中国从事妇女运动的人,不同意蒲士与潘光旦对妇女运动的批评,更不能认同他们所谓的"妇女解放新论",所以马上摘录几句结论以示其"荒谬"之处。

《女声》的摘录尽管只是出现在一个不起眼的小角落里,潘光旦还是看到了,而且写了一篇充满调侃、讥讽的俏皮话的短评作为回应。正标题是《再提"妇运"前途》,副标题直接提出了他的论战对象:"答《女声》半月刊编者",文章于 1933 年 1 月 21 日发表在潘光旦自己主编的颇有影响的《华年》周刊上。针对《女声》"障碍妇运前途的怪言论"的指责,潘光旦理直气壮地申明:"本刊的编者确乎讲过和引过这一类的话,并且还讲过不止一次,在本刊的篇幅里也曾经再三提起过。他不但这样的讲,并且还根本否认过'妇女运动'有什么前途。"[1] 他的基本逻辑还是以往多次讲到的:从事妇女运动的多是母性薄弱的分子,这些人比较不容易交上"良妻运"和"贤母运"的,她们即使有交的机会,至少也得作一番最后的挣扎和抵抗,以示平等、自由、独立的非徒虚语,结果也许给她们言行一致的成功了;这些母性薄弱的人不能传后或传后太少,"'妇运'就不啻自绝了自己的运命。剩下不绝的,还是那些没有加入'妇运'、而交上'桃花运'的她们的姊妹们"[2]。总之,以潘光旦的逻辑,不是像他这样的反对分子阻碍了妇女运动的前途,而是妇女运动自身断送了它自身的命运;妇女运动走上绝路,他并不感到惋惜,他惋惜的是妇女运动的领袖中有一些"聪明精干的分子",竟无法留下自己优秀的遗传基因,从而影响到民族的前途。

潘光旦直接点名向《女声》半月刊叫板,这个以推动妇女运动为己任的刊物当然不能视而不见。不到一个月的功夫,1933 年 2 月 15 日的

---

1 潘光旦:《再提"妇运"前途——答女声半月刊编者》,《华年》第 2 卷第 3 期,1933 年 1 月 21 日。

2 同上。

《女声》便刊出了两篇批判文章，一篇署名"编者"，一篇出自《女声》的骨干作者柳眉君之手。编者的语气尚且平和，而柳眉君的那一篇则火气十足，不仅在标题里直接点出"纠正潘光旦《再提妇运前途》中之谬论"[1]，而且在行文中也语多讥讽，如称潘光旦是"自作聪明的妄人"，"偶然采用了这种似是骄傲而实在小气的态度，真不是教授出版界有面子的事件"等。[2] 这两篇文章除了重申妇女运动的基本追求外，重点在于批判潘光旦将"母性与妇运"对立起来的观点，如编者所说："无疑的，《华年》编者是因为只看见妇运中一部分的未婚者，便断定大凡妇运中的是母性弱者，而忘了妇运中已婚的，已做母亲的，固大有人在。何况就是那一部分人，不婚的原因，也都是由于自己未遇着理想中的配偶，而并非因为缺乏强烈的母性。根据以上的事实，所以我们决不能以一个女子母性的强弱，做为参加妇运的标准。"[3] 柳眉君同时肯定地断言："但是我们在任何派别的'妇运'中间，从不曾发现过否认母性的妇运。就这一点看，大前提已先错误，也无从希望潘先生得到正确的结论了。"[4] 两位女士在重新解释妇运与母性的关系以后，又表明妇运中人是不仅仅要做贤妻良母，而且不愿将自己的聪明精干局限在家庭生活范围之内，而是要在社会生活的范围内加以发挥。

潘光旦的《再提"妇运"前途》不仅引起了《女声》的编者和骨干作者的批判，而且使另一位知识女性陈令仪备感愤怒，她在1933年6月出版的《女青年》月刊上发表了一篇批判文章。潘光旦文中的讥讽语气令这位作者极为反感，她说："真令我拜倒作者的文笔，极尽了挖苦的能事！""觉得我们评论这一件事理，应具学者的态度，心平气和有科学根据的来说话，总之，我们男女之间，究竟不是如中日敌国，用不着怒发

1　柳眉君：《纠正潘光旦"再提妇运前途"中之谬论》，《女声》第1卷第10期，1933年2月15日。

2　同上。

3　编者：《答"再提'妇女'前途"》，《女声》第1卷第10期，1933年2月15日。

4　柳眉君：《纠正潘光旦"再提妇运前途"中之谬论》，《女声》第1卷第10期，1933年2月15日。

冲冠的向女性攻击谩骂。"[1] 陈令仪这篇文章主要提出了以下几个重要观点：（1）妇女经济独立不足以影响男性就业，目前的失业是世界经济恐慌造成的；（2）男女平等是世界各国公认的人权；（3）许多妇女从事家庭外劳动，并非母性薄弱。其结论除了支持男女平等以外，也并未对那些家庭妇女施加一定要参加社会工作的压力。她说："总之，上帝对于男女既赋与同样的聪明智慧，男女之间就应平等的吸收人类一切权利，至于从事于家庭外的职业与否，任其个性，任其能力好了，何必定要削足就履刻舟求剑，压迫妇女的聪明才智及应享的权利呢，而况妇女结婚生子，与平等自由独立，以及社会整个利益并不冲突啊。"[2]

直至1936年，蒲士的《妇女解放新论》和潘光旦的极力推介还在持续地发生影响，以至于妇运人士仍然继续批判二人。云南白族出身的青年作家马子华写了一篇《蒲士妇女解放论批判》，谈到这本书的影响，他说："听说为了这本书'婉转善辩，语多动人'的缘因，曾经为了很多大学校采用为教本。很多人引用他的话作为经典吓人。我们的'优生学家'潘光旦还以为'德不孤，必有邻'那么的赞许，甚至于一根线拉成一个道统那么的炫示于人。"[3] 通观马氏全文，他确实是旗帜鲜明地站在"妇女走到社会来"的立场上批判"妇女回到家庭去"的论调，他的批判主要着眼于蒲士"世界观的不正确"，在他看来，这本书多得不能再多的错误皆来源于此。蒲士原书引用了大量科学研究材料作为佐证，这方面马子华并不具备引用具体科学知识来进行批判的学力，他所做的，主要是依据经济决定论等一般性原则加以批判。有些地方就难免显得力不从心且有悖于客观事实。如他在列举了蒲士所举的男女生理特质差异后批判说，九九归原，那是从妇女被奴役被当作私产以后才这样的，"因为依靠社会学的研究，女性中心时代很显然的女性是比男子强。并且从地下的发掘，我们知道女子的骨骼跟男子一样地高大。可是等到被支配以后，成天的

1　陈令仪：《读〈华年〉"再提'妇运'前途"的感想》，《女青年》第12卷第6期，1933年6月。
2　同上。
3　马子华：《蒲士妇女解放论批判》，《女子月刊》第4卷第9期，1936年9月。

被践踏,身体会孱弱。被固闭在闺阁里不稍运动,体力毫无。支配者需要被支配者无智,能够长久的受他们的玩弄,所以顶好是不要她们念书或理解什么高深的事物,所以脑子也随之小而迟滞。于是,照进化论的法则研究下来,当然下一辈比上一辈就不行。下一个时代跟上一个时代的女性就退化。那么,你叫她们的体质不孱弱行不行?比男子行不行?所以我们可以说一句,大部分的差异是有历史的演变作证,他有其他生产关系社会背景所决定"[1]。这种简单地将男女生理差异归结为"生产关系社会背景所决定"的机械思维方式是不可能得出科学的结论的,甚至误用了"进化论的法则",因为后天获得性特征不能遗传给后代的原则已是学术界公认的原则。

这一时期,潘光旦不仅与妇运界人士就妇女运动的发展方向展开交锋,而且他对于政府的妇女政策也有批评性的讨论。1932年9月15日,国民政府第四届中央执行委员会第38次常务会议通过了《妇女会组织大纲》,行政院10月22日予以正式公布[2];11月17日,第四届中央执行委员会第47次常务会议通过《妇女会组织大纲施行细则》,对"大纲"的原则性规定予以组织上的保障。[3] 从《妇女会组织大纲》第二条所规定的十项任务来看,一方面它对于发展女子教育、改良妇女生活及其习惯、救济妇女、保证妇女人权、促进妇女运动等适应时代变化的要求均予以积极回应;另一方面它也从未忽视"关于健全家庭组织及改善事项"(第6项)与"关于民族生存之母性健全事项"(第7项)等女性的传统社会职责。总体上看,这基本上是一个体现官方意识形态的立场居中的大

---

[1] 马子华:《蒲士妇女解放论批判》,《女子月刊》第4卷第9期,1936年9月。

[2] 潘光旦的短评《妇女会组织大纲》说是10月24日公布,今据中国第二历史档案馆国民政府实业部档案材料酌改,参见《国民政府行政院令发妇女会组织大纲及施行细则》(1932年10—12月),中华全国妇女联合会妇女研究所、中国第二历史档案馆编:《中国妇女运动历史资料》(民国政府卷上),中国妇女出版社,2011年,第288页。

[3] 《国民政府行政院令发妇女会组织大纲及施行细则》(1932年10—12月),中华全国妇女联合会妇女研究所、中国第二历史档案馆编:《中国妇女运动历史资料》(民国政府卷上),第288—292页。

纲。但这个大纲在潘光旦看来，对女子生育与家庭教育的"种族责任心"强调不够，而太过偏重于妇女在家庭外的社会权益。在11月5日出版的《华年》周刊上，他发表短评，对《妇女会组织大纲》的宗旨与任务部分，分别加以详细地分析。他强调以"民族的"以及"位育的"眼光看，优良子女的养育名义上由男女共同负责，"事实上则女子的仔肩，因结构与生理关系，要远在男子之上"；母道和职业在女子的一生中有根本不能调和的地方，如果追求两者兼顾的话，则应承认母道为主、职业为宾，母道为本、职业为末，母道在先、职业在后。[1] 从这个基本原则出发，他对《妇女会组织大纲》的措辞以及各条的排列次序等都发表了修正意见。对于第四、第五两项关于妇女运动和各种调查与宣传，他认为无须列在妇女会的任务之内。因为妇女运动是纯粹的社会运动，若一个国家在政治上对于妇女生活与权利没有相当保障，妇女以及同情妇女的人就应该站出来作有组织的抗议行为；但中国先有法律明文规定男女公平待遇，后又有妇女会组织法规，而组织条例中又有"保障妇女人权"的明文，所以"妇女运动今后已不复有存在的理由"。

从潘光旦与激进的知识女性的思想交锋，以及对官方妇女政策立场的批评意见来看，他所心仪的"妇女解放新论"尽管有"解放"的成分，但其程度之浅，却也着实不能适应站在时代前列的若干妇女的要求。对于那些有部分"解放"要求，而不甚激进的论调，潘光旦往往能给予充分的肯定。如领导中国妇女节制运动的刘王立明于1931年在商务印书馆出版的《快乐家庭》一书，输入许多新知识来更新中国妇女的家庭观念，讨论了女子职业、子女的性教育、抚育儿童的方法等与妇女生活密切相关的问题，颇得潘光旦的赞许。[2] 他认为，刘王立明是一个"已经结婚并且已经有子女的作家"，她就自己或他人的经验说话，没有空洞笼统的弊病。对于刘王立明关于女子经济独立的论述，潘光旦誉之为"尤其是能

---

1 潘光旦：《妇女会组织大纲》，《华年》第1卷第30期，1932年11月5日。
2 潘光旦为《快乐家庭》写的书评，刊登于《优生》第2卷第1期，1932年1月15日。本段的有关引文，均出自这篇书评。

持平，能切中时弊"。刘王立明一方面赞同妇运人士主张女子第一要紧的是要有相当的职业、能够自己谋生，称其为"这是一件最好的现象"[1]；另一方面，她笔锋一转，认为"然而女子有女子的特性；她是国民之母，对于民族的贡献，不是旁的人可以做得到的。所以，她在结婚以后，就不当有重要经济担负"。刘王立明对于当时妇女运动中那种蔑视母职及妻子本分的主张，明确表达了不赞成的态度；她一方面提倡重返过去的观念，认定已婚女子最大的贡献是为国家培养优秀的国民，另一方面也试图在职业和家事之间想出种种调和的办法。这种主张，和潘光旦一向倡导的观念和办法极为合拍，得到他的赞许也就毫不奇怪了。这在某种程度上也使得潘光旦对自己的妇女论述更有信心，并在此基础上发表更为系统、更为成熟的思想主张。

还需要指出的是，潘光旦的妇女论述从激进人士的眼光，或从我们现在的眼光来看，是比较保守的。但在他所生活的时代，他的主张其实是比较居于中间位置的。他对某些比他更为保守的新派人士的妇女主张曾提出过批评。

1932年8月下旬，中国社会教育社在杭州举办第一次年会，九省代表九十余人与会，极一时之盛。年会议决案在"提倡妇女家事教育"一案下面有"及格者予以证书，许予婚嫁，不然当受政府限制"的严格办法。次年春，潘光旦看到年会报告书后，写了一篇评论，就这种妇女家事教育应考试取得证书才能婚嫁的办法加以批评，他说："家事教育固然要紧，但女子性格与兴趣亦大有不齐，岂宜尽削尺寸不同之足以适合一尺寸同之履的道理。行得通行不通还是另一问题。"[2] 这句话的意思是，这种严格办法在学理上说不通，在实践中能否行得通要打一个大大的问号。

---

[1] 潘光旦在书评中说，如果把"最"字改为"很"字，"这几句话就完全了"。

[2] 夔斋（潘光旦）：《社教社年会报告》，原载《华年》第2卷第17期，1933年4月29日，《潘光旦文集》第8卷，第516页。

类似提案在他的评论里,都被归入"失诸偏激或武断"[1]的一部分提案里。潘光旦重视家事教育,但同时亦注重女子个人性格和兴趣的多样性,并不是要将所有女性都要限制在家庭的范围内,不允许她们在社会上、在事业上实现自我价值。这种态度为他稍后提出更具弹性,更能为多数人所接受的妇女论述奠定了一定的基础。

四、定型

留学回国后五六年间,年轻气盛的潘光旦在论述妇女问题时往往把焦点直接对准当时流行的妇女运动,以凌厉的笔调批评其抹杀女性特点的一面;同时又常常肯定一些试图维护传统社会性别分工格局的新的研究成果与言论,所以一时引起了很多反响。赞成固然有之,但妇运界的反对声是占据压倒性优势的。1926 至 1934 年潘光旦在上海的几所大学任教以及编辑刊物时,就已经深刻地感到了"许多人不满意于我对妇女问题的态度"[2]。1934 年 9 月到北平清华大学任教以后,他透过课堂教课、校内外演讲以及发表文章继续申述其妇女思想,使其影响力进一步扩大。不过,从这个时期开始,他一方面在措辞上比较注意收敛锋芒,另一方面不再以妇女运动为焦点痛下攻击之辞,而是注意比较全面讨论妇女问题的各个侧面。这种改变,使得他尽管还因其论述倾向的保守性而陷于论争的漩涡,但已经不再像以往那样激起妇运人士的"公愤"了。

潘光旦初到北平不久,北平妇女界成立联合会,邀请他发表演讲,他趁机发表一篇"给个人自剖一下"的对妇女问题的总体看法。在这篇演讲里,他第一次将女子的人格分为人性、个性和女性三个方面,以这个包容性的架构来分析妇女问题。所谓人性,指的是女子具有与男子相

---

[1] 夔斋(潘光旦):《社教社年会报告》,原载《华年》第 2 卷第 17 期,1933 年 4 月 29 日,《潘光旦文集》第 8 卷,第 516 页。

[2] 潘光旦演讲记录:《妇女问题总检讨》,《北平晨报·妇女青年》,1934 年 12 月 1 日。

同的人性,"从社会看来,她是一份子,从国家看来,她是一个公民,所以她应有宇宙观,人生观,政治活动,社会工作……"[1];所谓个性,指的是女子的上智下愚之别以及千差万别的个人喜好或特别才能,"男子的个性应注意,女子的个性,自然也应注意,宜以其尽量的发展"[2];所谓女性,指的是女子不同于男子的性别特征,"女性的成熟,即是母性"[3]。以此为分析工具,潘光旦左右开弓,一方面用相当篇幅批评了历史社会上对于女子人性和个性两方面的压制,另一方面批评妇女运动抹杀女性和母性特征。他认为,中国的妇女问题是:"一方面中国的固有道德未曾消灭,对于女子变本加厉地偏重女性一点,以为女子只能生子教子。另一方面,西洋文化输入,女子人性个性皆获相当的承认,西洋女权运动太趋极端,完全不承认女性的存在,中国女子受其感染,同时又为旧势力所禁锢,几乎无法应付。好比拔河的绳索,一端为西洋学说所牵掣,一端又为旧有道德所牵掣,拉来拉去,真不知如何措手。"[4]至于妇女问题的解决途径,也应该是人性个性女性三个方面的全面发展:首先要发展人性,"使女子与男子受同等教育,使她们也有人生观,世界观,宇宙观……"[5];其次应发展个性,"男子所能享受到的机会,一律也叫女子享受,务使尽其天才"[6];再次应发展女性,注重两性教育,尤应着重性教育,而不是一味地抄袭男子教育。这篇演讲记录稿以"妇女问题总检讨"为题刊发在 1934 年 12 月 1 日的《北平晨报》上。细细分析其内容,可以发现潘光旦的基本观点并无根本变化,不过是在论述策略上更为全面、

---

1 潘光旦演讲记录:《妇女问题总检讨》,《北平晨报·妇女青年》,1934 年 12 月 1 日。
2 同上。
3 同上。
4 同上。
5 同上。
6 同上。

更为平衡而已。这将为他赢得更多的同情和支持。¹

这种对女子人格的三分法确实能够为一部分妇女所接受。北平妇女界联合会的"释因"（应是某核心成员的笔名）在下一期的《北平晨报》"妇女青年"副刊上呼应了潘光旦的观点。她说："这是事实，《妇女问题总检讨》所指示给我们的：妇女，一切的妇女，都具有一身三重的人格。这人格，内求自我的实现，外尽人类社会的义务，需要三方面均衡的发展。这便是妇女问题的所在，也便是解决妇女问题枢纽的所在！"²

1935年5月25日，北平师范大学女生问题讨论会召开成立会，邀请潘光旦于下午4时在该校演讲，他以"女子教育与家庭前途"为题，大致上还是发挥了半年前演讲的基本观点，只是以更多的篇幅谈了当前的女子教育的缺失而已。³到场听讲的男女学生约有300余人。潘光旦在开场白里坦言：

> 不过上次我在妇女协会讲演妇女问题，挨骂不少，今天我有些害怕，虽则害怕，我觉得这种问题的重要，我不能为避免挨骂而停止这次讲演。我今天临时才规定了题目，"女子教育与家庭前途"，我觉得这个题目对贵会的性质还宽大些，重要些，我们欲希望一个社会的发展健全，须顾到三个方面，即个人发展，社会发展，种族发展。假使这三者缺一，这个社会就不会健全。⁴

第二天晚上7时半，潘光旦应清华大学女生问题讨论会之邀，参加

---

1 五年之后的抗战时期，当他的一篇《妇女与儿童》引来三篇商榷文章时，潘光旦马上就申明此文只是他就"妇女与儿童"的一个侧面立论，全面的见解应追溯到五年前的演讲稿《妇女问题总检讨》，他以为这种方方面面都照顾到的论述更易为人所接受。潘光旦：《关于妇女问题的讨论》，辑入《优生与抗战》，《潘光旦文集》第5卷。
2 释因：《写在〈妇女问题总检讨〉后》，《北平晨报·妇女青年》1934年12月8日。
3 这次演讲的内容后来以《女子教育、家庭前途与种族运命》为题刊登在《华年》第4卷第21期，收入《潘光旦文集》第9卷，第50—55页。
4 《女子教育应依着女子人格的三方面作平衡的发展》，《世界日报》1935年5月26日，第7版。

本期第三次讨论会。会议请潘光旦先讲演，并领导讨论。原定讲题为"女子职业与参政"，但临时由潘教授改为"女子教育与家庭前途"，与前一日在北师大的讲题相同。

在这两次演讲中，潘光旦比较明确地将健全的个人生活所需要的三个方面与健全的社会生活应有的三个方面联系起来了，指出了它们之间的对应关系。即人性或通性对应当代社会的全盘发展，个别性或个性对应社会的变化与进步，性别对应社会未来的发展或种族的发展。熟悉潘光旦社会思想的人都知道，这就是他有名的"两纲六目论"，两纲为个人生活与社会生活，六目则是每个纲的三个方面合起来而言。这里虽然未提出"两纲六目论"的名词，但其解释已经相当清晰且明确了。注重个人、社会与种族的全面发展是潘光旦社会思想的一个基本特色，也是他分析妇女问题的基本架构。

有趣的是，清华的女生问题讨论会记录保存了讨论时的学生和潘光旦之间的详细问答，问得直接，答得具体，既详细又生动，是一份难得的稀见史料（因原文较长，详见本文附录部分。）这份问答，涉及问题颇多，主要包括当时北平社会、国内国际社会一些关于女性求学与职业生涯的政策、事件，以及青年女性面临的一些实际的选择人生问题。问答记录以口语形式保留了潘光旦的瞬时反应，不像文风典雅整饬、引证繁密的书面文章，因而更能直白地体现潘光旦对妇女问题的内心真实想法。潘光旦对不赞成的事情（如北平市政府整顿风化的举措）嬉笑怒骂；对希特勒的妇女回家主张一分为二，肯定其合理成分，又痛斥其错误之处；对女子专心发展学问事业以至于独身，既有宽容赞许又告诫其他女性不必模仿这些少数女性。这份记录是了解潘光旦定型时期妇女思想的珍贵文献，值得认真揣摩。

此时的潘光旦，其妇女论述的社会接受度已经有了很大改观。据1935年9月初出版的《清华暑期周刊》记者记述：

> 记得有一次，潘先生刚从女青年会演讲后要回清华时，在青年

会碰着她，我当时就戏问他："潘先生今天挨骂了没有？"他笑一笑地说："今天很好，没有挨骂；其实，她们（指妇女界）对我的印象倒很好了，原因就是：骂尽管她们骂，说还是得说；终归她们总会信服的，只要说得有道理。"我以为这句话，实在是为学者的名言。[1]

从这段话来看，潘光旦以前经常在妇女界挨骂，这已经成为人们的一种自然反应；这次没有挨骂，印象且大为改观，原因是要以理服人，功夫用在如何把道理讲得周全，讲得合情合理。一个未曾挑明的言外之意是，他本人在表达上已经注意到了避免刺激妇运人士的神经，在措辞上不再锋芒毕露，在论述上也注意到了如何避免片面性。全面检视这个时期潘光旦关于妇女问题的论述，尽管注意到了论述策略，但他的核心见解并无改变，这种在坚实的自然科学事实支持下的论述是很难发生改变的。[2] 另外，他的太太放弃职业、全力相夫教女的经验，在大学教授阶层并非鲜见，这使他觉得这样一种美满的家庭正是他所提倡的学说的现实基础。来自于生活经验深处的自得之感，以及生物学、心理学、优生学的科学事实让他无比坚信自己的言论是完全可以成立的。[3]

抗战前的三四年间，潘光旦没有放弃批判妇女运动抹杀女性和母性，但已不再将其作为焦点，同时他已经可以正面阐述一套自己的总体见解，

---

[1] 《清华暑期周刊》记者：《教授印象记：潘光旦》，原载《清华暑期周刊》第10卷，1935年9月7日，收入潘乃穆等编：《中和位育——潘光旦百年诞辰纪念》，中国人民大学出版社，1999年，第50页。

[2] 潘光旦作为学者，特别注意一种发言的学理根据是否可以成立，在妇女论述上也是如此。发表于1932年1月的《优生的出路》一文在说到从事与妇运的人士不理会男女身心差异的全面性与重要性，"情令智昏"时，"但教育事业中人，动辄以学理做根据的，也不免熟视无睹，这却教人难以索解了"。

[3] 在抗战时期和别人论战提到自己并未把生、养、教的责任完全推到妇女身上时，他也特意提到这一点："作者是一个已婚而有子女的人，实际上分担此种责任者，亦且有十多年的历史，理论上固未尝推诿，事实上更未敢推诿；自信在这方面的主张见地大部分是从经验得来，与高谈理论者稍有不同，这是要请读者与几位作家谅察的。"潘光旦：《关于妇女问题的讨论》，辑入《优生与抗战》，《潘光旦文集》第5卷，北京大学出版社，1997年，第154页。

这标志着潘光旦的妇女观点已经趋于定型。这一时期他对于妇女与职业、妇女与家庭、妇女与体育运动以及当时流行的妇女政策等问题都发表一些看法，使其关于妇女问题的论述更加具体化。

比如在谈到女子是否要经济独立时，他赞同自己私淑的性心理学家霭理士（Havelock Ellis）的看法，原则上完全承认并且认为这是讲求性道德的第一个先决条件，但同时他也承认在现实社会环境中存在严重的困难。他折中一部分通达之士的认识，自认为对女子职业自由与经济独立的问题已经有比较圆满的解决办法，即是"一种看法"和"两三种办法"。一种看法是，"就健全的女子而论，我们总得承认生育是她们一生最主要的任务，不论为她们自身的健康计，或为种族全般的发展计，这任务都是绝对少不得的。至少就她们说，——不就她们说，又就谁说——职业的活动与经济的生产只得看做一件附属的任务，一件行有余力方才从事的任务"[1]。从这个看法出发，潘光旦得出的办法如下：（1）女子无论将来是否从事职业活动，都应培植经济生产的能力，普通教育、职业训练都应为她们开放，即使那些平时专为男子而设的机会也不应对妇女稍存歧视的态度，"目的是在让她们各就性之所近，有一个选择的自由"[2]。（2）精力特强的女子，尽可对生育子女、教养子女和职业活动同时兼顾，但以不妨碍子女的养育为限。（3）不能同时兼顾生养子女和职业活动的普通女子，可以考虑采取分期办法，即将婚姻的最初10年或15年作为养育子女的时期，此后便是从事职业的时期。如果把后两点并作一点说，可以说婚姻前期养育子女为绝对的主，"后来女子渐长，不妨变作相对的主，到了子女都能进学校以后，职业的活动即作'夺主'的'喧宾'，亦无不可"[3]。

在女子教育、卫生以及体育运动方面，潘光旦基本上吸收了霭理士的开明办法，即一方面使这些活动都向女子开放，但另一方面则希望能

1　潘光旦：《性的道德》"译序"，《潘光旦文集》第12卷，北京大学出版社，2000年，第108页。
2　潘光旦：《性的道德》"译序"，《潘光旦文集》第12卷，北京大学出版社，2000年，第108页。
3　同上书，第109页。

充分照顾到女子的生理特点，不要让这些活动损害了她们的身心健康。

对于希特勒上台后所推行的三K政策，驱赶妇女回家，潘光旦的看法是不完全反对，但也不完全赞成。上文引述的清华女生问题讨论会问答已简略涉及，这里再从他的具体论述中加以补充。他不完全反对，是从其承认男女各有特点、应该分工合作而言；不完全赞成，则是认为其做法太极端，而且是由国家与政府机构命令强制执行的。他希望从男女性别的基础上逐渐做起来，即"男女在生理与心理的组织上原有许多天然的分别，所以国家对于他们的教育，只要设备周到，应有尽有，他们自然会走上他们的天性所指示给他们走的路径，而丝毫不必加以强制。在此种不强制与因势利导的局面之下，大多数的女子自然会走上婚姻与家庭的路，此外如有余勇可贾，或个人的兴趣与能力可以发挥，也还随时可以在家事以外，做些工作；同时少数有特殊才能的女子，也许完全走上自由职业的路，也许设法把精力平分给家庭与社会，一任各人的方便"[1]。

从全面抗战前三四年间潘光旦妇女论述的这些基本点来看，他一方面坚持妇女优先考虑生养子女，同时也为妇女的职业活动预留发展的空间。这种带有折中色彩的观点很难简单地归结为时人诟病的刚性的"妇女回家论"，因为它不是提倡所有女子都只能有选择回家一条路，更不主张由国家和政府机构自上而下强制执行。但他的生养子女优先论确实不是从女性的个性发展出发的，这就与个性解放的时代潮流形成了相当的落差。在当时的社会条件下，生养子女优先论很难使绝大多数妇女不走向贤妻良母的道路。所以，我认为潘光旦所谓妇女具有三方面人格的全面论述策略，并不是三方面无分轻重轩轾，而是有所侧重的。正因为如此，1932年初发表的言论"要认清女子的主要作业依然不能越出贤妻良母的范围，而贤妻良母的职业价值不在任何职业之下"[2]，在1937年出版

---

1 潘光旦：《德国妇女与三开政策》，《华年》第3卷第13期，1934年3月31日。
2 潘光旦：《优生的出路》，《新月》第4卷第1期，1932年1月。

的文集《民族特性与民族卫生》中依然得到了保留。因此，尽管不再容易被饱含感情的措辞所攻击，但他的观点注定还会面临很多的论争。

五、余论

20世纪二三十年代妇女解放思潮风起云涌，在社会上产生了很大的影响，但不可讳言地说，在实践层面还存在许多难以克服的障碍。受几千年来传统礼教的深刻影响，当时社会能够给妇女提供的教育和工作机会仍然比较有限，生育节制并未广泛普及，家务社会化程度低下，所有这些因素都使得妇女在走出家门时面临重重障碍。20世纪三四十年代的妇女回家论在舆论和实践中回潮，绝不是偶然的，它是妇女解放的社会条件薄弱的客观反映。

潘光旦的妇女思想具有两重性，一方面他批评历史社会对于女性的不公道，反映了五四新思潮在他身上留下的印痕；另一方面，他从家庭和种族前途出发，责成女性优先考虑承担起生、养、教子女的传统社会责任。女性的个性解放与发展，与其背负的种族延续职责，这两种存在相当强劲张力的因素在潘光旦的妇女观里被有机地统一起来了。仅仅从种族优生的视角看到潘光旦对妇女传统社会职责的强调，以及她与妇运人士的重大分歧，并不是对潘光旦妇女思想的全面观察。[1] 潘光旦试图以兼顾个人生活和社会生活的"两纲六目论"来加以调和，以此一劳永逸地解决女性个性发展与种族职责之间的思想张力，不失为一种有益的尝试。不过，在当时的具体社会状况下，鉴于家务和职业的难以兼顾，潘光旦的思想天平自然偏向家务的一面，尽管不为妇运人士所接受，但在某种程度上也反映了最大多数妇女的实际生活状况。他所提出的分阶段就业论，平心而论，在当时还算一个比较实际的解决方案。这种办法在

1　闵郁晴：《优生救国——潘光旦思想析论》，（台湾）清华大学历史研究所硕士论文，2002年，第85—103页。

20世纪五六十年代的欧美国家曾流行一时，直到70年代女权主义运动再起后才失去风光。近年来在市场经济条件下不少学历和职业背景良好的女性选择做阶段性的全职妈妈，也是在这一个思维脉络下做出的选择。当然，当时的社会状况还未成熟到提出以生育价值社会统筹来解决全职妈妈的生计问题这一步。这是不能苛责于前人的。新中国长期实行低工资高就业政策，鼓励妇女普遍参与社会劳动，这种政策培养出了一代代习惯于跨入社会广阔空间的女性，她们可能很难理解，也很难接受潘光旦的这种妇女思想。但我们评价一种思想主张是否合理，首先要考虑到它能否有效地解决当时存在的社会问题，其次还须打开视野看看西方及东方先进国家在妇女发展过程中所走过的道路。革命追求彻底地、全面地、快刀斩乱麻式地解决妇女问题的方案，但这并非唯一选项，也并非毫无代价。肯定革命并不一定要说改良一定是此路不通，在社会生活领域尤其如此。从这方面来看，潘光旦的主张并不能简单地被冠以"妇女回家论"而丢弃一旁，其中自有它合理的一面。潘光旦忧心于愈来愈多的优秀女性晚婚、不婚、少生、不生，以及女性参与社会劳动后出现的身心疲惫、家事荒芜和子女失教，这些都是当时确实存在的社会现实。至今这些现象并没有消失，有些方面还呈愈演愈烈之势，走入职业生活的女性越来越视生养后代为畏途，女性的"晚婚、不婚、少生、不生"已然成为世界性的难题。重读潘光旦当年兼顾个人、社会、种族三方面均衡的人生观，在新的时代条件下也许还可以汲取若干有用的思想资源。

　　潘光旦的妇女思想也有时空的局限性。男女身心的差异是一个无法抹杀的客观事实，既不能像乐观的女权主义者所认为的那样，可以随着社会发展逐步予以消除；但也不像潘光旦所认为的那样，可以永远将妇女和生养子女捆绑在一起，甚至使其成为她们一生主要的职责。如潘光旦所言，贤妻良母的职业价值不在任何职业之下，"假若男子是产生财富的人，女子便是产生产生财富的人的人；假若男子是创造文化的人，女子便是创造创造文化的人的人。男女都能用这种眼光观察贤母良妻的地位，男子既不会鄙夷女子，女子也更可不必以业务卑下自馁了。能运用这种眼光，婚姻、家庭与民族的前途，才有保障"[1]。这种看法对于消除传统社会低估女性家务劳动的价值固然有其正面作用，但我们也应当考虑女性自身发展个性，充分实现自我价值的需求。陈衡哲关于"男主外女主内"曾提出过一个比喻："一个小池沼的水，并不贱于太平洋的水；但我们能说它们是平等的吗？"[2] 从同属于水而言，小池沼的水可以等同于太平洋的水，但其气象的雄伟和局势的开阔，前者又岂能及于后者之万一？所以，从这一点而言，社会的发展、种族的繁荣既曾长期地得益于女性的奉献与牺牲，也应当着眼于未来的趋势，不断创造条件消除女性生理条件的限制，让女性越来越从容地迈步跨出家门，领略太平洋般开阔雄伟的社会景象。这是新的时代给我们提出的课题，可惜我们在社会立法和制度保障上给予女性发挥个性以及履行母职上的保护性措施还太少太少。我们长期地把这件事关国家民族前途的大事交给千千万万的私人家庭去承担成本，而没有视之为国家和社会应该担负起来的一件重任。

保守主义往往是激进主义的解毒剂。保守并不一定意味着开历史的倒车或走回头路，而常常是更多地尊重人类千百年来积累的生活经验以及现实社会条件，在此基础上结合时代需要加以小幅度的改良。潘光旦的妇女观就具有这种特点。1934年潘光旦就注意到苏俄已经从激进的妇女运动实践退回到"而事实上和人类其它部分的共通的经验一天比一天似的接近"[3]，从而对共产主义运动初期的激进女权主义保持了高度的警惕。你可以批评它不够锐意进取，不能引领时代潮流，但它同时也往往没有激进主义所具有的那种破坏性。近代以来妇女运动的激进因素在新中国成立之前业已存在，在新中国成立后的30年间因得到新政权意识形态的支持而获得了空前的发展，它所造成的破坏性在最近若干年来已经

1　潘光旦：《优生的出路》，《新月》第4卷第1期，1932年1月。

2　陈衡哲：《妇女与职业》，《陈衡哲散文集》，河北教育出版社，1995年，第107页。

3　参见潘光旦为哈雷女士（Fannina Halle）著《苏俄的妇女》（Women in Soviet Russia）一书所写的书评，《华年》第3卷第23期，1934年6月9日。

得到学术界越来越清楚的认识。¹ 在反思妇女运动的激进因素时，再来重读潘光旦关于妇女问题的论述，那些充分尊重女性特点、在考虑女性个人发展同时也要重视下一代健康成长的观点，还是有其参考价值的。重读应该是别有一番意味的。

附录：潘光旦清华女生讨论会问答录

问：今日社会男女，多有轻视家政、育儿……等学问之态度，是否纯因习惯养成？

答：合而言之，是习惯影响人之心理。分开来说，男子轻视家政……是因其无知。女子知其重要，而不愿学习，是因为无胆量。无知者，则以此为琐事不足道，但实则不然。曾有一妇女界有名领袖著"Renaissance of Motherhood"，阐明母权妇道之神圣，家政……等岂可轻视？

问：方才潘先生言，女子发育平均较男子早而快，然则，女子教育制度应当怎样改革？是否女子学龄应提早？

答：应当提早。因为女子在八九岁起直到二十岁左右，发育甚快，到二十左右即完全成熟。

问：女子发育成熟较快，故结婚不宜过迟，然则女子之大学或研究院之教育应如何实施？

答：有两个方法：其一：提早女子学龄，缩短女子修学年限。其二：女子入大学，亦可结婚，求学结婚同时进行，未见得有何大冲突。

问：教育应不忽略性别，然则先生主张男女分校吗？

答：我并未主张男女分校。学科方面应兼顾人性、个性及男女性的

---

1 郑也夫的《男女平等的社会学思考》(《社会学研究》1994 年第 2 期) 就是一篇反思激进妇女运动的力作，他肯定了新中国成立后妇女运动获得了巨大的成果，但其偏颇也是极为明显的，在此基础上他提出了对于女性发展"上不封顶，下不保底"的主张。尽管此文曾引起过女权主义者的诸多批评，但十余年来社会的发展已经为此文的观点作了一个很好的注解。

平均发展。如公民、历史……等科是属于人性的，各自选系，是关于个性的。至于女性方面的学科如儿童心理、婴儿心理，……可以开班任人选修。使女子也受点女子教育——因为现在根本是无女子教育。我是主张采男女教育分划的原则，而未主张分校。再者也可以仿西洋一种学校，如牛津等大学的例，他们的女校和男校是分开的，但又不完全分开。因为严分男女界限，流弊也是甚大。

问：男性的教育，当然不可忽视其"父性"，那么，男子亦应学习家政……吗？

答：所谓注重性别的教育，家政是小事，而儿童心理，尤其是婴儿心理……为最重要的学问，顶好是女子学习，因为她们都有做母亲的权利，有自己的孩子供她们实地观察。至于这类学科，我们不当把它分得死板，认为这是男子的，那是女子的。应当绝对公开。有的男子带有几分女性，有的女性带有几分男性。各人依各人兴趣去选习。男子对家政、育儿……等有兴趣的话，他也可以选。如军事训练，女子有兴趣的话，她也可以选，知道一些，没有害处的。并且男子也应当懂一点家事。男子也应当注意家庭问题。

问：能否实行男女分期管理家事？

答：这是恐怕不能实行。因为有好些女子做的事情男子不能代替。男女各有长处，关于家事，女人比男人见长。家政有两方面，一是管理，一是劳作。我们希望以后的女子多做管理的工作。而劳作如洗衣、扫地……等工，可以不叫女子亲自动手，而余下的时间，女子可利用它做更有意义，更重要的事情。至于家庭是夫妇的，夫妇之间，当然要有他们适当的合作，男子也可尽力之所及，做他能作的事。即如小孩的性教育就当父母合作。十几岁以下的男女孩，对母亲是没有隔阂的，最好是母亲在此时注意性的教育。若对十五六岁以上男孩的性教育，当然可由父亲担任。

问：希特勒主张妇女回家去，潘先生觉得怎样？

答：希特勒注意到家庭问题的重要，这是他见到的几分真理。但是他的方法完全错误，同时他忽略了妇女的个性，我不赞同。

问：关于托儿所，潘先生意见怎样？

答：这可以把俄国为例。苏俄的托儿所，多是暂时的性质。母亲日中作工时，将小孩送到托儿所去，晚上依然领回家中。母亲甚至日中还到托儿所给小孩奶吃，他们曾有"牛奶是牛吃的，人奶是人吃的"的口号。这种托儿所当然是好。若像南京……等处的托儿所，将孩子送进去，永久不抱回来，那真是不好。

问：已婚女子出外任职作工，潘先生赞成不？

答：这也是个性问题。有的女子有才干，有学问，并且对作事有兴趣，当然是作工为妙。有的女子，对作事无兴趣，我们也不能勉强她。至于作事可以有两种方法：一是一面作事，一面管家，把时间好好分配。这是能力较高的女子，方可做到。另外可以实行分期法，小孩年幼时，暂不作事，到小孩稍大，然后就其性之所近，选择职业，这种主张，曾有多人提倡。

问：人确有个性、通性及男女性，但有女子个性特强，兴趣专集于一种学问或事业，而对其他方面之发展，势必不可兼顾，难道必勉强她选习关于女性之学问？

答：当然不可勉强，各人应本其兴趣，力求发展。至于女性或男性其程度势必有差别，但我们不必注重其程度之差别，而各依其程度施以教育。对家事多有兴趣者，可多选该项学科。

问：有女子其人性、个性极强，而无女性，当然独身为好，然否？

答：若情形确如是，独身未为不可。但是很少有女子无女性、男子无男性者，即有，亦是环境造成。并且若站在遗传立场上说，此种个性强之好点，顶好遗传给后代，则结婚于种族有益。

问：若结婚专为种族，则结婚对个人亦无多大意思。

答：当然。我亦不是主张专为种族结婚，通性、个性同时应当注重。我不过是主张大家应当注意种族问题。而不忽略男女性 sexuality 罢了。

问：关于新旧家庭制度，潘先生主张何如？

答：我以为新旧家庭制度，各有短长。我们需要的是合乎本国风土人情的制度，但现在还没有。

问：潘先生之理想家庭制为何？

答：我以为最理想的家庭，少不了①老人②小孩③壮年人。老人代表经验，小孩代表热情、理想、希望。壮年人是生产的、作工的。

问：德意各国奖励生殖，先生赞成否？

答：各国若都如此，不久之后世界即将不得了。这是德意执政者自私的政策。他们的目的很简单，不过想多造些兵而已，中国不可盲从。

问：怎样方能使男女，认识男女性别之自然性，而相处时不至发生无意识的 Self-conscious？

答：男女本为自然的事情，男女孩相处时，即无此种 self-conscious 心理，青年之有此种心理，实因习惯使然，可用性教育方法使改良。适当的交际生活，亦很需要。受有高深教育的男女，情形必较今日好得多。

问：北平市政府对于"取缔男女同校""男女公寓""男女同池游泳"，注意女的"穿衣""赤足"……等事情，先生作何感想？

答：这是因为政府太闲，无事可作，所以才注意到这些小事上来。至于说什么风化……等都是不着实际的肤浅见解，是北平的不幸。

（任士：《关于"女子教育与家庭前途"的一番讨论——大学女生问题讨论会会员与潘光旦教授的谈话》，《清华副刊》第43卷第7期，1935年6月19日）

性爱、家庭与民族：
潘光旦新家制的内在理路

杭苏红[*]

一、导言

经历了1929年与孙本文之间的"文化与优生学"论战，潘光旦愈发被贴上了过度重视遗传与优生，忽视文化与社会环境的标签。[1] 可是，这标签贴得实在有失公允，在两年之前，潘光旦就曾指出，在解释文化与社会现象时，遗传与环境"都是不可缺少的"[2]，两者只是一个"比重问题"，有些时候，环境比遗传重要，在另外一些时候，遗传比环境重要，[3] 但两者总要维持一定的比例以达平衡。潘光旦对遗传与环境之间比例性平衡的这一讲法，贯穿于其研究的始终。从更广阔的学术视野来看，这一讲法背后蕴藏着一对反映潘光旦基本思想命题的概念：自然性与伦理

---

[*] 杭苏红，中国社会科学院社会学研究所副研究员。
[1] 吕文浩：《中国现代思想史上的潘光旦》，福建教育出版社，2009年，第75—87页。
[2] 潘光旦：《种族与文化机缘》，《潘光旦文集》第8卷，北京大学出版社，2000年，第237页。
[3] 潘光旦在之后的一篇文章中，进一步舍弃了这种对重要性的比较，他认为两者在很多时候"实在是无法分轻重的"，能够比较的只是两者之间"常与变"的态势。参见《遗传与环境》，《潘光旦文集》第10卷，北京大学出版社，2000年，第40页。

性。"自然性"是一个广义的范畴，它既包括通过遗传作用形成的每个个体的生理、心理、性情，也包括人作为生物体的一些共有特征，比如求生、性欲的本能，男性、女性的生理性差别，以及个体年龄的差别，等等。与"自然性"的先天性不同，"伦理性"则是一定的社会环境中逐渐形成的处理人与人之间关系的原则与方式，具体来说，既包括个体之间的互动和情感，也包括某些社会习俗与道德规范。在潘光旦看来，不论是个体还是社会的发展，都受到自然性与伦理性的影响，为了保障个体与社会发展的稳定、持久，需要在综合考量两种属性的同时，维持两者间的比例性平衡。这一"善于权衡事理"的思想，在他的家庭研究中表现得十分充分，是他重构新式家庭制度最为重要的理据。

潘光旦对家庭问题的研究始于20世纪20年代中期，一直到40年代后期仍频有新论。这一时期，社会思潮中兴起的自由、平等理念，人的权利与"人格"思想，深刻地改变了人们的家庭观念，一方面知识界与舆论界不再满意于传统大家族制度，对其展开了诸多批评[1]；另一方面，清末以来[2]对于西方资本主义小家庭制度[3]离婚率高、老人在经济与精神上失去赡养的担忧也更加普遍化，无政府主义、社会主义思潮开始流行，出现了"无家庭"[4]、"经过或者不经过小家庭阶段的家庭灭亡"思想[5]。30

---

[1] 民国时期对传统家族制度的"讨伐"，最多被论及的是新文化运动时期吴虞、陈独秀、施存统等人对传统家制、孝道的批判。

[2] 比如，康有为在《实理公法全书》一书中引用法国巴黎1891年离婚率说明小家庭制度中的两性关系易于破灭，在《大同书》中论述了西方小家庭制度中子辈"薄报"老人的情况。参见《实理公法全书》，《康有为全集》第1卷，中国人民大学出版社，2007年，第282—283页。《大同书》，辽宁人民出版社，1994年，第403—405页。

[3] Glosser, Susan L. *Chinese Visions of Family and State*, 1915–1953. Berkeley: University of California Press, 2003.

[4] 随着无政府主义思潮的传播，"无家庭"思想在知识界获得了一定的认同，比如1930年，蔡元培、李石曾、蒋梦麟等人面对立法院院长胡汉民"（未来）要不要家庭？"的请教，均对未来家庭持否定态度，认为"（家庭）不要的好"，"家庭缩小、至于个人的生活"，等等。具体参见《申报·全国教育会议特刊》1930年4月19日，转引自《潘光旦文集》第2卷，北京大学出版社，1994年，第403—405页。

[5] 易家钺、罗敦伟：《中国家庭问题》，北京大学家庭研究社，1921年，第3页。

年代开始，随着学院派知识分子的兴起，这些带有强烈"主义"色彩的家庭研究与家庭思想开始逐渐被学院派研究所取代。在社会学与人类学领域，出现了陶孟和、李景汉、言心哲等人对于城乡家庭状况的实地调查，林耀华、许烺光对南方家族和宗族的人类学描述和分析同时，费孝通、孙本文在家庭理论方面，陶希圣在中国家族社会史方面也颇有新论。潘光旦的家庭研究是此阶段学院派家庭研究的重要代表，1928年，他的《中国之家庭问题》一书初版，六年内再版四次，被视为民国家庭研究为数不多的代表著作之一。[1] 不过，可惜的是，潘光旦的这本著作以及他的家庭思想长久以来并没有得到社会学界的足够重视。这主要是因为他探讨中国家庭问题的方法和思想资源突破了社会学学科的既有范式，涉及了生物学、优生学、精神分析以及中国传统儒家思想等内容。费孝通曾对潘光旦的学术研究有一个整体评价，即发挥"中国儒家的基本精神"，"利用现代科学知识改进遗传倾向和教育环境去培养日臻完善的人的身心素质"[2]。这正是潘光旦的家庭研究的学术追求，他试图利用自己对于中西社会思想史、中国传统儒家文化以及西方生物学、优生学、精神分析学等科学的熟谙，为新旧之变、中西之辨中的中国家庭制度提出适宜的改革建议，促进"人的培育"。有鉴于此，本文希望通过考察他的家庭思想，呈现他"培养日臻完善的人"的实现途径及其可资利用的资源，从而更好地理解中国家庭在个体与社会之间的结构性位置与深远意义。

潘光旦的家庭研究著述，在时间分布上比较零散，跨越了近20年，大致来看，可以分为两个时期：前期以20世纪20年代发表的《中国之

---

[1] 雷洁琼：《中国家庭问题研究》，《社会研究》第125期，1936年。
[2] 费孝通：《第二届潘光旦纪念讲座致词》，潘乃穆等编《中和位育——潘光旦百年诞辰纪念》，中国人民大学出版社，1999年，第543页。

家庭问题》一书为核心,主要从"优生学"[1]视角对婚姻、生育、家制进行分析,强调家庭关乎种族[2]精神与血统绵延的重要意义,并在此基础上提出了折中家制的构想;后期以1936年相继发表的一系列文章为主,如《家族制度与选择作用》《过渡中的家庭制度》《祖先与老人的地位——过渡中的家庭制度之二》《性爱在今日——过渡中的家庭制度之三》等,试图从两性关系、老人地位这些涉及家庭成员关系的日常化议题入手,为家内关系重建合乎人心的新秩序。[3]两个时期的研究虽然在论述内容、书写风格上有所差异,但是在反对小家庭制度、无家庭制度,提倡折中家制这一基本家制构想上保持着一贯性。可以说,后期的家庭研究是从性心理学、"位育"思想出发对前期研究的补充,对原有的新家制构想进行了进一步的论证。

---

[1] 潘光旦思想中的"优生学"是他对西方优生思想有选择的吸纳,提倡个体"通过婚姻选择与生育后代的方式来实现人类遗传品性的优化组合,达到种族品质改良的目的",与广义优生学和种族主义有着明显差异。具体参见吕文浩:《中国现代思想史上的潘光旦》,福建教育出版社,2009年,第50—51页。在潘光旦所处的时代,伴随着社会达尔文主义的传播,优生学作为一门新兴学科曾对欧美知识界产生过一定的影响,受到了罗素、席勒、霭理士等人的关注与支持。潘光旦在这一学术思潮的影响下,不仅在美国学习生物学、优生学,并且回国后一直将提倡优生学作为己任,相继出版了大量书籍和文章,如《优生概论》《优生原理》《优生与抗战》等。对于潘光旦的优生学思想,一直以来不乏批判之声,比如孙本文和周建人。具体参见孙本文:《再论文化与优生学——答潘光旦先生商榷的文字》,《孙本文文集》第8卷,社会科学文献出版社,2012年;周建人:《谈谈优生学》,《青年界》第1卷第3号,1931年。但是从研究潘光旦思想的角度来说,在看到他的优生学思想时代局限性的同时,更应该尝试着探析潘光旦的优生学论述背后试图将个体、家庭与更宏大的民族国家相关联的理论抱负,以及他试图以之实践"人的培育"的苦心。实际上,这些理论构想在当时所针对的现实问题,在当代社会中也一定程度地存在,比如个体归属感的缺失、现代性建设方案中"人的缺失",等等。

[2] 潘光旦较常使用的"种族"概念是一个基于生物性的概念,指"种质"或"血统",他认为当时学界较少讨论民族之生物性基础,因而他要格外用力于强调民族在血缘世代传递意义上的"种族性"。这与"种族主义"对种族的讨论有很大差异,潘光旦也有专文批评"种族主义"的种族差等、种族排斥。参见《近代种族主义史略》,《潘光旦文集》第1卷,北京大学出版社,1993年,第367页。

[3] 需要说明的是,对潘光旦家庭研究的这种前后期划分并不意味着其学术兴趣的转向,这只是就其不同时期关注点的侧重而言。对于一些议题来说,更通常的情况是贯穿了潘光旦学术生涯的整个时期。比如,虽然潘光旦在第二个时期对性心理学进行了比较系统的论述,但对这一主题的最初思考无疑可以追溯到其学生时代所进行的冯小青研究。在这一点上,感谢吕文浩老师的提醒与建议。

不过，以往对潘光旦家庭思想的研究主要关注他第一个时期的作品，对第二个时期的作品重视不足。通盘考察潘光旦家庭思想会发现，他在第二个时期对家内关系的论述，特别是对两性关系的分析，实际上也非常重要，在一定意义上构成了新家制构想的事实性基石。在他看来，两性关系是现代家庭得以成立的首要事实性基础，如果当代社会对两性关系没有理性的认识，恋人和夫妻关系常常处于破裂与幻想之中，"家庭制度不但无法健全发展，并且根本上站立不稳"[1]；与之类似，家内关系与家庭成员之间的互动、情感有关，如果只是破坏家庭成员间的伦理关系，而不思重建更符合人心的新式伦理，稳定家庭关系，则极易产生个体情感困境与社会失范。有鉴于此，本文将从潘光旦第二个时期的作品入手，首先讨论作为家制事实性基石的两性关系，随后探讨更大范围的家内关系，以及在第一时期作品中涉及的折中家制、家庭与民族发展问题。这种解读文本的顺序也有着从一个新的角度来理解潘光旦思想的考量。以往对潘光旦家庭思想的讨论，因为缺乏对于两性关系、家庭关系的分析，只用力于强调家庭具有种族精神绵延、民族发展的意义，不免显得空泛和抽象，即这种具有种族精神绵延、民族发展意义的家庭是如何建立与维持的？这种家庭中的夫妻关系、家庭成员关系具体是怎样的？与这种新家制相匹配的是一种怎样的现代人格？简言之，不了解潘光旦对于当时中国家制面临的现实困难与处境的分析，以及他为之提出的重建方案，我们就无法充分地理解他关于家庭革新能够促进民族发展的判断。

同时，还需要补充说明的是，综观潘光旦的家庭研究，最令人费解、因而被悬置，但同时也是最引人入胜的是，潘光旦对遗传、性本能、两性心理与婚姻选择的诸多讨论。以往对潘光旦家庭思想的研究很少涉及这些内容，主要是因为它们溢出了当代社会学学科偏重于组织制度分析的研究范式，并且，其所依据的优生学原理在当代知识界已经式微，因而，潘光旦的这些分析要么被冠以"优生学视角的家庭思想"悬置起来，

---

[1] 潘光旦：《性爱在今日——过渡中的家庭制度之二》，《潘光旦文集》第9卷，北京大学出版社，2000年，第370页。

要么被视为潘光旦对精神分析与心理学的碎片化运用。这种将潘光旦的社会学家身份，与他的优生学思想、精神分析、性心理学思想割裂开来的研究取向，不仅不利于我们全面、深入地探析潘光旦家庭思想，并且在很大程度上窄化了社会学作为一门学科的研究视阈。潘光旦在中国社会学史上的重要性，或许正在于他努力将社会学发展为一门综合性的社会科学。他提出的"两纲六目"论强调对个体（包括通性、个性、性别三个层面）与群体（包括秩序的维持、文化的进展、族类的绵延三个层面）的整体研究，希望以此为社会学研究提供一个更加全面的视角[1]，即是明证。同时，在他看来，过度强调制度、组织的社会学学者忽视了作为理解社会与世界基础的"人性的问题"，而这种对人的探究离不开"生物，遗传，生理，心理，以至于病理诸种学科的准备"[2]。只有从理解人出发，理解人与人之间的关系，理解人所处的外部社会环境与历史文化氛围，才构成潘光旦所说的对"生命的真实"[3]的综合性理解。这也是他试图以"人的研究"为中心，将古人文思想、生物位育论、社会文化的功能学派、实验论与工具论和人的科学五大头绪汇总为"新人文思想"的用意所在。[4]

综观潘光旦的新家制构想，存在一条从两性关系、家内关系、家庭制度，再到家庭与民族的重建脉络。在这一脉络的各阶段中，潘光旦都试图在已有的现实基础上，通过补充、协调的方式，努力维持此阶段内自然性与伦理性的平衡与综合，试图在两者之间寻求一个适当的"分

---

[1] 潘光旦：《派与汇——作为费孝通〈生育制度〉一书的序》，辑入《政学罪言》，《潘光旦文集》第6卷，北京大学出版社，2000年，第102页。

[2] 潘光旦：《社会学者的点、线、面、体》，《潘光旦文集》第10卷，北京大学出版社，2000年，第261页。

[3] 潘光旦：《派与汇——作为费孝通〈生育制度〉一书的序》，辑入《政学罪言》，《潘光旦文集》第6卷，北京大学出版社，2000年，第78页。

[4] 潘光旦：《派与汇——作为费孝通〈生育制度〉一书的序》，辑入《政学罪言》，《潘光旦文集》第6卷，北京大学出版社，2000年，第104—110页。蒋功成：《文化解释的生物学还原与整合——评〈潘光旦文集〉中的人文生物学和新人文思想》，《社会学研究》2007年第6期，第217—219页。

寸"。在这种对家庭制度各层面的努力安顿中,我们可以更清楚地看到家庭之于个体、社会、民族,乃至中华文明的深远意义。

二、"欲－恋"观:家制的性爱基础

民国时期的家庭变革,最重要的变化之一是夫妻关系愈来愈凸显,"恋爱"与"爱情"成为确立夫妻关系、组建家庭的先决条件。这一趋势在五四以来的期刊与专著中有诸多反映:既包括对西方恋爱理论的译介,比如爱伦凯的"恋爱自由、离婚自由"思想、倍倍尔有关女性性解放的提倡,以及卡本特、霭理士、罗素等人的相关思想;也包括中国知识分子结合这些西方思想,对于中国男女性爱问题的讨论,其中有一些是在期刊上引起过广泛讨论的话题,比如对于新性道德标准的讨论、对于恋爱之生物性基础的讨论,也有一些以宣传、倡导为目的的学者发声,比如张竞生对于中国人性健康、女性性高潮的讨论,周建人对于性教育的分析。可是,与很多时髦理论被简单移植的遭遇类似,这些讨论大多没有深究译介来的恋爱理论得以产生的西方思想史脉络,同时,对于将理论移植到中国文化与现实中的适应性问题也缺乏相应的考察。所以,虽然话题热门、议论纷纷,但是以客观之精神对其进行深入研究者并不多见。并且,当时参与性爱问题讨论的学者大多是公共知识分子,对于社会学者来说,虽然这一问题引起了他们的关注,比如费孝通在《生育制度》中指出传统家族"没有合理解决夫妇两性感情的发展"[1],但是他们对此问题展开的研究仍不多见。在此背景下,潘光旦运用性心理学、精神分析学与传统儒家思想,对霭理士"性爱观"的深入分析与进一步发展,具有相当的开拓性。

1936年,潘光旦在《性爱在今日》一文中指出"家庭的最大的基础

1　费孝通:《生育制度》,商务印书馆,1947年,第57页。

是性爱",如果对于性爱不了解,或者只是形成一些"幼稚的见识",那么"家庭制度不但无法健全发展,并且根本上站立不稳"。[1] 潘光旦对家庭问题中性爱作为根基的这一判断,使得我们研究其家庭思想时也自然而然地选择性爱问题作为入手点。那么,什么是潘光旦所说的"性爱"呢?怎样的性爱才能为家庭制度的健全发展打下良好的根基呢?

"性爱"一词是潘光旦对"love"的翻译。其时的学界与舆论界并不将"love"翻译为"性爱",而是参照日文译法译作"恋爱",或者译作"爱情"。[2] 与这两种译法相比,"性爱"译法有一个突出的特点,即强调两性间"爱"之情感的同时,重视人的生物性——"性"(sex)对两性关系的影响。当然,同一时期从生物学视角分析两性关系的学者也不乏其人,比如周建人就认为"恋爱没有其他的秘密,仅是两方的欲望趋向一致",而"欲望无他,只是腺的分泌"。[3] 不过,和这种将两性关系基础只认定为性腺分泌不同,潘光旦在强调两性性欲需求的同时,还引入了另一个同样重要的概念——"恋"。

"欲"与"恋"这一对概念并不是潘光旦的首创,实际上是他私淑已久的英国性心理学家霭理士(Havelock Ellis)在《性爱的估价》(*The Value of Love*)一文中的讲法。不过,潘光旦对"欲-恋"关系的分析,在霭理士原来的讲法上有所发展,增添了更丰富的内容。霭理士认为"love"包含两个方面的内容"lust"和"friendship"[4],潘光旦将其翻译为"欲"与"恋"。"lust"并不难理解,指性欲、性冲动,而霭理士使用的"friendship"一词则值得玩味,它沿袭了古希腊友爱的意涵,涉及情感性关联。霭氏有关"lust"和"friendship"的最重要讲法是认为"欲的流波如果不能向四周推广出去,以至于影响到心理有机体的其他方面——至

---

[1] 潘光旦:《性爱在今日——过渡中的家庭制度之二》,《潘光旦文集》第9卷,北京大学出版社,2000年,第370页。

[2] 杨联芬:《"恋爱"之发生与现代文学观念变迁》,《中国社会科学》2014年第1期。

[3] 生活书店编译所编:《恋爱与贞操》,生活·读书·新知三联书店,2012年,第2页。

[4] Ellis, Havelock 1940, "The Value of Love." In *Studies in The Psychology of Sex*, *Vol.6*, New York: Random House.

少是情感与社会情绪方面——就不能称为是性爱"[1]。潘光旦的"欲-恋"观正是以霭氏的这一讲法为本源,不过,潘光旦在翻译完霭氏的这段话后,用更长的篇幅论述了他自己对于恋、欲恋关系的理解,其中既有对霭氏这一讲法更细致入微的解读与引申,同时更重要的是,他突破了霭氏的心理学分析,试图从更具文化性的层面分析"恋"之重要意义,以及他自己对于新式两性关系的设想。

潘光旦从欲与恋的关系入手,更明确地提出了"欲恋一元说"。他抓住霭氏讲法中"欲"要被"推广/放射"(irradiate)出去,以产生情感与社会情绪这一关键环节,进一步论述道"欲与恋是一元的,并不是二元的,有程途之分,无品类之别"[2],即"恋"是由对他者之"欲"而自然生成的一种微妙且难舍的情绪,在"品类"上和欲是类似的,都具有自然性基础,都不是社会条件与环境的产物。为了更清楚地论述这一点,我们可以分析一下潘光旦对于恋与友谊的不同认识。在他看来,友谊是性爱的"附件",容易与性爱"夹杂"在一处,比如,夫妻关系虽然建筑在性爱之上,"但其间也不能说没有友谊",友谊的产生和增加,主要依靠才品相当、兴趣相近、"共甘苦"、"一人受过对方的直接或间接的恩遇"等社会性条件,简言之,友谊是一种社会性交往产生的情感,但是"恋"则是以性欲为基础而产生的情感。

潘光旦对"恋"之自然性基础的设定,与我们一般意义上对性欲和个体间情感的理解不大相同。在一般意义上,"性欲"只是一种生理性冲动,并不具备转化为人际情感的能力;个体间的情感似乎也更多地偏重于社会性,很难说清楚是否能在性欲这一生物性基础上产生"恋"。那么,潘光旦为什么要论证这样一种具有自然性基础的"恋"呢?为什么

---

[1] 原文是"Until the currents of lust in the organism have been so irradiated as to affect other parts of the psychic organism—at the least the affections and the social feelings—it is not yet sexual love",译文参考潘光旦的翻译,有改动。

[2] 潘光旦:《性爱在今日——过渡中的家庭制度之二》,《潘光旦文集》第9卷,北京大学出版社,2000年,第373页。

一定要从性欲这一个体自然性中生发出一个具有社会性关联与情感的"恋"呢？

回顾近代以来个体"性本能"被揭示与肯定的历史，它为解释很多性压抑现象提供了理论支持，可谓个体心理与精神研究方面的重大突破。潘光旦早年从精神分析视角对才女冯小青遭受性压抑而产生精神郁结的研究即是例证。不过，如果因此认为恋爱关系与夫妻关系的建立只取决于是否存在性欲冲动（或称抽象的爱情感觉），当性欲冲动消失，两性关系就应该结束，那么，两性关系就会处于极不稳定的状态。这也正是潘光旦对当时离婚率增高、都市青年恋爱混乱的担忧。因而，在肯定"欲"之重要性的同时，潘光旦试图通过对"恋"的阐释，建立两性之间的社会性关联、情感性基础，从而使之能够发展为具有温情的伦理关系，既给予个体本能适当的满足，又能建立两性间的情感关系。并且，从另一方面来说，"欲－恋"说对于当时婚恋观中的另一种极端状况"精神恋爱"——排斥肉体欲望的"纯爱"，也有所纠正。如果说只凭性冲动建立的两性关系走向了自然性的极端，那么，过度提倡"精神恋爱"则是只重视文化与精神沟通的极端。上文曾提到，与"共甘苦""恩遇"所产生的社会性情感——"友谊"不同，"恋"的产生并不依赖于社会条件和环境，而只源于两性关系中的另一方，以及由此产生的情愫。这意味着"性爱"是对一个真实的"他者"的感情，它指向的是具体可感的他人，是包括其身体、性情、思想、优缺点在内的全部，以及对于两人之间共同生活的经营，而不是当时的"精神恋爱者"所陷入的"自我恋"/"影恋"的迷思。

因而，"欲－恋"观设想的两性关系，既反对只重视个体性欲本能、忽视情感的爱情观，也反对只强调两者精神性关联、忽视生理性基础的纯爱观，它试图在生理与精神文化之间寻求一个合适的分寸。这种分寸最明显地表现于欲与恋的关系上，潘光旦曾用"文质之分"阐释欲与恋的关系，他说"欲是质，恋是文，二者缺一不可，过于偏重二者之一也不可。大约文明的趋势是要在欲与恋之间觅得一个最合情理的分寸关系"[1]。"欲-恋"之间合理的分寸关系，也是两性关系中自然性与社会伦理性之间的合理的分寸关系，这正是潘光旦论证"恋"之重要性的意义所在，即以适宜的方式给发端于自然性的两性关系增添社会伦理性的维度。

三、位育与家内关系

通过"欲-恋"观的培养，两性间得以建立比较稳定的情感性关系，而当两人进入婚姻与家庭生活，原本的关系进一步扩展为夫妻、亲子、祖孙等更加复杂的家庭关系，新的问题又开始出现。比如，如何处理这些家庭成员之间的关系，使之担当相应的家庭角色；又或者，夫妻之间随着相处时日增长，情感中友谊的成分增加，性爱（love）逐渐减少。在第二个问题上，潘光旦并没有过多着墨，他认为这种性爱的减少是自然的过程，并不存在浪漫主义者所设想的永恒的激情之爱，只有形成正确的性爱观，才能以良好的心态进入婚姻和家庭。与之相比，他对第一个问题，即家庭成员之间的关系进行了大量讨论，这构成了他讨论家庭问题的一个重要面向：将家庭作为一个社会场域，分析家庭内部每个人的位置、相互的关系。潘光旦对家内关系的重视，实际上有着很强的现实考量。民国时期，随着新思潮、新思想的传播，传统的家庭伦理，如以宗法、丧服制度为基础的亲亲、尊尊等原则已经无法适应新的人心与社会；另一方面，为了打破旧家制束缚，当时很多家庭的内部，子女与父母的关系十分紧张、乃至破裂，不论是从现实角度还是学理角度都亟需按照一种新的伦理精神重建新式家内关系。

潘光旦讨论家内关系的基本原则，来源于他对"人伦"问题的思考。他曾在《明伦新说》一文中指出，处理人与人之间的关系有三个维度的因素需要考虑：第一，个体的年龄、性别这些先天的自然属性；第二，

---

[1] 潘光旦：《性爱在今日——过渡中的家庭制度之二》，《潘光旦文集》第9卷，北京大学出版社，2000年，第376页。

"身份、地位、贫富、贵贱"等后天的社会性属性；第三，"德行、智力与才能"等不容易分辨先天性还是后天性的属性。[1] 潘光旦在讨论家内关系时，也是从这三个维度入手。一直以来，我们比较熟悉的是潘光旦对于个体年龄、性别这些自然属性的重视，基于此，我们或许会误以为他是一个生物决定论者。不过，当了解了他对于难以分辨先天与后天属性的"德行、智力与才能"，以及一些社会性属性的同等重视，我们就会明白在当时保守的传统家庭伦理规范与激进的个体无限发展理想之间，潘光旦这一"自然—伦理"的综合性思考框架试图达到的家内"位育"之功效。

"位育"是潘光旦社会学思想中一个非常重要的概念，是他翻译西文"adjustment"时的自创，取自《中庸》"致中和，天地位焉，万物育焉"，"位"指"安其所"、"育"指"遂其生"。这一概念本来是生物学用语，强调生物在适应环境的同时，也要突破环境的某些限制以实现个体的发展。在潘光旦的思想体系中，他将这一概念发展为一种促进事物稳定与发展的整全的方法论视角，在对个体之发展、教育之功能、民族复兴之目标的分析中都曾有所运用。[2] 在家庭方面，潘光旦的位育思想一方面表现为中国家庭作为一个组织单位，要在适应外在社会环境的同时积极发挥家庭对于个体、社会、民族的功能；另一方面表现为家庭关系中，每个个体要追求自我的"位育"[3]，即潘光旦所说："家庭问题是各个家人的'位育'问题。"[4]

结合处理人伦关系的三个维度，家内"位育"问题首要的是承认个

---

[1] 潘光旦：《明伦新说》，辑入《优生与抗战》，《潘光旦文集》第5卷，北京大学出版社，1997年，第27页。

[2] 潘乃谷：《潘光旦释"位育"》，潘乃穆等编《中和位育——潘光旦百年诞辰纪念》，北京：中国人民大学出版社，1999年，第23—29页。

[3] 潘光旦：《"华年"解——助少壮求位育，促民族达成年》，《潘光旦文集》第8卷，北京大学出版社，2000年，第434页。

[4] 潘光旦：《祖先与老人的地位——过渡中的家庭制度之二》，《潘光旦文集》第9卷，北京大学出版社，2000年，第354页。

体的自然属性。潘光旦指出要根据个体的自然属性——"年龄与性别等特征"来安排他们的家内位置与发展规划，以期达到"老者安之，夫妇信之，少者怀之"的目标。[1] 根据这一观点，不同年龄者的位育不同，以老人为例，随着当时社会的革新与进步，老人在家庭中的地位发生动摇，而作为老年人口，最重要的位育是能够获得安稳的晚年，在物质之养与"情绪之养"上都获得满足。与之类似，潘光旦认为不同性别也有其自身的位育，除了母性较弱的女性外，大多数女性仍以生养子女、管理家庭事务作为人生的基本需求与满足。[2] 潘光旦对于女性性别的这一看法，一直以来都因为过于强调性别之自然性，而遭到性别建构论者的批判。如前文所述，对"自然性"的肯定只是潘光旦在讨论家内关系时所采用的三重维度之一，对"德行、智力与才能"以及社会性属性的强调也是两个重要的维度，可惜的是，他没有就此对女性问题进行更加详细、具体的分析，因而在此问题上显得过于强调生理性别。不过，需要说明的是，潘光旦家内位育的讲法与传统的"长幼有序""男女有别"有着本质性差别，家内位育观不是为了保全宗族、家族利益而对个体进行的压抑，而是试图从个体自然性出发，为个体寻找最适合的位置与发展。这种对自然差别的强调，既有基于生物学的事实性基础，同时，在潘光旦看来，它也是中国传统文化与社会习俗的重要组成部分。以对老年人的尊敬为例，年龄这种自然性上的差别，反而使年幼者对年长者产生了一种自然的尊敬感，即"情感的自然流露"[3]，潘光旦指出这是传统儒家思想中精华的部分，它使得中国的家庭关系与情感是以"亲亲"为基础自然生发的，不大需要西方式的哲学观念，比如义务观、责任观等为之张本。也就是说，新式家内关系的伦理内核仍旧是中华文化一直重视的"自然情感"，

1　潘光旦：《祖先与老人的地位——过渡中的家庭制度之二》，《潘光旦文集》第9卷，北京大学出版社，2000年，第355页。
2　吕文浩：《个性解放与种族职责之间的张力》，《清华大学学报》（哲学社会科学版）2016年第1期。
3　潘光旦：《中国之家庭问题》，《潘光旦文集》第1卷，北京大学出版社，1993年，第135页。

是以自然情感为基础构建的新秩序，而不是根据其他外在道德性原则所推演的规范性框架。

不过，潘光旦也清楚地意识到，只靠年龄、性别等自然属性所生发的情感常常有走向滥情的危险，因而也需要考虑上文所述的"德行、才智、身份"和"社会性"两个方面。对于处理家内关系来说，不常涉及社会性维度，但"德行、智力与才能"这一维度却有着比较大的相关性。并且，这一维度还具有一个特点，不容易分辨先天性与后天性，也就是说它常常受到自然性与伦理性的双重影响。潘光旦举了一个例子："一个人孝父母，若是单单因为他们是父母，而不一定是贤父母，这孝可以走入愚孝的一途……二千年的历史上，百千州县的地方志里我们可以找出不知多少愚忠愚孝的例子来。"[1] 在这里，基于德行与才智的另一标准"贤"进入了考察的视野，这无疑是对自古以来主要从自然伦理性角度讨论"孝"的质疑与补充，强调对父母德行、才智的理性认识与判断也具有重要意义。但是，这立即会产生一个问题，父母的贤否在多大程度上会影响到子女对他们的孝？或者，更直接地说，如果父母在德行与才智上都比较平庸，甚至低下，那么是否就意味着个体可以对父母不孝？潘光旦同时代的一些革命者曾公开以"非孝"[2]的大旗反抗不贤父母，这种选择固然有其反对僵化道德规范的勇猛革新精神，但是，对于一般的普通人来说仍旧难于接受，也就是说，父母虽不贤、甚或粗鄙，子女也终难以完全否认对他们的情感。那么，普通人内心的不忍究竟缘于何种道理？"贤"与"孝"之间到底是何种关系呢？

这并不是个容易解决的问题，潘光旦试图从"贤"，或者说德行、才智的自然性角度做出些许回应。他认为，德行、才智并不只是一种社会性属性，它也有其自然性的基础，一个人能否成为品德高尚、才智过人的人，除了道德自律、自我学习之外，通过遗传所获得的那部分先天性

---

[1] 潘光旦：《明伦新说》，辑入《优生与抗战》，《潘光旦文集》第5卷，北京大学出版社，1997年，第27页。

[2] 比如民国时期反封建健将施存统所写的"非孝"一文，号召青年反抗不贤家长。

基础也起着相当大的作用。这意味着，德行与才智是不容易分辨先天性与后天性的，或者说它在某种程度上是两者的混合。因而，面对一些德行有缺的父母，我们如果考虑到他们通过遗传所形成的某些并不优秀、甚至有时可以说有着相当缺陷的先天品性，就对他们多了一份同情与理解，因为并不是所有的后天、社会性努力都能够完全克服先天遗传到的缺陷。也正是对"贤"之自然性与社会性的这种全面理解，能在拒绝不贤父母某些无理要求的同时，保有对父母之亲亲与情感。因为，反身自问，我们每个人又何尝不是这样呢，在先天的性情、才智，与后天的努力、道德要求之间奋力挣扎。

行文至此，我们不难看出，新式家内关系的伦理精神是自然性与社会性的综合产物。要想建立相对稳定、温情的家内关系，需要行动者综合考量个体间的自然性差异、社会性差异，以及受到自然性与社会性共同影响的德行与才智差异，从而做出全面、理性的判断。这是潘光旦构建的新式家内关系对个体能力的更高要求。并且，只有了解家庭关系中自然性与伦理性的关联与张力，才能在诸如"孝"与"贤"的紧张乃至冲突之中，避免单凭生物自然性所带来的情感无节制，或者单凭道德规范性所带来的情感压抑，进而更好地实践"亲亲"之义，处理好家人之间的关系。从更深的角度来看，潘光旦对家内关系的讨论体现了他对当时个人主义、平等主义思潮过度发展的警觉。他重视"人"，但是，他重视的是由生物遗传性与文化伦理实践共同造就的人。由这些要素构成的"人"与民国初年以来自由主义和各类社会思潮中的"人"的形象并不完全相同。与后者强调的人的权利、人格、人人平等不同，潘光旦更重视的是由生物自然性和社会伦理性共同构成的完整、真实的个体。当潘光旦尝试着将人的"自然性"带入家庭伦理这一讨论时，他实际上选择了在环境决定论、个体意志论的时代潮流中逆流而上，从更加整体性的视角讨论自然遗传性与文化环境的关联，试图为绝对平等主义纠偏。在这背后，或许是他已经看到，个体发展的终极目标不是为了和他者的角力、平等，而是找寻最适合自己的位置与发展潜能。只有这样，才能成就宽和的个体与社会，使得"人人能安所遂生"[1]。

四、"推爱"：家制变革与民族发展

（一）折中家制与人的培育

潘光旦对自然性与伦理性的同等重视，还反映在他对家庭规模、同居方式这些家庭制度的具体改革建议之中。他虽然赞同当时一些西方学者，比如普本拿（Popenoe）、歇雷（Schiller）的讲法[2]，认为中国大家族制度在维持"种族精神与血统绵延"方面有重要价值，但是他更清楚地知道大家族制度发展到民国时期，不仅在家内关系上出现了上文提到的问题，同时传统家制所起到的个体与国家之间的中介性作用也已经消失，个体在家内培养的情感、道德、伦理无法向家之外的其他团体、社会与民族扩充，一个大家族"自身便变做一种社会"，除了家庭与宗族利益以外，不存在其他更高的价值和精神。这种"推爱"过程的断裂、家庭的畸形发展，不仅使得个体的发展受到压抑，另一方面社会与民族的发展也受到阻碍。这是当时很多学者对于中国大家族制度的普遍观感，为了增进民族的整体利益，促进社会、民族发展，有些学者试图寻找家族与宗族之外的替代性团体，来促进公共性价值观的养成，比如梁漱溟对于新乡约的讨论，但是，对于潘光旦来说，他并不认为完全抛弃家庭制度的另辟蹊径能够真正走通，他的努力方向是结合新旧原则改革家制，培养具有同情心与责任心的个体，从而将家内的情感伦理"推爱"到社会与民族。

前文有关两性关系和家内关系的讨论，实际上已经对行动者提出了

---

1 潘光旦：《祖先与老人的地位——过渡中的家庭制度之二》，《潘光旦文集》第9卷，北京大学出版社，2000年，第354页。

2 潘光旦：《中国之家庭问题》，《潘光旦文集》第1卷，北京大学出版社，1993年，第134、139页。

一些具体的要求，比如对于两性关系中性冲动与社会性情感的平衡，家内关系中对于他人德行之自然遗传性和社会性的整体考量等。在家制改革中，潘光旦进一步讨论了这种具有判断力、平衡感，对于人事有着贴切理解的个体，要如何通过新家制进行培养，也就是他关于折中家制的论述。折中家制的设计，回应的是当时社会上关于家庭规模的讨论。随着大家制遭遇舆论批判、逐渐解体，大家庭过渡为小家庭、进而发展为无家庭的思想开始流行。不过，在潘光旦看来，这只是单线直系演化思想在家庭问题上的反映，并不被"严格的演化论者"所承认，是没有科学根据的。因而，他试图呈现出一个不同的新家制图景，即折中家制。这一新家制的想法在1928年3月出版的《中国之家庭问题》一书中有过比较详细的论述，同年10月又在英文刊物《中国评论周报》(*The China Critic*)上发表专文论述，在这篇文章中，潘光旦将其翻译为"the optimum family"[1]，即最适宜/最佳的家。

折中家制有两个最主要的特点，其一是把大家族留其根干、去其枝叶，将家的范围限定在"直系家庭"的范围内，排除了以往大家族中各种妯娌关系、兄弟关系、叔侄关系引起的枝蔓与纠葛；其二是强调兄弟婚后分家，"为父母及祖父母者即由彼等轮流同居侍奉"[2]，因而一般是三代或四代人共同居住[3]。这样，既避免了大家族制的繁杂与压抑，又避免

---

1 Familism and the Optimum Family，潘乃穆、潘乃和编：《潘光旦英文文集》，北京：外语教学与研究出版社，第104页。

2 值得注意的是，潘光旦的观点有前后期的变化。在1928年的《中国之家庭问题》及英文文章中，他虽然认为"父母之衰，由子女侍奉之"（第133页）是合乎情理，但是在具体的同居侍养问题上，他强调的侍养者是分家后的兄弟。但在1937年《谈婚姻的动机》中则强调父母"不但与已婚的子或女同居，并且有受子和媳或女和婿的侍奉的权利"，参见《谈婚姻的动机》，《潘光旦文集》第9卷，北京大学出版社，第480页。在1947年的一篇书评中，虽然没有这么清晰的表述，但也笼统地称"由壮年的一辈轮流侍养"，参见《中国之家庭与社会》，《潘光旦文集》第10卷，北京大学出版社，2000年，第83页。这说明潘光旦在1920年代将父系传承看作一个不可动摇的家制要件，但到了1930年代，他所构想的未来家制中，女儿和女婿也缘由同居侍养的责任而加入了新家制，折中家制不再只是男子之间的父系传承，具有了更包容的特性。

3 潘光旦：《中国之家庭问题》，《潘光旦文集》第1卷，北京大学出版社，1993年，第134页。

了小家庭制对于世代传续、种族精神的忽视，即试图在偏于个人主义的小家庭制与过度强调伦理性的大家族制之间，寻求一个平衡的解决方案。在潘光旦看来，作为生物性的个体均有趋利避害、保全自我的特性，但是一种家庭制度如果只强调这种生物性需求，缺乏对种族血统与精神的伦理性认同和延续，则不仅使家庭丧失"承上启下之推爱精神"，更使得个体缺乏精神归属，种族丧失绵延发展的动力；同样，如果过分强调家庭的社会性、文化性伦理，压抑甚至泯灭个体发展的可能，阻断社会、民族国家发展的前途，则亦难以促进个体与社会的整体进步。正如有研究者[1]注意到的，潘光旦折中家制构想中的"去其旁系、留其直系""轮流同居侍养"，和其他社会学家，比如孙本文的"折衷式新制"、李树青和费孝通的讲法都有很强的相似性，即都是重视亲代与子代之间的养与孝，以求实现抚育与赡养功能；不过，对于潘光旦来说，除此之外，折中家制还寄托着他有关培养现代个体之素养的愿望。

潘光旦认为家庭是"训练同情心与责任心最自然最妥善之组织"，要达成这种训练的首要条件是具备一个有老有少、大小合适的家庭。这是他提倡折中家制的用意所在，通过"轮流同居侍养"的方式让每个家庭都有年老者和年幼者，从而使每个家人都能够在三代互动中培养相互间的情感与责任，为在更大范围内产生同情心与责任感奠定基础。需要注意的是，家庭是同情心与责任心的训练场，但是从训练场向实践场的转换，或者说从家内情感向家外情感的扩展，并不是一蹴而就的，需要有一个类似于传统儒家伦理的"推爱"过程，"自亲子之爱，兄弟之爱，推而为戚族之爱，邦人之爱，由近及远，由亲而疏"[2]，这里亲子、兄弟、戚族、邦人构成了同情心与责任心向外扩充的自然过程。一直以来，传统家族的问题在于，随着家族规模发展过大，同情心和责任感丧失了扩展到家族之外的可能；而西方小家庭的问题在于，不和父母同居就丧失了

1　吕文浩：《中国现代思想史上的潘光旦》，福建教育出版社，2009年，第171页。
2　潘光旦：《中国之家庭问题》，《潘光旦文集》第1卷，北京大学出版社，第136页。

培养这种同情心与责任感的自然场域，需要从公民教育、社会团体等外部组织中寻求培养的环境与动力。与这两种家制相比，折中家制提倡的是三代之家，潘光旦希望通过这一适宜的家庭规模，既保有"家"培养同情心与责任心的能力，同时又具备将这种同情心与责任心向外"推爱"的可能。

那么，接下来的问题是，这种由家内向家外的"推爱"要如何实现呢？一个在家庭范围内养成了同情心与责任心的个体，要通过哪些步骤和方式将这种能力扩展到家之外的社会与民族？正如上文所说，在家与民族之间，有一些中间环节，比如兄弟、姻亲、族人、乡土，等等；同时，随着民国社会变革，在家族之外也出现了一些新式团体和共同体，比如对于"青年群体"的认同，对于"社会"与民族国家的认同。这些环节在一定程度上都有利于搭建从家到社会、民族的桥梁，潘光旦对此也有过一些零星的论述[1]，不过，在他看来，最能够实现"推爱"的，还是以"人的培育"为中心的家制重建，这进一步涉及了他有关家庭与民族问题的讨论。

（二）家庭与民族发展

讨论潘光旦思想中家庭与民族之间的关系，首先需要了解潘光旦独特的民族观念。民国时期，民族主义虽然作为社会思潮十分兴盛，但从学理的角度来说，不同学者理解民族的角度并不一致，出现了文化民族观、政治民族观、历史民族观、血统论色彩的民族观，等等。和这些民族观念不同，潘光旦比较重视民族所具有的生物性与文化性，他认为民族是介乎种族与国家之间的一种存在，只有当其"在种族的成分上，既有相当混同划一的性质"，同时"在语言、信仰、以及政、法、经济等文

---

[1] 以乡土为例，潘光旦认为乡土情感与家庭情感有着密切的关系，在中国文化中有着很深的根源。他提倡通过教育的方式强化这种情感，从而吸引人才回到农村，实现自我对于乡土的情感与责任。参见潘光旦：《说乡土教育》，辑入《政学罪言》，《潘光旦文集》第6卷，北京大学出版社，2000年，第143页。

化生活方面，又有过相当持久的合作的历史"，才能被称为一个民族。[1] 潘光旦一贯认为生物性是理解文化性的最基础环节，他的民族观念也具有这一特性，即民族的首要意涵是生物性和种族性的，离开生物意涵，对民族的了解"不免有泛滥无归的危险"。[2] 当时，中华民族所遭遇的历史性危机催生了一大批促进民族发展的设想与尝试，潘光旦对民族之生物性与文化性的强调，正是试图以此为起点，探讨民族发展的可能路径。在这一过程中最为关键的是从家庭到民族的"推爱"，对他来说，这种"推爱"的实现路径主要有两条：一条路径是从家庭意识向民族意识的过渡与发展，另一条路径是通过家庭实现"人的培育"，增进人口素质，促进民族发展。

潘光旦对民族生物性与文化性的重视，使得他十分看重"民族意识"的世代传承性，在他看来，民族意识只有在血缘的传承、文化生活的传递中才能深入到每代人的内心深处。因而，他在1932年的一篇文章[3]中指出"真正的民族意识是以家族意识为张本，而脱胎于家族意识的"，培养家族意识的工具在一定条件下也可以培养出民族意识。这一立论的基础是家族和宗族基于生物特性世代传递而具有的绵延不绝之意，这是家族与民族的共通之处，真正的民族意识必然以家族意识为基础而形成。因此，他并不认为"家族意识不发达"的国家，比如美国，可以称为一个真正的民族。在他看来，美国不具备源于家族意识、"能纵贯世代的民族意识"，所拥有的只是"横断一时的国家主义"。这一论断和当时将美国作为民族国家典范的思潮之间存在差异，在一般观念看来，美国能够称为一个民族国家，在很大程度上是因为它克服了家族之私，即家族与民族国家是"私—公"的对立双方，因而"民族"更重要的是其政治性

---

1 潘光旦：《民族特性与民族卫生》，《潘光旦文集》第3卷，北京大学出版社，1995年，第43页。

2 潘光旦：《文化的生物学观》，辑入《人文史观》，《潘光旦文集》，第2卷，北京大学出版社，1995年，第311—312页。

3 潘光旦（匿名）：《笃亲兴仁》，《华年》第1卷第28期，1932年。

意涵，是与国家一样的"公"之代表。与之不同，潘光旦认为这种民族国家观在情感上是无着落的，与之相比，他更强调民族在个体"心态"层面的意识基础与情感基础：比如以家庭意识为基础建立的民族意识。在他看来，只有通过这种方式形成的民族意识，才是促进民族世代传承、发展的动力之源。

"民族意识以家族意识为张本"这一论断的意义，并不只是对现代民族国家形成基础的反思与批评，它同时也表现了潘光旦对于中国社会由传统向现代转型中，如何看待家族、家国关系的思考。在1932年的一篇文章中，潘光旦以宗祠问题为出发点，对此有过一些论述。他指出只有对培养家族意识的宗祠进行"利导和限制"，才能在抑制家族意识畸形发展的同时，培养出民族意识。随着当代社会中宗族与祠堂的复兴，潘光旦对宗祠的"利导和限制"态度似乎已并无不妥，但在当时却不可不谓"出格"，因为其时舆论界对宗祠的批判比批判家族更为激烈，一般的观点都认为宗祠不革除，民族和国家意识根本没有办法培植。虽然对宗祠"利导和限制"之论在潘光旦以后的著述中似乎再未提及[1]，不过，这并不意味着他放弃了"民族意识以家族意识为张本"的讲法，虽然大家族制失去了存在的现实基础，但是通过家谱、折中家制所体现的"谨始怀来"[2]的"家"之意识，仍是他试图重建民族意识的关键。

除了从家庭意识向民族意识的扩展，"人的培育"也是个体由家到民族、实现对民族"推爱"的重要路径。在潘光旦看来，中国传统社会能够通过家族联姻、世族教育的方式保证人才的继替，比如他对嘉兴望族血缘网的考察就发现，望族间的联姻是嘉兴人才产生与维系的重要来源；同样，伶人家族间的联姻也保障了此种人才的代际传递与发展，即中国

---

1 潘光旦虽然重视改革宗祠，使其利于培养民族意识，但他也清楚地意识到"宗祠制之行将解体，已为不可免之事实"，参见潘光旦：《中国之家庭问题》，《潘光旦文集》第1卷，北京大学出版社，1993年，第139页。

2 潘光旦：《家谱还有些什么意义？——黄冈王氏家谱代序》，《潘光旦文集》第10卷，北京大学出版社，2000年。

传统家族制潜藏着优生学的意涵，家族间的联姻能够有利于优秀人才的养成。[1] 但是，随着大家族制的灭亡、世族联姻制度的不复存在，现代家庭需要通过一种怎样的新方式来完成这种对于民族发展十分重要的"人的培育"呢？

简单来说，潘光旦的想法是以折中家制三代同居的构想为基础，呼吁更多人通过婚姻选择、生养后代的方式培养具有优秀品质的人，增进民族人口质量，促进民族发展。这其中起作用的方式主要是两个交替出现的步骤，第一个步骤是男女双方进行审慎的"婚姻选择"，使具有优良品质的个体相结合，将优良品质遗传给子女；第二个步骤是在一个三代同居的折中家庭中培养子女的同情心与责任心，将先天遗传取得的优良基因得以表现与发展；随后伴随着子女的成长，再发展到第一个步骤，交替往复。需要补充的是，这其中潘光旦所看重的"优良品质"[2] 既包括身体品质，也包括"一般的智力和特殊的才能"，以及某些心理品性，例如"性情"[3]。潘光旦对于身体、才智、心理品性遗传的讲法，颇值得注意，他并不是一个遗传决定论者，而是主张这些品质的培养是难以分辨先天和后天的，它既靠先天遗传的部分获得，也依靠在后天合适的社会

---

[1] 具体可参见潘光旦：《明清两代嘉兴的望族》，《潘光旦文集》第3卷，北京大学出版社，1995年；《中国伶人血缘之研究》，《潘光旦文集》第2卷，北京大学出版社，1995年；《西化东渐及中国之优生问题》，《潘光旦文集》第1卷，北京大学出版社，1993年，第274页。

[2] 优生学对于优良品质和地位、职业相关性的研究，曾引起很多学者的批评，比如孙本文就认为优生学有重视财富、地位与势力，忽视贫穷、失势与无社会地位人的倾向，周建人也有类似的批评。具体可参见孙本文：《再论文化与优生学——答潘光旦先生商榷的文字》，《文化与优生学》，载于《孙本文文集》第8卷，社会科学文献出版社，2012年。周建人：《读〈中国之优生问题〉》，《潘光旦文集》第1卷，北京大学出版社，1993年。不过，细察潘光旦有关优生学的文字，似乎很难看出这种倾向，他虽然承认在估量一个人流品时"社会地位，经济能力，教育造诣"是"不得不参考"的"比较间接的方法"，但是他明确地指出"流品很高，而社会地位很低，自营生计的能力很薄弱，或无法接受高等教育的例外分子"也是不一而足的。可参见《优生原理》，《潘光旦文集》第6卷，北京大学出版社，2000年，第296页。即具有优良品质的人散布在各个阶层中，并且重要的不是其具有的地位、财富，而是其潜在的优良品质。

[3] 潘光旦：《优生原理》，《潘光旦文集》第6卷，北京大学出版社，2000年，第323页。

环境中的显现与进一步培育。也就是说，依靠自然遗传与社会伦理培育的共同作用，将优良品质不断保存、壮大，促进整个民族心理和民族精神朝着健康的方向发展。

从"人的培育"这一角度来看，潘光旦新家制构想中的家庭与民族之间形成了一个良性的循环：折中家制提供了先天性优良品质得以表现和发展的环境；在两性关系和代际关系中培养的同情心与责任心、对人事之自然性与伦理性综合考量的能力，也使得这种优良品质更趋丰富；这些品质通过适宜的"婚姻选择"传承给子女后，它们又会在子女一代继续发展，受到先天性与后天性，或称遗传因素与社会因素的交互影响⋯⋯这样一条良性发展链，是潘光旦从家庭视角出发，为民族发展设想的道路，也就是其所说的民族发展"先得有比较稳固的生物基础或种族基础"，即可持续性地培养具有优秀品质的个体的能力。潘光旦曾颇为不满地指出，"十年来关于民族复兴的讨论，几乎全都是偏在文化因素一方面"[1]，与之不同，这条"培养具有优秀品质的人"的路径，是他从生物自然性与社会性角度探讨民族发展的尝试，他称其为社会选择、或人文选择，是对自然选择的模仿，其功效可与后者"同功而无其惨酷"。

五、小结

本文的论述存在一隐一显两条线索。文章开篇提到的潘光旦思想中自然性与伦理性的平衡、综合，是他重新思考两性关系、家内关系、家庭制度，乃至家庭与民族关系的重要理据，是一条隐性的线索。而潘光旦重构新家庭的诸步骤，比如讨论如何建立稳定的两性关系、如何处理家内关系、对家庭规模与同居方式的设计，以及对家庭与民族关系的分析，是一条显性的线索。当本文按照显性线索展开论述，自然性与伦理

---

[1] 潘光旦：《民族特性与民族卫生》，《潘光旦文集》第 3 卷，北京大学出版社，1995 年，第 27、37 页。

性这对关系一直存在、并随着显性线索的发展呈现出不同的样态。

在隐性线索中，潘光旦通过考察两性关系中个体性冲动与随之产生的依恋感指出，两性关系的稳定需要综合地考虑个体的自然性需求与伦理性要求，只有具有此种平衡感的个体才能建立稳定的性爱共同体，为新家制打下基石。同样，在家内关系的处理中，也需要这种自然性与伦理性的平衡，只是与两性关系易于走向强调性冲动或精神恋爱的两极化趋势不同，家内关系更容易发展为一极化，即过分强调家庭伦理对于个体的强制性要求。对此，潘光旦从"位育"理论出发指出个体要在适应环境的同时发挥主动性，要在处理家内关系时综合考量他人的自然性与社会性。折中家制的构想，希望在过度强调生物自保性、个人主义的小家庭制度，与偏重于伦理性要求的大家族制度之间，寻求一个适中方案；既为培养个体同情心与责任心营造环境，又为同情心与责任心向家庭之外"推爱"提供可能。在潘光旦看来，这种"推爱"的实现途径之一是通过婚姻选择的遗传作用与折中家制的社会性培养，增进民族人口的"优良品质"，促进民族发展。由此可见，自然性与伦理性的平衡、综合，构成了潘光旦新家制的基本原则。这一原则对于当代家庭研究，乃至整个社会学研究都具有一定的启发性与警醒性，过度地提倡一方，忽视另一方，既不利于家庭的发展，也不利于个体与民族的发展。

在显性线索中，潘光旦所面对的民国家庭问题以及他有关新家庭制度的思考，也与当下的家庭问题、家庭研究有着内在的关联性。潘光旦的新家制构想，回应的是从传统大家族向新式家庭转变的社会变迁，这一变迁的影响是多方面的，它不仅带来了家庭成员相互关系与互动方式的变化；以往家庭处于个体与社会、民族国家之间的中介性也随之消失，愈趋私人化。时至今日，这一家庭转型虽然已经过去近百年，但是与中国传统大家族制度的漫长发展历史相比，新式家庭制度仍处于一个初步发展阶段，百年前所面对的问题仍以新的形式存在。一方面，如何在社会变革所带来的新情况下处理家内成员关系、避免老幼失养，仍旧是学界与舆论界关心的重要问题。近年来中国家庭所呈现的个体化趋势使得

"代际团结""孝道"问题颇受学界关注，如何在尊重各个家庭成员自我发展意愿的情况下，重新思考家庭成员互助合作、和谐共处的方式方法成为需要认真思考的问题。另一方面，家庭原本处于个体与社会、民族国家之间的中介性正在进一步消亡，有学者指出，国家对家庭的改造使得家庭私人化趋势增强，个体"从家庭、亲缘、社区的权力下被解放"[1]，伴随着这种个体解放而产生的悖论是，由于家庭与国家、社会进一步分离，成为一种私人化的场域，暂且不论个体通过家庭为社会、民族发展助力的问题，这样的家庭私人化趋势也使得个体丧失了以家庭为单位与国家／政治沟通、对话的能力，因而，在这样的家庭制度中产生的个体常常是"个体化""去政治化"的。从这个角度来说，潘光旦在民国时期试图重新探讨家内关系新伦理的努力，以及他试图重建家庭作为个体、民族之间中介性的尝试，是对家庭变革关键环节的回应，这些问题时至今日仍旧是研究中国家庭无法回避的重要问题。

潘光旦在显性线索中所展现的某些家制设想，比如"婚姻选择"，其重要性或许并不完全体现在当下人们进行婚姻选择的行为中，而在于它试图回应的一个重要的家庭研究命题：家庭与"人的培育"之间的关联性。潘光旦家庭研究试图突破只将家庭作为一个社会组织与单位进行讨论的范式，希望将其作为中国社会与文化的一个总体性问题，这种总体性的一个重要表现即人的培育问题。潘光旦认为一个社会或一种文化，最重要的因素是人，只有健全的人才能推动社会与文化的健康发展，而家庭在培养人方面具有重要的作用。这种培育工作不仅反映在生物遗传性方面，通过"婚姻选择"与生育的方式将个体优良品质遗传给后代；还反映在社会性方面，通过折中家制有老有少的制度设计，以及对两性间"欲-恋"的双重强调、对处理家内关系三重维度的强调，培养个体的同情心与责任感，以及综合、理性地看待自然生物性与社会伦理性的能力。正是通过自然遗传与社会制度，潘光旦将重建新家庭制度这一工

---

[1] 阎云翔著，龚小夏译：《私人生活的变革：一个中国村庄里的爱情、家庭与亲密关系（1949—1999）》，上海人民出版社，2017年，第261页。

作发展为一项"培养日臻完善的人"的事业。根据他的新家制设计，这些从自然遗传与折中家制两方面受到培育和锻炼的人，在处理两性关系、家内关系时有着基于自然性与伦理性的综合考量。同时更重要的是，这种家制培育的不是"去政治化的"、沉溺于私人利益与情感的个体，而是对公共性事务有着责任感与担当勇气的个体，这是缓解现代社会中个体解放可能带来的"原子化个体"危险的重要方式。在潘光旦看来，只有通过适宜的家庭环境与家庭制度进行"人的培育"，才能从根本上奠定一个团体、一个社会或一个民族的发展基础。

潘光旦的家庭研究并不是孤立的思想片段，它从属于他对一个更为根本的文化命运问题的整体思考，亦即中国的社会与文化如何在"中西古今"的历史处境中寻求现代出路。潘光旦一生中对于"人"的重要性的持续思考，在很大程度上能够帮助我们理解这一点。对他来说，任何一个现代个体，首先要"做一个人"。只有当"做人而有余力"之后，才可能"向各方面做活动的分子"。而"做人"就要做一个"对人、对己、对天地万物都比较能够"有所交代的人。用他的一个颇为形象的说法，即一个"囫囵的人"，或者说一个整全的人。这样的人，是能保持"欲-恋"关系平衡，家内关系和睦，并向社会和民族"推爱"的现代个体。在这个意义上，潘光旦对家庭制度变革和"人的培育"问题的重视，是为了进一步回答这种作为现代中国担当者的"整全的人"得以形成的条件与环境。当我们在他的新家制构想中看到从个体、家庭、社会到民族的复杂关联时，我们仿佛看见了他所说的一个个囫囵的人"在宇宙之中、在社会生活里面、在自己的种种欲望之间"寻求"能周旋中矩的办法"的努力。[1]

1　潘光旦：《纪念孔子与做人》，《潘光旦文集》第8卷，北京大学出版社，2000年，第597页。

在个人主义与集体主义之间:
潘光旦的"折中家制"

刘亚秋[*]

一、引言

社会学家潘光旦是民国时期一位较为典型的立足于传统儒家来改造中国社会的思想家,借助他对折中家制的讨论,可进一步思考个人主义在当下中国的境况。当今社会思潮中的一些争论,事实上背后是个体与社会关系的不同处理方式问题。在20世纪20—40年代,潘先生就提出过个人和社会关系在中国社会的际遇问题,他秉持的是一种折中的态度,但并不意味着调和纷争、息事宁人,而是一种基于中国国情的应对思路。他的折中家制就是构筑在对极端个人主义和极端集体主义的批评基础上的,但又参考了个人主义思想,更重要的是做到了守成,所谓守成就是没有彻底放弃传统家制的优点。传统家制是改革的基础、是本,而个体主义是用。

事实上,关于个人和社会/集体之间的关系,古往今来,一直是众多学者们的思考焦点。甚至是社会学学科中最基本的一个理论问题。社会

---

[*] 刘亚秋,中国社会科学院社会发展研究院副编审。

学是一个关注"社会"的学科，经常被质疑"只见社会不见个人"，但社会学的理论家们专注于个人和社会关系的讨论，从中可以看出他们的对个人福祉的关怀，以及个人的个性与社会秩序之间该如何相处和各自安放的问题。将个人和社会二分也是中国在现代化过程中面临的一个基本社会问题。

20世纪20—40年代，潘光旦提出的"折中家制"思想，就探讨了个人和社会间的关系。吕文浩曾对潘光旦的折中家庭的意义做过较为系统的讨论，其中尤其强调了折中家制的思想背景及其具体意涵，并提及潘光旦对个人主义思想的批评。[1] 杭苏红从性爱、家庭和民族之间的关系入手，提出潘光旦的折中家制是以自然性与伦理性的平衡为基础，重建其在个体与社会之间的中介作用。[2] 周飞舟谈及潘光旦家庭、家族、血系研究中的人伦和位育的意涵。[3] 潘乃谷曾论及潘光旦关于社会结构的三角思想：社会结构中真正的三角是由共同情操所结合的儿女和他们的父母，婚姻的意义就在于建立这社会结构中的基本三角。[4] 但以往研究尚未系统地从个体主义和集体主义间张力角度讨论潘光旦的家制问题。本文认为，潘光旦的折中家制思想来自其对个人主义和集体主义各自弊端的克服努力，折中家制在理论上也是为了解决个人和社会之间的张力。

潘先生对个人和社会之间关系的处理，并没有遵循非此即彼的二元思路，而是一个折中的立场，表现出的是一个浸淫于中国文化，并熟稔西方文化的中国人的态度。而且，他秉持的是一种不忘过去、立足于当下、着眼于未来的理论路径。这决定了他的理论的"折中"特征。本文将围绕潘先生的折中家制思想，理解个人主义之于中国社会的价值与局限性问题。

---

1 吕文浩：《中国现代思想史上的潘光旦》，福建教育出版社，2009年，第167—172页。

2 杭苏红：《性爱、家庭与民族：潘光旦新家制的内在理路》，《社会学研究》2018年第1期。

3 周飞舟：《人伦与位育——潘光旦先生的社会学思想及其儒学基础》，《社会学评论》2019年第4期。

4 潘乃谷：《潘光旦释"人世间的三角"》，《西北民族研究》2001年第3期。

二、有问题的传统家制

"折中家制"思想被潘先生认为是一个健全社会的基础,首先它是相比于传统大家庭制而言的。传统大家庭制度在本质上是一种父权制。中国的大家庭制的家庭规模较大,枝节甚多、根深叶茂,潘先生认为,一方面导致它的家庭关系复杂,进一步导致中国的主流思想都围绕"宜家宜室"推演开来,它有两个主要弊端:向外不能推至社会和国家,向内不能关怀个性,甚至是压抑个性的。但是,另一方面,这种家制思想强调"有后",这对于民族的子孙未来是必要的,也是他所坚持的一个思想。

也就是说,"折中家制"是潘先生根据传统家制改造出的一种思想,显然也是受了近现代以来的西方思潮的影响,但更重要的是基于中国社会现实的变化情况的考虑,是立足于中国国情的。正如费孝通先生所说,潘先生的社会理论是立足于中国人的现在、着眼于中国人的未来的。事实上,过去更是潘先生着眼的一个基础,不抛弃过去,对现在做改造,也是潘先生的社会理论的重要特点。也因此,当时就有人批评潘先生的保守性。

但潘先生显然不是一个固执守旧的人。他认为,传统家制是有很大弊端的。最大的问题便是无法适应当时的社会发展需要。其中至为关键的两点如上所述,即它向外无法推到社会和国家,向内无法关怀个人的个性。因此是一种畸形的家制思想。相比旧时代,在中国现代化进程中(潘先生所谓的海禁大开以来),我们目睹了这种家制在社会公共生活中的负面作用,例如这种家制发展出来的自私自利心态影响了广泛的社会团结。在国际交流日益广泛的情况下,传统家制的"宜室宜家"的思想,无法解决我们面临的诸多问题。其中被指责最多的还是中国人的自私自利之心,潘先生指出,传统中国人对家人、族人,甚至对同乡,都还可以产生一种同情之心,但对于异乡人则是出奇的"冷漠"。在这个基础上，我们无法建设一个现代意义上的社会共同体。所谓国家/民族层面的共同利益，更是难以保证的。

而且，从传统家庭（父权制）推演到"国"的体制，也是大有问题的。潘先生指出，中国两千年来的帝制政治实际就是一个大家庭的无数倍的放大，所以才会有君父、子民、臣仆一类的称呼。而这种亲亲主义终于妨碍了人才的产生、法治的建立，甚至一般社会与政治设施的制度化，而成为改革的最大障碍；相比这些，公私不分、吏治龌龊狼藉等还是一些枝节的问题。当然，传统家制基础上的国与极权独裁还不能相提并论，因为专制君主可以颐指气使、生杀予夺，却不能独裁；而极权之权必然是集中的。潘先生指出，在帝国时代，地方的权力是相当大的；另外，从"忠孝不能两全"中也可以得知，当初的君权不同于极权体制。[1]

以法国学者勒泼莱（Frederic Le Play）为代表的家位学派对这种传统家制（即父权制）的批评，潘先生是很赞同的。这一派学者对父权制的批评主要有两点内容：一是抹杀个人的地位。父权制"对下一代用上一些陶冶的工夫，使能在家长的权威之下，和平共处，久而不渝，使每一个人出其全力为家庭的集团造福，而其人的生活，亦惟家庭的组织是赖。个人的地位是完全抹杀了的，也可以说是被家庭集团完全吞没了的"[2]；二是过于保守而阻碍社会进步。"在这种家制之下，儿辈的成立，无须依凭自己的努力，只须仰仗家庭集团的帮忙；家庭自会维持他们，如果出外而遭遇到失败，家庭也会欢迎他们回去。因此，个别的教育是不大用着的，每个人所需要的只是一些最低限度的生活知识与经验的传授。"[3]而流行这种家制的社会国家总是保守而不进步的。

就这一传统家制对个体的压制而言，在潘先生看来，最大的问题是它无益于那些优秀的个体表达自我，无益于社会发现人才和利用这些人

---

[1] 潘光旦：《家制与政体》，《潘光旦文集》第10卷，北京大学出版社，2000年，第94—95页。

[2] 同上书，第90—91页。

[3] 同上书，第91页。

才去发展社会,从而对社会进步造成阻碍。它保护最多的是那部分平庸的人,也助长了这些人的自我不负责的心态,因为这些人遇到事情,还有家来包容,自己不用太努力——家毕竟还是一个安全的港湾。诸如此类的思想,阻止了个体的自我负责意识和自我成长。

三、对个人主义的批评

在根本上,中国的传统家庭制度是一种父权制思想,它有着上述种种不足,那么,为了克服弊端,我们是否就一定要走向一种"精致"或"完美"的个人主义?这种非此即彼的思维方式,是潘光旦先生所反对的,因为非此即彼的思维于现实情况不相符,事实上也无法解决既有的社会问题。他对五四运动以来中国人思想中的(极端)个人主义有很多批评:

> (五四运动以来,中国人)对于西方的家制,特别是英美的小家庭制,一时风气所趋,介绍、歌颂、与努力求其实现的也大有人在,但此种制度是否有百利而无一弊,值得完全接纳,即使是,是否可以普遍推行,而无窒碍,即一种社会制度,特别来源悠远,关系綦多,甚至于已经和其他制度因缘固结,有如家制,是否可以整个的移植,而求生根渐长,便没有人悉心存问而得到一个可以发人深省的肯定的答案。[1]

潘先生有四年的留美经历,对英美的自由主义思想深有感触。他认为,个人主义,尤其是极端个人主义是无法提供一个社会和民族前行的持续动力的,甚至反过来还会伤害到主张个人主义的个体,更遑论社会。

---

[1] 潘光旦:《家制与政体》,《潘光旦文集》第10卷,北京大学出版社,2000年,第97页。

他以盛行于英美的"偏特式家制"为例，指出这种家制的本质是个人主义的。看起来这种制度似乎是人类社会的理想，向外它成长出一个民主政体，向内它尊重每一个个体。但是，在潘先生看来，它代表的也不是人类的未来。主要在于这种"偏特式家制"的特点。偏特式家制也是法国家位学派学者勒泼莱（Frederic Le Play）提出的一个概念。它的基本定义如下：

> 他们的社会关系所由建筑的基础观念，绝不是陈义甚高的道义，更不是敷衍搪塞的人情，而是平实坦白的契约，是权责的公平接受，是谁也不能有特殊权益，而谁也不能吃亏的人我关系。这样一个社会的单位决不是家庭，而是个人；而其政治组织，无论发展到什么程度，也就自然而言的是民主的。[1]

在五四运动之后，中国学者们愈来偏好这种"偏特式家制"的发展，典型表现是强调英美的小家庭制的优点，相应的也出现了妇女解放运动。对此，潘先生一直持保留态度。他认为，仿效这些制度并不是一日之功，最关键的原因在于中国文化的特点，即生长这类家制的土壤在中国是远远不够的。在破坏大家庭制度后，出现的最坏情况是：传统家制遭遇破坏，社会秩序受到威胁，又没有形成有序的"偏特式家制"，实际所得的就是一个不稳定的格局，而这种格局又容易导致极权主义的出现，例如德国的希特勒政体便是典型。

而且，在他看来，建立于个人主义之上的"偏特式家制"，并不能给人类带来可期待的未来。在潘先生看来，这种制度的致命弊端也有两个，首先是它对于老人的态度，其次是，它对于子女的态度。

首先，在老人问题上，潘光旦指出，英美两国的老人情境可怜，是

---

[1] 潘光旦：《家制与政体》，《潘光旦文集》第10卷，北京大学出版社，2000年，第91页。

一向司空见惯的事；稍具社会意识的人，不能视若无睹。[1] 潘光旦对于西方传统的养老方法（养老院）是持否定态度的。针对1947年伦敦《泰晤士报》发表的一篇有关英国老年人的报告，潘先生认为，他们提出的"国家安老会社"不会在根本上解决老年人的问题。老人的问题除了经济问题之外，最主要的是老人的情绪生活。而情绪生活不止一方面，尤其主要的是老人的存活的愿望与死亡的恐惧所引起的情绪。而对绝大多数普通人来说，老人和子孙住在一起，可以克服一些生的忧虑和死的恐惧，因为子孙可以带来根本上的情感慰藉。但偏特式的英国家庭制度是提倡老人独居的，他们的老人很少甚至没有这方面的安慰。潘先生甚至认为，当时英美等国最普遍的安老办法——养老院几近"人间地狱"。[2]

英国的这份老年人报告，提供许多个案的生活史以及安老机关的管理情形，潘先生认为，它充分暴露了"老年茕独的惨象以及庸人谋事的不臧"。这份老年人报告针对出现的问题提出了一些建设性意见，诸如对养老事业竭力避免救济性质、力求养老场所家庭化而非机构化，等等。但在潘光旦看来，这些措施不能从根本上解决问题。主要原因就在于英美的根本社会制度的特点——家庭的"偏特式"，即小家庭制。这种家庭中没有老人的地位，老人尽可以自成一个小家庭，与已经独立的子女的家庭划分得很清楚，而老人的问题也是由此而产生的。

潘先生认为，中国传统家制在这方面是有优势的。"中国人一向主张大家庭制，主张'上有老，下有小'"，虽然这未必人人做得到，"且事实上做不到的恐怕不在少数，但它总是一个标准，太违反此标准的人不免受舆论的指摘"。[3]

其次，在子孙后代问题上，潘先生非常警惕个人主义的不利影响。由此，他对妇女解放运动尤其是极端的女权运动表达了这方面的忧虑。如上所述，在五四运动后，中国人对小家庭是情有独钟的。这引发了一

---

1 潘光旦：《老人问题的症结》，《潘光旦文集》第10卷，北京大学出版社，2000年，第100页。
2 同上书，第101页。
3 同上书，第102页。

些问题，诸如上述提及的"老人可以不管"，另外一个是潘光旦更忧虑的问题，这便是"儿女尽量少生"。[1] 在潘光旦的社会理论体系中，种族绵延事大，他对个人主义批评，最重要的原因在于，他认为，这种个人主义不考虑后代问题，特别是那些极端的女权主义者，他很惋惜的是这些从事运动的女性是优生学上品性优良的女性，却无法将其基因留给后代。对于潘先生从优生学角度所持的妇女解放运动的观点，舆论界一直存有争议，而且批判性观点占主流地位。关于此，尚有很多讨论空间。无论如何，我们可以从潘先生对相关观点的表达中，看出他对极端个人主义的拒斥。

潘先生认为，个人主义也要在"社会公道"的考虑范围之内，即个人主义并不是天然正确的。他还从"社会公道"的角度提出如何看待女性问题，这在今天也具有启发意义。他认为，"妇女运动之大目的在求两性间之公道，或曰正义，是甚未可厚非者也。然言公道必参考二种事物，一曰个人之能力，二曰社会之需要。二者如相须而不相抵触，则社会与此个人之间，可云已有公道之授受"[2]。也就是说，女性要求的公道，要在个体和社会之间取得平衡，而不是仅仅从个人私利角度考虑问题。

两性间的"不公道"是哪些？潘先生认为来自两个方面：第一，"自来男女之分野太严，不承认女子之个别变异，故凡具女子之形态者，一律强其生殖及其他与生殖有连带关系之任务"；第二，"男子维持文化之功为直接的，女子之功则为间接的，唯其间接，故历史社会之浅识者未尝与以充分之承认，甚或因而贬薄女子之地位"。潘先生建议妇女解放运动"宜于此二端上用工夫"。[3]

事实上，潘先生对女性解放运动的长处，也一直是肯定的。他指出，"自女子解放运动发轫以来，男子对于女子之人格，较前尊重，一变其往

---

1 潘光旦：《家制与政体》，《潘光旦文集》第10卷，北京大学出版社，2000年，第97—98页。
2 潘光旦：《中国之家庭问题》，《潘光旦文集》第1卷，北京大学出版社，1993年，第152页。
3 同上书，第153页。

日轻侮之态度"[1]，但认为妇女解放运动有矫枉过正之嫌，譬如主张独身、无后主义的极端女权主义者的观点，他对其矫枉过正之弊，也看得比较清楚，指出，过渡时期"矫枉过正之弊，时或不免；及今不加考虑，则欧美社会中婚姻状况之紊乱，亦将见诸我国矣"[2]。

对于妇女解放运动以及女性的社会地位的观点，潘光旦的出发点还是从生物学角度入手的。他说道："婚姻之举，不特为个人之'终身大事'，亦为种族之'终天'大事。"[3] 他将个人和种族关系做了排序。看得出，他对女性的地位是秉持自然主义的，认为男女生物特点不同，因此女子（应当）承担大多生育责任，男子多从事文化之发展，并认为，这种安排也不可谓不公道；但潘先生也提出过女子是否"甘心"的问题。他的女性观点在今天看来大可商议。一直以来也被女权运动者所诟病。暂不论他观点的是非对错，他留给我们的启发是：看待个人和社会的关系，显然不能仅仅考虑个人。

通读潘先生的社会理论后，我们发现，在谈生物的人与种族关系时，个人的地位要靠后一些；在谈社会中的个人与社会关系时，则个人的维度在加强，他也因此有了鲜明的人格论思想和自由思想。不过，他所秉持的"个人主义"一直不是极端的个人主义。这也是他和俄罗斯思想家别尔嘉耶夫之间的区别。尽管别尔嘉耶夫的人格论思想被潘先生所称赞，但在笔者看来，这种称赞很大程度上是认为别尔嘉耶夫的人格论思想有助于完善他的以儒家思想为基础的自知、自明、自制和自强的人格理论。当然，其中也应有潘先生对人的个性认识的进一步深化问题，关于此，尚需另外撰文讨论。

潘先生对女权运动的批评，根本症结在于，部分女权主义者不关心是否"有后"，甚至提倡"无后"。在是否应该"有后"的角度，可以说，潘先生对英美的个人主义做出了强烈的批判。他指出，"以浪漫生活为重

1　潘光旦：《中国之家庭问题》，《潘光旦文集》第1卷，北京大学出版社，1993年，第116页。
2　同上书，第117页。
3　同上书，第195页。

之社会，婚姻之成就难而解散易；然婚姻之形式虽衰，而男女滥情之结合日滋月盛，浸淫至以婚姻为儿戏，视家庭责任为畏途，此目下美国城市社会生活中甚普遍之现象也"[1]。浪漫生活太受重视的根基是个人主义哲学，它导致了家庭的解体。潘先生写道："浪漫生活为个人之要求，以彼为前提者必坚信个人主义之哲学。个人主义与家庭之安全相抵牾，其过当之发达即为近代家庭制度崩溃之一大原因。"[2]

家庭解体受害最大的是儿童，"个人主义十分发达之幼辈亦殊不能安处"[3]。而不以子女为重心的家庭不仅易于解体，也终于会危及社会的秩序："欧美流行之小家庭制，亦终不免于分崩离析，概既以婚姻当事人为重心所系，而不以子女，则其分子间之维系力与黏着力即日归散失也。家庭之最大效用为子女之养育。"潘先生进一步指出："家庭最大重心应为子女，今重心既失，则家庭之地位动摇，家庭又为社会之重心，则社会之秩序亦随之而动摇。"[4]

潘先生对近现代教育哲学中充斥的个人主义满怀忧虑："近代之教育哲学与教育制度不特不利于家庭为一种社会组织之存在，抑且不利于种族之绵延也！"[5] 根据潘先生在1927年的一份家庭态度调查结果，他发现越是受过教育的男性或女性越是秉持个人主义。将浪漫生活与伴侣作为婚姻目的的回答者中，大学程度者多达48%，且占比最高。他认为，这实为一"绝不幸"之事实：因为这批人属于体力和智力较高的人群，却"唯此辈以个人之福利为重，以子女之养育为轻，则种族前途之虚耗将不仅为数量的，亦且为品质的"[6]。常此以往，何谈民族的未来？这便是潘先生的忧虑。

1　潘光旦：《中国之家庭问题》，《潘光旦文集》第1卷，北京大学出版社，1993年，第142页。
2　同上书，第142—143页。
3　同上书，第144页。
4　同上书，第144页。
5　同上书，第144页。
6　同上书，第143—144页。

四、出路：折中制思想

潘光旦认为，个人主义不是社会和民族的未来，中华民族的出路在于一种折中制，即立足于中国本土文化传统，同时批判性地吸取其他文化的优长，改造旧有的制度，而不是完全摈弃之。他对传统大家庭制度便是这样的态度。

潘先生的折中制思想，就是在批评当时的极端个人主义和极端社会主义[1]的基础上提出的。他指出："以我辈所知，极端之个人主义与利他心决不相能，极端之社会主义，与利己心决不相能；利己而适当其度，则未必不为社会之幸福；利他而不当其度，则个人之地位全失，而社会亦终于坠败。能折中之者，唯家族主义。"[2] 他认为，家庭中可以适度平衡利己与利他之间的关系："家庭中之利己，非绝对之利己；其利他，亦绝非之利他。"[3] 其中，"利他"最初来自生殖本能以及母爱的本能。这里，潘先生对"公心"的推演逻辑就来自家庭中的"利他"生物性。"家庭为栽培同情心最良善之场所，亦有可言者。自亲子之爱，兄弟之爱，推而为戚族之爱，邦人之爱，由近而远，由亲而疏；此同情心之自然程序也。"[4] 由此，他认为，折中家制有两大好处："自社会效用方面言之，则

---

[1] 潘光旦用的名词是社会主义，在这里是指一种极端的集体主义思想。譬如，在养老方面，社会主义主张养老院；在育儿方面，主张育幼机构。潘光旦认为这有很大弊端，在于这种方式"不能老其老，而欲其老人之老；不能幼其幼，而欲其幼人之幼"，天下没有这样的道理。当然，个人主义也有其弊端，例如在子女的问题上，"智者贤者惑于极端之个人主义，或将以婚姻生殖为迂腐而鄙夷之；即不然，亦必以一己之乐利为前提，虽循行婚姻生殖之行为，而种族未蒙毫末之利，此在近世社会中，固比比然也"。他认为，极端个人主义和极端社会主义都会对家庭造成破坏："个人主义与社会主义之理论初若甚相径庭，然其不利于家庭之存在则一"，"以社会主义替代家庭，而其过程则为个人主义之发展；以个人主义为内应，以社会主义为外合，而家庭制度无幸免之理矣"。参见潘光旦：《中国之家庭问题》，《潘光旦文集》第1卷，北京大学出版社，1993年，第136、131—132、135页。

[2] 潘光旦：《中国之家庭问题》，《潘光旦文集》第1卷，北京大学出版社，1993年，第135页。

[3] 同上书，第136页。

[4] 同上书，第136页。

为训练同情心与责任心最自然最妥善之组织；自生物效用方面言之，则种族精神上与血统上之绵延胥于是赖。自其横断空间者观之，个人为一极端，社会为一极端，而居间调剂者谓家庭。自其纵贯时间者观之，上为种族血统之源，下为种族之流，而承上启下者为家庭。家庭大小适中，则其调剂与衔接之功用愈著。"[1]

潘先生认为，假若英美的小家庭是"右"的，大家庭的社会主义/集体主义就是"左"的，二者都不能为社会中的个人找到合适的安放位置，在这个角度上，折中制也是适合的："小家庭以个人为重，故作右倾，大家庭则几若一小社会，国人社会意识不发达，局部因家庭之发达过度（hypertrophy），又大家庭之组织与精神颇若小规模之国家社会主义（state socialism）"，故作左倾。"小家庭与大家庭之精神既各有所偏向，则其为种族源流之过渡者亦即不能直接，不若折中制之一线相绳也"[2]。

不过也要承认，尽管小家庭制的极端个人主义倾向是有问题的，但这些个人主义观念有助于我们分析自身的利弊。个人主义也是折中制得以建构的一个思想资源。潘先生指出，"自西人权利与责任观念之传播，国人以之解释积弊已深之家庭制度，乃弥觉其可憎可恶；然张冠李戴，本不相称，憎厌之心理，徒自扰耳。折中制去旧日家庭之形式，而无害于其承上启下之推爱精神，此所以较家庭制度为妥善者是也"[3]。

当然，传统家制的优长更是折中制的思想基础。他明确指出，传统家庭"有相当之价值"[4]，虽然它也"不无亟宜纠正之处，使为社会生活之助力而不为其阻碍"[5]。潘先生的意思就是，不能因为传统家庭制度有缺陷而不要它，完全废止传统家制的做法，"可称因噎废食之论"，社会革新

---

[1] 潘光旦：《中国之家庭问题》，《潘光旦文集》第1卷，北京大学出版社，1993年，第136—137页。

[2] 同上书，第137页。

[3] 同上书，第135页。

[4] 同上书，第129页。

[5] 同上书，第129页。

不可以完全脱离现存的事实。[1]

如此，潘先生的折中家制中的家庭之功用有三方面：为个人求发展，为社会谋秩序，为种族图"久长保大"。[2]

而折中家制在规模上，在今天看来就是一种上有老、下有小的直系家庭。潘先生认为，这种家庭以子女养育为第一任务，再兼顾赡养老人。在赡养老人的过程中培育公民的同情心和责任心；同时，一个以"有后"和培育后代为目标的家庭，才能让民族得到可持续发展。潘先生认为，折中家制由此可以解决诸多社会问题。"折中制的推行应足以培养健全的个人，亦即健全的社会分子与公民，使父权涣散后的社会权力取得其应得的归宿"，此种个人可能比偏特家庭所培植出来的还要健全几分——"道个人而不忌谈社会，讲法治而不致寡情，重自由独立而不趋于肆放攘夺"。[3] 在潘先生的理论中，折中家制可谓应对社会问题的良方：可以克服英美家制的弱点，避免父权制涣散后社会发展成极权，以及培养健全的个体。而只有健全的个体，"才足以掌握权力而无愧，行使权力而无弊，才是自能作主宰的民，才足以语于真正的民主政体"[4]。

潘先生的折中家制与社会、民族的关系，与他提到的法国学者勒泼莱（Frederic Le Play）所倡导的家位学派有相近之处，即认为某种程度上由家可以扩展到社会、国家。概言之，家庭是一个社会的基础。通过潘光旦的社会理论，我们可以知道，他的理论可以概括为人化社会学思想，其中人是最主要的因素，因为人构成了社会的基础，健全的人成就了健全的社会。费孝通也曾这么评价潘光旦的社会理论：

> 他认为一切社会问题的症结都在于人。人创造了文化，几千年来提高了人类的文明，但亦经历了在前进中的不断挑战。先生认为，

---

1 潘光旦：《中国之家庭问题》，《潘光旦文集》第1卷，北京大学出版社，1993年，第130页。
2 同上书，第130页。
3 潘光旦：《家制与政体》，《潘光旦文集》第10卷，北京大学出版社，2000年，第99页。
4 同上书，第99页。

> 只有依靠人的自知之明，自强不息，人类社会才能继续健全地发展……（他）力图为人类寻求一条中和位育，遂生乐业之道，使这个世界上人人都能充分发挥其自知和自胜，成为各民族共同生活和不断前进的一个个积极和健全的人……他发挥了中国儒家的基本精神，利用现代科学知识改进遗传倾向和教育去培养日臻完善的人的身心素质。[1]

潘先生认为，人的自知、自明是社会变革的基本力量。而他的家庭理论又着力强调，家庭是培育人的最重要场所，尤其是在儿童的早年时期，由充盈着母爱的母亲看护是他人所无法替代的。也因此，他把母职放在很高的地位，也出于这方面的考虑，他认为妇女解放运动关于生育影响女性社会事业的观点有片面之嫌，即女性不能仅考虑自己的个性发展。因为在健全的人格发展和健全的社会建设方面，女性的母职是一个关键性的因素。

从家到社会的推演逻辑上看，潘光旦与法国的家位学派有类似之处。在家位学派看来，"研究社会，就从家庭开始，逐步推开，终于囊括到整个的社会邦国"[2]。有关家位学派的推演逻辑，潘先生概括如下：

> 所谓逐步是：家之区位，家之谋生工作，家之不动产……家之生活程度与物质生活方式，家庭生活的其他方面，家之保护或监护关系，商业，智力文化，宗教，邻里乡党，经济性或社会性的会社……省区、邦国，社会的扩展有如移民、外国社会、社会之史，社会在人类生活中的地位与其前途——自小而大，由近及远，始自空间关系，终于时间关系，前后凡二十五个步骤，自"保护或监护关系"一步骤起，便扩展到了家的圈子外。一种国体的形成，不能

---

[1] 《代序：费孝通教授在第二届潘光旦纪念讲座上的致辞》，潘光旦：《寻求中国人位育之道》（上），国际广播文化出版公司，1997年，第3页。

[2] 潘光旦：《家制与政体》，《潘光旦文集》第10卷，北京大学出版社，2000年，第88—99页。

无家制或家庭型式的影响，原是常识的一番很自然的推理，经验的一个很粗疏的判断。[1]

潘先生的由家推导到社会的逻辑与家位学派相比，又有所不同。潘先生对传统家制中的情感逻辑能否推演到社会和国家的"公"的层面，是持否定态度的，认为其情感性特征难以完成这个任务，因此，他对社会组织也有过期待，不过终究因潘先生的理论立足点在人，而不在社会组织，他对社会组织的讨论终嫌薄弱。至于改革后的折中家制能否完成这个任务，潘先生所论极少，甚至还是一个未来得及讨论的问题。如上所述，他的起点是人，终点是健全社会的建设和种族绵延，家庭是其中的一个机制。他认为，折中家制的安排，可以培养起一个健全的人，即家庭为培养健全的人建立起坚实的基础，如此，社会才健全，国家才会强健，民族才有未来。

那么，折中家制如何作为一种机制平衡了个体和社会间的关系？潘先生认为，传统大家庭制度一方面滋长了国民的自私自利性，吞没了社会；另一方面压抑了个体，尤其是有能力的个体，导致社会不能进步。而折中家制缩小了家庭规模，严格来说是一种直系家庭，典型的表现形式是祖孙三代式的家庭，以子孙后代的养育为核心任务。按照潘先生的设想，由折中家制不仅可以发育出健全的社会，而且也会培育健全的个体。一方面，在这种家庭中，老人的身心得到安放，在赡养老人的过程中，培育了家庭成员的同情心和责任心；在抚育儿童的过程中，安放了民族的子孙后代，他尤其强调母亲的亲历亲为的重要性，尤其在孩子上小学之前，他认为母爱是无人可替代的，充盈的母爱，是培育健全人格的基石；父母的榜样作用，强于育幼机构及其后的学校教育。对于女性的个性发展，他也做过考虑（但也一直存有争议），并认为应该将母职作为民族的最重要的职业。

---

[1] 潘光旦：《家制与政体》，《潘光旦文集》第10卷，北京大学出版社，2000年，第89页。

在本质上，折中家制以传统家制为本，是一种改革后的家制，保留了传统家制中的一些特点，如对于"有后"的强调及其养老功能。在今天的中国社会，他提倡的折中家制（即直系家庭）是一种重要的家庭形式，在育儿和养老方面发挥了重要作用。但这种家庭制度在个人和社会关系方面，也没能解决所有问题，甚至可以说，个人和社会关系方面，依然有很多问题。不过潘光旦的折中家制思想还是给了我们一个认清何为本末，遇事坚持"允执厥中"的解决方式，引导社会和个体朝向一个有利于民族发展的方向前行。

在理论上，潘先生的折中制的提出，与他一贯的本末思想密切相关，即"物有本末，事有先后"[1]。这一本末思想可以具体化为：本末有主客的意思，本位也就等于主体；也有轻重的意思，所谓本位所在就等于重心所寄；也有中心与边缘的意思，本位就是中心的意思。此外，潘先生认为，本末也有常变的意思，例如，中国是一个常数（constant），世界文化潮流的动荡终究是一些变数（variables），不能因为变数繁多，就忘记常数的存在。应该以"变"来迁就"常"，"常"对于"变"，可以不断选择、吸收，以自求"常"的位育，但也要有个度，不能让外界的"变"对于"常"的个性发生怀疑、错认甚至根本不认识的危险。潘先生还认为，本末也是体用的关系，在他的理论体系中，"中学为体，西学为用"。折中家制也是以中国为本位和以中国传统文化为依托的社会思想。所谓以中国为本位，也就是"以中国的治安与发展为先务"[2]。以中国为本位，在他看来，就要考虑三方面因素：一是我们特殊的地理与物质环境；二是我们特殊的历史文化与社会组织；三是我们特殊的民族性格。[3]

由此可见，那些主张社会与文化改革的人，动辄主张把旧的全盘推翻，把新的从根再造，就低估了文化创造的难处："真好像创造文化是和

---

1 潘光旦：《论"中国本位"与民族性》，《潘光旦文集》第3卷，北京大学出版社，1995年，第32页。

2 同上书，第32页。

3 同上书，第33页。

造屋一般的简单容易。"[1] 潘先生指出,一个民族的经验好比一个个人的阅历与记忆,要完全不认账是不可能的,也是不相宜的。在这个角度上,他认为清末维新运动中推翻科举制的改革有些急躁,主要在于没有新的制度补充,以至于人才所由产生的机制青黄不接,发生了混乱。[2]

概言之,潘先生的本末思想,更深一层来自其优生学中的性为本、养为末的思想,即对于一个人或一个民族的发展,先天性因素发挥根本因素,后天的环境则是一个协助作用。对于折中家制而言,显然,传统大家庭制度依然是本,相比于外来的个人主义和社会主义思潮,传统家制才是发挥根本作用的先天性因素,外来的观念(是"末"),当然也终于可以影响到这个"本",事实上这种影响在现实中比比皆是。但潘先生力主本末思想应该是社会建设的根本。他忧虑的一个原因还在于,即便本末在理论上有个轻重,但在现实中就像性和养的关系一样,即使理论上性发挥根本性作用,但现实中对于先天性因素和后天性因素,发挥作用的机制事实上很难辨别,也就是说现实中,环境也可以发挥重要的作用,导致现实中本末倒置的危机,并带来不利的影响。

不过这一本末思想也有一个问题,即折中家制终究是以传统大家庭制为本的,如同潘先生所说,它内在具有致命的两个弊端:向外推不到社会,向内不尊重个体。那么,以传统家制为改革之本的折中家制如何避免这个弊端呢?潘先生认为,通过家庭规模和家庭结构的控制,可以部分克服弊端。事实上,家庭规模和结构的控制最初带来的仅是家庭功能的变化,而对于思想层面的影响,则并不是那么立竿见影,甚至可以说,单靠家制改革,很难在思想层面发生那种朝向我们所认为的好的方向发展。传统家制的弊端在今天仍然比比皆是,这种影响可谓江山易改,本性难移,也印证了潘先生的本末思想。

---

1 潘光旦:《论"中国本位"与民族性》,《潘光旦文集》第3卷,北京大学出版社,1995年,第33页。

2 同上书,第33页。

五、余论：个人主义还是集体主义？

当下非潘先生时代，工业化、现代化大发展以来，国家、社会和个人三方面的现代关系模式也相对深入人心，但传统大家庭濡染出的民族性格，依然十分顽固。可将其作为认识中国人思想观念的一个入手点。

在中国，家的地位一直是具有某种神圣性的。在很多危机时刻，家的地位要高于个人的地位，这蕴含了值得警惕的思想，例如对陌生他人权益的漠视，这就是潘光旦所说的对异乡人的"冷漠"。总体上可以说，潘先生的以人为中心，以家为机制的社会建设说，在今天依然是一个值得借鉴的思想资源。当然，对照现实，我们还发现，潘先生的折中家制，也尚在途中。甚至也可以说，他的折中家制，对于如何从私推出公的思想，也尚待检视，其中还有很多有待讨论和补充的地方。即由私人的家能否推出公的生活？能否培养出友爱和谐的健全社会人？单靠优生学上品性较高的女性去履行生育、养育和教育的职责，能否就培养出健全的人，然后去建设一个健全的社会和一个可持续发展的民族？

现实的情况是：中国的传统家庭制度自古以来根深蒂固，尽管五四运动以来，经受了几次革命的洗礼，迄今在中国人的观念里，依然是一个非常重要的变量。因此，对于中国人而言，在很多关键时刻，个人主义是不具有合法性的。

值得关注的是，潘光旦对个人主义的批评，触及现代化过程中中国必须要面对的一个基本问题，他的相关理念至少可以遏止极端个人主义带来的自由之泛滥无归。潘光旦认为，所谓自由的实质就是"随心所欲不逾矩"，有担当、人格健全（能自觉、自知、自胜、自强）的个体才称得上是自由的。关于自由之乱象，存在问题较大的是无根的、虚无的和缺乏社会公道心的个人主义，这样的个人主义不会让子孙后代有一个可持续的发展，更不能给人类社会带来一个有希望的未来。

当下多元社会思潮冲突的症结，在很大程度上，就是个体与社会之间的关系该如何处理的问题。在各方的争论中可以看到,在现实中,个人与社会两方面必须要找到各自安放的处所。潘先生提出的折中思想,在今天依然具有重要意义,它的意义在于告诉我们:"左"和"右"都不是出路,只有立足于中国这片土地,做审慎的思考,才可以"位育"我们的国民和安放我们的未来。

香草美人传统的倒转与明清的"佳人薄命"
—— 再论潘光旦的冯小青研究

凌 鹏[*]

潘光旦先生的《冯小青：一件影恋之研究》是中国社会学及中国社会史研究中的一份经典文献。如何继承与发展《冯小青》研究，是后辈社会学人的重要任务。本研究希望沿着潘光旦先生所开辟的道路，结合中国文学传统，进一步加深对冯小青以及明清时期"佳人薄命"现象的理解，并此基础上兼论社会史的研究视角。

一、先行研究与问题提出

（一）社会科学中的冯小青研究

据潘光旦1927所写的"叙言"，《冯小青》一文初稿成于1922年，是于清华学校听讲梁启超"中国五千年历史鸟瞰"时提交的作业。其时，潘光旦22岁。梁启超对于该作业给予了极高评价，写下了著名的评语："对于部分的善为精密观察，持此法以治百学，蔑不济矣。以吾弟头脑之莹澈，可以为科学家。以吾弟情绪之深刻，可以为文学家。"

1924年，该文登载于《妇女杂志》，题名为《冯小青考》。1927年，

---

[*] 凌鹏，北京大学社会学系助理教授。

潘光旦又对该文重加厘定和补充，内容增至旧作的四五倍，单独成书，题名为《小青之分析》。1929年再版，改为《冯小青：一件影恋之研究》。闻一多先生还专门创作了著名画作"对镜"。

潘光旦先生的《冯小青：一件影恋之研究》一书，一直以初次用精神分析理论来分析中国本土案例的声名流传至今。但是在社会科学领域，对这一问题的后续探讨却屈指可数。究其原因，一方面，《冯小青》并非是对当代社会的研究。潘光旦先生写作该书的时间为民国初年，而探讨的主人公更是明代末年的某位女性；另一方面，精神分析理论虽然曾在中国学术界风靡一时，但真正对此进行研究的学者并不多，而能接续潘光旦，利用精神分析理论来探讨中国古人心理与行为的研究就更为稀少。

在为数不多关注冯小青的当代社会科学研究中，大多是偏于介绍性的文章，如萧国亮《影恋与社会病》[1]与李乔《冯小青的影恋与古人心理的探究》[2]。较为深入的研究，其一是对潘光旦的研究本身进行分析，将其放入到中国现代性的生产与制造过程中，认为潘光旦将晚明以来的"情迷"文化理解为西方的"影恋"之病，是一个"现代性"知识的制造过程；[3]其二，从潘光旦自身的学术思路进行分析，将对冯小青的研究放在他早期优生学理论对于女性情欲的分析中，指出潘光旦对女性身体和情欲的态度具有传统儒家规范与现代社会的两面性。[4]

这样两种理解，其实有一个共同倾向，即从现代社会的角度来看待潘光旦的冯小青研究，重视的是对于20世纪的中国现代社会与现代性有着何种启发。毫无疑问，潘光旦的冯小青研究，有着对于现代社会的重要关怀。但《冯小青考》这一研究本身，仍然是对中国传统社会中的人

---

[1] 萧国亮：《影恋与社会病》，《读书》1991年第2期。

[2] 李乔：《冯小青的影恋与古人心理的探究》，潘乃穆编：《中和位育——潘光旦百年诞辰纪念》，中国人民大学出版社，1999年。

[3] 张春田：《不同的"现代"："情迷"与"影恋"——冯小青故事的再解读》，《汉语言文学研究》2011年第1期。

[4] 姚云帆：《从压制到控制：论潘光旦早期优生学理论中的女性情欲——以〈冯小青：一件影恋之研究〉为考察中心》，《文化与诗学》2012年第1期。

之心理的社会史考察。例如费孝通曾在《重刊潘光旦译注霭理士〈性心理学〉书后》中提到:"中国传统社会里是不是和西方的传统社会一样的,中国传统社会里是不是和西方一样由于遏制个人性生活的正常发展也产生种种变态心理?潘先生的《冯小青》和本书的注释可以答复这个问题。"[1]

可惜的是,在当前的社会学研究中,尚没有人沿着潘光旦先生的努力,对"冯小青"这一问题本身展开更深入的社会学和社会史探讨。而本文正是希望进行这一尝试。

(二)文学研究中的冯小青

虽然在社会科学领域,自潘光旦的《冯小青考》后没有太多后续研究。但是在文学研究领域,冯小青却是一个备受重视的人物。

首先在明清时期,冯小青本身便是一个重要的文学现象,产生了大量以其为原型的剧本。例如在冯小青死后不久,便有第一部基于小青的杂剧《小青娘情死春波影》(徐士俊作)问世。直至民国的三百年间,一共有多达22部相关戏曲诞生,涉及的样式包括杂剧、传奇、弹词、京剧、越剧和话剧等。[2] 而且有研究指出,冯小青不仅与此后林黛玉等文学形象有密切关联[3],更是极大地影响了其后的女作家们[4]。此种盛况,恰如钱锺书所称:"明季艳说小青,作传者重叠,乃至演为话本,谱入院本,几成'佳人薄命'之样本。"[5]

除大量剧本外,还有诸多文人士大夫对于小青的评论与纪念。清代道光年间,以陈文述为代表的文人团体合修冯小青墓,为此唱和,最终

---

[1] 费孝通:《重刊潘光旦译注霭理士〈性心理学〉书后》,《读书》1986年第10期。
[2] 李澜澜:《"冯小青戏曲"与明清"至情"思潮》,《中华戏剧》2010年第1期。
[3] 郭宏瑜:《情爱的纠葛与脉络——论冯小青与林黛玉的生命元素承续》,《红楼梦学刊》2008年第3期。
[4] 魏爱莲著,赵颖之译:《小青的文学遗产与帝制中国后期的女作家》,《晚明以降才女的书写、阅读与旅行》,复旦大学出版社,2016年。
[5] 钱锺书:《管锥篇》(第二册),中华书局,1979年,第753页。

编为《兰因集》出版。《兰因集》的上卷，收录有自明末到清代道光年间的部分咏叹，考证冯小青的诗文，下卷则收录了 36 位当时文人的 123 首唱和诗词[1]。甚至到了民国时期，还有南社文人柳亚子、高天梅等文人在西湖雅集，吊冯小青墓，以诗文唱和，并集为《三子游草》一书[2]。更有意思的是，有研究指出，在明末和清代对于冯小青的文人评价，有一个"从才女到道德偶像"的转变，其中对于冯小青最主流的评价乃是强调其贞烈的"道德偶像"论。例如在管筠的《西湖三女士墓记》中，甚至将冯小青称为"千古第一贞姬烈女"，"闺阁中之羁人志士，妾媵中之孽子孤臣矣"[3]。

可以看到，对于冯小青的文学研究，大都将其放在中国文学传统的脉络中来理解。也正因此，我们将会看到这一类研究与社会科学的研究相比，其间有一种重大的不同。

（三）对冯小青事迹之真伪问题及其家世研究

除此之外，对冯小青事迹之真伪及其家世的研究，也构成重要的研究基础。明清以来，有不少文人和学者都曾涉及冯小青的真伪问题。其中，对冯小青之存在持有怀疑态度的有钱谦益、朱彝尊、周工亮、焦循、俞樾等人。但是，清代的陈文述以及近代的陈寅恪、潘光旦、邓长风、汪超宏等学者都对"乌有"之说进行了细致批驳。其中，陈文述、陈寅恪等还指出冯小青的主家很可能便是冯梦祯、冯云将一家，只是由于钱谦益与冯家关系密切，所以谎指小青为虚构。有学者还认为，最早写出

1　李澜澜：《陈文述重修冯小青墓及〈兰因集〉修定考论》，《名作欣赏》2016 年第 35 期。

2　李澜澜：《同是不堪身世感，卿嗟命薄我飘零——南社众文人题名冯小青墓考论》，《哈尔滨师范大学》（社会科学学报）2013 年第 6 期。

3　李澜澜：《从才女到道德偶像——试论明清文人对冯小青及其生存环境的解读》，《广西师范学院学报》(哲学社会科学版) 2009 年第 1 期；李澜澜：《闺阁中之羁人志士 妾媵中之孽子孤臣——试论明清文人对明末"冯小青事"的道德解读》，《西华师范大学学报（哲学社会科学版）》2009 年第 4 期。

"小青传"的戋戋居士,很可能便是钱谦益的假名。[1]

此外,有研究者还特意研究了冯小青的出身家庭,指出小青之母属于一个被俗称为"女塾师"的群体。而且"她其实出生于扬州一个'瘦马'家庭,自幼即被作为即被作为富人姬妾教养。……可以说,这个群体本身就是应当时男性的需求而生的,存在的目的以及日后的出路无非为人侧室家姬"[2]。冯小青的这一家庭背景,对于理解冯小青的心理,有着重要意义。

(四) 问题的提出

从先行研究中可见,相比起社会科学的研究,文学研究中对于冯小青的探索较为丰富。这些研究与探索,将为我们接续潘光旦的研究,重新探讨冯小青的心理问题,带来重要准备。不过,在文学系统的研究中,更多的是对于冯小青在文学史中的位置与意义研究,却很少有研究能像潘光旦那般基于诗文本身,深入探讨冯小青本人的具体心态。

而且,由于文学研究重在文学传统,所以对于潘光旦的"影恋"说持有较大异议。例如有研究认为,潘光旦用霭理士与弗洛伊德的理论分析冯小青,是一种对于文学文本的科学误读。[3]另一篇文章则指出,潘光旦考证的对象是经层累而文学化、美学化的冯小青,并非小青本事。冯小青种种疑似影恋的行为及诗文是自伤的表现,反映的是明代中晚期女子普遍具有的苦闷。[4]

这两篇文章,其实指向同一个问题,即潘光旦所引用的"影恋"这一精神分析的理论能否用来解释明末冯小青的具体事迹?特别是潘光旦在分析冯小青的诗词时,没有充分将其置于中国文学的传统之中,这一

1　徐永明:《冯小青其人真伪考述》,《文化遗产》2014年第4期。
2　李澜澜:《论明清社会性别视野下的"冯小青现象"》,《文化与诗学》2013年第1期。
3　杨经华:《百年误读:潘光旦"冯小青影恋说"评析》,《唐都学刊》2014年第6期。
4　卢晓娜:《冯小青影恋辨析及明代中晚期女子自伤心理——读潘光旦〈冯小青:一件影恋之研究〉》,《山西高等学校社会科学学报》2015年第8期。

问题导致对"冯小青"的分析有较多的牵强之处。其中的一个重要问题，即冯小青之情感到底是"影恋"还是"自伤"？"影恋"是潘光旦借用西方理论进行的揭示，而自伤则是根源于中国文学的传统。在中国的文化与文学传统中，确实未看到过明显的"影恋"脉络，[1]那么潘光旦用"影恋"来分析冯小青，是否有其合理性呢？另一方面，自伤传统在中国文学中源远流长，但与冯小青的具体表现似乎又有微妙不同。冯小青到底是影恋，还是自伤，或者还有其他的理解的可能性？这便是本文要探讨的问题。

要探究这个问题，我们需要像潘光旦所做的那样，再次从冯小青的传记与作品之中来体会其情感。只是在这里，我们还需要依靠对于中国文学传统的研究积累，试图更切合地来理解冯小青。

二、影恋还是自伤？

潘光旦在论述冯小青的"影恋"时，提出了他所理解的影恋的含义："自我恋之程度不一，发育历程中之自我恋为一绝普遍之现象。特程度大率甚浅，为常人所不觉察。……比较纯粹之自我恋，即以整个之自我为恋爱之对象，而同时无他种重要之变态参杂其间，则精神病学史之殊属罕见……影恋者无他，自我恋之结晶体也。"

潘光旦将影恋理解为自我恋的结晶体，并称"西方仅见于神话者，而我国见诸历史；普通仅为一人精神病之局部症候者，而此则为一人精神变态之全部，则纵不学，亦必欲明其真相穷其原委而后快"，即认为冯小青是"影恋"的现实存在。对此，本文不拟讨论"影恋"理论的复杂内涵，而是打算从具体的例子开始讨论，细致分析潘光旦用以支持其

---

[1] 唯一一个可能有些类似的例子，出自西晋张华《博物志》中的"物性"，"山鸡有美毛"一条。其中称："山鸡有美毛，自爱其色，终日映水，目眩则溺死。"（张华撰，范宁校正：《博物志校正》，中华书局，1980年，第46页）。

"影恋"理解的证据,希望从中能够找出一些新的线索。

潘光旦之所以判定小青是"影恋",有六个主要的论据。

(一)"时时喜与影语"

潘光旦引用支如增《小青传》中之语:

> 时时喜与影语;斜阳花际,烟空水清,辄临池自照,絮絮如问答;女奴窥之即止,但见眉痕惨然。

潘光旦认为,此点可以证明"小青影恋之说,至少可以坐实五十分以上",可谓是最重要的证据。他首先将其与普通的"顾影自怜"进行区分。指出有如下几个特点:第一是"辄"与"时时"二字,便非偶然;第二是"与影对语",以影为有人格之对象;第三是"人见即止",以此类比情人相会;第四是形容惨淡,与一般顾影自怜者顾影而乐不同。

以上四点分析,各自具有特别重要的意义。第一点明确指出小青的精神状态不是一个偶然,而是精神的整体状态。那么,这一个整体状态从何而来呢?第二点指出了冯小青"喜与影语"之行为与"顾影自怜"行为的本质差异,便是在于"喜与影语"是将影看作有人格之对象,与之问答。但是,将影视作人格对象,是否能够等同于"影恋"呢?第三点,将冯小青的行为类比于情人幽会。但这一理解似有所牵强。除去情人幽会外,人似乎有很多其他私人行为都不喜他人窥探,并无法直接将此与情人相会类比。加之"眉痕惨然"的表情,似乎较难理解为是与情人之间的絮语。而且重要的是,从这一不喜他人窥探来看,小青本人其实对于此种行动之社会看法非常敏感,清楚这是一种不被认可的行为。即是说,小青本人并没有如其他自恋病症一般排除自我之外的社会,而是仍有着自我与外在世界间的明确区分。

第四点中所述"一般顾影自怜者顾影而乐",则似乎更有些牵强。中国文学中经典的顾影自怜形象，例如晋代陆机《赴洛道中作二首》中有"伫立望故乡，顾影凄自怜"[1]，以及元代安熙《拟古次韵》中"举头见明月，顾影徒自怜"[2]，都是顾影自惜，且都具有凄怆哀愁的含义，而非顾影而乐。《汉语大词典》中最普遍的第一种含义也是"顾望身影，自己怜惜自己。形容处境孤苦，潦倒失意"[3]，此点恰恰与冯小青此处的哀伤类似。

不过，一般的顾影自怜，并不具有与影对谈的情节，而是由于见到自身之影，或因看到自身之憔悴而想到际遇之哀伤，或者因看到自身之美好而想到没能得到好的处境而哀伤。无论何种，都是直接性的，由影而触动的哀愁。这一点与冯小青"与影对谈"之行为有很大不同。

通过对潘光旦的这四点分析的再分析，可以见到冯小青之精神状态，确实有其值得注意的特殊之处：第一，整体的精神状态，而非偶尔或简短；第二，虽然有对影而语，但并没有完全进入纯自我状态之中，而是对外部世界及其评价仍有着很强感受；第三，此种精神状态也是一种哀愁之状态，确实如潘光旦所说"形容惨淡"，类似于自伤之情感；第四，这种自伤，却与直接性的"顾影自怜"不同，不是由于看到了自己之影而想到自己的处境之伤，而是将影作为对象，与之问答，由此而引发的哀伤。最后这一点最为重要，为何会出现此种作为人格对象的影，而且这种影与哀伤之感情是什么关系？这是理解冯小青精神状态中的关键所在。

（二）"新妆竞与画图争"

在第二个例证中，潘光旦着重分析了小青"七绝九首之三"：

1　萧统编：《文选》，上海古籍出版社，1986年，第1232页。
2　苏天爵编：《元文类》，上海古籍出版社，1993年，第64页。
3　在《汉语大辞典》中虽然有第二种含义，"转过头看看影子也自觉可爱。多谓自矜其美；自我欣赏"（汉语大词典编纂处主编，《汉语大词典》（缩印本），上海辞书出版社，1997年，第7271页），但若其案例远远不如普遍。而且在很多案例中，其实是自矜其美的同时，在怜悯自己这么美却没有好的处境。也即是说，无论是第一种还是第二种，都具有哀伤的意义。

> 新妆竞与画图争,知在昭阳第几名?瘦影自临春水照,卿须怜我我怜卿!

潘光旦的理解着重在后两句的"影"与"怜"两个方面,认为正好说明小青的影恋情节。若细看这两句,则第三句的"影"即是第四局的"卿",这明显是把影看作一个客体化的对象,与此前正相符合。但"怜"的行为,则非常微妙,应该是指怜悯和怜惜对方的处境,而很难认为是犹如情人一般的"爱恋"情感。但是,此处到底因何而怜呢?

在此,潘光旦似乎忽略了对前两句诗的分析。"新妆竞与画图争,知在昭阳第几名?",这两句诗中,"新妆"是指小青自己的妆,但是与情人之爱恋不同,小青的"新妆"并不是为了取悦情人(影子)而作。若是为了取悦情人,则最后一句不应是"卿须怜我我怜卿"。从诗词来看,小青"新妆"的目的是"竞与图画争",此处所谓的"图画",虚指历代仕女图,隐含与历代"美人"相争的意思。而第二句"知在昭阳第几名",则更是明显把这一含义揭示了出来。昭阳一词是指汉宫殿名,后泛指后妃所住的宫殿,如《三辅黄图·未央宫》中记载"武帝时,后宫八区,有昭阳、飞翔……等殿"[1]。用画与昭阳来代指古代"美人"群体,想看看自己的"新妆"能够排到古往今来美人中的第几名。其真实的意涵其实在于,冯小青自矜可以与历史上的著名"美人"相比。

联系此二句,方可以真正理解后两句的意思,即自己虽然可与历代美人相媲美,但却没有人赏识,只能落到独临春水,与影对话的局面。因此"卿须怜我我怜卿"的怜,便是对这一处境的"怜",指自己与影相互怜悯。

(三)"与杨夫人永诀书"

潘光旦提到的下一个例子即是《与杨夫人永诀书》中的一句:

---

[1] 何清谷撰:《三辅黄图校释》,中华书局,2005年,第163页。

> 罗衣压肌，镜无干影；朝泪镜潮，夕泪镜汐。

潘光旦认为这"是以镜为通款曲之媒介也"，与临池相比，"小青之病态盖愈深一步。……小青病，亦即其对象病，小青或不自觉其病，而唯知其对象病，或知而不自悲；所可悲者，镜中之人即日于支离憔悴耳"。

此处潘光旦认为小青或不自知己之病，或不自悲己之病，而是悲镜中人（爱情对象）之病，因此情感相生。这一理解，却与《与杨夫人永诀书》中的意思不相吻合。因为永诀书的全文，便是由于冯小青自知病重，将永诀于人世，因此向杨夫人交代后事。其中称"嗟乎夫人，明冥异路，从此永辞，玉腕珠颜，行就尘土；兴言及此，恸也何如！"从这一句来看，冯小青非常清楚自己之病将不久于人世，可知所悲的仍是自己。也即是说，直至最终去世，小青其实都很清楚镜中之人（"影"）便是自己的情况。这一点与前所分析的小青对外部世界的明确意识，正相吻合。

（四）"脉脉溶溶滟滟波"

潘光旦所举第四例，亦是小青所作的诗：

> 脉脉溶溶滟滟波，芙蓉睡醒欲如何？妾映镜中花映水，不知秋思落谁多。

潘光旦解为"小青盖引莲花相比拟：莲花之对象在水底，而小青之对象则在镜中也"，将此诗看做是对于爱恋对象的愁思。解释"不知秋思落谁多"一句，则将其理解为"则更进而比对象憔悴之程度矣"。

首先对于莲花之理解，潘先生所言"莲花之对象在水底"一句，似有牵强。在古诗词中，以芙蓉指"莲花"，自屈原开始。《离骚》中有"制芰荷以为衣兮，集芙蓉以为裳"，洪兴祖补注称"《本草》云：其叶名荷,其华未发为菡萏,已发为芙蓉"。[1]而从《离骚》开始,芙蓉所言的荷花,都是有品德之美人的象征,如《西京杂记》卷二有"文君姣好,眉色如望远山,脸际常若芙蓉"[2]。在这一传统意象中,似乎很难找到"莲花之对象在水底"的解释。莲花本就是高洁之象征,而当用芙蓉来称呼莲花时,更接续了《离骚》传统,强调了这一香草美人的意象。与此对应,"妾映镜中花映水"一句,则与前论"影"的问题相关。最后一句"不知秋思谁落多",落字,一方面是指花瓣落下,另一面则是指秋思落下。同时,借用花瓣落水随水而去的意象,象征高洁的美人空度岁月的叹息。秋思这一词,也有着明确含义,意指秋日寂寞凄凉的思绪。特别多是指因为看到秋天到来,生机不再,感叹人生之易逝,如唐代沈佺期《古歌》中有"落叶流风向玉台,夜寒秋思洞房开"[3]。

以上这些都是传统诗词中的经典意象,很难将其理解为纯对爱恋对象的悲叹。相反,冯小青说言"妾映镜中花映水",暗示着这个映在水中的影子,是同映在水中的莲花一般高洁美好,这一点正与例二中将自之影与历代美女相媲美的行为类似,都有着一种对于自己之影的欣赏与赞美之情,同时又有着不得意的秋思与怜悯。

(五)"然明妆靓服,未尝蓬垢僵卧也"

此后,潘光旦对于小青临死前的一些行为,进行了细致分析。《小青传》有如下叙述:

> 疾益甚,水粒俱绝,唯日饮梨汁少许;然明妆靓服,未尝蓬垢僵卧也。

---

[1] 朱熹著,蒋立甫校点:《楚辞集注》,上海古籍出版社,2001年,第14页。
[2] 刘歆等:《西京杂记(外五种)》,上海古籍出版社,2012年,第17—18页。
[3] 沈佺期、宋之问著,陶敏、易淑琼校注:《沈佺期宋之问集校注》,中华书局,2001年,第208页。

潘光旦认为"张山来本支《传》谓其绰约自好,盖出天性;然自疾甚而犹毫不苟且,则仅仅天性一端殊不能圆其说。……可解释者,唯有影恋之一说耳。夫人孰不欲其情人之美观?孰不求己身之美观,以博得情人之欢心与赏鉴?是则欲服御之苟且假借而不可得矣。特通常情人之间饰美,须费两番手脚,在影恋情势之下,两番可并一番做耳!"在此,潘光旦提出了一个重要的问题,即如何理解小青在重疾时"然明妆靓服,未尝蓬垢僵卧也",即"疾甚而犹毫不苟且"这一状态。潘光旦将此理解为"影恋",即因为恋情,而欲情人与自己之美观。

那么,如何来理解"疾甚而毫不苟且"的精神呢?在中国文化传统中,对于病时(特别是死前)整理仪容最为重视的,并不是爱美的女性,而是传统的士大夫。例如《仪礼·既夕礼》的"记"中便有"疾病,外内皆扫。彻亵衣,加新衣",对此贾公彦疏曰:"彻亵衣,谓故玄端已有垢污,故来人秽恶,是以彻去之。加新衣者,谓更加新朝服。丧大记亦云'彻亵衣,加新衣',郑注云:'彻亵衣,则所加者新朝服矣,互言之也。'加朝服者,明其终于正也。"

其中最重要的一句是"加朝服者,明其终于正也",即是说在病重快要离世时,需要彻亵衣,加新衣,而所加的新衣,则是朝服,即是君臣朝会和举行隆重典礼时候的礼服,最为华美。而其目的则是"明其终于正也",这一点与士人的品德要求相关,而非与恋情相关。与此类似的行为,还有《论语》中的"曾子易箦"行为,以及屈原在《离骚》中所言"餐英而纫蕙"。无独有偶,清代的徐震在《美人书》中,就将冯小青比拟为屈原,将冯小青死前明妆靓衣之行为,比拟为屈原沉江之前"餐英而纫蕙":

> 姬之前身似屈平,冯生之前身似楚怀王,妒妇之前身似上官大夫、令尹子兰。楚怀之莽也,上官、令尹之阴贼也,桂中之蠹,生则俱生。姬病益苦,益明妆靓衣,又似当年汨罗将沉,犹餐英而纫

蕙也。[1]

在理解了以上传统之后，应该想到，冯小青的"然明妆靓服，未尝蓬垢僵卧也"，即"疾甚而犹毫不苟且"这一状态，绝不仅仅是"女为悦己者容"的含义，更有着深厚的传统。其源头是士大夫的礼之要求，通过《离骚》而进入了文学传统，背后则是对于自身高贵品格的期许。而且，在前一句所谓"水粒俱绝，唯日饮梨汁少许"之中，梨汁本身便有着极强的象征意涵，有一种极为高洁的含义。白色的梨花，以及清澈的梨汁，都是对于自身高洁品质的认同。以梨来象征高洁的精神，这一点在中国传统文学中也多见。例如苏轼《东栏梨花》："梨花淡白柳深青，柳絮飞时花满城。惆怅东栏一株雪，人生看得几清明。"[2]

更深一层，如果说士人按照礼在重病垂死之时要换衣的行为，是一种礼之要求。那么冯小青作为女性，在死前明化靓服，以及自饮梨汁的行为，则要更为曲折。曲折之处在于，礼中并无对于女性的如此规定，是冯小青以此来要求自己。

（六）"得吾形矣，未得吾神也"

最后一个例证，则是小青去世之前的画像事。潘光旦引用支如增《小青传》中的记载：

> 忽一日，语女奴曰："传语冤业郎，可觅一良画师来。"师至，命写照；写毕，揽镜熟视曰："得吾形矣，未得吾神也，姑置此。"师易一图进，曰："神似矣，丰彩未流动也。"乃命师复坐，自与女奴扇茶铛，或检图书，或整衣褶，或代调丹碧诸色，纵其领会；久之，命写图。图成，笑曰："可矣。"

---

[1] （清）徐震著，黄道京校点：《美人书》，太白文艺出版社，1998年，第1页。
[2] 苏轼：《苏轼诗集》（卷十五），中华书局，1982年，第730页。

对于冯小青不惮其烦要求画师重画的行为，潘光旦的理解是"小青达观人也，其视生命若敝屣，《与杨夫人书》中固尝历历言之，奈何独于此戈戈之小像，不能忘怀得失？此又非影恋之说不足以解答者也。画里真真者，我辈果直认为小青，而小青则认为情爱所钟之对象；既为钟情之物，则不论修短肥瘠，其入画之资格一也；且愈憔悴，愈瘦损，则愈见可怜，愈有图画之价值"。

潘光旦敏锐地注意到小青对生命之态度与其对画像之态度的关系。但是，却没有注意到画像过程中最重要的一点，即冯小青所要画出来的，不仅仅是形貌，更要风采流动之神。这也恰恰是她在最后放置于榻上，以梨汁祭奠的对象。

若要理解冯小青死前的画像行为，我们需要将其与《牡丹亭》中的"画像"行为进行简单对比，才能看出异同。因为冯小青的行为，明显是脱胎于《牡丹亭》。在《牡丹亭》第十四出"写真"之中，因春香的提醒，杜丽娘镜前一照后，自我悲叹道：

> 哎也，俺往日艳冶轻盈，奈何一瘦至此！若不趁此时自行描画，流在人间，一旦无常，谁知西蜀杜丽娘有如此之美貌乎！春香，取素绢、丹青，看我描画。[1]

在这里，杜丽娘自画像，一面是因为想留下自己之青春美貌。另一面则有一个假想的对象，要将画像留给他。这一行为，较为符合"女为悦己者容"的模式，只不过在杜丽娘这里的"悦己者"是一个假想的，或者说梦中之人（柳梦梅）。然而在冯小青这里，所想写画的并非仅为美貌（吾形），更要画出精神（吾神）。这个所要求的吾神，到底是什么意思呢？为了要画出这一神，更是要特意作出检图书，整衣褶等姿态。即是说，只有在这些行为中，才有这一神。

---

[1] 汤显祖著，徐朔方、杨笑杨校注：《牡丹亭》，人民文学出版社，1982年，第63页。

另一方面，小青的这一画像，并不是为了留给某个假定的爱恋对象，而是要用于祭奠。

> 取供榻前，爇名香，设梨汁奠之曰："小青，小青，此中岂有汝缘分耶？！"抚几而泣，泪与血俱，一恸而绝。

潘光旦将此理解为"呜呼！小青竟以身殉情矣！"，即将小青之死看做为与恋爱对象的殉情。但是要注意两点，第一，仍旧是以名香与梨汁奠之，符合其高洁的精神。此点恰与小青要求画出其神直接对应。也即是说，所画出的像乃是小青之神，即高洁的精神。这一点与前论小青之"影"一致。第二，称"此中岂有汝缘分耶？"的"此中"，乃是指此世之中。这样看来，则小青在与画像对话时，其实明确地意识到画像中的人物便是此世中的自己。可以说，小青在对画而语，抚几而泣时，所悲哀的确实是自己（即是自伤）。但是这一自伤，却是必须通过"画"来实现的。这一点与此前的"影"的作用具有一致构造。即是说，通过面对"影"（包括"画"），而表达出"自伤"之情。在这里，为与顾影自怜的直接性"自伤"相区分，我们将此称为"影–伤"，即通过影而表达出的自伤。

通过以上的分析，我们在潘光旦《冯小青考》的基础上，可以进一步总结出三点特征。

第一，对于冯小青的精神状态而言，毫无疑问，"影"（以及画）是一个非常重要的构成，形成了冯小青对话的一个对象；而且，这个影（画），明确意指有高洁精神的美人形象。

第二，从冯小青的各个事例来看，与"影"相关联的并不是某一种"爱恋"之情，而是一种"自伤"的情感；同时，冯小青很清楚地知道"影"或者"画"所指的其实正是自己。

第三，在冯小青的"影"与"伤"之间，构成了一种特殊关系，既不是直接性的传统"顾影自怜"，也很难说潘光旦所理解的"影恋"，而更应该称为"影-伤"。即是说，只有通过"影"的存在，才能表达出自己之"伤"。

但是，如何来理解"影-伤"这一结构的形成？其中，"影"为什么又会特指具有高洁精神的美人形象呢？影与冯小青本人的关系又如何呢？对于这些问题，我们需要再次分析冯小青的七绝九首，及其与中国文学传统的关系。

三、七绝九首与香草美人传统的逆转

（一）七绝九首的再分析

七绝九首是目前所能见到冯小青最重要的作品，也是经潘光旦考证确为其本人的作品。不过从诗的内容来看，很可能并非出自同一时期，而是精选了不同时期的较好作品，最后集合为"绝句九首"的。但是，由于无法确定这九首诗的写作时间，所以只能根据诗的内容来分析。而且，在不同的史料中，九首诗的顺序也有不同。在此，仍然依照潘光旦书中的顺序排列，具体文字也依此为准，再参考其他学者的整理。

从内容来看，七绝九首可以分为三大类：（一）表达向往美好的男女之情，这一类的诗歌包括（1）、（6）、（8）三首；（二）表达自己的"影-伤"之情，这一类诗歌包括（2）、（3）、（4）、（5）、（7）五首；（三）表达对于家人的思念，即（9）。下面，我们集中讨论第一类诗歌以及第二类诗歌中表达的意境，以及相互间的关系。第三类诗，在此暂不讨论。

第一类诗歌包括（1）、（6）、（8）。

（1）稽首慈云大士前，莫生西土莫生天。愿将一滴杨枝水，化作人间并蒂莲。[1]

---

[1] 另一个版本为："稽首慈云大士前，不升净土不升天。愿为一滴杨枝水，洒到人间并蒂莲。"见徐永明：《冯小青其人真伪考述》，《文化遗产》2014年第4期。似乎更易理解。

在此诗中，冯小青向观音大士乞求，不愿自己出生于西土或者天界，而愿意化为一滴杨枝水，滋润人间的并蒂莲（即夫妇）。在此，她表达了对于美满夫妇关系的向往，即使自己无法获得男女情感的幸福，也希望他人能获得。

（6）何处双禽集画栏，朱朱翠翠似青鸾。如今几个怜文彩？也向西风斗羽翰！

在此诗中，冯小青睹物思情，见到在画栏之上的双禽，以双禽来表达自己对于爱情的向往。后两句更是以一种嗔怒的语气，来表达自己因不得男女之情的烦闷。

（8）盈盈金谷女班头，一曲骊歌众伎收。直得楼前身一死，季伦原是解风流。

此诗中，"女班头"所用为西晋石崇小妾绿珠的典。《晋书》卷三十三中记载"崇有妓曰绿珠，美而艳，善吹笛。孙秀使人求之"，而石崇不愿，"绿珠吾所爱，不可得也"，最终遭到灭门之祸。"崇谓绿珠曰：'我今为尔得罪。'绿珠泣曰：'当效死于官前。'因自投于楼下而死"[1]。此诗中的"季伦"，便是石崇的字。最后一句，隐含着"就连石崇那般崇拜富贵的人都解风流，但我身边却没有解风流之人"的感叹。由此可见，第一类的三首诗所展现的都是对于男女之情的渴求。

第二类诗歌包括（2）、（3）、（4）、（5）、（7）。

（2）春衫血泪点轻纱，吹入林逋处士家。岭上梅花三百树，一时应变杜鹃花。

---

[1] 房玄龄等：《晋书》，中华书局，1996年，第1008页。

林逋，即北宋著名隐逸士人的林和靖，《宋史》卷四五七载："林逋，字君复，杭州钱塘人。少孤，力学，不为章句。性恬淡好古，弗趋荣利，家贫衣食不足，晏如也。"[1] 其著名的轶事便是"梅妻鹤子"，因此有"岭上梅花三百树"一句。而杜鹃则用"杜鹃啼血"之典，相传为古蜀王杜宇之魂所化，春末夏初，常昼夜啼鸣，其声哀切。杜鹃啼血，滴在花上，则为杜鹃花。可见此诗一方面包含着自己独守空闺的寂寞哀愁，却又有着对于林和靖那般高贵品性的赞赏和向往。

（3）新妆竟与画图争，知是昭阳第几名？瘦影自临春水照，卿须怜我我怜卿。

这一首诗在前节中已经论述过。其中最重要的便是，只有通过水中美人之影，才会出现相互怜悯的感情。

（4）西陵芳草骑辚辚，内信传来唤踏青。杯酒自浇苏小墓，可知妾是意中人？

在潘光旦的理解中，由于冯小青在异性恋的过程中受到了挫折，因此由异性恋而退回为同性恋，再退回为自恋（即影恋）。在这一过程中，对于苏小小的的感情，被理解为是其中的同性恋阶段。从诗本身来看，确实表明冯小青仰慕苏小小。但是仰慕苏小小的原因是什么呢？苏小小的事迹，在历代流传中，虽或为良家女或为妓女，但最为人称道之事迹，却都是对于感情之忠贞。如《玉台新咏》卷十中便有《钱塘苏小歌》："妾乘油壁车，郎跨青骢马。何处结同心，西陵松柏下。"[2] 可见冯小青所仰慕苏小小之处，一方面在于其才貌双全，而另一方面则在于对感情之

---

[1] 脱脱等：《宋史》，中华书局，1985年，第13432页。

[2] 徐陵编，（清）吴兆宜注、穆克宏点校：《玉台新咏笺注》，中华书局，1999年，第486页。

忠贞。

（5）冷雨幽窗不可听，挑灯闲看牡丹亭。人间亦有痴于我，不独伤心是小青。

在此中，冯小青在孤独寂寞的冷雨幽窗中阅读《牡丹亭》，将自己与牡丹亭的主人公杜丽娘进行对比。"人间亦有痴于我"一句，说明冯小青也是以"痴"来理解自己。此处的"痴"当然是痴情。但正如前节所论，杜丽娘有着明确的痴情之对象，即梦中之人，但是冯小青并没有。也正是这个原因，让潘光旦误以为其痴情的对象是"影"。其实，正与前一首诗中冯小青对于苏小小的仰慕在于其"忠贞"，此处冯小青所"痴"的对象便是"痴情"这一品格本身，就像杜丽娘所画的是貌，而冯小青所画的则是神。

（6）脉脉溶溶滟滟波，芙蓉睡醒欲如何？妾映镜中花映水，不知秋思落谁多？

这一首，也在前节中有分析。若联系其他诗歌，可以看到冯小青的此种秋思，其实恰恰是要通过映在镜中的如花之"影"，才能真正地呈现。

以上是对于冯小青"七绝九首"的大致分析。在这里可以看到，这九首诗大致构成了两层心理阶段。第一层是（1）、（6）、（8）三首诗，其中所表达的都是对于男女之情的渴求。虽然（1）中带有佛教的慈悲，但并没有突破男女之情本身，只是从自己渴求扩充为希望他人能获得理想的男女之情。

然而在现实中，冯小青的这一层期望是无可实现的。作为被主人冷落的小妾，冯小青的一生似乎只能在孤灯苦影中度过。这对于冯小青之精神会产生何种影响呢？在此，潘光旦是以"欲力"（力比多）的流向来论述此点，认为由于本应流向"异性之恋"的欲力受到了阻碍，导致回流，经由同性恋回到自恋（影恋）状态。但是，从具体的诗词分析来看，还有更多问题。这便是第二层的心理状态。

在第二层中，可以看到诗词中出现了一些寄托情感的理想形象，如林和靖，苏小小，杜丽娘等。如果说第一层中的绿珠，还只是一个被动获得男性爱情的小妾形象的话，那么苏小小和杜丽娘则是因主动的坚贞与痴情而受到高度赞赏，而林和靖更是以高洁品格闻名于世。与此同时，如果在第一层的诗歌中，还能看到如双禽鸟、并蒂莲等爱情象征的话，那么在第二层的诗歌中，所看到的则是梅花、杜鹃、芙蓉等高洁品质的象征。从这里可以看到，在对于男女之情的向往（第一层）无法达成之后，冯小青似乎并非如潘光旦先生所理解的那样退回到同性之恋，接着再退回到"自恋"，而是将其转换了一个方向，转向了对于高洁之品格（忠贞、痴情也是其一）的追求上。[1] 这便是冯小青之心理的第二层。这样一种从第一层转到第二层的心理过程，在她现存的另一首词《天仙子》中，更可以得到明确印证。

> 文姬远嫁，昭君塞，小青又续，风流债；也亏一阵黑罡风，火轮下，抽身快；单单另另清凉界。原不是，鸳鸯一派，休猜做，相思一概；自思，自解，自商量；心可在？魂可在？着衫又捻裙双带！

上阙中的风流债便是指婚姻，即小青嫁做人妾之事。而黑罡风指大妇，即丈夫的正妻。在这一阙中，恰恰是潘光旦所说，冯小青在婚姻中经受到了挫折。不过在这一挫折之后，她似乎找到了另外一片天地，即

---

[1] 或者说并非潘先生所描绘的自怜，而是另一种意义上的自恋。关于此点的理论分析，在此暂不讨论。

所谓"单单另另清凉界"。那么,这一片清凉界是什么呢?

在下一阕中,"原不是,鸳鸯一派。休猜做,相思一概"就明确说明,自己的心境并非"男女恋情"。"自思,自解,自商量"一句,似乎也很难理解为自恋的含义。但思、解、商量的对象到底是什么呢?下一句,"心可在?魂可在?"便是答案。自己所思,所解,所商量的事情,恰恰是要找寻自己的心在何处?魂在何处?心、与魂这两个概念,与前节所论小青令画师一定要画出自己所满意的"神",正相符合。可见这一首词描绘的,恰恰正是绝句九首中两个心理层次间的关系,即由对于理想的男女恋情之向往受到挫折,逐渐放弃,转向另一个方向,即追求理想中的心与魂。而这一心与魂,恰恰便是画师所画下的神,以及"七绝九首"中所展示镜中之影和水中之影,即理想中具有高洁精神的美人形象。

上节中指出,冯小青的状态,可以用"影-伤"来描述。即通过"影"的方式,才能表达出自身的哀伤。而在这里,我们发现了影的含义。冯小青由于"男女恋情"上经受挫折,转而向对于高洁美好形象的自我追求,而"影",便是冯小青心中所构筑的一个高洁美好的美人形象,如水中之影,镜中之像,以及所画出的神等。而且,在她看来,这一形象正是自身。

但是"影-伤"的关键在于,为何要通过"影"才能表达出"伤"来呢?这一点其实与冯小青的现实处境密切相关。现实中的冯小青,乃是大户人家中被丈夫冷落的小妾,与历代美人相距甚远,甚至连可以忠贞于感情的苏小小都比不上。因此在现实之中,她无法成为理想中的"香草美人"。而且,正如在第一节中介绍过,冯小青的家庭很可能是所谓"瘦马"家庭,自小便被培养为大户人家的小妾。她自小学习琴棋书画的目的,便是要嫁入大户人家。从此点来说,冯小青完全实现了她的人生目标。虽然在大户人家中受到丈夫冷落,但至少衣食无忧,甚至起居生活都有仆人照顾。从此种现实角度而言,她实在没有太多"自伤"之处。因此,冯小青便不得不创造出自我之"影",以表达内心的哀伤。如果说现实中的冯小青是大户人家中小妾的话,那么"影"中的冯小青便是可以与历代美人相竞的"香草美人",而这一香草美人却被置于无法摆脱的绝望境遇中。因此,而只有通过自我创造出来的"影",才可能会出现的香草美人之"伤",这正是"影-伤"的关键。

不过,本文所提出的"影-伤"并非一个研究概念,而只是描述一种状态。但是,为什么会有"影-伤"的出现呢?"影-伤"又是如何影响冯小青的呢?要理解这一点,需要引入中国文学中的"香草美人传统"。

(二)香草美人传统及其逆转

在此,我们引入中国古典文学中的"香草美人"传统。这一传统的源头,便是屈原的《离骚》。

> 纷吾既有此内美兮,又重之以修能。扈江离与辟芷兮,纫秋兰以为佩。汨余若将不及兮,恐年岁之不吾与。朝搴阰之木兰兮,夕揽洲之宿莽。日月忽其不淹兮,春与秋其代序。惟草木之零落兮,恐美人之迟暮。[1]

其中有两个重点:第一个是"好修",即新妆、明妆,努力以香草来修饰自己。在传统上,这是比喻"进德修业",磨砺自己的高贵品格。第二个则是"美人迟暮"。在传统的解释里,这里的"美人"是指国君;但是,从上下文来看,"美人"也可以理解为士大夫的自比。[2]"好修"与"美人",正与冯小青之"影"的形象相符合。不过在《离骚》之中,这些都是用于比喻一个贤人士大夫的美好品德,以及不为君主所赏识的哀愁。在此可以说,冯小青直接继承了《离骚》之中作为喻体的美人之新妆,以及美人之哀愁。只是,这个美人不再是士大夫的寄托,而是成为

---

[1] 屈原著,王泗原校释:《楚辞校释》,中华书局,2014年,第17—19页。

[2] 吕正惠:《香草美人传统的新变——论李商隐诗、温庭筠词中闺怨作品的意义》,《中文学术前沿》2016年第1期。

女性自身在生命中的追求。而且在屈原之后，整个中国的香草美人传统经历了多次的演变，而这些演变，最终都深刻地体现在了冯小青身上。下面，我们通过前人对于香草美人传统的研究来尝试理解该点。

吕正惠在讨论香草美人传统的文章中，首先将香草美人传统划分为不同时期的三种类型。第一种是隐喻形的托寓诗。其时代由屈原、曹植直至唐初的陈子昂等人。在这一类型中，香草、美人、修容、明妆等，都有着明确寓意。第二种则是"心理投射"形的准托寓诗。主要是指唐代的宫怨、闺怨诗等，例如王昌龄、杜甫等人所写的一些诗歌。在吕正惠看来，这一类诗不再是直接的"托寓"，而是借着写女性的不幸命运，来抒发自己不得志的情绪。即是说，诗人在伤佳人的同时，也是在自伤。[1]

第三种，则是晚唐发展出的更加彻底的心理投射诗。这一类诗歌的典型代表便是晚唐诗人李商隐与温庭筠。[2] 而且，香草美人传统发展到晚唐的第三种的类型，某种意义上抵达了一个重要的节点。因为在这一种香草美人传统中，最为强调命运的悲剧性。也即是说，只有在悲剧性的命运中，香草美人这一最终形象才能真正实现。

吕正惠指出："李商隐爱情诗的特质在于：他把女性对爱情的向往与追求视为女性生命内在的不可遏抑的本质，是女性生命得以'完全发展'的关键，是女性'理想'的完全自发的渴望，却在'现实'的种种限制下遭到挫折，一点也没有实现的希望；……最后爱情不是没有来临，就是来了而又稍纵即逝，生命只是一场空虚。"[3] 随后，吕正惠以李商隐的无题诗为例进行了说明：

飒飒东风细雨来，芙蓉塘外有轻雷。金蟾啮锁烧香入，玉虎牵

1　吕正惠：《香草美人传统的新变——论李商隐诗、温庭筠词中闺怨作品的意义》，《中文学术前沿》2016年第1期。

2　同上。

3　同上。

丝汲井回。贾氏窥帘韩掾少，宓妃留枕魏王才。春心莫共花争发，一寸相思一寸灰。

他指出："在这里我们看到一种生命形态：在现实的包围下，不管你多么热切，多么努力，多么挣扎，最终总是以'不可能'而结束。……她的生命是'被动'的，她的悲剧是一种静态的、长期煎熬的、慢慢腐蚀的悲剧。这就无形中增强了那种生命完全陷于无望的巨大的悲哀感。"[1]

在李商隐开启的第三类香草美人传统中，一方面是女性巨大的悲哀感。但另一方面，其诗歌的魅力也正是在这种巨大的悲哀感，以及在此悲哀和空虚之中不断挣扎的女性形象。在这一传统中，恰恰是只有在最后的无望等待和生命消逝中，女性的高贵品性才能真正实现，成为真正的"香草美人"。

不过即便如此，李商隐的诗歌本质上也还是自身不得志的某种投射，是自我在"自伤"不遇。而且要注意的是，香草美人传统的主要创造者和阅读者都是男性士大夫。男性士大夫以香草美人传统来表达和排解自己的不得志，以及自己对于道德理想的坚持。在这里，香草美人只是一个托寓，一个通情的对象。以这种方式，男性士大夫恰恰能够表达与纾解自己心中不得志的抑郁之情。也即是说，男性士大夫不会将自己完全代入其中。其中最明显的例子便是李商隐本人。众所周知，李商隐虽然由于卷入牛李党争，导致一生仕途不顺，但是终生都保持鲜明的政治关心，曾多次为官，多次入幕。同时，通过诗歌中表达的此种巨大悲哀，恰恰能令作为男性士大夫的李商隐某种程度上排解此种绝望心态，继续坚持。例如纪昀对此诗（《四首无题》）的评语是："《无题》诸作，大抵感怀托讽、祖述美人香草之遗，以曲传郁结，故情深调苦，往往感人。"[2]

可见在男性士大夫的诗歌中，仍然只是直接性的"自伤"而非"影-

---

[1] 吕正惠：《香草美人传统的新变——论李商隐诗、温庭筠词中闺怨作品的意义》，《中文学术前沿》2016年第1期。

[2] 黄世中：《李商隐无题诗校注笺评》，江西人民出版社，1988年，第34页。

伤"，因为这些诗歌中的女性形象，只是他们的托寓。男性士大夫真正的"自伤"之情多在于别处，即在政治上的不得志。他们只是借用香草美人的形象，以及绝望中空度生命的哀叹，来表达同时纾解自身的抑郁之情。所以，他们不需要再创造一个自己的"影"来表达此种哀伤之情。

但是在冯小青这里则是另外一种情况。一方面，正如前文中所分析的，对于苏小小、杜丽娘等女性形象，她所持有的乃是一种竞争（与画图争）、仰慕（苏小小）、比较（杜丽娘）的心态，而没有如男性士大夫那样的一种托寓心理。因此，她也不可能通过香草美人的诗歌来排解自己心中的抑郁之情。作为从小接受诗文之中香草美人传统浸染的文化女性而言，唯一的出路，便是将中国文化中的香草美人传统直接当成为自身的理想——即"影"。这便是《天仙子》词中所言的"自思，自解，自商量；心可在？魂可在？"一句的含义。

在此，我们看到了"香草美人传统"在明清时期的一次重要倒转。在以往的香草美人传统中，原本的主体是男性士大夫，而寄托的客体是香草美人。男性士大夫并不会将自身等同于香草美人，而只是以此来寄托和纾解自身的不得志。但是到了明清时期，随着文化对于女性的普及，中国文化中的"香草美人"传统不再仅仅在男性士大夫群体中产生影响，更是逆向地影响到了女性本身对于自身的理解，变成了女性在困境之中对自身的期望，进而进一步形塑了他们的心态，令他们将香草美人作为自身真实的理想（即"心比天高"）。其影响可参见图一。

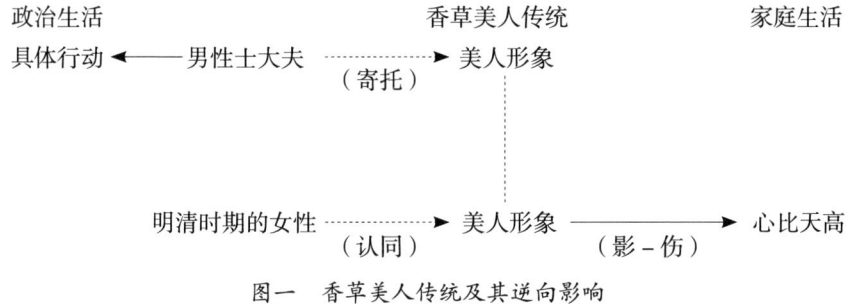

图一　香草美人传统及其逆向影响

而且，这样一种香草美人传统的逆向影响，不仅仅只是表现在"影-伤"心态上，而且也直接影响到他们对于自身的人生选择。

在李商隐开启的第三类香草美人传统中，"香草美人"形象的真正实现，恰恰是要通过最终的悲伤与死亡。只有在永恒的悲伤和死亡之中，香草美人的价值与意义才能真正实现。在李商隐以及诸多男性士大夫那里，这一永恒的悲伤与死亡，其实更多是一种情绪的表达与纾解。但问题在于，一旦通过香草美人传统的逆向影响，到了明清时代的女性（特别文化女性）那里，却变成了通向理想之香草美人的道路。这一点，在冯小青身上表现得最为明显。

对于作为小妾的冯小青而言，唯一能够通往"香草美人"之理想的途径，只能是在永恒的绝望中死去和消逝这一条道路。只有理解了这一点，我们才能够理解《冯小青传》中所记载的杨夫人劝她改嫁，却被小青拒绝一事。

> 一日，夫人乘间言曰："吾非女侠，然力能脱子火坑，岂终向党将军帐下作羔酒侍儿乎？"姬曰："夫人休矣，妾梦手折一花，随风片片堕水，命止此矣；况业未了，又生他想，彼冥曹姻缘簿非吾如意珠，徒供群口描画耳。"夫人默坐长叹，相顾良久，泣下沾衣。

在现实层面来看，冯小青作为小妾而非正妻，在当时的社会之中，再嫁并非一件多么不堪之事情。而且有杨夫人介绍，想必可以找到不错的归宿。但冯小青宁愿苦熬，坚决不再嫁。这一行为，无论是将其理解为坚守贞洁还是畏惧流言，其实都不合适。她恰恰是在受到香草美人传统的逆向影响之后，通过最后的坚守与死亡，以成就自己的理想。因为一旦再嫁，她便永远不可能实现自己心中"香草美人"这一形象了。这也正如冯小青最后在面对画像时所言："小青，小青，此中岂有汝缘分耶？"的含义。此点可参见图二。

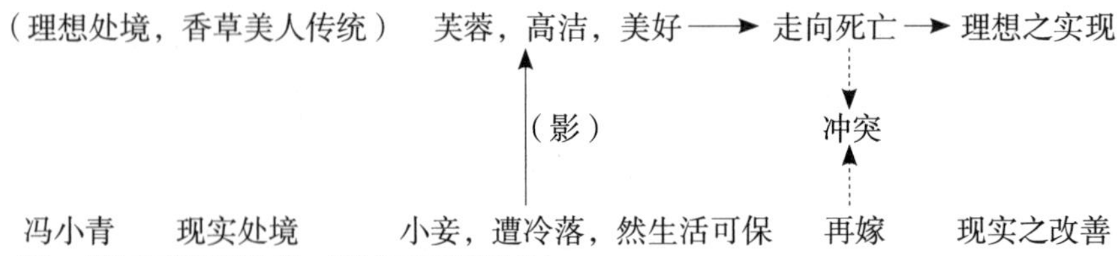

```
（理想处境，香草美人传统）    芙蓉，高洁，美好 ──→ 走向死亡 ─→ 理想之实现
                                    ↑                  ↓
                                  （影）              冲突

冯小青    现实处境       小妾，遭冷落，然生活可保    再嫁    现实之改善
（注：实线表示真实的选择，虚线表示可能的选择）
```

图二　冯小青之理想与现实

由以上的分析可知，与男性士大夫不同，在冯小青这里，"香草美人传统"同自身紧密地结合在一起，将这一形象完全认同作自身的"影"。而且，这一理想，恰恰只有在其于现实世界中无法达致的自伤处境中，才能真正完成其实现。在这一意义上，冯小青"影-伤"中的"影"，便具有了一个中心位置，只有通过自我的香草美人之"影"，才能产生深刻的"伤"之情绪；而只有通过"伤"的情绪及其最终死亡，才能真正达成香草美人之"影"这一理想的实现。可以看到，在香草美人传统影响下的明清时代的女性，"影-伤"其实构成了一个自我循环的过程，造成了一种重要的明清时期才女形象，即所谓"心比天高，命比纸薄"。这里的心与命之关系，不是一个偶然的命运造成，而恰恰是紧密联系在一起的，心即是命，命即是心。其典型的人物形象如潘光旦所提到现实中的的冯小青、陈玉秀，以及《红楼梦》中的林黛玉、晴雯等。

在这一个意义上，这并非一个个人的悲剧，而是深厚文化传统与具体社会现实共同作用的结果。潘光旦在其后的文章《人文史观与"人治""法治"的调和论》中提出，"文化遗业""平生遭际""生物遗传"三者是密切相连，最终构成了对人的规定。[1] 而在《冯小青》中，他指出了三点具体的社会现实，一是早婚，二是性生活之不调适，三是婚姻制度。[2] 此外，小青之身体状况是"生物遗传"，而本文所论述的香草美人传

1　潘光旦：《人文史观》，《潘光旦文集》第2卷，北京大学出版社，1994年，第336页。
2　潘光旦：《冯小青：一件影恋之研究》，《潘光旦文集》第1卷，北京大学出版社，1993年，第32—34页。

统,则作为一种"文化遗业",其影响在冯小青这里表现得尤为突出。

也正是在这个意义上,才能够理解为何冯小青死后,有如此多的文人士大夫以戏剧或者诗词的形式来纪念她。因为她恰恰是完美符合男性文人士大夫心中对于"香草美人"形象的理解,而这恰恰也是她自己的追求。从这一点来看,确实是无法理解中国的文化传统,便无法理解冯小青以及后人对她的评价。但另一方面,这恰恰也正是女性的悲剧。也正如潘光旦所说,文人士大夫所理解的"香草美人"冯小青,其实也正是文化传统在明清这一时代影响女性之所造成的后果。但"香草美人"传统的逆向影响对于冯小青所带来的悲剧,则恰恰是文人士大夫所无法理解的。这一点,正是潘光旦在《冯小青》中论及"同情"与"谅解"时所言:"小青不得当时社会之谅解,不佞前已申言之。或曰,小青生前固无福,然死后荣哀,传为佳话,至今孤山一抔土,过之者犹徘徊不忍去,谓非谅解不可也。虽然,此为同情心所激发,与谅解无干。……哀其遇者未必知其心,谬以同情为谅解,从而为之说辞,斯为不谅解之尤。"[1]

结语:冯小青与中国社会史研究

在本文的开始,就提出一个问题。在社会史研究之中,潘光旦的《冯小青》毫无疑问是中国社会史研究的开启之作,如何能够从潘先生的冯小青研究中探寻到中国社会史研究的方向,是我们当今面临的重要的问题。下面,我们在本文研究的基础上,分三层来探讨中国社会史研究中的关键问题。

首先,潘光旦先生的冯小青研究,可谓是中国社会史研究的第一次较为成熟的典范。这一典范的真正含义,不是在于使用某种西方的社会科学理论来分析中国社会,而是意味着从一个社会的角度来探究中国历

---

[1] 潘光旦:《冯小青:一件影恋之研究》,《潘光旦文集》第1卷,北京大学出版社,1993年,第39—40页。

史,以及中国历史中的具体的人。这儿所说用"社会史"的角度,其实便是潘先生所说的"人文史观",最重要的便是一个综合视角。不仅综合我们通常所说的社会的各个现实因素,例如政治、经济、家庭等,而且还需要综合历史上积淀下来的文化传统,甚至还需要综合作为人之基础的生物因素。这样三个因素,正是前文提到过的潘先生"人文史观"中最重要的三因素:平生遭际、文化遗业和生物遗传。而且最重要的一点,便是在于对这些因素的综合考虑。在冯小青这里,我们可以看到作为生物性的身体因素,社会性的婚姻制度、家庭关系、性生活,以及作为文化遗业的香草美人传统。这些因素共同作用,构成了冯小青这个具体的人。也恰恰是在冯小青这个人的身上,我们才能看到这些因素在明清社会中的真正关联,进而理解明清社会本身。

潘光旦先生指出:"作者是一个人文论者。人文论者在在以人为前提,以人为重心。他相信'有人斯有文',……人文论者虽未尝不主张好人须好的文化来维持、将养,但是他始终以人为出发点,以人为归宿。"[1]因此,社会史研究的含义,并不仅仅是把一些要素,比如政治,经济,文化等凑合在一起进行研究。真正能够从实质上关联起这些要素来的,恰恰是人本身。如果缺乏作为前提的对人的理解,那么,对于这些要素的研究就会仅仅变成某种变量游戏,而不是对人与社会的真正理解。相反,只有通过对人的理解和体会,才能够真正理解这些要素的有机结合方式。

其次,在"人文史观"中,除第一个"人"字外,第二个重要的则是"文"字。要理解中国传统社会中的人,除具体的人之生物遗传以及生平遭际之外,还有一项艰巨的工作,便是要理解人之行动的意义背景。简单而言,就是所谓文化遗业是什么。特别是对于中国这样一个有着深厚文化与悠久历史的社会而言,这一点尤为重要。正如本文所揭示,冯小青作为一位从小就接受教育的女性,中国古典文学中的香草美人传统

---

[1] 潘光旦:《人文史观与"人治""法治"的调和论》,辑入《人文史观》,《潘光旦文集》第2卷,北京大学出版社,1994年,第339页。

对她具有极为根本性的意义。如果不能理解这一香草美人传统，那么也便难以理解冯小青对于自己，以及对于周遭世界的理解，也便难以理解她的行动之意义。

但是，正如潘光旦先生在论及"同情与谅解"之不同时所指出的，理解传统自然是进行中国社会史研究的必备条件。但是，仅仅理解传统，并不能带来对于冯小青的真正理解（谅解）。毫无疑问，传统的男性士大夫是深入地理解以及认同传统的，但是，他们只能对冯小青施以同情，却无法真正理解她。因为香草美人传统本身，本质上是士大夫发展出来的一种文学托寓，其中的女性，是男性士大夫们"同情"的对象。但是，这样一种香草美人传统，何时开始反向影响到女性，又对女性产生何种影响，这一点却是在传统本身中被忽略的。或者可以说，这一问题无法得到传统之光的照射。因此，理解传统是进行中国社会史研究的基础，但是单独局限于在传统中理解，也是不足的。第三层便是，我们还需要另外一些视角，才能看到这些被忽视的，或者可谓是黑暗角落里的问题，同时，也才能更好地理解传统以及传统中的人。

在此，我们可以把社会史研究类比作一间房间，在房中本来就有其自然的光源，而且这个光源形塑了房间中的各种形态。而我们则站在房间之外，要透过窗户来了解这个房间。因此，第一步就是如何能顺着这一本来的光线来探索房间。这便是理解传统的意义。但是另一方面，在这房间之中，原初的光线同样会带来阴影与暗角，这些阴影中，存在着构成这个房间的另一些重要内容。如果仅仅只是顺着房间中的本来光线，则很难看到这些黑暗之处。此时，我们需要另外一束光，让我们能够从另一角度来照亮这些黑暗的部分，方能理解整个房间的真实形态。这另外的一束光，便是"社会"的视角。不过，要真正深入对于中国传统社会的社会史研究，首先需要的则是对具体的人以及社会的理解和感受。这一点，正是潘光旦的《冯小青》研究带给我们的最重要启示。

最后，让我们回到冯小青的研究本身，本文虽然经过对于冯小青之传记以及诗词的再次分析，提出了冯小青的心理其实是"影–伤"状态，似乎并不等同于潘光旦所使用的"影伤"。但是,"影-伤"并非一个分析性的概念,而是对于心理状态的一种描述。如果说"影伤"及其背后的弗洛伊德的心理分析,是根基于对西方文化、历史与社会的解释,那么在"香草美人传统"以及"影-伤"的背后,必然存在着一个中国文化、历史以及社会的深层解释,如何能够通过对于冯小青等人的社会史研究,达到对于中国人心理的认知。这将是一个最重要的问题。在这个意义上,本文也只是在潘光旦先生研究的基础上,稍微朝前推进了一点点而已。

通才教育还是自由教育

——潘光旦教育思想核心价值取向蠡测

王雪峰　卜然然[*]

2019 年是潘光旦诞辰 120 周年，上海和北京两地分别举办了纪念性学术活动。正如相关评论所说，"在群星璀璨的二十世纪学术界，潘光旦先生是最富人文关怀、最具士人风骨的学者之一"[1]。这位以社会学、优生学和民族学研究著称的学者，"学贯中西、融汇古今、打通文理"，是我国近现代史上重要的思想家。但是，长期以来潘光旦独特的思想价值并未被学界所重视，关于他的研究成果寥寥，20 世纪 50 至 80 年代其著述除《人类的由来》《性心理学》两部译作外多湮没无闻。

进入新世纪，潘光旦研究和作品出版逐渐升温。从相关著作看，计有两部传记、一部图文纪实作品和两部思想史类研究成果。[2] 同时，潘光旦本人的作品被以各种形式重新出版：《儒家的社会思想》《优生概论》

---

[*] 王雪峰，中央司法警官学院监狱学学院教授。卜然然，河北大学教育学院讲师。

[1] 《人文社会科学研究院举办"潘光旦与中国社会学"——纪念潘光旦先生诞辰 120 周年研讨会暨《潘光旦全集》启动仪式》，http://news.pku.edu.cn/xwzh/a993f2fe93ae4d3b8cdadbb3f9c07154.htm。

[2] 两部传记分别是吕文浩著《潘光旦图传》（湖北人民出版社 2006 年版）和王燕妮著《光旦之华》（长江文艺出版社 2006 年版），图文纪实作品是西南联大、清华大学社会学系 1949 届毕业生张祖道的《1956，潘光旦调查行脚》（上海锦绣文章出版社 2008 年版），两部思想史作品是吕文浩著《中国现代思想史上的潘光旦》（福建教育出版社 2009 年版）和吕文浩著《潘光旦》（群言出版社 2013 年版）。

《优生原理》《民族特性与民族卫生》纳入"潘光旦作品系列",《优生概论》纳入"中国文库"分别于2010年和2012年由北京大学出版社出版;《政学罪言》《自由之路》《人文史观》纳入"民盟智库"分别于2013年、2014年在群言出版社出版;《小青之分析》纳入"近代名家散佚学术著作丛刊·美学与文艺理论"2014年由山西人民出版社出版;《中国伶人血缘之研究 明清两代嘉兴的望族》纳入"中华现代学术名著丛书:120年纪念版"2017年由商务印书馆出版。此外,2014年群言出版社出版了《潘光旦短评集》《潘光旦日记》,2015年出版了《斯文悬一发:潘光旦书评序跋集》。2016年,《潘光旦英文文集》在外语教学与研究出版社出版。潘光旦翻译的《赫胥黎自由教育论》也在2014年由商务印书馆出版。北京大学出版社2011年将《直道待人:潘光旦随笔》纳入"大学者随笔系列"丛书出版,商务印书馆2013年将《逆流而上的鱼》纳入"碎金文丛"出版,江苏人民出版社2018年出版了文集《潘光旦:守住灵魂的底线》,学苑出版社2018年出版了《中国民族史料汇编》,中国人民大学出版社2015年出版了《中国近代思想家文库·潘光旦卷》。

　　潘光旦的个人著述,除北京大学出版社1993至2000年间陆续出版的《潘光旦文集》外,还包括《中国境内犹太人的若干历史问题》(北京大学出版社1983年版)、《铁螺山房诗草》(群言出版社1992年版)、《潘光旦民族研究文集》(民族出版社1995年版)、《寻求中国人位育之道:潘光旦文选(上下)》(国际文化出版公司1997年版)、《中国人的特性》(海南出版社1998年版)、《潘光旦选集》(光明日报出版社1999年版)、《夔庵随笔》(2002年百花文艺出版社出版)等。

　　关于潘光旦思想的学术研究,从学位论文看,既有硕博论文,也有博士后出站报告。2019年8月,笔者通过中国知网数据库以"潘光旦"为篇名进行学位论文检索,结果显示有硕士论文25篇、博士论文3篇,分布于7个学科、12个学位授予单位。[1] 这些文献的研究视角涉及历史学、

---

[1] 中国知网并未收入全部学位论文和出站报告,例如杨胜荣、吕文浩的博士论文、笔者的博士后出站报告都未显示在检索结果中。

社会学、民族学乃至文学、政治学、教育学。近年来，研究潘光旦教育思想的文献逐渐增多，潘光旦作为教育思想家的形象日趋丰满。通过知网数据库以篇名"潘光旦"进行期刊检索，得到结果128个，其中2000年之前26个、2000年之后多达102个。以篇名"潘光旦＋教育"进行期刊检索，28个结果全部为2000年之后出版的文献。

1926年留美归国后，潘光旦开始在国内多所大学任教，并长期担任（兼任）清华大学的教务长（1936年至1946年），投身教育实践的同时他对教育问题进行了深入思考，并从生物学、社会学等独特视角提出大量真知灼见。2002年，人民教育出版社将其著作收入"中国近现代教育家文库"，编辑出版《潘光旦教育文存》，可谓学界对其教育思想家地位的确认。潘光旦的教育思想内容宏富，涉及通才教育、教育与政治的关系、留学问题、大学招生、专业设置、优生教育、性教育等主题。在丰富的教育见解背后，究竟潘光旦"一以贯之"的教育主张是什么，换言之，潘光旦教育思想的核心价值取向是什么，却是悬而未决的难题。对此问题的回答各家观点不一，有的认为是通才教育，有的首推"位育"教育或人格教育，也有的主张"完人"教育。本文就此做专门探讨，试图提供一个新的答案。

一、学界对潘光旦教育思想核心价值取向的认识

关于潘光旦教育思想的核心价值取向，学界见仁见智，各执一端，影响较大者有如下诸家。

1996年吕文浩在清华大学通过答辩的硕士论文《潘光旦教育观念述略》，是笔者所见对潘光旦教育思想最早进行的专门探讨。该文指出："在潘光旦看来，每个个人都有寻求他独特意义和为社会和谐计而分工合作的一面，教育的对象应该是每个个体的、完整的、囫囵的人，教育的目的是人格的养成。每一个人都是一个个体，每一个人的人格都是完整

的、有机的、自动的,在每个个人人格养成即形成自由人格的基础上建设自由社会,追求社会进步。而讲自由人格,在教育方面势必要实行通才教育。"¹该文在人格教育这一教育目的论基础上,将通才教育置于潘光旦教育思想的核心位置。

1999年是潘光旦诞辰100周年,潘乃穆等人编辑出版了《中和位育——潘光旦百年诞辰纪念》文集,该书收入了吕文浩的文章《论潘光旦的学术思想与教育见解——以个人人格为中心之分析》。该文从潘光旦学术思想与教育见解之间的关系出发,对个人人格教育思想做了深入阐发。文章指出,个人在潘的学术思想当中占有特出地位,而个人实际上指的是个人的人格。这一思想反映在教育见解方面就是:"教育只有一个目的,就是每一个人的人格的培养。"文章认为,潘光旦的教育见解重视人格的方方面面,他反对近代教育仅仅重视个人的理智生活、智识灌输而忽视个人意志和情绪生活的做法。²

胡寿文将潘光旦的教育理想定位于"促进人类位育的教育"。他的《潘光旦与新人文史观》一文从潘光旦"一切生命的目的在求所谓'位育'"这一判断出发,指出"人类的光彩夺目的文明并不是一开始就现成地被安放在这个世界上的",人的努力在其中发挥过重要作用。胡寿文据此认为,"文化是人生得其位育的不二法门","文化的信息只能通过包括教育在内的广义的教和各种媒体,一地一地的传播和一代一代的嬗递"。³由此,教育在人生"位育"过程中的重要作用便显现出来了。他认为,"教育作为一种工具,它可以帮助人在摆脱时空束缚的条件下,去获得人类创造的一切优秀的文化信息,促成人生良好的位育"。胡文将潘光旦的教育主张总括成一句话——"教育要使受教育的人做一个'人'",并指

---

1 吕文浩:《潘光旦教育观念述略》,清华大学思想文化研究所,1996年,第3页。

2 吕文浩:《论潘光旦的学术思想与教育见解——以个人人格为中心之分析》,潘乃穆等编:《中和位育——潘光旦百年诞辰纪念》,中国人民大学出版社,1999年,第451—454页。

3 胡寿文:《潘光旦与新人文史观》,潘乃穆等编:《中和位育——潘光旦百年诞辰纪念》,中国人民大学出版社,第470页。

出"以人为目的的教育,根本上就是每一个人的人格的培养,使每一个人都知道自己何以为人"。[1]

《潘光旦教育文存》一书的前言为潘光旦的女儿潘乃谷、潘乃和所撰,该文将潘光旦的教育思想归纳为五个方面:(1)以社会生物学为基础的优生教育思想;(2)以培养健全人格为核心的完人教育思想;(3)以"人"为中心的人文教育思想;(4)提倡士的教育与通才教育;(5)教育与位育。[2]《中国社会学名家》作者韩明谟是潘光旦在西南联大和清华大学时期的学生,韩先生指出,潘光旦"对教育的研究,涉猎的范围很广,既研究教育哲学、教育思想、又考虑到多年来中国的实际教育问题,从幼儿园、母教、性教育思想等等,一直到高等教育,大大小小,无所不包"[3]。书中主要介绍了潘光旦四个方面的教育思想:(1)优生教育思想;(2)人性、人格与教育;(3)以"人"为中心的人文教育思想;(4)提倡士的教育与通才教育。两书看似未对潘光旦教育思想的核心价值取向作出概括,但透过大致相同的内容设置可以看出,人格教育、通才教育、人文教育是其重点。

王丽艳的硕士论文《潘光旦教育思想研究》在分析潘光旦教育思想的主要内容时,着重讨论了"母道"教育、"通才"教育和"全人格"教育,认为这三个部分分别是潘光旦关注女性、青年和每一个人的表现。[4]虽然论文未能从某一方面入手对潘光旦教育思想进行深入挖掘,但是也表达了作者对潘光旦教育思想的独特认识。

乔东华的硕士论文《寻求中国人的位育之道——潘光旦教育思想探微》从"位育"和"人格教育"这两个关键词入手,详细分析了潘光旦"位育"思想与"人的教育问题"之间的关系,最终得出"位育是其教育

---

[1] 胡寿文:《潘光旦与新人文史观》,潘乃穆等编:《中和位育——潘光旦百年诞辰纪念》,中国人民大学出版社,1999年,第470—473页。

[2] 潘乃谷、潘乃和:《潘光旦教育文存·前言》,人民教育出版社,2002年,第2—5页。

[3] 韩明谟:《中国社会学名家》,天津人民出版社,2005年,第300页。

[4] 王丽艳:《潘光旦教育思想研究》,河北大学硕士论文,2006年。

思想的主线""人的教育是其教育思想的出发点和归宿"的判断。[1]

温华熙的硕士论文《潘光旦通才教育思想研究》认为，通才教育思想是潘光旦人文教育思想的重要组成部分。论文主要阐述了潘光旦通才教育思想的形成过程、时代背景、内涵及独特性、对通识教育的启示。论文认为，潘光旦独创的"位育"思想是其通才教育思想独特的理论渊源。[2]

刘军的博士论文《潘光旦人文教育思想研究》将潘光旦的教育思想归结为人文教育。论文提出，"作为一个教育学家，潘光旦兼收各个学科的知识营养并在这些学科视阈下对中国现代教育进行了分析与创新，他在教育上的见解凝聚为一个博大而较为完整的思想体系。在他的教育思想中，人文思想始终进行了贯穿与统率，形成了丰富的人文教育思想"[3]。

学界对潘光旦核心教育观念的认识见仁见智，举其荦荦大端为通才教育、人格教育或者"位育"教育。其中，以主张通才教育者居多，似乎谈及潘光旦就不能不想到通才教育，而论及通才教育则必推潘光旦为代表。例如，智效民《清华大学与通才教育》一文称潘光旦是清华通才教育的"重镇"，[4]杨东平《通才教育》一书则重点论及潘光旦。全慰天所撰《潘光旦传略》唯一提及的教育主张即通才教育，并将其作为潘光旦社会思想的首要方面进行重点介绍。[5]那么，通才教育真能代表潘光旦在教育上的核心主张吗？本文的回答是否定的。在笔者看来，潘光旦的思想追求在于自由，其教育思想的核心是自由教育。

1　乔东华：《寻求中国人的位育之道——潘光旦教育思想探微》，山东师范大学硕士论文，2007年。

2　温华熙：《潘光旦通才教育思想研究》，湖南大学硕士论文，2013年。

3　刘军：《潘光旦人文教育思想研究》，湖南师范大学博士论文，2008年。

4　智效民：《清华大学与通才教育》，《书屋》2001年第9期，第45页。

5　全慰天：《潘光旦传略》，潘乃穆等编：《中和位育——潘光旦百年诞辰纪念》，中国人民大学出版社，1999年，第10页。

二、自由教育是潘光旦教育思想的核心

目前，研究潘光旦思想的主要材料是2000年全部出齐的14卷本《潘光旦文集》，这套600万言的文集具有全集性质，基本涵盖了他的思想全貌。人民教育出版社出版的《潘光旦教育文存》是其教育思想的主要选本。根据该书所附"潘光旦主要教育论著索引"，潘氏有关教育的论著集中于《潘光旦文集》8卷（第2、5、6、8、9、10、11、12卷）当中，另有83篇有关教育的短评存目。

根据《潘光旦文集》涉及教育问题各卷文章篇目和《潘光旦教育文存》"潘光旦主要教育论著索引"开列的文章目录，我们可以大致了解潘光旦思考教育问题的范围。其中有的在标题中直接出现"教育"二字，此类文章凡26篇。潘光旦对教育问题总体性的思考都含在这26篇文章当中，换言之，带有教育哲学色彩的认识基本都在其中。另外，还有大量文章标题中未出现"教育"字样，但其主要内容讨论的也是教育问题。这类文章数量极大，多涉及具体教育问题，针对教育弊端有感而发，更能体现作者思考教育问题的轨迹。阅读这些文章发现，潘光旦的教育思考几乎囊括各级各类教育，涉及幼儿教育、小学教育、中学教育、大学教育不同等级，旁及职业教育、成人教育等不同类别；从领域上看，既有社会教育、家庭教育、学校教育，也有性别／性教育；从内容看，既有教学内容、课程，也有教育制度、教师、学生、考试、教学方法等；从哲学层面看，既涉及教育功能、教育目的、教育本质，也涉及教育内容、学术研究。

在众多教育见解当中，究竟潘光旦"一以贯之"的教育主张是什么呢？通才教育是否能代表其核心主张呢？要回答这个问题，必须对其总体的学术思想有所了解，因为潘光旦"学贯中西、融汇古今、打通文理"，其教育主张与总体学术思想休戚相关，并且他每每在阐述相关学术观点时牵涉教育问题。

潘光旦著述丰富，涉及领域广博且头绪众多，"新人文思想"却是其核心。但潘光旦的"新人文思想"仅仅是一个初步探索，他自己曾说："如果局势真有一些贞下起元，穷极思变的要求，而同时人的自觉的努力还有几分中用，而不完全受环境历史支配的话，则由头绪而线索，由线索而脉络，由脉络而纲领，而终于能把纲领提挈起来，我们的追求就不至于完全徒劳了。"[1]

正因为潘光旦所建构的理论体系并未最终完成，其各种观点也就可能在逻辑上缺乏自洽性。思想家自己并未给出一个提纲挈领的概括，研究者诠释其思想时难免莫衷一是。不过，这又使得对其思想的解读充满了开放性和多元性。其实，即使"不是历经劫难被剥夺了学术研究的自由和做人的权利"，潘光旦本人最终"把一个有系统的新人文史观贡献给世界"，[2] 不同的研究者从各自知识背景和阅历出发也可能获得不同的领悟。事实是，吕文浩抓住了"人格"这一关键词，胡寿文看到了"位育"的重要，而费孝通先生则依据他和潘光旦长期共同工作、生活的经历得出了关键在"怎么做人"这一认识。[3] 这些提炼和概括，都具有合理性，或许正反映出潘光旦思想的多重面相。

笔者将潘光旦教育思想的精髓概括为"追求自由"，认为他的教育主张都围绕着"自由"这一追求展开。在国家、民族危亡之时，潘光旦作为一介书生，从自己的专业背景出发，充分表达了对自由的渴望。正如他所说，"自由是生命的最大目的，个人要自由，社会也要自由"[4]。这种自由首先是社会意义上的，但"自由社会必须由自由的人组合起来，而自由人格的产生端赖一番普通教育的努力"[5]，由此教育便难辞其责。那么

---

1 潘光旦：《派与汇——作为费孝通〈生育制度〉一书的序》，辑入《政学罪言》，《潘光旦文集》第6卷，北京大学出版社，2000年，第10页。

2 胡寿文：《潘光旦与新人文史观》，潘乃穆等编：《中和位育——潘光旦百年诞辰纪念》，中国人民大学出版社，1999年，第476—477页。

3 费孝通：《推己及人》，《读书》1999年第12期，第21页。

4 潘光旦：《自由、民主与教育》，《潘光旦教育文存》，人民教育出版社，2002年，第299页。

5 潘光旦：《论教育的更张》，《潘光旦教育文存》，人民教育出版社，2002年，第381页。

什么是自由？如何才能达到自由境界呢？自由与教育之间、自由教育和人格教育之间、自由和"位育"之间是一种什么关系呢？

（一）自由与教育的关系

潘光旦主张全面、囫囵地认识人和社会，他认为人应该通达，"自由就是中庸，就是通达"[1]，"惟有不偏蔽而通达的人才真是自由的人"[2]。不全面、不通达、蔽于一端就不可能自由。但是，自由又不等于放任自流，不是散漫，不是放纵，"散漫与放纵都不是自由，而都极容易被假借为自由"。他认为，回答"自由究竟是什么"的问题必须先说明自由的两种先决条件，即"自我认识"和"自我控制"。[3] 潘光旦指出："控制的过程中虽也可以增加认识，但两者大体上有个先后；知行难易，虽可容辩论，知行先后，却不容怀疑。所以一个人完成他的人格的过程中，学问的努力比较在前，而涵养与历练的功夫比较在后。教育的根本，教育的核心，应该就是这些；他如一般知识的灌输、技能的训练、职业的准备、专家的造就，有如近代学校教育所能供给的种切，都是末节，都是边际，有时候还不大着边际。"[4]

自由是对本能和环境的"调适"、应付。然而，"应付本能与应付环境的力量，在人类也不过是一种'潜能'，而不是一种'动能'。要化潜能为动能，端赖教育"[5]。所以，自由教育便是以自由为目的的教育，是促人达到"位育"和自由的教育。在潘光旦看来，西方"近代教育"无视人的"整体性"存在，使人变为"畸形的人，零碎的人，不健全的人"[6]，

1　潘光旦：《自由、民主、与教育》，《潘光旦教育文存》，人民教育出版社，2002年，第298页。
2　潘光旦：《人文学科必须东山再起——再论解蔽》，《潘光旦教育文存》，人民教育出版社，2002年，第360页。
3　潘光旦：《散漫、放纵与"自由"》，辑入《优生与抗战》，《潘光旦文集》第5卷，北京大学出版社，1997年，第230页。
4　同上书，第231页。
5　潘光旦：《自由、民主、与教育》，《潘光旦教育文存》，人民教育出版社，2002年，第299页。
6　潘光旦：《论教育的更张》，《潘光旦教育文存》，人民教育出版社，2002年，第380页。

而中国"对于西洋式的教育,亦步亦趋了四五十年,晚近对于西洋教育的某几个方面更有青出于蓝冰寒于水的趋势"[1],所以他在著作中处处流露出对自由教育的向往。

"类型与自由"是《自由之路》一书第一章"自由导论"的首篇,是解读潘光旦自由思想的核心文本之一。文中他依据中国古代的划分方法,将人的类型分为狂、狷两种,并与意大利社会学家帕累托(Pareto)划分人的类型所用的进取和保守以及奥地利心理学家荣格(Jung)所说的内转和外转相比照,认为三种划分方法近似。潘光旦认为,在中国"二千年来,因为误解了中庸与中行的原则,就一般士大夫言,狷的一流是远超过了狂的一流,就一般民众言,不狂不狷与可狂可狷的分子自然是占绝大多数,而因为士大夫始终执社会与文化生活的牛耳,在可狂可狷的大众不能不惟他们马首是瞻,换言之,也就不得不趋向于狷的一途;于是,就少数领袖说,洁身自好,有所不为,成为行为的最高准则;就民众说,多一事不如少一事,一动不如一静,息事宁人,惜财忍气……等等,成为普遍而不自觉的信仰。其总结果便是二千多年的静止与平凡的社会与文化生活;驯至惰性久已养成,痼疾深入腠理,即在刺激特别多而有力的今日,也大有动弹不得之势"[2]。正因为如此,潘光旦认为教育的原则虽然是中行和自由,还应更侧重在进取和冒险,"以至于多管'闲'事的精神的鼓励,因为唯有把狂的分量相对的增加,才可以教狷的分量相对减少,因为,既枉曲于前,自非过正不足以矫之于后"[3]。潘光旦指出,"狂狷一类型的过度发展是要防止的。防止的方法不出两途:一是选择,二是教育",而"教育要做到这一点,必须有一个原则。这原则就是自由"。他又说:"自己不能做主宰、定选择的人——都是不自由的人。"[4]

---

1 潘光旦:《赫胥黎自由教育论》,《潘光旦教育文存》,人民教育出版社,2002年,第405页。
2 潘光旦:《类型与自由》,辑入《自由之路》,《潘光旦文集》第5卷,北京大学出版社,2000年,第228—229页。
3 同上书,第229页。
4 同上书,第227页。

潘光旦认为，"真正的人的学术包括每一个人的自我认识与自我控制"，"而此种学术上的任务也就是教育的最基本的任务"。[1] 所以此处所说的教育的最基本的任务也就是使人达成自由或"位育"。"所以讲求本末的教育才是真正的位育的教育，也才是真正的教育，不求位育，不讲本末的教育根本就不配叫做教育。"[2] 那么什么是教育之本呢？潘光旦把教育由本及末、由近及远分为三个层次，第一个层次是关于人的，第二个层次是乡土教育，第三个层次是一般的史地教育。在第一层次中，"可使分作两部分，一是关于一般人道的，关于人与非人的界限分别的；二是关于个别的人的，关于我与非我的界限分别的"。并且，"此一部分教育的目的是在取得人对于自己的了解，进而对于自己的控制"。而"关于每一个人的自我了解与自我控制的部分，也就是全部教育中最最基本与主脑的部分"。[3]

受控制、束缚则不自由，教育上的不自由就是"填鸭"，政治上的不自由就是受"意识环境"的控制。[4] 自由的教育是自求自得的，是"为己"之学，教师不过起到一种辅助的作用。[5] "自由教育既以自我为主要的对象，在方法也就不出两句先秦时代的老话所指示的途径，一是自知者明，二是自胜者强。"[6]

（二）人格教育和自由的关系

潘光旦对教育问题的探讨始于对人的分析，人格一词在其教育思想体系中占据重要位置。可以说，对人格的分析构成了潘光旦的教育对象观。潘光旦指出，"教育只有一个目的，就是每一个人的人格的培养"。

1　潘光旦：《说童子操刀——人的控制与物的控制》，《潘光旦教育文存》，人民教育出版社，2002年，第324—325页。

2　潘光旦：《说乡土教育》，《潘光旦教育文存》，人民教育出版社，2002年，第339页。

3　同上书，第339页。

4　同上书，第300页。

5　同上书，第301页。

6　同上书，第301页。

但是此处的人格,是囫囵的人。"人格基于人性,人性不是一种单纯的东西,众人相同的部分是通性,异于众人的是个性,男女的基本不同我们又统称之为性别,人人既有此三部分的人性,人人即不能无一种要求,就是此三部分的并重与协调的发展,发展的过程是教育。"[1] 至于养成何种人格,潘光旦的另一篇文章给出了答案。在清华建校36年之际,他对清华师生想加意培植的一些作风进行了总结,认为"用近来的话说,就是客观与毋我的精神,用旧一点而今人已经不大习惯的话说,就是明恕之道。名称不同,实质则一,用此精神于事物,于求知,于学问,其表见即是科学。用之于人,于一己的行为态度,于人我的交相感应,其表见即是自由,是民治"[2]。可见,潘光旦关于教育的最终追求还在于自由。

(三)"位育"与自由的关系

"位育"是潘光旦思想体系中的另一个关键词,费孝通甚至断言,"'位育'是潘老师全部思想的核心"[3]。"位育"一词出自《中庸》"致中和,天地位焉,万物育焉"句,清初学者颜元已经将"位""育"连在一起使用,他倡导"德即进于中和,功即臻于位育"[4],但是真正使"位育"成为一个新概念,并赋予其新内涵则自潘光旦始。潘先生根据"位者,安其所也;育者,遂其生也"的注释指出,"安所遂生",不妨叫做"位育"。他认为,学界把生物界所谓adaptation或adjustment的现象译作"适应"或"顺应",实际上是把相互感应的过程看作片面感应的过程,翻译成"位育"则能体现出人与历史、人与环境之间的双向影响。[5]

自由和"位育"的意义在潘光旦的文章中具有一致性。在《自由、

---

1 潘光旦:《教育——究为何来?》,《潘光旦教育文存》,人民教育出版社,2002年,第369页。

2 潘光旦:《省察第一——为清华大学三十六周年纪念作》,《潘光旦教育文存》,人民教育出版社,2002年,第362页。

3 费孝通:《想起潘光旦老师的位育论》,《西北民族研究》2000年第1期,第2页。

4 颜元著,王星贤、张芥麈、郭征点校:《颜元集》,中华书局,1987年,第190页。

5 潘光旦:《"位育"》,《潘光旦选集》第4卷,光明日报出版社,1999年,第425页。

民主与教育》一文中，潘光旦有一段对自由的论述，他写道："人又未尝没有本能，但本能可容制裁疏导；人又未尝不仰仗环境，但环境可容选择、修润，以至于开辟创制。能抑制疏导我们的本能，能选择、修润、开辟、创制我们的环境，就是自由。"[1] 这段文字似曾相识，与他对"位育"的解释如出一辙，可以说在潘光旦的思想体系中，"位育"与自由的精神实质具有高度一致性。"安所遂生，就是调适，也就是我们时常说到的'位育'。"[2] "位育"的目的就是达到自由，能够"位育"便有了自由，不能"位育"就是缺乏自由。

（四）自由教育的内涵

自由教育（liberal education）又可以译为普通教育、通才教育或通识教育，这些概念旨趣虽近，却有细微差别。潘光旦称："英文'普通教育'（general education）一词时或与自由教育（liberal education）一词互相通用，我近来喜欢把它们都译作'通达教育'，觉得最为切合。惟有不偏蔽而通达的人才真是自由的人。"[3] 虽然在潘光旦看来，"自由、通达、中庸一类的概念是名异实同的一回事"[4]，但通过解读潘光旦思想，我认为自由教育最为传神。

在教育理论中，自由教育是一个内涵丰富的概念。《中国大百科全书》教育卷在解释自由教育（liberal education）时，梳理了该词不同时代的含义。最早提出这一概念的亚里士多德认为，"自由教育是'自由人'（即奴隶主贵族）所应受的，以自由发展理性为目标的教育"。在中世纪，自由教育的内涵发生了变化，"其'自由'已不是指充分发展人的理性，而是指摆脱尘世的欲望，皈依基督的神性"。文艺复兴时期，意大利人文

1　潘光旦：《自由、民主、与教育》，《潘光旦教育文存》，人民教育出版社，2002年，第299页。

2　潘光旦：《一种精神，两般适用》，《潘光旦教育文存》，人民教育出版社，2002年，第314页。

3　潘光旦：《人文学科必须东山再起——再论解蔽》，《潘光旦教育文存》，人民教育出版社，2002年，第360页。

4　潘光旦：《赫胥黎自由教育论》，《潘光旦教育文存》，人民教育出版社，2002年，第405页。

主义者 P.P. 韦杰里乌斯认为，自由教育"是一种符合于自由人的价值的教育"，是"使受教育者获得德性与智慧的教育"，"是一种能唤起、训练与发展那些使人趋于高贵的身心、最高的才能的教育"。18、19 世纪以来，因自然科学兴起，自由教育被解释为文理兼通的普通教育。[1]

《教育大辞典》将自由教育（liberal education）等同于文雅教育（general education），认为是一种"以一般文化修养课程为主要内容来促进人的智慧、道德和身体等多方面发展的教育思想"，也是"提倡尊重儿童，促进儿童天性自由发展，使其成为自由人的教育思想"。[2]

综上，笔者认为，自由教育一方面与通才教育、博雅教育旨趣相通，另一方面也包含着使受教育者获得自由的意蕴。如果说通才教育和自由教育有些微区别的话，区别就在于自由当中还有政治的旨趣，而通才教育则没有。或者说，通才是对当前状态的描述，而自由则是未来状态的展望。

在潘光旦的社会思想中，只依赖个人人格养成的教育不足以取得社会的和谐发展，无助于完美社会的实现。[3]"要个人生活与人格的健全发展，要通性、个性、性别三节目的不偏废、责任端在教育，在一种通达的教育，就是自由教育。要社群生活与群格或国格的健全发展，要秩序、进步、绵延三节目的不偏废，责任端在政治，在一种通达的政治，就是民主政治，自由教育与民主政治的相辅而行，互为因果，是我们一向认识而主张的。"[4]

---

1 《中国大百科全书·教育》，中国大百科全书出版社，1985 年，第 570—571 页。
2 《教育大辞典》（第 1 卷），上海教育出版社，1990 年版，第 46 页。
3 吕文浩：《潘光旦教育观念述略》，清华大学硕士论文，1996 年，第 9 页。
4 潘光旦：《个人、社会、与民治》，辑入《自由之路》，《潘光旦文集》第 5 卷，北京大学出版社，2000 年，第 465 页。

三、潘光旦自由教育思想的基本框架：
解读《自由、民主、与教育》

自由观念在潘光旦的思想当中虽然一直存在，但是明确表达出来，却是在20世纪40年代，发表于1944年8月的《自由、民主、与教育》一文堪称潘光旦自由教育思想的经典之作。解读此文，可以把握潘光旦自由教育思想的框架。

（一）自由教育的实质

该文提出，人与动物不同，可以应对本能和环境，但这种应付本能和环境的能力并非与生俱来，是一种"潜能"而不是"动能"。"要化潜能为动能，端赖教育。"[1] 然而，现实中所谓的教育并没有教给我们多少"自动控制我们本能的理论与方法"，受过教育的人并不能在声色、货利、权势的场合之中"周旋中节，游刃有余"。教育这个词甚至成了许多东西的代名词："宗教信条的责成是'教育'，《圣谕广训》的宣读是'教育'，社会教条的宣传是'教育'，一切公式的灌输都是'教育'。"[2] 这种所谓的"教育"，所能"教"我们的并非一种自动控制的力量，而是"往往把另一些人所已控制住的环境，强制的加在我们身上"，使人成为被"填"的鸭子。[3] 自由教育是对填鸭式教育的反动，这种教育不是"受"的，也不应当有人"施"，而是"自求"的。在"自求"的教育过程中，教育者的职责在于"辅助"。

---

1 潘光旦：《个人、社会、与民治》，辑入《自由之路》，《潘光旦文集》第5卷，北京大学出版社，2000年，第250页。

2 同上书，第258页。

3 潘光旦：《自由、民主、与教育》，辑入《自由之路》，《潘光旦文集》第5卷，北京大学出版社，2000年，第259页。

（二）自由教育的对象

自由教育以每个个人、以"自我"为对象。自由教育"既着重在自求自得，必然的以自我为教育的对象。自由的教育是'为己'而不是'为人'的教育，即每一个人为了完成自我而教育自我。所谓完成自我，即用教育的方法，把自我推进到一个'至善'的境界"[1]。

自由教育所要塑造的是人，这是潘光旦对自由教育的目标定位。他认为，"自由教育下的自我只是自我，自我是自我的，不是家族的、阶级的、国家的、种族的、宗教的、党派的、职业的……"进一步说，自由教育的主要目的"是在完成一个人，而不在造成家族的一员，如前代的中国；不在造成阶级的战士，如今日的俄国；不在造成一个宗教的信徒，或社会教条的拥护者，如中古的欧洲或当代的建筑在各种成套的意识形态的政治组织；也不在造成一个但知爱国不知其它的公民，如当代极权主义的国家以至于国家主义过分发展的国家；也不在造成专才与技术家，如近代一部分的教育政策"[2]。自由教育不是要造出迎合于某种环境的片面的人，而是要将每个个体，都塑造为一个完整的人。

（三）自由教育的方法

潘光旦认为自由教育"既以自我为主要的对象，在方法也就不出两句先秦时代的老话所指示的途径，一是自知者明，二是自胜者强"[3]。并且，自由教育"既着重在自求自得"，所以对青年的教育"只能有侧面启迪的一法，而不容许任何正面灌输的方法"。[4]此处的启迪，和潘光旦经常使用的启发、诱掖、比喻的方法用意相同。在这篇文章的行文当中，潘光旦两次让读者参考其以前撰写的文章，其一是在谈到先秦学人讨论

---

1 潘光旦：《自由、民主与教育》，辑入《自由之路》，《潘光旦文集》第5卷，北京大学出版社，2000年，第259页。
2 同上书，第259—260页。
3 同上书，第260页。
4 同上书，第261页。

教育问题"只言学，不大言教，更绝口不言训"的时候，作者称"详见《说训教合一》"；其二是在此处谈及自由教育的方法启迪时，称"详见《宣传不是教育》"。其实我们可以在这两条注释之后再加上几十条，将以往潘光旦的各种教育论述作为分论点附在这篇文章的后面。可以说，自由这个概念是一条红线，贯穿潘光旦教育论述始终，是其教育思想的出发点和归宿。

（四）自由教育的条件

《自由、民主、与教育》一文进一步就自由教育的"实际设施"进行了讨论。潘光旦对人生的目的——自由、通达、中庸——作了精细区分，认为如果从人的角度来说，生活的目的就是求自由或求中庸，从环境的角度（或者人和环境的关系）看，则生活的目的在求通达。

以上所说，都是从教育内部来看教育。在该文的最后，潘光旦回到了文章开篇点明的主旨，从外部环境（民主的政治与社会环境）来论说自由教育所需要的条件。在解释民主的时候，潘光旦认为它的最基本的假定是："每一个社会的分子，每一个人，必须有自主与自治的能力，如果还没有，至少要从事于此种能力的培养。"他进一步解释说，"所谓自主与自治的能力，岂不是等于上文所说自明与自强的能力，而所谓培养，岂不是就等于教育？"[1]

其实潘光旦在这里使用的概念、表达的观点，在以往的著述中都已或多或少出现过。笔者认为，自由教育概念的提出将以往关于教育的表述前后贯通起来，自由教育观念在其中发挥了纲举目张的作用。通过对自由教育的阐释，潘光旦将其关于社会理想（包括教育在内）的看法整合了起来。

总而言之，自由的前提是对内外环境的自主性的控制和调适（"位育"）。对于内部环境来说，人要控制和裁节自己的欲望；对于外部环境

---

1 潘光旦：《自由、民主、与教育》，辑入《自由之路》，《潘光旦文集》第5卷，北京大学出版社，2000年，第262页。

来说，人应当知道如何避免受到蒙蔽。从教育的形式上看，为培养自由的人，需要一种自由的教育，避免"狂"或"狷"各两个极端，最终形成一种"狂而能不逾矩，能有所不为，狷而依然能从心所欲，依然能有理想，能图进取，斯其所以为中行"[1]的品质，能达到孔子所谓的"七十而从心所欲不逾矩"的状态。在潘光旦看来，孔子"七十而从心所欲不逾矩"就是自由，"就是自由最好的注脚，最好的界说"。[2]

---

1 潘光旦：《类型与自由》，辑入《自由之路》，《潘光旦文集》第5卷，北京大学出版社，2000年，第228页。

2 潘光旦：《散漫、放纵与"自由"》，辑入《自由之路》，《潘光旦文集》第5卷，北京大学出版社，2000年，第231页。

"破格"录取与坚持原则

——从两次招生看潘光旦先生对清华传统的坚持

金富军[*]

社会上谈及清华校史时，经常会有人津津乐道于一些名人破格进入清华，既表扬当年招生的不拘一格与慧眼识英才，更在于表达对于当下大学招生的不满；甚至更有学者认为名校就应该勇于破格。名校招生是否应该勇于破格暂且不论，我们先来看看四则材料，它们有个人回忆，有他人研究，也有新闻报道。

徐士瑚："1925年清华大学部初创，尚无院系建制。入学考试时，学校只列出报考12门类——国文、英文、历史、教育、哲学、法律、政治、经济、物理、化学、生物、土木工程。我报考了英文类（后改为西洋文学系）。我的考分英文83分，数学只23分，平均分数68分。很可能清华校方认为我报考的是文科，所以数学虽不及格仍录取了我。"[1]

张民觉：被誉为"试管婴儿之父"的张民觉当年考大学，北

---

[*] 金富军，清华大学校史馆副研究员。
[1] 徐士瑚：《在清华六年》，孙哲主编：《春风化雨：百名校友忆清华》，清华大学出版社，2011年，第40页。

京大学、师范大学都没有考取，清华大学破格录取了他。因为他平时对陈桢教授的生物学著作读得很好，因此生物学的分数考得"奇高"。[1]

钱锺书：1929年，钱锺书报考清华大学。虽然国文、英文考得不错，但数学只考了15分。后来，已经成为大师级的钱锺书回忆，"我数学考得不及格，但国文及英文还可以，为此事，当时校长罗家伦还特地召我至校长室谈话，蒙他特准而入学。我并向罗家伦弯腰鞠躬申谢"[2]。

吴晗：吴晗于1931年首先报考北京大学史学系，尽管文史和英文都得了100分，但数学得0分，而北大规定考生有一门科目得0分就不能录取，因而他没有被北大录取。为此，他只得又去报考清华大学历史学系，考试结果同样是数学还是0分，文史和英文是100分，清华大学也有与北大相同的规定，但却以吴晗文史成绩特别优秀为理由，将他破格录取。

无疑，这些都是从正面去看待的美谈佳话。诚然，每个人资质、禀赋不同，单纯用分数一把尺子去衡量，肯定有不足，这点毋庸置疑。因此，大学选取人才，能够不完全囿于分数，或不完全囿于某科分数，发掘出在某些方面有潜力的学生，自然是好事。但这样的例子传多了，则容易让人产生疑问：如果优秀人才都需要破格才能进清华，那是不是说"格"本身就有问题？因为"格"把这些有潜力的人才都挡在外面了。既然"格"有问题，为什么不去改变"格"以让它更加合理，而总是临时性的"破"呢？面对这样的疑问，首先应该问的是：当年的"格"到底是什么？

对大学招生来说，"格"就是录取标准。在主要以分数为标准的时

---

[1] 黄延复：《五级金庆志略》，《清华校友通讯》复第8期，1983年，第4—5页。

[2] 《民国大学破格录取零分学生》，《文史博览》2013年第8期，第40页。

候,"格"主要指大学的录取分数线。

考察 1925 至 1933 年清华学校大学部和清华大学录取标准,1925 年清华学校大学部录取分数线是各科总平均 47 分,且不考虑单科成绩。[1] 徐士瑚平均成绩 68 分,已经达到了录取标准,并不存在数学只考了 23 分而被破格录取的问题。1925 年入学的考生中,还有一名学生国文成绩在 20—25 分之间,[2] 也应该是总平均达到 47 分而被录取。因此,无论是徐士瑚,还是国文考了 20 多分的学生,都是正常录取。

钱锺书 1929 年考入清华大学,当年总平均、国文英文数学三门平均不低于 40 分,国文和英文要求不低于 45 分,数学不低于 5 分。[3] 对钱锺书来说,国文、英文很好,不成问题。至于数学成绩,钱锺书自己说不及格,似乎也不是"零分"的意思。而坊间流行钱锺书数学成绩为 15 分。如果属实,则也已经达到 5 分的录取线,并不存在"破格"的问题。

张民觉也是 1929 年考入清华,张民觉自己的回忆是:"1929 年我在太原第一师范学校毕业,就去北京投考北京大学、师范大学、清华大学。结果北大、师大我都落了榜,而清华却录取了。可能是由于我在中学时,曾熟读陈桢先生著的《生物学》,因而生物考分很高。"[4]

显然,张民觉本人没有说自己破格,因为没有他的分科成绩和总成绩,是否真属于"破格",尚待材料的进一步挖掘。但很可能是研究者看到张民觉的回忆,在北大、师大落选而清华录取情况下,想当然地认为清华"破格"录取了张民觉。

关于吴晗是否破格,清华大学校史馆刘惠莉通过细致考察,查明 1931 年吴晗以插班生考进清华,文史成绩优异,但插班生考试不考数学;

---

[1] 《国立清华大学历年招考本科学生录取标准》,《清华周刊》(向导专号),第 41 卷第 13、14 期,1934 年,第 156—159 页。

[2] 牟乃祚、邬振甫:《本校两年来录取学生成绩之比较》,《清华周刊》第 27 卷第 11 号(第 408 期),1927 年 4 月 29 日,第 612—618 页。

[3] 《国立清华大学历年招考本科学生录取标准》,《清华周刊》(向导专号),第 41 卷第 13、14 期,1934 年,第 156—159 页。

[4] 张民觉:《困学求知回忆录》,《清华校友通讯》复第 9 期,1984 年,第 47 页。

吴晗是正常被录取而非破格。[1]

平心而论，"格"是规则、是规矩，理应随着形势变化，破除、扬弃不合实际的部分，做出修正，否则就会故步自封。但另一方面，"格"也应该是明确的、权威的，并且相对稳定的。从公正、公平的角度，"守格"与"破格"是同等重要，甚至更为重要。规矩不能随便破，否则就相当于没有规矩。

揆诸清华历史，周诒春、曹云祥、梅贻琦、潘光旦、蒋南翔等清华领导，始终在努力地维护公平、公正的招生规则，率先垂范，形成了良好的传统。

对大学来说，招收学生质量的高低，在一定程度上决定着学生培养质量的高低。大学当然希望招收到美玉璞玉，勤加雕琢以成大器。对学生而言，能否进入理想大学对其一生影响甚巨甚至彻底改变命运。对国家而言，大学招生关系到国家未来发展的所需人才的大事。是故大学招生历来广受各界关注，也时时挑动社会敏感神经。历史上，清华有不少峻拒请托、坚持原则、维护公平与选材制度尊严的事例。在这方面，潘光旦先生坚持清华严格招生传统，堪称表率。

1930年代，安徽省主席刘镇华两个儿子想来清华旁听。潘光旦说：承刘主席看得起，但清华之被人瞧得上眼，全是因为它按规章制度办事，如果把这点给破了，清华还有什么，不是也不值钱了么？西南联大时期，在昆明也有厅长之类的人想把自己的子弟塞进西南联大来，也遭到潘光旦拒绝。

潘光旦坚持原则，不只是对说情的拒绝，还有对不合理命令的抗争。1949年，最高人民法院院长沈钧儒为其孙入清华读书，转托高教会给清华下达指令。潘光旦认为此种做法"于法绝对不妥"。潘光旦曾当面婉劝沈钧儒收回此不合理请求，但沈钧儒并未被说动。潘光旦在日记中写道："清华自二十年前起不收旁听生，余在教务长任内曾以词折服军阀刘镇华

---

[1] 刘惠莉：《吴晗"数学考零分、破格进清华"说辨析》，《清华大学学报》（哲学社会科学版）2010年第4期，第154—158页。

之秘书长不遣刘子二人来校旁听,今衡老以人民最高法院院长之地位,作此强人违例之举,不第对清华不利,对己亦有损令名,而高教会肯以指令行之,亦属太不检点。"[1]

11月9日下午,沈钧儒嘱其孙携书信到清华,商谈来清华旁听事。潘光旦就此事从各方面剀切剖析:"高教会徇私人之托,随意指令其附属机关,终将受人评议,不利一也;清华奉指令行事,破其二十年来良好之规则,不利二也;衡老为法界前辈,向以法治领导群伦,今又膺最高人民法院之重寄,今乃视一校之章则与优良习惯为无足重轻,必招物议,不利三也;沈君而入校旁听,同学必将指摘曰,此某之文孙始获此特殊待遇,何外此无他例也?此不利四也。余以此语沈君,请其孰权利害,自动撤回申请,并归与老人陈之。青年人有理想,有热情,以词折服,宜若较易,此事看来可以了结,至余或因此而开罪衡老,开罪于当今之大理,则不暇计及矣。"[2] 此事遂不了了之。

潘光旦先生坚持原则,维护了招生的公正,也是对清华传统的维护。在历史上,并不鲜见此类事情。

1924年3月,北京政府驻美公使施肇基给姻兄、外交总长顾维钧写信,为参赞容赞虞之子容丹南申请官费留美。顾维钧于4月14日即写信给清华学校校长曹云祥,请他玉成此事。熟悉清华早期历史的人都知道,1912至1928年间,清华归外交部管理,清华校长由外交部选派。故顾维钧为曹云祥直接上司。且曹云祥出掌清华前曾长期厕身外交界,亦为资深外交人员,与顾维钧、施肇基均相熟稔。但上述因素并不为曹云祥所动,他在复信中说:"查本校津贴生照章由监督处寄到学生陈请书,并检同历年成绩表、学校证明书,经本校审查合格,给予半费,历年均如是办理。兹查监督处寄来陈请书内并无容丹南名字,无从核办。除径函赵

---

[1] 潘光旦1948年10月28日日记,《潘光旦文集》第11卷,北京大学出版社,2000年,第309页。

[2] 潘光旦1949年11月9日日记,《潘光旦文集》第11卷,北京大学出版社,2000年,第313—314页。

监督就近通知容参赞按照手续办理外，敬恳函复施公使其所请官费一节，碍难开例……原函附还……"[1] 顾维钧接到此信后，于 4 月 19 日将此复信内容转告施肇基，婉言拒绝了他的请求。

7 月，学生贾观鑫因成绩不及格，学校照章将予开除。其父贾丰臻是当时教育界知名人士，请托他的老上司、国务总理的顾维钧代为说项，免于开除，以便将来有机会留学美国。顾维钧将此意函告曹云祥。曹云祥在回信中说："经教员会议，全体教员众口一词，谓该生实属不堪造就，如该生不除名，令其出洋，则所有学生，一入清华，均可出洋游学，毫无区别。"再次拒绝了贾的请求和顾维钧的说情。[2]

学校领导能对不合理的请托理直气壮地说不，最大的底气来源于对教育公平信念的坚守和自己对规章制度的坚持，正己然后才能正人。梅贻琦的侄子梅祖武、小女儿梅祖芬都报考过清华大学，均因成绩不合格未被录取，一位去了北洋大学，一位去了燕京大学。当一位上海的校友对梅贻琦说自己的孩子想考清华，希望能予关照时，梅贻琦当即告诉这位校友："我的小女儿去年就没有考上清华，也只能由她到录取的学校去上学了。"这位校友听后很能谅解。[3]

梅贻琦任清华大学校长多年，没有凭个人关系录取过一个"自己人"。他曾嘱咐秘书和有关招生的老师，凡要求破例录取的信件，不必转给他本人，一律按规定办事。

不仅梅贻琦如此，清华其他重要领导亦是如此。西南联大时期，李继侗任先修班主任、西南联大生物学系主任，他的长子曾连续三年先修

---

[1] 谢雪桥：《"碍难开例……"——早期清华抵制"说情风"二例》，《清华校友通讯》复27册，清华大学出版社，1993 年，第 178 页。

[2] 谢雪桥：《"碍难开例……"——早期清华抵制"说情风"二例》，《清华校友通讯》复27册，清华大学出版社，1993 年，第 178 页。

[3] 沈刚如：《献身大学教育的梅贻琦先生——记西南联大始末及其成就》，黄延复主编：《梅贻琦先生纪念集》，吉林文史出版社，1995 年，第 306 页。

班，最后考入云南大学。[1] 在梅祖芬考清华的1946年，文学院院长兼哲学系主任冯友兰的女儿冯钟璞与建筑系主任梁思成的女儿梁再冰也报考清华大学，她们丝毫没得到特殊照顾。

这方面，蒋南翔校长也是模范。20世纪60年代，蒋南翔校长的儿子中考。因为成绩没有达到清华附中录取线，蒋南翔校长主动将儿子转学到其他学校，根本不给清华附中领导增添丝毫困难。[2]

清华在招生上坚持原则，既有曹云祥校长直白的峻拒与潘光旦耐心的说理，有时候也在不伤害原则的前提下灵活处理，公私兼顾。

抗战期间，清华大学与北京大学、南开大学迁往昆明，合组西南联合大学，在艰难条件下弦歌不辍，创造战时教育奇迹。其中，以龙云为首的云南地方的支持，是西南联大成功的重要因素之一。有一天，龙云特地来拜访梅贻琦，说孩子没有考取联大附中，请求破例录取。梅贻琦留龙云吃饭，并请联大教务长潘光旦作陪。席间，梅贻琦请潘光旦派老师晚上辅导龙云的孩子，等明年再考，并且言明老师的家教费得由龙主席支付。

60年代初，贺龙的儿子贺鹏飞报考清华，成绩达不到录取标准，有人希望学校能照顾录取。蒋南翔校长表示："分数面前，人人平等"，除政府有明文规定如少数民族、华侨子女等以外，一律按分数录取。断然拒绝了这一提议。[3] 这一年，贺鹏飞没有进入清华。但蒋南翔也不是一拒了之，他要求清华附中能允许贺鹏飞补习一年。经过一年补习，贺鹏飞才考入清华。

梅贻琦、蒋南翔的处理，体现了他们对待领导人子女既严格要求又热情关怀，于对方有利，于学校无害，做到了公私兼顾，两不相害。

1　蔡麟笔：《为百世师为天下法——哭月涵师长》，黄延复主编：《梅贻琦先生纪念集》，吉林文史出版社，1995年，第126页。

2　万邦儒：《南翔同志关心中学教育》，《蒋南翔纪念文集》，清华大学出版社，1990年，第294页。

3　李寿慈：《南翔同志永远活在我心中》，《蒋南翔纪念文集》，清华大学出版社，1990年，第181页。

在包括招生在内的各项事务中，必须遵守一定的规章制度。但在另一方面，规章制度难以全面兼顾实际情况的复杂性甚或规章制度本身存在不足，就需要长期以来各方互动凝聚形成的共信来补充；共信立则互信生，规章制度之外的行事或不致偏离正轨。二者关系若处理恰当，则可收互补之效。若处理不当，甚或存私心弃共信，则必然导致腐败黑幕。好在无论是严守规章制度，还是不拘一格唯才是举；无论是国家统一招生，还是大学自主招生，清华始终坚持公正公平原则，保持了优质的生源。既维持了学林正气，也保证了人才辈出。

因此，前述这些学生是依照清华的"格"进来。纵观清华百余年，的确有极少数优秀人才通过变通进入清华，但绝大部分是通过严格选拔入学清华，这恰恰证明清华的"格"是行之有效的。换言之，清华历史上人才辈出，主要不是"破格"，而正是坚持"守格"的结果。

引用清华校友、著名教育家孟宪承关于大学招生的话来作为结束：

> 大学学生的应该严格选择，已为大家所公认，我们也无须费词。我们以历年大学入学考试的经验，看到青年报名的拥挤，看到他们成绩的相差，看到他们远道奔走，同时投考数校的困苦，常不禁恻然地、被引起极深切的同情。可是大学要对于每一个投考学生的去取，虽经过很慎重的衡量，而到底不能不以全力来维持严格的标准。这在大学是为完成它的最高任务所必需，并不是漠然坐视青年的失学。倘使竟有一部分的青年失学，那也应同时归咎于中学训练的没有充分，大学以外各种专科学校的没有多多设立，而不是大学入学考试独任其咎的。[1]

---

[1] 孟宪承：《大学教育》，《孟宪承文集》卷三，华东师范大学出版社，2010年，第64页。

潘光旦的办刊理念与言论特色

——以《华年》周刊为中心的考察

周 忱[*]

潘光旦一生的事业，教读而外，他一千多万字的写作，与刊物有着密切的关系。他在民国时期出版的著作，绝大部分是发表在各类综合性、专业性杂志上的文章结集。收录于其后人整理汇编的14卷《潘光旦文集》等，相当的部分——包括译文，也来自于形形色色的刊物。潘光旦直接参与编辑、主持的刊物，学生时代有《清华周刊》（1920—1922），留美时期有英文《留美学生月报》、中文《留美学生季报》（1924—1926），回国后在上海、北平时期有《时事新报》"学灯"副刊、英文《中国评论周报》、《新月》月刊、《优生月刊》、《华年》周刊（1927—1937），抗战及抗战结束在昆明时期有《民主周刊》（1944—1946）等。

潘光旦的办刊和言论文章总是引起比较激烈的争论，而他1930年代主编《华年》周刊，则是他编辑、文字生涯中全力以赴、极有特色的一段。在这一阶段，潘光旦先前的办刊经验得以系统化，形成了成熟的办刊理念；而他在《华年》周刊上的一些核心言论、观点，在之后也由其反复申说并得到深化。

本文拟通过刊物文本的内外查考，重返潘光旦具体的办刊过程：《华年》的创刊、运作、变更、停刊，深入了解他在当时刊物界竞争格局下

---

[*] 周忱，新民晚报社主任编辑，《新民晚报社区版》社长、主编。

的追求与定位。同那个年代的不少文人学者一样，潘光旦的办刊，是其参与社会、介入政治的一种方式。潘光旦有别于主流的办刊立场和学人论政的独特风格，及其在严峻背景下种种思想交锋中发挥的作用，包含的价值，至今仍值得反复推敲、深刻认识。

一、"和《生活》比赛比赛"

《华年》周刊是由中华基督教青年会全国协会的《青年进步》杂志改刊而来。[1]

潘光旦1952年在清华大学的思想改造运动中作检讨时回忆，"办《华年》的经过"，是"青年会全国协会要办一种周刊"，"青年会的头"余日章找他，起初他没有答应。1932年"一·二八事变"之后，已"被挤"离开光华大学文学院和中国公学大学部教职的潘光旦，觉得抗日气氛浓厚，"可以说说话"，便接受了办刊邀请。而办《华年》其中的一个目的，按"余日章的说法"，是和邹韬奋主编的《生活》周刊"比赛比赛"。[2]

早在1913至1922年就读清华园期间，潘光旦就加入了基督教青年会清华学校分会。他积极参与该会活动，曾选为书记一职，一度也皈依过基督教。中国的基督教青年会作为一个由北美移植而来的国际性跨宗派的社会组织，旨在以宗教活动提高青年灵性修养、改善青年人生活，其民初以还的影响，远远超出宗教范围。它通过社会服务项目，吸引学生及各地精英人士，大规模推行民众教育、现代体育、公共卫生和社会救济等事业。青年会的书报部发行所，及以后改组成立的青年协会书局，亦配合编行大量相关书刊。青年会全国协会会刊《青年进步》创刊于1917年，由原《青年》《进步》两种杂志合并而成，标榜的宗旨为"提倡

1　上海市政府批第三六二号，《上海市政府公报》，第126期，1932年11月10日。
2　潘光旦：《我的检讨》，清华大学节约检查委员会编：《欢迎潘光旦先生开始的进步》（三反结束专刊），1952年11月。

德智体群四育,以建造青年完全人格",全年发行 10 期,最盛时期每期发行 7500 份。

潘光旦于 1926 年留美回国后,担任上海基督教青年会干事,虽然那时他已舍弃了基督教。他在上海基督教青年会主办的刊物《上海青年》发表文章,为《青年进步》撰稿,1931 年 5 月起还为青年会全国协会的种族卫生委员会主编《优生月刊》。[1] 1932 年 2 月,《青年进步》因印刷所被日军所毁而延期出版,最终决议停刊。潘光旦答应青年会全国协会总干事余日章接办刊物,正是这个时间点。

从刊物之间的横向比较看,潘光旦认为,"那时候《生活》已经办了有几年,影响之大,在全国刊物中首屈一指"。所以潘、余合作,新出《华年》周刊,缩短刊期,"和《生活》唱对台戏",从基督教青年会的立场争取读者,是可以理解的。但从青年会刊物本身的纵向比较看,潘光旦另起炉灶,对原先的刊名和办刊宗旨都做了大的改变,某种程度上割裂了前后因缘关系。值得一提的是,五四新青年对基督教青年会的团体活动方式还有意模仿,五四后激进青年对之则异常厌恶了。

潘光旦此前对基督教在中国的宣传有一个观察,那便是"借了医院、学校、社会服务机关等名目而事间接的宣传"。这种"带经济色彩"的"强制"宣传,势必会引起中国人的猜疑而遭抵制。他觉得正确的宣传方法,应当是"斟酌事实的,是很自然的,好比撒种子的,一面看种子,一面看泥土,要是不适宜,他就决不勉强"[2]。

回到历史的语境,有研究者指出,我们今天习用的"青年"一词,在汉语中的出现是晚近的事了,它是随着 19、20 世纪之交基督教青年会传入中国伴生创立的。传教士把"青年"翻译固定下来后,"青年"成了基督教青年会的专有名词。青年会 1902 年出版《青年会报》,1906 年改出《青年》杂志,都算得是中文报刊最早以"青年"命名的刊物。"青

---

1 《优生月刊》一共出了八期,后因潘光旦主编《华年》周刊,时间与精神上不能兼顾而停刊。
2 潘光旦:《基督教与中国——一个文化交际的观察》(1926 年),《潘光旦文集》第 8 卷,北京大学出版社,2000 年,第 109 页。

年"几成基督教青年会刊物的象征符号。潘光旦弃用"青年",改用古意十足的"华年"作刊名,无疑拉开了与青年会的距离。

1932年4月16日,《华年》第1卷第1期出版(以后每逢星期六发行)。"华年"的刊头和"华年周刊社"的招牌,是从清代书法名家何绍基(字子贞)临的张迁碑和礼器碑中挑出的手迹。之所以不请当代达官大佬题字,是考虑"美观""有权威"之外,"又要刊物丝毫不教人家联想到甚么派别关系"。在首期刊物不是发刊词的发刊词《"华年"解》中,潘光旦这样解释"华年"两字,是"两晋六朝三唐的词人极爱用、也善用的"。"华年"第一层意思是指:"青年原是人生开花的年代。春开什么华,秋结什么实。"潘光旦明白地表示,"本刊没有什么'天付'的使命,也没有什么'人委'的责任"。其办刊的问题意识是:"今日中国问题的中坚是青年问题,青年的生活不能安定,中国整个的生活——不但是现在的,并且是三十年、五十年、一百年以后的——也就难期健全的发展。"换句话说,刊物要做的是以青年为对象,尽可能圆满的予以"培植将护"。潘光旦还采用国外人类学家的说法,指出"华年"第二层意思,即中国的历史确实悠久,中国的文化还在不断演进,中华民族还没有到成年的地步,推动民族向着成年的路走去,是刊物的目标。他把刊物的宗旨概括为:"助少壮求位育,促民族达成年"。可是年轻的读者让潘光旦失望了,他们不知"位育"出自《中庸》,纷纷询问其义。潘光旦不得不在第2期刊物上再做解释:"安所遂生"叫作"位育"。处于中西新旧之冲的中国青年,不免位育失当,往往不能安其位,不能遂其生。他再次强调,刊物旨在帮助青年从失当的位育里解放出来。

1932年的同时段,《生活》已调整为新闻评述性质的周刊,在变化中高歌猛进。它的成功引起不少模仿者。邹韬奋把这种"人云亦云""亦步亦趋",没有个性或特色的刊物,称作"尾巴主义的刊物"。[1] 他提出新办刊物须遵循四个原则:1.新颖的编制格式;2.内容的力求精警;3.顾到一

---

[1] 邹韬奋:《经历》,《韬奋全集》(增补本)第7卷,上海人民出版社,2015年,第203—206页。

般读者的需要；4. 若干基本的同志作经常的协助。

对照之下，潘光旦首先在编制上费过一番心血。《华年》每期共二十面，每面分三栏，每栏二十五行，每行十六字，编制排版十分整齐。栏目设置有——"长短评"：对一周发生的事故中间值得评论的，用"不烦的要言"，从旁点醒，短小精悍，庄谐兼备；"专著"与"译著"：特约专门学者，以精严峻峭之笔，论述关于政治、经济、社会及自然科学之种种问题，选译外人关于中国之观察意见；"书评"：介绍最近出版新书，可作青年求学之津梁，使读者花最少的精力时间，领略各方面知识与事实；"本周大事记"：以简洁文字记载国内外大事，节省读者时间；"读者来信"：读者对本刊文章之讨论。其他不固定的栏目还有"中外通信"：使读者足不出户而知各地情况、世界大势；新诗旧诗、讽刺漫画等。分栏方法上，大多数栏目不特别标明，却并不混杂。各栏以文章题目使用不同字号字体作为区分标识，各得其所，安适得当。潘光旦讲究细节到对排字中标点符号的安放，语句间的空格处理，都尽量合乎中和适度的审美标准。他还定下了文字为主、广告为宾，喧宾不宜夺主的政策。拼版的时候，以广告迁就文字，而不以文字迁就广告。分散的广告安排减杀了满篇文字的单调性，使刊物版式整洁、和谐。潘光旦采用西文报纸排、贴、拼的步骤，营造出视觉均衡的版面效果。

办了大半年，到1933年刊物进入第2卷，格局大致已定。潘光旦对内容有一个回顾性评价："缺点是材料欠充实"，"专著"一栏佳作不易得。他觉得国人以办月刊为多，故惯作五千字至万字左右的稿件，不习惯于二三千字以内，以精警透辟的笔墨讨论一整个题目。他拒绝接受读者关于增添文艺作品，减少长短评数量的意见。他以国外周刊的通例，认为"一种周刊自有中心的见地，借了事变的推移发表出来，否则便不成其为周刊了"。[1]

《华年》以《生活》为先进榜样，却未应读者要求，添辟像《生活》

---

[1] 潘光旦（未署名）：《一年的回顾》，《华年》第2卷第1期，1933年1月7日。

一样的帮读者解决疑难问题的"答读者问"栏目。潘光旦坦承:"《生活》周刊的历史比我们长久,组织比我们周密,人才比我们多,所以办来会有成效。"[1] 而这种负答复责任的编者,要做到应付裕如,起码具备三种资格:1. 拥有百科全书般的知识;2. 经验丰富,有比较和抉择的眼光;3. 有相当权威的自信力。没有那些资格,又不能遍请通人硕士,一定不能为读者个人问题解纷排难。潘光旦想的办法,是在其他栏目登载的稿件里面,多多讨论实际问题,使读者可以触类旁通,自己寻求到解答的方法。

《华年》草创初期的发行人为上海基督教青年会总干事杨怀僧,青年会干事张以藩曾协助潘光旦办刊,但从编辑写稿到出版,基本上是潘光旦一个人"独脚戏",这同邹韬奋接办《生活》时由他一个"光杆编辑"包办一样。《华年》稿源主要来自两类作者,一类是和潘光旦相似,有留学欧美、大学任教背景的,如沈有乾、吴泽霖、谢循初、董任坚、孙斯鸣、全增嘏、何清儒、曾豫生、李青崖、老舍等;一类是基督教青年会系统的,如沈秋宾、应远涛、陈立廷、吴耀宗、江文汉等。青年会作者供稿既少,传递的声音究竟不多。1933 年 6 月 24 日出版的第 2 卷第 25 期《华年》登出"重要启事",称"自下期起,改由华年周刊社同人独力负责经营,与青年协会无涉"。青年会不再出资,使刊物运作出现周折,编辑业务受到影响。潘光旦在 1934 年 1 月 6 日的刊物第 3 卷开始时作出展望,说但求和了解刊物的读者发生"君子之交"般关系,愿意读者逐渐加多,但不希望销路激增,发行方面任其自然。不勉强推市场不等于无所作为,事实上《华年》在经营方面采取了许多灵活的举措,如推出"学生暑假推销计划",招募家境清寒而有志自给的大学生推广发行;在秋季开学优待学生八折定阅刊物;与《东方杂志》《复兴月刊》等捆绑合订,优惠销售;更有让读者将样刊分赠其亲友试阅,凡介绍 5 人订阅者得赠《华年》全年一份。《华年》发行范围也广及香港、南洋一带。潘光旦于拉广告是亲自上阵,与赞助商酒食酬酢,所获客户不少,如银行、保

---

[1] 潘光旦(未署名):《本刊的编印》,《华年》第 1 卷第 18 期,1932 年 8 月 13 日。

险公司，酒店，文具办公用品，相机、收音机品牌等。

又越半载，1934年9月，潘光旦赴北平清华大学任社会学系教授，潘光旦名义上仍是《华年》主编，具体编务上逐渐淡出。刊物1935年第4卷开始，栏目有所增减。增辟了"优生副刊""青年问题谈座"两个栏目，由潘光旦和吴耀宗分别主编、主讲。在"优生副刊"里，除潘光旦的谈话、译文，还登载有优生意义的新闻，涉及优生问题的图书介绍，和优生问题有关系的读者来信。第4卷第22期（1935年6月8日出版）的"编后余谈"说，自从潘光旦去北平之后，刊物仍由他主编，但他距离刊物发行处这样的远，事实上不免有许多困难，因此从这一期起，增加何柏丞、赵厚生、吴泽霖、孔士谔、潘光迥、史国纲诸先生共同负编辑之责。"有了这支生力军，本刊的内容当然要更加精美。"1936年的刊物上，登出了"本刊编辑委员会名单"，潘光旦列于其中，其他为：王绳祖、吴泽霖、赵厚生、胡纪常、张毓珊、方秋苇、应元道、史国纲、张素民、吴泽炎，多为在沪各高校任教、术业有专攻的专家教授。以后这份名单又有出入，先后加入的有吴启诚、金通艺、张景观、孙本文、程瑞霖、苏茹、卢铭溥、汪扬时、周文在、洪为溥等。

1937年是《华年》最后一年，它发生了诸多的波动：编辑计划的变化，发行日期的改变（改为每星期一发行），以及社址的迁移，最后停刊于1937年8月2日的第6卷第29期。越到后来，《华年》学术研究的面貌越浓，尽管它不断登出征稿启事，拟辟"大学生园地"栏目，欢迎大学生对于生活、读书、感想等等之文字，仍不脱一个教授的杂志。"八一三事变"日军进攻上海后时局的恶化，不让刊物有生存的机会了。

二、"摈斥坏潮流，选择好潮流"

1930年代上半叶，杂志出版表现得非常热闹，令人有万花插乱之概。特别是1934、1935年，被连续称为"杂志年"。据《上海年鉴

（1935）》，1934年在上海出版的杂志不少于212家，杂志种类五花八门。[1] 从销路说，最流行的是一般性质的杂志，即内容不偏于专门，涵盖整个文化领域的刊物。这种刊物可分为两类，一类是大型杂志，如《东方杂志》、《新中华》（半月刊）、《申报月刊》、《国闻周报》等，它们比较郑重，态度严正，聚焦社会国家大事，读者大多是高中以上的知识分子；另一类是小型刊物，特点是比较活泼，不过于正经，贴近现实生活问题，很受青年学生和年轻职员欢迎。《华年》和《人言》（周刊）、《国讯》（周刊）、《新生》（周刊）、《读书生活》（半月刊）等归入此类。有人评论《华年》："从内容上看来，几乎纯粹以潘光旦为中心"，"随处表现他'洋气十足'"。[2]

和青年人接近的泼辣的小刊物定位，以青年指导者与辅助者自居，《华年》出版后一纸风行。胡适为杂志题词："说老实话，介绍有用书，华年真是我们的好朋友。"[3] 潘光旦敏锐的选题眼光，很能引起读者的反应与共鸣。在刚创刊的最初几期，《华年》发表了一系列关于青年的心理问题的稿件，如沈有乾的《心理卫生》、吴泽霖的《青年与风气》、王守伟的《青年的颓废和民族元气》等。潘光旦本人更抓住那时社会新闻热点，两桩在杭州、北平审判中的青年同性情杀案，写了一连串评论。他同意许多人认定的："中国问题是一个心理建设的问题。不论从青年个人看去也罢，从民族全般看去也罢，心理建设要比二三十年来所高唱入云的任何建设要基本。"[4] 中国社会生活的不健全，很大一部分是"个人心理的不健全，而心理的不健全不是因为遗传不良，便因为发育失当，或二者之和。但无论不健全的从何而来，一旦因不健全而发生变态与反社会的行为时，这个责任决不应由本人独自负担"。[5]

1　参见林语堂：《中国新闻舆论史》（刘小磊译、冯克利校），上海人民出版社，2008年，第157页。
2　雷鸣蛰、李正民：《一般性质的杂志之检讨》，《现代》（革新号）第6卷第4期，1935年5月。
3　《介绍青年的导师——华年周刊》，《香港青年》第12期，1932年12月15日。
4　潘光旦（未署名）：《心理建设》，《华年》第1卷第1期，1932年4月16日。
5　潘光旦（未署名）：《无独有偶的同性奸杀案》，《华年》第1卷第11期，1932年6月25日。

民国前后出生的一代青年,其成长背景是发生剧烈变化的近代以来的政治社会。这"社会变迁独多的时期",构成他们特定的人生经历,展现出特有的现象和问题。无论是在社会制度层面的家庭、教育和就业,还是作为文化意识部分的价值观、生活方式和社会心理,都对青年人的思想情感、行为态度造成影响。新文化运动之后的1920年代下半期,青年界常见的流行词是"烦闷",烦闷的来源与理由是恋爱、婚姻之苦恼,读书、出路之迷茫,国家、民族之衰落。潘光旦在1928年初编辑《时事新报》"学灯"副刊时,写了《青年的烦闷》,他没有把免除青年人"烦闷"的责任让社会承担,而是责怪青年"耐不得丝毫实际生活的繁琐",并且受所谓哲学家的暗示,"不求知识的充实,却先要寻一个总括的结论——人生观",仿佛"若不先把人生观确定,便一步不可行"。

1934年3月,又一个学期开始之际,潘光旦在《华年》发表《一封给大学生的公开信》。写信的由头,是两宗关于高等教育的统计。一宗统计是说,一个大学生每年所占的费用近八百元之巨;第二宗列举专科以上学生与各省份人口的比率,大学生可谓万里挑一。潘光旦一面表示艳羡大学生的机会与境遇,一面提醒大学生真要有一些成就,还得完全靠自己的努力。他在信中历数了中国大学图书设备的简陋、师资教员的匮乏,以及大学教育的危机,向大学生提出两点补救办法。第一是打好工具的学问基础。潘光旦接触大学生六七年的经验,不要说西文,中文写作流利这最低的限度还做不到。第二是对于政治培植超然的兴趣,关注政治,不要参加政党活动。政党组织触角伸入大学校园,学生入党导致冲突不断,潘光旦亲历不幸,点滴心头。他多次讨论此问题,这里主要是从青年本身的发育和智力尚未成熟着眼的。[1]

公开信发表后,大学生反响很多,《华年》陆续登出来信。大学生都

---

[1] 关于学生参加政党问题,潘光旦(未署名)在《华年》周刊上直接讨论的文章有:《学生与党籍》(《华年》第1卷第16期,1932年7月30日),《再论学生与党籍》(《华年》第3卷第2期,1934年1月13日);间接讨论的文章有《一个对照》、《三日内解散两大学》(均载《华年》第1卷第13期,1932年7月9日)。

认同潘光旦这番"苦口婆心"的忠告。不过，说到大学教育的失败，又都觉得不应该全由他们承担，署名"邓荣龄"的说：社会上"各式各样的病菌纠缠于每个大学生身上"，使得"国家未来的主人翁，个个好像染了重症，行为上完全变态了！""政治上的不上轨道，社会和农村经济的恐慌和紊乱，直接间接的影响于大学生不能自主的安心向学"，所以，要先谋这种种毒素"根本上的补救和铲除"。署名"国柱"的说："大学生的责任不在学识"，"我们并不需要全能的亚里斯多德或苏格拉底，我们只想大学生能够有益于中国"。署名"郁然"的说："现在许多人对于今日的大学生都怀有无穷的奢望。好像只有他们才能救中国，只有他们才配负起建设救中国的责任。但考诸实际，往往令人丧气。然而这岂能专怪今日的大学生；造成这现象的原因是多方面的。这必须请当局及教育家多多注意，因为这却正是'中国未来的悲哀'！"潘光旦作了《对大学生的一个答复》，不客气地指出大学生"逃不出""怨天尤人的风气"。写那篇公开信，本来没有把全部责任都推到大学生身上的意思。大学教育的失败，关系最切身的是学生。他喜欢用"反求诸己"的原则，大学生的问题终究得由大学生自己解决，"解决的前提端在反省与努力"。潘光旦借此再解释了《华年》刊名的意涵：青年人如有歧误，比上了年纪的主持教育行政者、大学教授们，是容易纠正的。潘光旦后来又发布了《给本年游美同学的一封公开信》，"读者来信"栏又对大学生的出路问题作了讨论。[1] 潘光旦的立论与胡适说的救国须从救自己下手，方向是一致的。通过这样的编者与读者的对话，我们也能看出潘光旦主动设置议题的办刊技巧，以及对办刊宗旨"助少壮求位育""促民族达成年"的随在顾到，从没忽略。据王汎森研究，曾引起广泛回响的1920年代中期的《中国青年》或1930年代后半期的《自修大学》，都把青年"向上"的第一步工作界定为两件事：研读"社会科学"，找到系统的人生观；参加

---

[1] 谢承燨：《关于大学生出路问题的几个意见》，《华年》第3卷第12期，1934年3月24日。陈啸汉：《从大学生无出路说到大学生的出路》，《华年》第3卷第22期，1934年6月2日。李竞西：《大学毕业生会失业吗》，《华年》第3卷第34期，1934年8月25日。

团体或组织团体。[1]《华年》不取这种"讲义化""学校化"的办刊方法，办刊立场也显然有别于这类日渐形成主流的刊物。潘光旦意识到，这是"一个讲究主义的世界"，他当然不会同意"主义的可贵，正在能疏导时代底潮流，不待横溢而后防堵"（邵力子语）。[2]

　　刊物塑造着时代各种思潮，同时成为思想交锋的场所。1933至1935年，潘光旦和他的《华年》，与《女声》《十日谈》《申报》等报刊，分别就妇女解放运动、民族复兴运动展开了多次论争。

　　《女声》是与《华年》同年创刊的女性刊物，它鼓励妇女工作，呼吁"劳动妇女和所有爱国人士投身于伟大的民族解放运动中去。"该刊总编辑王伊蔚把潘光旦谈论妇女运动的观点，以《障碍妇运前途的怪言论》为题摘录刊登，又先后编发《给男人们》《肃清媚物》等文章，攻击潘光旦"公然鼓励贤妻良母主义"，是束缚妇女的"帮凶"。王伊蔚说："只要是有人性的人，都晓得中国目前已经到了千钧一发、危急存亡之秋，民众救亡的唯一途径是刻不容缓的向帝国主义斗争的工作，妇女们要拯救中国，还是躲在屋子里研究做母亲，还是跑出闺房向帝国主义斗争，二者孰轻孰重，妇女们是有人性的动物，当然知道辨别的。"王伊蔚甚至指责潘光旦"喜欢发表妇女问题的文章的动机，是为了推广自己刊物的销路"[3]。潘光旦并不买账，揪住对手，频频问难。在《再提"妇运"前途——答〈女声〉半月刊编者》一文中再谈"母性母道"论：女性身上母性强弱不一，强的比较容易走上婚姻与家庭的一路，弱的比较不容易。妇女运动发轫后，母性弱的有了第二条出路——家庭以外的职业。潘光旦从遗传学角度，讽刺"比较不容易交'良妻运'和'贤母运'的'妇运'中人"，"孤阴不生"，她们的品性没法传下去，"妇运"不啻自绝自己的运命。他坚持认定，极端的妇女运动像许多缺乏事理根据的社会运动一样没有前途。《华年》其他编者参与论战，反唇相讥："一再用'人

---

[1] 王汎森：《思想是生活的一种方式》，北京大学出版社，2018年，第95页。
[2] 力子：《主义与时代》，《民国日报》"觉悟"副刊，1920年12月21日。
[3] 伊蔚：《关于信箱——答〈华年〉编者》，《女声》第1卷第14期，1933年4月15日。

性'这一个名词，不晓得是否与革命的潮流相应"，《女声》有关"新女子可否与已婚男子结合"的问题讨论，"虽则可以刺激读者观感，增加杂志的销路，似乎不甚合于'斗争'的精神"。[1]

民族复兴运动的话语在1930年代中期进入高潮，几乎到了人必称民族，言必讲复兴的地步。潘光旦把复兴理解为三层内涵：政治复兴、民族复兴、种族复兴。民族先天的相对虚弱是种族问题，"这虚弱的状态，非先祛除不可"。他不满意于《复兴月刊》《大公报》《旁观》旬刊上的主流言论，这些言论完全用文化的、经济的、意志的立足点来观察民族的已往与推测民族的将来，抹杀了民族的生物基础的重要性，导致"说来说去只听见'我们要……''我们应当……'一类的话"，或提出的改革方案，"考虑不到民族在生理与心理品性上是否已有适当的准备"[2]。怎么转变不切事实的高调？潘光旦推崇的是像实行全国大学生体格检验调查一类的工作，这才是"民族复兴运动渐踏实地"的表现。在回应《十日谈》杂志上叶秋原质疑他忽视民族复兴的地理与历史的问题时[3]，潘光旦自我辩护：他是极注意史地因素左右民族品质的力量，两种因素的自然淘汰、社会选择的作用，使得民族文化为之改观。《华年》"促民族达成年"的宗旨的一部分根据，就是这个淘汰论和选择论的立场。

潘光旦从生物学阐述民族演化的道理，从优生学改善民族品质的思路，总是不容易入耳，或为读者所误读。1934年10月10日，《申报》国庆纪念特刊载署名"恒"的《中国民族之复兴问题》一文，针对潘光旦《民族复兴的一个先决问题》发议论称："今日中国民族之衰颓不振，绝

1　无署名：《"女声"的雄辩》，《华年》第4卷第1期，1935年1月12日。《女声》与《华年》间的论战文章还有：《答"再提'妇运'前途"》（无署名）、《纠正潘光旦"再提妇运前途"中的谬论》（署名：柳眉君），均载《女声》第1卷第10期，1933年2月15日；《反宣传的广告》（潘光旦，未署名。载《华年》第2卷第13期，1933年4月1日），《女伟人的竞选》（潘光旦，未署名。载《华年》第2卷第45期，1933年11月11日）。

2　潘光旦：《民族复兴的一个先决问题》，《华年》第3卷第38期，1934年9月22日；第39期，1934年9月29日。（转载自《东方杂志》第11卷第18号，1934年9月16日）

3　叶秋原：《民族复兴的地理观与历史观》，《十日谈》第1卷第6期，1933年9月30日。

非由于民族性之劣等,亦非由于民族年龄之衰老","除少数生物学者、优生学者对中国民族所持之悲观态度外,其他人物,莫不对中国民族之前途,具有莫大之希望。而于如何复兴中国民族之道,亦复所见相同"。《华年》其他编者予以辩驳:"其实优生学者对于我民族的诊断,至多也不过认为品质不无病态,发育尚未健全而已,初不若该文作者误解之甚。并且这种病态和不健全,优生学者也曾早已声明过并不是一成不变、无可挽救的,同时也更不是我民族所特有的。反之,优生学者反而承认这种民族品质的堕落,乃为任何民族所不可免的,只要该民族在一时代内,对于环境的势力和文化的势力能够选择和控制,换言之,就是只要环境的和文化的势力对于优秀的分子,能在婚姻与生产两种归根是生物的作用上加以将护、培植以至积极的奖励,则该民族在一时代之内便不无复兴的希望。"[1]

潘光旦办《华年》的实践表明,他是思想家办刊。1950年代潘光旦自我检查:"从第一次大革命时代起",便"反对一切足以引起革命的思潮。一到《华年》的时期,这种思想更趋向具体化。"潘光旦在《新月》时期就被读者视为"新时代的怪物"[2],在某种意义上这符合实际情形:在处理与那个时代各种主义与潮流的关系上,他一直保持着审慎和距离。多年以后,重庆《国风》半月刊创刊(1942年11月),潘光旦应该刊主编之约,写了《从办刊物的经验谈到潮流与风》,对自己的办刊理念有个总结:"我至今还相信一种刊物、一篇稿子的最大效用是消极的在纠正错误的潮流,积极的在开辟疏导合理的潮流。即便潮流是现成的,是自生自灭的,那至少他的责任是在摈斥坏潮流,选择好潮流。"

---

1 无署名:《误解与辩正》,《华年》第3卷第42期,1934年10月20日。
2 夏鼐1931年在燕京大学就读,其1月17日的日记记载:读《新月》中潘光旦文章,"潘氏为优生学者。优生学者本是拥护社会支配阶级的人,在西方支配阶级是资本家,所以优生学者是想如何去增殖资本家的子嗣,以图势力的永远保持。潘氏因生在中国,而中国现今的支配阶级还是封建式的地主等,所以潘氏保守性质更是显著,拥护旧有的门阀制,以及'承前启后数代同居'的家族制,甚至于想保存蓄妾制,真是新时代的怪物"。参见夏鼐:《燕园清华园日记》,东方出版中心,2020年,第22页。

三、"说人话","说有道理的话、有作为的话"

1934年《华年》第3卷登出的定阅通知单上,潘光旦以广告语的方式,亮出刊物的态度——

我们的态度
1. 不懂什么是"时代的动向"——
　　却相信循序改进的道理
2. 不向古人五体投地,也不受潮流的颐指气使——
　　只知道择善而从择不善而改
3. 不会唱响彻云霄的高调——
　　但求能脚踏实地的走去
4. 不臭骂老祖宗("封建流毒"),不专怪外国人("帝国主义压迫")——
　　只怪自己太不争气
5. 不用情感来唤起五分钟的热度——
　　却用情理来劝勉大家反躬自省
6. 不揭发人家的阴私——
　　却愿熟权一件事故的是非利钝
7. 不赞成指着人家的鼻子谩骂——
　　但不反对旁敲侧击的讽刺
8. 不登香艳"肉感"的文章——
　　却也喜欢抓人家的肉麻处与痒处
9. 不爱在花晨月夕下作无病呻吟——
　　却愿在疾风暴雨中练些镇定工夫
10. 不炫什么"最"与"惟一"的独长——
　　只想说些经验与学问所诏示的一些常识

11. 不借重党政要人的题赞——

　　却欢迎一般读者的奖励与规正

12. 不出专号，不出特大号——

　　但求永远不脱期，不愆期

　　《华年》在《时事新报》《图书评论》等报刊做的推广广告也摆上了这份态度，它生动、全面地体现了潘光旦办刊的指导思想和言论的理性态度。

　　潘光旦说他"所写的稿子、所办的刊物"，十有八九是拿关于"潮流"的社会观念做出发点的，他对"时代潮流"一词本身高度敏感，有些言论直接拿"时代潮流"说事。

　　1932年底，曾经追随新文化运动、时任上海市教育局长的潘公展，在一次说书竞赛颁奖仪式上致辞，说以后说书材料当中"不合时代潮流的材料，应简略而逐渐删除"，"合乎时代潮流的材料，应详细而力求充实"。潘光旦很不以为然，质问："什么是时代潮流？当今的时代潮流里究属有些什么东西？怎样才叫做'合'，怎样了便'不合'？""说书的、办教育的、以及一般负责提高民众智识的人都不必太把'时代潮流'看作一种什么了不得的东西。时代潮流里的事物未必尽是……何必谈些不可捉摸的时代潮流呢？"[1] 一年后，又有一则内政部的新闻："以前所定之褒扬条例内容实不合时代潮流，自应加以修正。嗣后凡割股和药、剜肉啖亲等举，迹近痴愚，有违情理；至青年守寡，望门寡居，更属有悖人道……"潘光旦对条例修正的原则提出商榷："就这一纸公文里面，我们便发见两个答复，一是不合时代潮流，二是有违情理和人道。我们要问内政部所根据的究属是那个原则。若是说情理与人道，那么以前割股、剜肉、望门守寡等的举动难道就不算不违反情理与人道么？依我们的见地，王道不外乎人情，以为只有情理与人道的原则可以用得，那潮流的

1　潘光旦（未署名）：《时代潮流？》，《华年》第1卷第35期，1932年12月10日。

原则便用不得。要是合情理的话，虽千古以上行过的习惯，也未始不可以保留，要是不合的话，即使一时有许多人宣传拥护，也势在必去。把潮流与情理人道合为一谈，徒见基本思想的混乱而已。"[1] 潘光旦社会思想的图景不是"潮流"式的，用他的言论去反映"时代潮流"，就难免贴上"逆流""保守"的标签。

潘光旦主编《华年》时期，时事综合类刊物在言论形式方面有一个共同的趋向，就是短评的增加。这种短短几百字千把字的"小言论"是由邹韬奋开创的，它一般在每期杂志上都有，往往发挥了代表刊物发言的社论功能，也呈现出一个刊物的主要精神倾向。从阅读心理而言，"由于时代之动荡不安，读者对于自己周围所发生的一切事变，需要一个正确的认识，所以对短评是非常需要的"。从阅读效果而言，短评、小言论"替读者省下了许多探讨和研究的时间，省下了许多看长文的费脑筋的时间，而得到了某问题或某部门重要知识的精髓"。同时期刊物中，《申报月刊》有"评坛"，《读书生活》有"短论"，《新生》有"大小言"，《华年》则有"长短评"。

潘光旦在《华年》上的言论，给人的印象是多从学术角度观察问题[2]，与邹韬奋《生活》上的朴素至极、以"大众化"为鲜明特色的言论相比较，不妨可称之为"学理化"。这并不是说潘光旦言论表达不够通俗化。要想与《生活》比赛，想使刊物能普遍地送到青年读者手里，必须使艰深的理论明白易懂。即使涉及复杂的问题，也得付之以浅显的笔墨、通俗的语句。潘光旦一开始也放下身段，勉力从新闻报道中捕捉话题，让自己的短评和舆论热点保持同步。《时事新报》1932年5月7日报道，高邮河道决口，有关当局"竟用迷信传说，用童男童女各一人推下决口，活活埋在坝内"，潘光旦骂："河工当局的那些混蛋真是杀不足蔽其辜！"[3] 同年，有位张姓律师目睹上海各报竞载"八月仍有大乱"的乩语，致使

1　潘光旦（未署名）：《褒扬条例的修正》，《华年》第2卷第48期，1933年12月2日。

2　参见吕文浩：《潘光旦图传》，湖北人民出版社，2006年，第66页。

3　潘光旦（未署名）：《杀有余辜的高邮河工当局》，《华年》第1卷第5期，1932年5月14日。

钱庄帮不放款，百业不能进展，民生益见凋敝，忽闻苏州上流社会迷信神权者聚集开乩，便跑去把神幔乩盘打了一个落花流水。潘光旦联想到军阀吴佩孚失败后，也是因相者的预测，再度出来做内战的主角，"相者的预测可以教野心家残民以逞，如今的乩坛的预言竟会教民众自残"，他叫："打得好！"[1] 但这类喊打喊杀的杂感式评论，毕竟不是潘光旦言论的常态。他牵挂、盘诘的还是与教育、文化、民族、优生等和社会人生休戚相关的问题。潘光旦的精英意识，决定了他不可能像邹韬奋那样把自己摆在读者中间，总是选择大多数人最关心、最焦虑的问题下笔作评，也做不到选题内容始终以大众关注点的转移为转移，努力说出大众想听的话。这既是"是不为也"，也是"是不能也"的无可选择的选择。

言论的学理化凸显潘光旦"学人论政"的风格。他之督责政治，做政论家，是以"短"见长、以"小"见大，亦能与理论相联系。读者会明显感到作者的主张是有学问作根柢，是眼睛冷、心肠热，看得清切，肯负责任的，体现着社会关怀与学术关怀融为一体的风格。潘光旦为避免所谈的问题失诸空泛，失诸侧重理论，还力求评论文章能实地经验化。有一类的言论，他就是利用新闻报章、政府公文披露的材料统计归纳，来分析议论的，如《两笔统计》《最近留学生的统计》《论"冠盖往来"》《文盲的统计》《县长统计》《上海三多！》《上海人口动态的一斑——见诸于集团结婚者》等。他希望自己正学以言：看事客观，论事谨严，处事持平。

同样的题目，邹、潘有不同的作法。1933年3月6日，日军进犯喜峰口，热河沦陷，舆论大哗。激烈的情绪下，邹韬奋于1933年3月11日的《生活》发表《滑稽剧中的惨痛教训》，在痛说中国军队种种不抵抗而逃的滑稽现象之后，他道出惨痛教训："即愈益深刻的感到只有能代表民众的武力才真能抗战，把国事交给军阀和他们的附属品干，无论你存何希望，终是给你一个幻灭的结果。"末了，邹韬奋告诉大众："无论帝国主

---

[1] 潘光旦（未署名）：《打得好！》，《华年》第1卷第17期，1932年8月6日。

义者和军阀的势力，都不过在加紧的自掘坟墓，被他们'置之死地'的大众，为客观的条件所逼迫，必要起来和他们算账的。大众努力的程度，和他们解放的迟早是成正比例的，中途的挫折和困难，不但不应引起颓废或悲观，反应增强努力的勇气，增加猛进的速率。"潘光旦同一天在《华年》发表《讳疾》，道出莫名其妙和惊讶万分："这不是责备任何个人的时候，丧师失地终究是全民族的耻辱。不过有一点我们不能不引为诧异。旬日以还，明明无日不吃败仗，无日不在退却……何以中文报纸只是一味撒谎，最多不过暗示一些'缩短战线''改新阵线''反攻'之类罢了？尤其奇绝的是连南京当局都似乎不知道底细。"最后，潘光旦沉痛地说："我们以前说过不止一次了，民族的大病不在病，在讳疾。"言论的冲击力谁大，不言而喻。潘光旦谈论一个政治事件或现象，常常引申为思想或认识问题，并不提出具体解决之道，但读者却期待在评论中得到问题的解决方案。

潘光旦言论的学理化表现在态度上，是"不会发什么急切可以匡济时艰的谠言宏论"，"也不忍把时局中的人物与事态刻画一个体无完肤，以逞一时的快意"[1]。潘光旦曾提出一条对事不对人的言论原则。他表示，言论界一向是对人不对事，"于是最初用在一种问题或一项事业上的精力便于不知不觉之间转移到与此问题或事业有关系的人的公德上，再从公德上转移到他们的私德上，注意力转辗传递，而行文的材料便取不尽，用不竭，信手拈来，都成妙谛"。"这样，一种报纸或定期刊物的发刊，发刊人一方面不窨成为一种检察官，专司检举；当局一方面渐至以审查为唯一的能事，爬梳检点，唯恐个人或个人所代表的团体受什么名誉上的损失；而一般看报的大众，又竭力在那里寻觅有什么官场或大人物的阴私可以供茶余酒后的谈助没有。大多数人喜欢看这种新闻的动机，我们相信是好奇心，并不是要适用什么是非邪正的原则。舆论的功能到此地步，本来也就微薄得太可怜了。"潘光旦理想化的言论原则和舆论功能

---

[1] 潘光旦（未署名）：《回顾与展望》，《华年》第 3 卷第 1 期，1934 年 1 月 6 日。

在当时不可能实现。1933 至 1934 年，国民党的新闻政策发生了较大的变化，从审查追惩制度转到事前预检制度，先后在南京、上海、北平、天津等重要都市设立新闻检查所，归属中央宣传委员会指导。舆论环境变化威胁刊物生存。潘光旦熟悉的《时代评论》《主张与批评》接连因涉嫌诋毁国民党遭取缔[1]。潘光旦替它们说话，觉得两份刊物的言论是负责的，只是太憨直，至多态度不客观而已。《生活》在 1933 年 12 月被查禁，潘光旦为它惋惜，认为《生活》成功的主要原因，在于言论抓着了大众心里的痒处。他委婉地批评当局，姑且不论言论是否反动，为政的艺术当祛除那痒的刺激，而不是禁止刊物去抓痒。[2]

温和的《华年》将所有稿件送中央宣传部上海图书杂志审查委员会审查，都获通过，1934 年 9 月还领到了免审证。但没过多久，就因第 3 卷第 46 期刊登吴耀宗译述的《威尔斯与史太林论革命》，接到了警告书。《华年》随即发表了《言论自由的呼吁》，指出："在中国现状之下，假使检查新闻杂志的机关不取消，现行的出版法不修正"，所谓保障言论自由"等于空言"！[3] 变本加厉的言论管制，成了新闻杂志的催命符，刊物界徒有表面的繁荣，骨子里大多是苦撑苟延。[4]

以潘光旦的舆论观，舆论本身是一种比较自然生长的东西。政府指导下的舆论，不是舆论，是官方意志的回声。舆论的功用在臧否政治行为的是非利害。一种政治行为的成败利钝与应否继续，总得验诸与决诸公众的反响，那就是舆论的力量。所谓"指导"舆论，实际上是"干涉"舆论、"包办"舆论。舆论既是公众言论，一方面要政府给以充分的自由

1　《时代评论》周刊创刊于 1931 年 10 月 19 日，由潘光旦留美的清华同学罗隆基主编，办了四期后即遭禁。《主张与批评》半月刊由王造时创办于 1932 年 11 月，当年 12 月 15 日出四期后被查封。

2　潘光旦（未署名）：《一个平议》，《华年》第 2 卷第 2 期，1933 年 1 月 14 日。潘光旦（未署名）：《止痒与禁抓》，《华年》第 3 卷第 1 期，1934 年 1 月 6 日。

3　未署名：《言论自由的呼吁》，《华年》第 3 卷第 50 期，1934 年 12 月 10 日。

4　参见李公朴：《办杂志人对于修改新出版法的意见》，《读书生活》第 2 卷第 10 期，1935 年 9 月 25 日。

保障；另一方面，要主持舆论的人在在以问题或事业为前提，发言者能负起社会教育的责任。

1921年11月间，潘光旦参与编辑的《清华周刊》经历了由学校、学生合办变为学校不再出资而由学生独办的动荡，他在恢复出版的那一期"言论"栏发表了《今后的〈清华周刊〉》，有这样的期许："他是一个人的口舌，要他说有道理的话、有作为的话，不要他颠倒是非，不许他语无伦次，必须这个人底脑筋清楚，常有正确的思想和见解，供给他做资料才是。"[1] 1934年2月间，潘光旦在邵洵美主编的《人言》周刊第1卷第1期发表《说"说人话"》，有这样的感叹："说人话是天下第一件难事……举世滔滔的无非是一些神话、仙话、佛话、鬼话；是烧饼歌，是推背图，是一些海外奇谈，是一些家门丑事，是一些权势面前的谈词，财神面前的祷祝，是一些极合逻辑的学说，是一些不通事故的主义，是一些黄金时代的梦呓，是一些乌托新邦的胡说霸道——只没有半句人话。"

潘光旦的言论底色，说到底是"说人话"，"说有道理的话、有作为的话"。

四、结语

潘光旦在《华年》的短评里，几次提到英国政论家白芝浩的《物理与政治》一书[2]，并且为白氏的议论少有知音感到遗憾。这给了我们一条理解的线索。白芝浩何许人也？他是改变英国《经济学家》杂志面貌，并使之赢得卓越声誉的主编，也是将自然选择和遗传原理应用于人类社会政治之解释的思想家。彼得·德鲁克称之为"社会生态学家"，用潘光

---

[1] 《清华周刊》第225期，1921年11月11日。
[2] 旧译白介特，1920年代至1930年代出版有钟建闳等译本，书名译为《物理与政理》。

旦的译法，叫做"社会位育学家"或"人文位育学家"。社会生态学家将保守和变革之间的张力视为社会与文化选择的关键。白芝浩思考的民族进步和民族停滞的议题，无疑也是潘光旦追索的中心。白芝浩揭示出"讨论"或"商谈政体"推动了文化提升，带来民族的繁盛，受他暗示，潘光旦办刊未尝不是企图催生建设性的讨论——对于真有辩难价值和可以启发思想的问题——以促进政治社会的进化。

走出《华年》的潘光旦，言论上也走出了杂感和短评的限制。潘光旦后来的许多论政文字，就不是一般性的议论，符合胡乔木所谈的一类文章："它既是理论性文章，又针对着当前整个社会，特别是青年所特别关心的一些思想问题，对于这些问题作出彻底的理论上的讨论或批判。"[1] 如今读来，还是既痛快淋漓，又非常深刻。

回头看，在中国现代报刊史上，潘光旦的《华年》，影响力、精神价值固不及邹韬奋的《生活》，但仍不失为一份重要的刊物。

---

1 《胡乔木传》编写组编：《胡乔木谈新闻出版》，人民出版社，2015年，第465页。

1949年潘光旦盟事

——以《潘光旦日记》为线索

章义和[*]

从中国历史来说，1949年是一个大转折之年。于潘光旦而言，这一年也是一个转折的年份，从《潘光旦日记》中我们可以见到他参加的诸多盟务和独异心迹。

《潘光旦日记》由潘先生的女儿潘乃穆、潘乃和选编，先收入《潘光旦文集》，后作为民盟历史文献丛书的一种，由群言出版社2014年12月出版。潘先生留有的日记共有四种：《图南日记》《苍洱鸡足行程日记》《存人书屋日记》和《晚期日记》。《图南日记》分"前记"和"日记"两部分，作于1937年。"前记"概述卢沟桥事变爆发后从留守清华园到准备离平南下的诸多措置和感受；"日记"逐日记录9月16日从天津南下到9月28日抵达长沙这13天南下的艰难历程。作者曾将其编为《优生与抗战》一书的附录发表过，另存有自题的手稿本。据潘乃穆介绍，在昆明西南联大期间，潘先生写有日记，但已毁于"文革"，仅存《苍洱鸡足行程日记》，刊载于《自由论坛》第1卷第3、第5—6期（1943年4月15日、8月30日）。《存人书屋日记》起始于复员清华园之后，止于1950年春，中有长期间断，原为作者自编手稿本。1961年至1965年有完整日记，原无名称，合编为《晚期日记》。

---

[*] 章义和，华东师范大学历史系教授。

《存人书屋日记》起于1947年元旦，9月3日起中断。1949年8月13日续记，止于1950年3月6日。粗略统计，在潘先生1949年的130天日记中，涉及民盟的有三十来条，其中不少内容涉及民盟的大事，史料价值颇大。以下撮要予以简述。

一、参与民盟中央临时工作委员会

1949年1月北平和平解放后，沈钧儒、章伯钧、胡愈之、吴晗等先后由东北解放区和华北解放区来到北平。3月5日，在北平的民盟中央委员和各省市负责人组成"中国民主同盟总部临时工作委员会"，推选沈钧儒、章伯钧、张东荪、朱蕴山、潘光旦、胡愈之、李章达、丘哲、邓初民、楚图南、吴晗、李文宜、陈此生、辛志超、韩兆鄂、沈志远、刘清扬、张云川、彭泽民、千家驹、严信民、陈鼎文等22位为委员，沈钧儒、章伯钧主持总部盟务，又推选吴晗、辛志超、沈志远为秘书，组织秘书处，办理日常工作。临工委的主要任务是"完成总部迁平工作，筹备四中全会，暂时代替总部领导全盟盟务及对外代表本盟"[1]。临工委的成立意味着中国民主同盟香港总部的结束。两日后，临工委致电中共毛泽东主席，告知民盟已在北平成立临工委，"在本盟总部完成迁移以前暂时执行总部职权领导全盟盟务，对外代表本盟"，"对于今后工作的进行，本盟同人愿以至诚接受贵党之领导，在新民主主义革命建设之伟大事业中并与贵党密切配合，尽其应尽之责"。[2] 同日又通过秘密渠道函告张澜主席及黄炎培、罗隆基、史良等在沪中常委，报告临工委的成立情况，并盼

---

[1] 中国民主同盟中央文史资料委员会：《中国民主同盟历史文献 1941—1949》，文史资料出版社，1983年，第518页。

[2] 同上书，第516页。

"早日命驾来平参加领导"[1]。临工委成立后立即开展工作，除电贺第一次全国妇女代表大会、第一次全国青年代表大会、第一次全国文代会之类的会议召开外，有重大影响的工作有六项：一是代表民盟欢迎中共中央从西柏坡迁到北平，二是在上海解放后致电张澜主席等"请即联袂北来，主持四中全会，商订本盟今后决策"，张澜等抵京后受到中共和临工委的热烈欢迎；三是参加新政协的筹备工作，积极准备和讨论会议提案；四是创办民盟总部机关报《光明日报》；五是推选参加中国人民政治协商会议第一次全体会议的民盟代表；六是领导各地盟务的整顿和开展。

从《潘光旦日记》（以下简称《日记》）中，我们可以得到临工委的不少信息。

首先，临工委的办公地点。临工委成立时的办公地点似在北京饭店，8月中旬搬到东厂胡同太平胡同一号。潘先生1949年续写日记的第一日就记了这事："八月十三日，星期六。日记作辍不定，此番中辍者且二年，今试续之。晨雇三轮车入城，以包日计。先至东厂胡同太平胡同一号同盟总部由政府新拨新屋，探往北京饭店同人已迁来未。"再至北京饭店，看望罗隆基、李达。"饭后再至太平胡同，出席同盟临工会第廿二次会。"[2]

其二，临工委大抵每周开一次例会，研究和部署各方面的工作。从3月5日到8月13日，161天里，临工委开了22次会议。根据《日记》的记载，到11月12日，临工委在太平胡同总部开了第三十次常会，基本上是每周例会，且大都放在星期六举行。虽然潘先生家住在北平西北城郊，但很少缺席会议，或是雇车，或是搭朋友便车，准时入会。由此可以看出，尽管潘先生的教务繁忙，但对于民盟的事情，还是非常重视的，且同民盟的朋友们保持密切的往来，经常看望和聚会。如8月27日所记："二时出席民主同盟之临工会例会，衡山、伯钧、任老等均另有集会，新

---

1 中国民主同盟中央文史资料委员会：《中国民主同盟历史文献 1941—1949》，文史资料出版社，1983年，第518页。

2 潘乃穆、潘乃和编：《潘光旦日记》，群言出版社，2014年，第113页。

民等推余主席，余谢却，改推努生。散后至北京饭店闲话，鲸文约至市中食烤鸭。"[1] 8月29日所记："冯玉祥黑海遇难一周年，城内将有追悼会，前日在城中时努生、新民重以代拟挽联相属，因为同盟总部、努生、新民各拟一联如下：杀敌一篑犹亏，自坏长城，造祸总由他，且仵看舆榇牵羊，独夫有日；归国半程方过，身焚黑海，收功何必我，应感召鼎新革故，善政无疆。（为同盟总部）终身革命，入乎反，出乎正，烂额焦头，竟未睹国家匡合；举世伤情，爱其生，情其死，英名浩气，直可并天壤长存。（为努生）公渡若教无黑海，民生哪得有青天！（为新民）近晚并为书成。表方先生自拟一联，为酌易三字后，亦为书就，候城中遣人来取。"[2] 9月4日所记："午前访东荪，值城中有友人来，因同饭。解放后尚未一度至颐和园，有人动议往游，因亦参加，因便并至听鹂馆候表方先生。"[3] 一周之间这样密度地参加各项盟务活动，可见潘先生之于民盟事业的热诚。

其三，依照潘先生在民主运动的表现和各方面的声望，工作又在北平，理当受邀参加人民政协的筹备工作，或被推选为民盟代表政协第一次全会；潘先生本人也有这样的心理冀望。可事实上没有。民盟参加政协第一次会议的正式代表16人：张澜、沈钧儒、章伯钧、张东荪、罗隆基、史良、周新民、楚图南、丘哲、周鲸文、费孝通、李相符、李文宜、胡愈之、辛志超和刘王立明，候补代表有叶笃义、罗子为2人。除了临工委的委员外，潘先生在民盟中并没有得到多余的位置，特别是没有被推选为政协会议的民盟代表这件事，他耿耿于怀，一直在琢磨其中的缘由。在1949年12月6日的日记中，潘先生写道："平时个人盟员之所以不满于有党派关系之盟员而欲见其解散者，实因后一种之盟员必有若干分朋比，无形有形之间，对前一种多所排斥，至名位关头尤在所不免。余之

1　潘乃穆、潘乃和编：《潘光旦日记》，群言出版社，2014年，第117页。
2　同上书，第117—118页。
3　同上书，第119页。

未能列名政协，此即为主要原因。"[1] 这段话是针对新中国成立初期有关民盟组织解散之主张者的推测，他将自己未当选政协委员归之于盟内若干有党派背景之人的有意排挤。正是有着这样的心情，故此段时间，潘先生对民盟的活动虽然参加，但确实没有以往热心，且这种落寞之感并不止于盟务。对此，他自己也有所分析："同人有以余应更较积极相劝勉者，余自问固未尝消极，于才力上能做之事或岗位上应做之事尤尔，至实际之政治工作则余自省不甚相宜，人亦知我而不相强，恐亦不能以消极目之。至若干城中团体活动之所以未曾参加，则事实为主其事者不来约我，或有人欲约我而更有人靳我，非我不肯参加。"[2] 这段话是说自己不是不想参加民盟的诸多活动，而是遭到人家的排挤。潘先生说盟内有人排挤他，话说得有点过头，但其时的民盟高层对于参加政协会议代表的推选工作，确实存在着不同的意见，恐也没有经过反复的磋商。叶笃义回忆："我到达北平之后，被招待住在为参加政协大会的代表安排的北京饭店。我知道的第一件事就是我被指定为民盟的候补代表。我心里老大不高兴，立即向统战部反映。""我和罗隆基同住在北京饭店。他与我谈起民盟推举政协代表的事。他说民盟讨论代表名单的时候，本来根本没有我的名字。他写了一张字条给张澜，叫张提我的名。张说：'笃义同我太接近了，我提他的名人家会说闲话的。'后来罗与张东荪两人力争，才提了我一个候补代表名额。这件事使我对张澜感到失望，而对罗隆基感激。"[3] 由此可知，潘先生对民盟组织未推选他作为代表参加政协会议的心情是可以理解的。尽管如此，潘先生仍然准时参加临工委的每周常会，努力履行自己的职责。

---

1 潘乃穆、潘乃和编：《潘光旦日记》，群言出版社，2014年，第148页。
2 同上书，第121页。
3 叶笃义：《虽九死其犹未悔》，北京十月文艺出版社，1999年，第71—72页。

二、艰难的适应与参与开国庆典

《日记》所示，北平和平解放后，潘先生等这批知识分子皆处在艰难的适应中。对潘先生一生行谊和思想有深入研究的吕文浩认为：从新中国成立前夕潘光旦所发表的文章来看，他的思想状况与共产党主流意识形态的论调有相当大的差距，这表明他对新中国成立后的思想改造是缺乏思想准备的。但这并不能说明潘光旦留在大陆，跟着共产党走是政治投机，或者是不得已的选择。其因由一是潘光旦等知识分子对国民党政权的腐败已失望至极，渴望国民党统治尽快结束；二是这些具有自由主义思想倾向的知识分子对共产党的认识程度或深或浅，但是心底深处都期望共产党能够领导中国实现国家的独立、富强，在政治方面期望能够实现民主政治和思想自由。[1] 这一点，潘先生在日记中有过明确的流露，如9月8日的日记中说："观察社寄来版税八千余元，知《政学罪言》与《优生原理》各售出四十余册，尚不恶，惟前者于今日通行之政治理论，后者于行将流行之生物哲学，均有评论，余将以二书之流行程度觇前途学术思想自由之境界。"[2] 不过，潘先生很快地发现情况有了明显的变化，11月11的日记写道："适社（指观察社）中有版税通知单寄来，九、十两月版税不足五千元，亦足见近月学习风气之一斑矣。"[3] 在这种心境下，潘先生开始阅读过去一向认为是教条的中共的各种理论读物，包括马克思恩格斯及毛泽东的著作。从9月14日起利用空隙阅读英文版的《联共（布）党史简明教程》，9月22日读毕。阅读的初步感受是："其辩证唯物与历史唯物之理论部分，条理简洁，词旨明达，其论思想在社会生活中应有之地位，亦甚平允。"而"末引马克思《政治经济学批判》一书序言

1　吕文浩：《1949年前后潘光旦政治思想转变初探》，中国社会科学院近代史研究所编：《中国社会科学院近代史研究所青年学术论坛2003年卷》，社会科学文献出版社，2005年，第606—607页。

2　潘乃穆、潘乃和编：《潘光旦日记》，群言出版社，2014年，第120—121页。

3　同上书，第141页。

中一段久经引用之议论作结，先之曰：下文为马氏关于历史唯物论之精要之陈述——一个天才之陈述。天才二字，殊出意外。"对这个"天才"二字，潘先生很难接受。9月25日起，开始阅读英文本的《家庭、私有制和国家的起源》，并作摘要和阅读札记，作授课之用。这本书他读得很细，一直持续到12月中旬。刚读完没几天，就着手翻译恩格斯的这本著作。[1] 潘先生精通儒学，读这些马列著作时，难免将两者加以比较和融通，[2] 如11月1日所记："夜授儒家思想批判，讲一通字，占三小时；儒家论久穷变通之理与马氏辩证论无何不同，所异者，马氏者为一革命哲学，强调变，儒家则常变并论。"[3] 从上述可以看出，在1949年9月之后，潘先生主动学习马列著作，开始了思想的艰难转变。

对于这个时段的潘先生，杨奎松在他的著作中有个分析可供我们参考。他认为潘先生与新政权的结合程度，不仅不及他担任民盟副主席的老同学罗隆基，而且也不如在民盟中地位不及他的学生费孝通，其中的原因很多，其中"最主要的原因，显然是因为他历史上的政治表现与二人，尤其是与费孝通有很大不同。特别是抗战后期民盟成员基本上转向联苏联共之后，他却始终坚持政治上反苏的态度；战后国共内战进入到最后关头，又脱离民盟一边倒的政治路线，加入到主张'中间道路'的少数知识分子群体之中，这些都使中共新政权从一开始就对他保持了一定的距离"[4]。

杨奎松的说法当然有史实的根据，但其中所涉方面很多，情况也相当复杂。不过自己未列入政协代表这件事，潘先生的心情是不舒畅的。正是在这"落落"的心境中，潘先生参加了开国大典的游行庆祝活动。

9月30日："明日中华人民共和国政府成立，将有盛大庆祝会，本

1　潘乃穆、潘乃和编：《潘光旦日记》，群言出版社，2014年，第152页。

2　同上书，第152页。

3　同上书，第137页。

4　杨奎松：《忍不住的"关怀"——1949年前后的书生与政治》，广西师范大学出版社，2013年，第373页。

校员生工警将通体参加集会并游行,午后先行检阅,在体育馆前大操场,余为校务委员之一人,亦出席检阅台,仪容之整,规模之大,为前所未有。"

10月1日:"六时半起,七时许至大操场集合,系中师生眷属同为二小队,队各六人,旁行者提五角星红灯,出南门时云(潘先生夫人赵瑞云女士)亦加入。八时许搭车至西直门,复整队步行,至新街口,同人、同学恐余等太吃力,为雇三轮至端王府夹道北大工学院小憩,又搭车至西单迤东某胡同口,舍车归队。十二时入天安门广场,在中华、天安两门之间,原有银杏等树又被清除,殊觉可惜,然非此不能成为广场也。场中整队来集之单位已甚众,闻多至二十万人,每人只得两三尺隙地,除起立与席地坐外,无回旋可能。三时准时开会,主席坛报告略可闻见,但不清晰,扩音布置尚欠周密,坛上人众及坛下阅兵,则均渺不可接,自四时至八时,除时坐时立观看人头攒动与旗旌飘颭外,一无所见,只五时许有飞机小队绕场三匝,入晚有连珠花炮进发,为略破单调与厌倦,余坐多于立,更不免坐井观天之感,云之光景略同,好在所携食品不多,且知所以量入为出,竟日未尝发生便溺之需要,否则更将不堪耳。八时始出场,作提灯游行;清华人数特多,仪仗队尤整饬,过天安门前时,似曾受当局特达之措意,稍稍弥补在场时局促难安之情态。队伍至长安街南长街口时,余与云及其它三四同人即退出,另搭三轮至西直门站,候至十时半又归队,惟因调遣车辆仍须久候,徇同学意,先搭客车返校,亦已十一时许矣;大队返清华园则在午夜二时以后。余体力尚可,游行时出汗较多,余无所苦,设云未同行,或将支持全程;惟云居然亦颇能撑持,则殊出意料,竟日天阴,无烈日,亦是天公作美,云略贫血,最晒不得也。"[1]

这两天的日记,尤其10月1日的日记写得很仔细,内容丰富,非常耐读,其中我们所能想象到的兴奋感,在日记中并没有见到。这样的情

---

[1] 潘乃穆、潘乃和编:《潘光旦日记》,群言出版社,2014年,第127—128页。

绪仍在延续，10月6日中午，潘先生到盐业银行出席张伯驹的餐叙，言谈甚欢，谈及新政府成立，"索人甚亟，同座试各言其志，至余，余谓志于教读并将老于教读矣，它则力有未逮"[1]。既然志于教读且将老于教读，潘先生便安心地著文授课，检出搁置已久的《罗虞臣论谱法》续写，四日后完稿，交《清华学报》发表。核校完《周官中人口查计制度》后，拟着手写《三才通论》。每天在读书、写稿、授课中忙忙碌碌。至10月20日，"午前及夜，共授课三小时。午阅报纸，新政府公布中央院、委、部署之人选；政务院之文化教育委员会四十二人中亦列有余名，大出意料"[2]。确实是潘先生没有想到的事，因为半月前还有友人问其志向，他以教读终老答之，而政府今日将他归于文教委之大员，自然免不了惊奇和兴奋，周边的人纷纷向他道贺庆祝。夜深人静，在致大哥的信函中，潘先生写道："此次余未列政协，众以为奇，及列文教，众又愕然。前之奇，奇冷锅；后之愕，愕冷锅中忽爆热栗子也。"并表示自己性格温暖，"三十年如一日，不甚识冷热也"[3]。不管如何怎样理解潘先生的这句自我说明，但自此之后，潘先生之于政治和社会的热情重新被点燃。11月2日记录文教委第一次会议，讨论组织条例等草案，"关于条例部分，余发言较多"[4]。因为统战及建立联合政府的现实需要，新中国成立初中共对民主党派重要成员和全国知名的知识分子一概采取了团结的政策，潘先生自然在这个范围之列，这便是潘先生所言冷锅里能爆出热栗子的根本所在。

1　潘乃穆、潘乃和编：《潘光旦日记》，群言出版社，2014年，第129页。
2　同上书，第133页。
3　同上书，第137页。
4　同上书，第137页。

三、参加民盟一届四中全会和五中全会

细读《日记》，我们首先遇到的问题，那便是民盟一届四中全会的会期。民盟中央所编《中国民主同盟七十年》说："1949年11月15日至12月20日，中国民主同盟一届四中全会（扩大）会议在北京举行。"[1] 赵锡骅的《民盟史话》也是这么写的，[2] 我过去所写的文章接受了这一说法。但现在看来有点儿问题。先说开幕的日子，《李文宜回忆录》说会议是11月5日开始的，一直开到12月20日。[3]《日记》说11月5日所开的会议是临工委第二十九次常会，这一天是星期六。七天之后的11月12日，临工委开了第三十次常会。在潘先生11月15日的日记中，我们没有看到民盟有什么会议，这一天潘先生上午上课，午后出席校务委员会会议，晚上在与同事商量好出席全校代表会议的社会系教授代表后，又去给学生上课。若是四中全会这天召开，潘先生是必须到会的人，《日记》是不可能漏记的。而在11月19日（这一天仍是星期六）的日记中，我们可以读到："十时入城。先至太平胡同同盟总部。同盟今起举行四中全会扩大会议，即此报到。午后先举行临工会及四中全会，余因须到教育部，均不克参加，并留字请假。饭前后与钦墀、笃义等闲话，钦墀为苏州支部代表，来京尚未及一周。二时至皮库胡同教育部，听取汇报。五时退席，重返同盟总部。夜出席四中全会扩大会议之预备会。宿北京饭店，于努力寓中加榻为之。"[4] 言之凿凿，非常详细，应该是可靠可信的。那么，11月15日为四中全会的开幕日的依据又是什么呢？12月20日为四中全会闭会日的这一说法也曾有过不同记录。《人民日报》1949年12月29日第一版所刊发的《中国民主同盟四中全会扩大会议宣言》，里面的第一句话便是"中国民主同盟四中全会扩大会议已经圆满闭幕了"，所署的日期

1　中国民主同盟中央委员会编：《中国民主同盟七十年》，群言出版社，2011年，第88页。
2　赵锡骅：《民盟史话1941—1949》，中国社会科学出版社，1992年，第381页。
3　李文宜：《李文宜回忆录》，东方出版社，2004年，第384页。
4　潘乃穆、潘乃和编：《潘光旦日记》，群言出版社，2014年，第143页。

是"一九四九年十二月十七日中国民主同盟四中全会扩大会议通过"。从这条史料来看，12月17日似是四中全会扩大会议的闭幕日，但实际上会议还没有结束。潘先生12月20日记录："子为来电话，谓四中扩大会今日下午结束，问题症结已获解决"[1]；《中国民主同盟章程》则是20日全体会议通过的。几则史料对照，则四中全会的结束日期应为12月20日。如此，四中全会开了31天，而非35天。

在民盟的发展史上，一届四中全会是一次极为重要的、具有转折意义的会议。与三中全会召开之艰难有所不同，四中全会的困顿主要体现在会议的内涵上。首要的问题是中国的民主革命已经完成，民盟组织还需要不需要存在的问题。第二，若是新时代仍需要民主党派，那么对新时代民盟的政党性质、所处的地位和应该发挥的作用该如何认识？第三，人事的安排问题。这些问题在潘先生的日记中都有反映。

张冠生写过一本很耐读的书，叫《从前的先生》，其中说道："罗隆基曾在一篇回忆文章中说到新政权建立之初的民盟组织，出于当年组建政团时'三党三派'的缘故，到参加新政权时的人员安排出现分歧，反映在一届四中全会上，被罗隆基称为'派系斗争'。"并说："从民盟官方迄今编辑出版的公开读物中，几乎找不到罗隆基所谓'派系斗争'的任何信息。"[2] 冠生兄所言"几乎找不到"有点过，因为我们在《中国民主同盟历史文献1941—1949》中所录《中国民主同盟代表沈钧儒在北平欢迎会上的演词》以及临时工作委员会的一些文告中，还是可以找到一些信息的。冠生兄也看到了潘先生《日记》中的资料，说可以作为佐证，这个话是正确的。下面摘录几段《日记》，供大家了解这段盟史时作参考：

11月25日，潘先生写道："出席四中全会扩大会议之大会，听各地方盟务报告。盟内一部分人动辄以思想问题做攻讦题目，非别有用心，即病在左倾。"这段话是对部分与会者以"左"倾思想压人的反感。所谓

---

[1] 潘乃穆、潘乃和编：《潘光旦日记》，群言出版社，2014年，第153页。

[2] 张冠生：《从前的先生》，广西师范大学出版社，2014年，第286—287页。

盟内一部分人，显然不是指一般的盟员。

12月6日，潘先生记录："午得民盟通知，请假入城，先至太平胡同，悉周恩来总理约四中扩大会全体代表茶话，将遣车接至北京饭店。茶话于三时始，恩来以友党资格勖勉二点：一关于党派与个人，二关于立场与思想；一旨在劝个人盟员勿于希望有党派关系之盟员取消其党派，二旨在劝告对马列主义服膺较深之盟员勿以压力施诸较浅者；语重心长，应使褊狭之辈汗颜。"[1]

12月10日，潘先生说："回同盟总部，听钱俊瑞同志讲知识分子改造问题，以其个人经历为例，大致均中肯綮，但亦不无渲染，有若宗教信徒劝人入道之口吻。夜续有大会，讨论盟章，至添设副主席或政治局一节，表老躬自讲话，对衡老、伯钧于临工会期间之阿私垄断坦率指斥，可云义正词严，得未曾有。众惧大会或因此而破裂，提前休会，至下周再议。此事结果，不欢则有之，破裂则绝不可能。"

12月13日，接续阿私垄断这一话题，潘先生写道："知总部空气剧变，对阿私垄断之辈转形有利，势位移人，而群众之不免于随风转折，于此可见。东荪、朴斋在座，钦墀旋亦自总部来。因共商所以自处之道，与如何在逼窄之气氛下仍能有所效力，最后决定共访周恩来同志一谈。……十一时许至中南海周恩来同志处，交换关于同盟组织及人事，至四时半始辞出；余就所谓逼窄之气氛，就余个人在学校在盟所经历者尽情言之：一以示个人处境之困难；二以示长此下去，同盟在知识分子中之发展势必不易，缘从事发展工作之人如我辈者，在被发展者看来，我躬尚有不阅也；三以示凡此要与统一战线、扩大团结之精神不合。"

12月16日的日记写道："民盟中央组织之拟议日来续有发展，统战方面意欲余等接受此发展，余等则视为换汤不换药，别提对案，即：一、维持政治局原议；二、政治局设召集人，以衡老任之；三、政治局设书记，以新民任之；若定欲以衡老为副主席，以伯钧为秘书长，凌驾全盟，

---

[1] 潘乃穆、潘乃和编：《潘光旦日记》，群言出版社，2014年，第147—148页。

挟令种切，一如临工会时代然，则余等只有乞假之一途矣。"

再看18日的日记："民盟总部以车来接东荪及余入城，……地方代表似已多数同意于政治局之上别设副主席、秘书长各一，亟欲将盟章之讨论与整个会议做一结束，特来劝说。余所答至简单，如大家同意，我当然服从，但服从后之兴致高不到何种地步，因而不克多为盟事努力，亦属无可奈何之事。迩来唯物、客观条件等名词已是口头禅语，于用以责备个人时，尤属言之振振，殊不知此种责备个人，或团体对个人之压迫，即犯一厢情愿之大忌，一厢情愿者，即唯心与主观也。此意余亦向诸盟友坦率道之。"

非常珍贵的是，潘先生日记记录了12月27日"五中全会"的一些情况："夜至北京饭店，出席同盟之聚餐会，及五中全会之第一届会；东荪未到，努生因病请假，于总部组织显仍有间然。要事为通过常委、副主席、秘书长、政治局委员、各处会正副主委名单，皆经协商而不必尽妥者。马夷初领导之民主促进会及汪心渠领导之民社党革新派自此日起加入民盟；马夷初、许广平、周建人、黄琪翔、汪世铭均被邀致词；余亦被指定自由发言，以示前嫌尽弃之意。"[1] 这一段记录的信息很大，值得我们仔细研究。

《日记》所叙足证罗隆基"派系斗争"的所言不虚。其实这种事情的发生是必然的，也是正常的。民盟原是多党多派的联合，对反动势力的仇恨和对国家民族前途的关切使其中的爱国之士走在了一起，但由于政见的不同和行为选择的差异，民盟内部的团结一直是个令人头痛的问题，纵然是民盟的领导层面，个别人之间的矛盾常常闹到尴尬的地步。影响所及，地方组织中的不团结现象也较严重。四中全会通过的《中国民主同盟地方盟务总结》坦陈："在团结上，我们也还存在着缺点。根据会上的反映，有少数地区，还或多或少地存在着不够团结的现象，因而分散

---

[1] 潘乃穆、潘乃和编：《潘光旦日记》，群言出版社，2014年，第157页。

或降低了我们的力量，妨碍了我们的工作。"[1] 作为当时人数最多的一个民主党派，其中央全会的进行竟然出现这种争论甚至争执的情况，自然会引起中共领导人的高度关注和警觉。毛泽东在紧张准备出访苏联的日子里，于12月5日和中共中央的其他领导同志在中南海颐年堂接见了参加民盟四中全会的全体代表。在询问会议进展之后，针对民盟内部的团结问题，毛泽东指出一个党内总归有许多山头，但是山头主义要不得，要克服山头主义。毛泽东的接见和有针对性的讲话给全会的继续进行带来了积极的效果。由《日记》观之，潘先生当时所持的立场与罗隆基相仿佛，这给先生下一步的命运带来了极大的影响。

四、处理民盟领导的请托

9月3日下午，潘先生出席清华校务与教务的联席会议，商定新生录取的标准和名额。会后归途中暴雨骤至，雷电交作，潘先生与夫人到邻近的费孝通家避雨闲聊。不一会儿，周培源亦到，拱手相贺，说潘先生的大女儿潘乃穟已为清华生物系录取。这个好消息让夫妻俩大为欣慰。三天之后，清华新生发榜，全校招生约千人。潘先生这时候才知道自己的女儿考得非常好，总分相当高。潘乃穟曾在8月下旬参加了燕京大学入学考试，因成绩突出，当场就被录取。现既考入清华，那就不去燕京了。曾为清华教务长，现是校务委员会委员，社会学系的当家人，在女儿考学这个问题上，他只是支持女儿尽才力发挥，自己不作干预，所以在得知乃穟考取清华时，才会"为之甚喜"。其中的缘由一出于潘先生的德性高，二是清华招生的纪律强。正是由于这两个因素，在以下所录的两段《日记》中，我们对潘先生的崇高品德发自内心的钦佩。

10月28日，"（下午）五时许与企孙入城至苏联大使馆参加鸡尾酒

---

[1] 中国民主同盟中央文史资料委员会编：《中国民主同盟历史文献》：文物出版社，1991年，第22—23页。

会，席间与沈衡老谈其文孙来清华旁听事；此事衡老徇其孙之请，转托高教会对清华指令办理，于法绝对不妥，清华自二十年前起不收旁听生，余在教务长任内曾以词折服军阀刘镇华之秘书长不遣刘子二人来校旁听，今衡老以人民最高法院院长之地位，作此强人违例之举，不第对清华不利，对己亦有损令名，而高教会肯以指令行之，亦属太不检点；余旨在劝衡老收回此种请求，渠似不甚领悟，甚矣权位之移人也"[1]。

11月9日，"午后沈衡老属其孙××携书来，仍商来校旁听事，余就此举对各方面之不利剀切言之。高教会徇私人之托，随意指令其附属机关，终将受人评议，不利一也；清华奉指令行事，破其二十年来良好之规则，不利二也；衡老为法界前辈，向以法治领导群伦，今又膺最高人民法院之重寄，今乃视一校之章则与优良习惯为无足轻重，必招物议，不利三也；沈君而入校旁听，同学必将指摘曰，此某之文孙始获此特殊待遇，何外此无它例也？此不利四也。余以此语沈君，请其孰权利害，自动撤回申请，并归与老人陈之。青年人有理想，有热情，以词折服，宜若较易，此事看来可以了结，至余或因此而开罪衡老，开罪于当今之大理，则不暇计及矣"[2]。

从1949年北平解放到1967年潘光旦先生离世，我将潘先生与民盟关系划为三个段落：一是从担任临工委委员到民盟一届五中全会前后；二是从作为知识分子思想改造的典型到章罗同盟中一分子被戴上右派时期；三是被摘掉右派之后。从上述的史料梳理来看，这三个阶段都与1949年发生的情况相连结，而1949年潘先生的情绪和作为又同他前八年的盟事活动有着密切的关联。历史是一条割不断的江河，社会的演化是这样，个人的发展也是如此。

---

[1] 潘乃穆、潘乃和编：《潘光旦日记》，群言出版社，2014年，第135—136页。

[2] 同上书，第140页。

附录一：
为民族续命：潘光旦与他的时代

杨奎松　严　飞[*]

严飞：郑也夫曾经指出，"中国社会学前辈中，非一枝独秀，有双峰并峙，即潘光旦和费孝通"。可事实上，潘光旦在民国时期并未取得一流学者的地位，他的政治思想也并非那一代知识分子中最为系统成熟的。为什么您还会挑选他如此下力琢磨？我们今天去重新研读潘光旦、纪念潘光旦，现实的意义又是什么？

杨奎松：这其实是我写《忍不住的"关怀"：1949年前后的书生与政治》一书的目的决定的。

上个世纪90年代末，因为研究中华人民共和国建国史的需要，我开始集中涉猎中国知识分子问题的研究成果。第一本对我冲击最大的书，是张景超的《文化批判的背反与人格》。他对1949年以后中国知识分子在政治上的表现，揭露、剖析、批判，可谓是淋漓尽致，有些讨论也很深入。但我读起来总觉得这样的揭批对还原史实，是不够的。

进入21世纪以后，这种对知识分子的批判一度发展成了一股潮流。除了顾昕、柯平等华人学者的著述外，我们还引进了相当一批西方学者，如马克·里拉、朱利安·班达、理查德·A.波斯纳、保罗·约翰逊，以及拉塞尔·雅各比等揭批西方知识分子的著述。给我的感觉，许多揭批也十

---

[*] 杨奎松，华东师范大学历史系教授。严飞，清华大学社会学系副教授。

分片面。

最终触动我要来做一个专题研究的,是 2009 年围绕着一些知识人"告密"现象所引发的颇为炽烈的争论。我认为有必要从史学研究的角度,去考察一下那个时代的知识人具体是怎么想,和怎么变,导致他们那样想、那样变的主要原因是什么。

因为我当时的研究着眼于 1949 年前后,因此我找了三个大家比较熟悉,研究比较多,并且各具各的代表性的知识人。我所以选择了潘光旦,和他在学术上的地位毫无关系,而是因为他和我认识的父辈中的知识人实在是太像了。他们都受过较好的教育,各有专业特长,对政治一窍不通,却每每会因太过"关怀"国家民族的命运而被卷入到政治斗争的旋涡中去。对潘光旦的还原与解剖,在很大程度上也是我们以"同情之理解"的态度,读懂他们那一代人生命历程的一种方法。

严飞:在您看来,潘光旦最优秀的学术研究是哪一方向?直到今天社会影响最大的学术研究又是哪一个呢?

杨奎松:潘光旦在学术上有不少头衔,如社会学家、优生学家、民族学家等,但和今天我们看到的社会学家、民族学家不同,他是理科训练出身。先在美国达特茅斯学院学习生物学,取得学士学位;接着到哥伦比亚大学研究院学习动物学、古生物学和遗传学,获得硕士学位。回国后,他虽然较多地转到优生学、社会学,注重性、婚姻、家庭、教育等问题的研究,但他的这些研究,非常突出的一个特点,就是不离其生物学及遗传学的训练及其视角,主张"以生物为体,以社会为用,采遗传选择之手段,以达人文进步之目的"。

几乎所有研究潘光旦的学者都会对他回国后把太多的时间和精力放到办刊物写评论,以及承担大量教务工作,未能充分发挥他的专长,感到遗憾。因为以他的训练基础和在学术研究方面表现出来的深厚功力,他无疑是可以在某一方向上成为学术大家的。对于他目前留下来的研究成果,以我的知识背景,是不足以评价他最优秀的学术研究具体在哪一方面的。但就我个人关心的问题而言,读他上世纪 30 年代出版的《人文史观》，结合他战后所撰《派与汇》等论文，我们可以清楚地注意到他力图突破传统人文思想，以人为本来创建新人文史观的雄心和努力。可惜这一进程很快就被打断了。

严飞：1922年到1926年，潘光旦在美国留学四年，所学的内容均与生物学有关。回国后，潘光旦大力向国人普及优生学，引领了一场"民族卫生"的思想运动。潘光旦的思考不仅涉及文化对人类演化的作用，文化自身的演化和选择过程，还探讨了文化与生物的协同演化。潘光旦在临终前两年还集中翻译了达尔文的名作《人类的由来》，可以说，潘光旦先生的优生学背景对于其世界观的塑造产生了极大的影响，对此您是怎么看的？

杨奎松：潘光旦是1922年到美国留学，1926年拿到硕士学位回国的。当时优生学在美国还有相当影响，他回国后热衷于优生学的推广和研究，显然与他急于想用西方科学的思想和方法，逐渐改变中国现代化进程缓慢，积贫积弱状况的心理有关。当时是进化论的时代，生物进化讲的是遗传、变异、选择的规律。因此从生物学的角度看问题，他显然认为，一个民族人才的多少，根本上取决良好的遗传。从生命科学的角度，遗传根本上是由基因决定的，因此性和婚姻的选择，对民族优生具有极其重要的意义。而好的性和婚姻选择，理应是让自然特质比较优秀的人口逐渐增加。而要想达到好的婚配，就必须要创建一种良性的选择环境，要强化社会的作用，即通过社会环境、制度、教育等等因素来影响婚姻与家庭。

但颇为不幸的是，优生学从其诞生之日起，在欧美就倍受争议。最早发明优生学这一概念的英国人高尔顿，基本上是着眼于优质婚配和计划生育的。问题是，19世纪末正是殖民主义、种族主义，乃至社会达尔文主义盛行的时候。因此，优生学很快就在一些国家成为政府推行有组织地消灭劣等人口的一种科学借口。美国在这方面就首当其冲。从1884年到1924年，美国已经有16个州通过了强制性绝育法，规定对弱智、残疾、精神有障碍，乃至社会下等阶层的人繁殖人口必须加以限制，劝说无效者可以由政府强行执法。希特勒及其德国法西斯所采取的种族清洗政策，在某种程度上也正是得益于美国的经验。

因此，潘光旦主张的优生学，在第二次世界大战爆发前后就不可避免地受到众多欧美国家的抵制，在中国自然也颇受争议。尽管他基于中国的国情和人权平等观点，对他的优生学主张做了不少修正，包括公开改称之为"民族卫生学"，但在中国也没有获得推广的条件与可能。他在这方面的投入，显然也使他耗费了不少的精力和时间。

严飞：长期担任清华大学和西南联大教务长的潘光旦先生有什么独特的教育思想呢？而在抗战的特殊时期，其教育观点和教育实践需要是否存在张力？他又是如何取舍的呢？

杨奎松：潘光旦提出过的教育主张很多，在我看，最主要的一点，还是健全人格的教育主张。所谓健全人格，就是要使受教育者在意志、情感、理智三方面能够共同协调发展。单纯开发某一方面，人格教育的结果一定是失败的。一个健全、完整的人，必须能够认识自己，并不断战胜自己；必须学会分辨是非真伪和善恶美丑。因为人的价值意识完善了、增强了、发达了，既是人成熟的表现，也是人能力提高的反映。在他看来，中国之所以弱，之所以会被日本入侵，之所以形不成团结一致的抵抗力量，很大程度也是教育失败的结果。

严飞：潘光旦先生在1941年的《青年志虑的问题》中批评当时学生对个人生活算盘越打越精，缺乏大志，缺乏热情；但同时他又对学生的社会行动并没有那么热衷，在其中您觉得有没有矛盾呢？在潘光旦先生的叙述中，他很强调学生自我的反思、慎独，那么，他当年心中期许中的学生应当具备哪些特质呢？

杨奎松：我倒不觉得这中间有多大的矛盾。抗战进入极端困难的阶段后，许多学生的政治热情开始低沉，被迫为稻粱谋；另一些学生把政府视为一切挫折的始作俑者，动辄即高调抨击政府，这在当时也是一种必然。作为西南联大教务长，他既看不惯于学生沉迷于个人生活，也不能不担心学生太过政治化，也是他职责范围中之事。潘光旦一贯主张民族国家至上,他对学生的期望,自然是希望学生们也能够成为一个在做人和爱国的问题上,像他一样的人。

严飞:阿伦特对知识分子曾提出"对人的关怀和世界公民立场",在您看来,对于潘光旦这一代知识分子而言,这是一种合适的道德要求吗?

杨奎松:"知识分子"是一个现代概念,从其形成于德雷福斯事件本身就可以看出,它是以争取对一切涉及公共利益的事情的发言权为基础的。也因此,它是现代公民社会的产物。我们都清楚,在法国大革命前,伏尔泰介入卡拉事件,靠的还不是公民权利平等,而是他的良知和特殊身份。但法国大革命发生后,人权和公民权利已经受到法律保障的情况下,左拉和大批知识人"公共"介入德雷福斯事件,就构成了一个重要的时代转折点,使介入公共事务成了知识分子的一种权利甚至是责任了。由于人权本身的超国家性质,也就使得对人的关怀具有了普世性。阿伦特正是在这一基础上强调知识分子应该具有"世界公民"的立场,即不仅关心本国本民族的人,而且应该关怀世界范围内的人。就这一点而言,20 世纪任何国家的知识分子——如果他自认为自己是知识分子的一员——都应具有这种基于人的关怀的立场。事实上,我们从潘光旦的教育思想及其相关言论中,都不难发现他理智上也曾经是高度关注人,并以"人"为前提来设想种种社会改造和建构的。当然,对于"落后"国家和民族的知识分子来说,真正要想做到像阿伦特所主张的那样,是很难的。

严飞:您曾经指出,知识分子的使命是做"社会的良心"。正是因为他们所承担的社会良心的职责与使命,所以他们首先应该是,也必须是"人"。然而作为个体的"人",我们也看到人性的挣扎与选择。经历多次思想改造运动后,潘光旦与其同时代的知识分子,实际上都成为时代大潮中的"选择者"和"挣扎者"。他们的勇气和脆弱、理想和矛盾、坚守和痛苦糅杂在一起,构成了一个时代的知识分子群体写照。对此您是怎么看的?

杨奎松：我的《忍不住的"关怀"》一书的增订版中加写了一个"余论"，就是想要把我做这一个案研究的主要心得，稍加归纳并略做分析说明。我的一个基本观点就是，人类社会历史发展是渐进的，人的思想意识乃至于价值观本身也不能不随着时代变化及环境变化而变化。由于生产力发展及其生存条件的局限，自古以来个人都是依赖于群体来延续生命。因此，早先是爱"族"，之后是爱"国"，进入现代工业社会，个人的生活空间和生存能力大不同于古代，人权、自由、平等意识开始萌芽，爱"人"的观念才逐渐生长起来。但是，因为不同民族进入现代世界的方式及先后大不相同，不同民族和国家的知识分子，甚至同一民族国家中反映着不同阶层情感和利益的知识分子，在爱"族"、爱"国"还是爱"人"问题上态度变化的先后与程度，也会各不相同。不了解这一点，无视历史发展本身的复杂性和多样性所造成的差异，简单化地基于当今通行的"政治正确"的标准来批评指责不同情境中知识分子"政治不正确"的表现为"软弱"、为"背叛"，甚至指斥其人格，在我看，都是过于武断和片面的。

以潘光旦为例，他是留过美的，他的思想言论中有很明显的现代社会的自由、平等意识，因而他在30年代人权、宪政问题上的主张，基本上都是合乎欧美主流社会通行的政治原则的。但是，他学的是生物学，痴迷的却是优生学，原因就是他一心想要运用最先进的科学方法，利用社会干预（社会选择）的手段，以改善中华种族（民族）之体质和智力，从而提高中国在世界上的竞争力。他所主张的人文史观的一个基本观点，也是建立在"种族绵延"基础上的，他固然重视"个体"，同时更强调"群体"。在这个以"个体"和"群体"为两纲的理想架构中，"个体"是起点，"群体"则明显是目的。

我在我那本书的"余论"中特别举了由美国归国的北大教授傅鹰的一段话，在相当程度上恐怕可以拿来解释潘光旦，乃至费孝通等一大批知识分子当年有过的那种心态。他的原话是："知识分子就是爱国。我父亲从前在外交部做事，从小我就听他说，从康熙《尼布楚条约》到《辛丑条约》，每条都是中国吃亏。宣统三年我到上海，公园牌子上写着'中国人与狗不许入内'。后来到美国，过境到加拿大看瀑布，日本人可以自由来往，中国人就不行；我到物料科领药品，那里的人说：'你们中国人学科学干什么？'我一生的希望就是有一天中国翻身，现在这个希望实现了，所以我拥护这个政府。共产主义我不了解，从书本看的来说，意识形态方面我不见得全同意，但共产党把国家弄成现在的气派，我拥护它。""我和党是同奔一个门，事实证明，他认路比我认得好，我自然跟着他走。"

附录二：潘光旦与罗店潘氏家谱

潘乃穆*（遗稿）

2003年冬我同四妹乃谷第一次访问祖籍，也就是先父潘光旦先生的出生地，原江苏省宝山县罗店镇，今上海市宝山区罗店镇。读到家乡杨造和先生所作《罗店百家姓》[1]第七、八期，甚有启发，因草为此文，供关心乡土历史及家族历史者共同研究参考。

（一）潘光旦先生对罗店潘氏家系的新认识

他在1931年写道："曩阅《震川先生集》中之《潘用中墓志铭》与《潘府君室沈孺人墓志铭》，乃知敝族自新安来迁，为间接的而非直接的，直接盖来自冶城，即南京；又知敝族始迁祖不为用中府君，用中府君已属东迁之第三世；又知府君之德配不为杨夫人而为沈夫人；又知府君不仅生二子，且育三女，所适亦均有可稽。用中府君之子子实府君事震川先生在师友之间，故所叙乃能确凿乃尔。深怪上世为族谱者但知墨守旧稿，并此种现存之材料而不知利用，坐使以讹传讹，三百年来莫之能改。"[2]

由此可知，他根据明代作家归有光（震川）的上述文章，对罗店潘

---

* 潘乃穆，北京大学社会学系副教授。
1 《宝山史志》第七、八期，2000年12月。
2 潘光旦：《读〈唐铎父子墓志铭〉后论三事》，《潘光旦文集》第8卷，北京大学出版社，2000年，第340页。

氏族谱作出以下几点重要补充修正：首先，罗店潘氏的始迁祖应是潘煦，第二代潘廉，族谱上原列始迁祖潘乾（用中）已是第三代。其次，潘乾的配偶是沈夫人，而并非族谱所载杨夫人。第三，潘乾有子二人潘士英（子实）、潘士荃之外，族谱未列的还有女儿三人，一嫁金诩，一嫁徐应元，一嫁张来。第四，潘氏来罗店前迁徙路线，族谱载由徽州（新安）迁出乃是更早的情况，据归文则具体讲到由南京（冶城）迁罗店。

关于潘氏来罗店前迁徙情况，他是不断在探讨中的。1934年他写道："我们终于到了徽州了。同行的八个人中间，倒有三个是和徽州有些渊源的，所谓渊源，就是以前迟早发生过土著的关系。其中一位（指自己）是很早就搬出去了的，大约在明中叶……我们先去拜访本邑的耆宿叶则柔先生；我们问起最近县修志的进行状况，和近来徽属以内各大氏族散布的形势，承他一一见告。我自己的一族，据说在歙县范围以内，只南乡一带较多，邑城的北门一带也还很有几家，可惜我不能多耽搁，否则大可加以访问，也许可以发现一些当初'始迁'的原委和情况。"[1]以后他又说："据我1957年所见皖南大阜谱，我家亦从闽来。"[2]

因此，罗店潘氏的来源他具体追溯到的是：福建—徽州—南京—罗店。我们从归有光文知道迁罗第三代潘乾（用中）卒于嘉靖十九年（1540年），享年五十六，推算其生年大约在成化二十一年（1485年）。潘氏迁入罗店的时间也许就在明成化年间。

（二）潘光旦先生所存罗店潘氏家谱及其遗失

抗日战争以前，他保存着一本我家的家谱。战后，他于1946年晚秋回到北京。1947年1月18日他在日记中记载："至协和医学院原址，今为军调部执行小组办事处及励志社区部所在；协和规复尚有日，战前公

---

[1] 潘光旦：《杭徽道路途中（屯溪通信之二）》，《潘光旦文集》第11卷，北京大学出版社，2000年，第92、94页。

[2] 潘光旦1963年10月1日日记，《潘光旦文集》第11卷，北京大学出版社，2000年，第534页。

私存物在清理中，战事初期余用［闻］亦传名义存寄木箱两件，其中可能有先曾祖丹崖公所写家谱手稿及先君京师大学堂时期之读书笔记；洽谈后，由负责保管之陈君引至地下层储存室查看，无着落，当早已失散；目前唯一之希望为［桂］质良离平南行时曾提出另存，惟前获质良函只字未提到，散失之成分当是十之八九矣。当即再函质良。"[1] 这本家谱就这样在抗日战争中失去了。1980年代以来，叔父潘光迥先生和其他潘氏宗亲多人向我们查询家谱存亡下落，均已如实相告。

那么，这是一本什么样的潘氏家谱呢？按他所说，是由他的曾祖潘世珍（丹崖）手书。其内容我们便一无所知了。

据潘乃鹏族兄提供的情况，大概在［1949］年，曾有修谱之议。当时有前辈潘詠绳来找乃鹏之母，说光旦发起续谱，带来一些表格，上有姓名、号、辈分、出生日期、××之子（女）、第几子（女）、妻（夫）名、系×地×××之第几子（女）等，乃鹏曾调查填写本支情况，规定由前辈人开设的上海金陵东路协大昌华洋杂货店分发和收集这些表格。后来各种运动不断，此事未竟。[2]

先父在1949年以前原有祭祖的习惯，我家有一套纸制祖宗牌位，是他亲自书写。"文革"中我家被抄，许多东西丢落满地，包括这些牌位在内，后来都一起被扫除掉。

从此我们便不知祖宗名号。我们甚至连祖父的名字都不知道。后来重新了解家史，先从杨业治教授（他是我父亲姨表兄林康侯的女婿）处问到我祖父的名字。再从我父之文，查到归有光之文，得知始迁罗店四代名字。又从叔父处及《宝山县志》抄到祖父以上四代名字。中间各代长期空缺。

---

[1] 《潘光旦文集》第11卷，北京大学出版社，2000年，第232页。

[2] 1994年11月23日潘乃鹏致潘乃礼信。

（三）罗店潘氏家谱之重现

2003年，我偶然在图书馆架上看到一套《清代朱卷集成》，这原是上海图书馆的珍藏，由成文出版社印行（1992年）。我前些年曾在北大图书馆查过零散朱卷，未能找到先祖父的试卷。再者我知道父亲在研究工作中引用朱卷上记载的世系资料，尤其是《科举与社会流动》这篇论文，完全根据朱卷上的世系资料作出。因此立即查阅这套《清代朱卷集成》，果然找到先祖父潘鸿鼎之江南乡试朱卷（光绪丁酉科，1897年）及会试朱卷（光绪戊戌科，1898年），而见其"履历"部分所载世系竟然上溯到迁罗店的始迁祖。这真使我喜出望外！于是当即复制下来。访罗店后，虽已将此资料提供杨造和、潘光博、潘乃礼、潘乃先各位先生参考，但我自己一直没有时间细加研究。

2004年初，乃先给我看他所找到的他父亲光濯先生手书家谱，题名《百寿考》，写于1963年元旦。这又是一大幸事。这是近年来所知罗店潘氏仅存的一本家谱了，其珍贵可知。光濯是我父光旦的嫡堂弟，即我的堂叔，按传统说法，乃先是我的从堂弟。

于此，我遂将潘鸿鼎会试卷履历记载和光濯手书家谱对照研究，二者之异同大体如下。

（1）《履历》和《家谱》所载世系相同。均以迁罗第三代潘乾为始迁祖。均称由徽州迁罗店（谱称"安徽"）。小有不同的是《履历》说潘乾"字茂甫"，而《家谱》说乾"字用中，号茂甫"，并称之为"茂甫公"。《家谱》在潘乾下写明了他的父名和祖父名，又说他由冶城始迁罗，看来修此谱者似已吸收归有光文章的一些内容。《履历》记载到第十五代光字辈为止，《家谱》则记载到第十七代业字辈的开端。最大的不同在《履历》和《家谱》所载亲属范围。此谱属光濯先生本支的家谱，基本上只载本支直系亲属，但在光濯先生上一代的鸿字辈三位胞伯叔页下对他们的儿、孙辈有记载。《履历》则以自身为中心，对历代嫡堂、一从、二从、三从、四从、五从及五从以外男性族亲姓名全部列举，范围大了许多。由此可见，《履历》所载必定根据了当时的家谱以及罗店亲族的实际情况。

然则，它是一律按辈分横向加以亲属称谓，因此我们根据它只能读出本人直系世代的亲子关系，而无从了解某从兄弟与某从伯叔或某族兄弟与某族伯叔之间的全部纵向的亲子关系。也就是说，他虽然包括了全部男性族亲姓名，我们却无法据此构成一个完善的潘氏族谱。

（2）对所涉及的历代亲属个人情况的简介，《履历》和《家谱》所载，由于文献本身性质的不同而有所区别。主要任职情况，二者都有简要记载，但《履历》明显侧重于学位、官品的介绍，甚至于对配偶父兄中的重要人物都要逐一介绍。谱中有简单的牒，除个人任职外，全面介绍其生卒年月日（时）、配偶姓（名）谁之女及生卒年月日（时）、子女数、子名、女儿嫁往地及配偶姓名、墓葬地点等。

（3）对女性亲属的记载，《履历》和《家谱》对历代直系配偶谁之女一般有记载，但有姓无名。《履历》对本人配偶姓、名、字记载俱全。对历代潘氏女儿《履历》不载，只载本人三位胞姑母及三位胞妹，而无名字，但载其配偶姓名。《家谱》对历代潘氏女儿都有记载，但前代均无名字，与光濯先生平辈的女性亲属包括姐妹、堂姐妹、弟妇等则全有名字记载。这反映出时代的变迁，女性地位趋于平等。

此外《家谱》第一页载有《荣（应为荥）阳潘氏宗谱字辈文》："大维世永保，光乃业常昭，祖德徵家庆，宗功树福基。"又《支族辈文》："元文同肇，咸锡嘉名，传家仁善，赞国扬赓，寿徵延庆，公辅锺英，绍承祖训，长发祥呈。"这对我们了解潘氏家族关系有重要参考价值。

关于《字辈文》，在此以前我听到过几个说法。"鸿光乃业"（叔父告我）；"光乃业常昭"（潘乃先告我）；"承旺世保泰，光乃业常昭"（潘乃鹏听前辈潘岳东背诵）；"大铨世永保，光乃业常昭，祖德增家庆，宗功树福基"（潘光博见自潘崇甫书家谱）。直接看到书面文献，这是第一次。大体一致，个别字的不同，可能有两种因素：一是各支在使用字辈文时，本来允许有一定的灵活性；一是在传抄传诵过程中可能出现某些误差。至于《支族辈文》则以前完全没有听说过。

（四）有关罗店潘氏祠堂、堂名、墓地等情况

（1）关于潘氏祠堂。综合潘光博、潘乃鹏二先生的描述，其位置在罗店镇东郊偏东北方的赵巷西街，坐北朝南，三开间一厅二厢房二进，后面有一片小竹林。东邻罗店土地堂，西邻朱氏同义堂，正面对着杜家桥（石桥）。潘乃鹏说："解放前每年清明节都在祠堂里举行祭祖活动，程序是宣读祭文，按长幼下跪叩头，（记得有一次是由潘光旦主祭，人矮胖，残一腿）然后午膳便筵，每次有六七方桌，饭后分赴各处祖坟祭扫，其费用是由祖上传下的土地的地租收益开支。地租和其他收益由族中推举专人保管，供祠堂和宅邸的修葺和看守祠堂人的费用（修门窗抹桐油）之用，祠堂厅正中后方有一大型橱柜，呈阶梯形，内依次排列着先祖的灵位，高者在中在上，旁为妻室，依次向二侧和下端排列。平时关闭，祭扫时开放。看守祠堂者为一对老年夫妇，当然也有后代。祠堂中所有灵位后闻说被看守人抛入祠堂前的河浜中。解放后进行了土地改革，耕者有其田，居者有其屋，因此土地归耕者所有，祠堂归看守者。"[1] 潘光博先生更具体地知道：祠堂及其所属薄地数亩，轮流由在罗保字辈族人掌管，祭祖的准备工作及中饭供应也由他们负责，此保字辈人中，潘保镜先生是一人（收租一直到土改），还有两位是潘衡如、潘仲仁（都只知号，不知名）。原建筑现已不存在，潘光博先生"文革"后每次回乡，总要去寻访祠堂旧址，曾赋诗以寄寻根之情："寻迹祠堂巷陌行，经年银杏自青青，如烟往事连桑梓，草草溪溪总关情。"[2] 至于潘氏祠堂的起始，有记载说：潘若惠（第十一代）寡妻瞿氏抚养幼子"近娶而夭"，"族中议建宗祠，氏慨然将所居房屋捐助半所以作宗祠"，推算其时当在清同治年间。[3] 对于旧时的祠祭，潘光旦先生也有一段记载："幼时所参加的祠祭是范围比较大的一种，由一位比译者（光旦）高两辈的族叔祖主祭，到场

1　1994 年 11 月 23 日致潘乃礼信。
2　2004 年 9 月 14 日致潘乃穆信。
3　《罗店镇志》，1889 年。

的约有百数十人。"[1]

（2）关于潘氏各支的堂名。我第一次听到的是"潘诚意堂"，也就是潘乃礼、潘乃鹏这一支所属的堂。据乃鹏说，"潘诚意堂坐落在镇上塘东街中段，坐东朝西，系三开间三进房，沿街店面部分出租，内有二天井，二大厅，后面有花园，共占地三亩多"。乃鹏的高祖父潘琴槎、曾祖父潘志堂及其二弟、三弟居于诚意堂，四弟分出住西巷，五弟住所在诚意堂后门百米处，均另有堂名。"潘诚意堂前半部毁于'八一三'战火，后半部被人拆去，沦为荒地。"[2] 我知此以后遂询问叔父潘光迥先生我家有无堂名，他说我家原是求古堂，但我祖父潘鸿鼎不满意这个堂名而改称"取新堂"。光濋先生手书家谱封面上则题写为"潘延古堂"。看来只要分出一支单独居住就要立新的堂名。潘光博先生说他祖父潘永龄这一支的堂名为"潘景德堂"。

（3）关于墓地。据光濋先生手书家谱记载祖先墓葬地点有以下几处：云号四十六图脚袜泾（第三代潘乾、第四代潘士英、第七代潘允臣），罗店洪号五十四图结圩张家村塘南（第八代潘志义），罗店冬号五十九图中剑圩苏家塘口（第九代潘琰，《履历》作瑔），罗店冬号六十图练祁张浜庙后（第十代潘思孝、第十一代潘若金），罗店洪号五十三图西至圩第六十五号十一丘即东林寺庙南祁家村浜北（第十二代潘世珍、第十三代潘启图）。我祖父潘鸿鼎墓原在罗店崑九图沈汉桥庙东南。[3]

光旦先生对本支祖先墓地曾有以下记载："大哥（光裔）有示，祖坟须付地租，余分摊二十五万元。"[4] 他又说直到这次完冬粮，"我才知道最近八代祖宗（潘允臣以下）所葬的坟地，不过十亩"。（1952年）又，"同高祖的已经去世的后辈虽都葬在一个乡区，却分散在五六块各不相连的

---

1 潘光旦译注：《家族、私产与国家的起源》，《潘光旦文集》第13卷，北京大学出版社，2000年，第289页。
2 潘乃鹏致潘乃礼信。
3 《宝山县再续志》，1931年。
4 当时币制，1950年1月14日日记，《潘光旦文集》第11页，北京大学出版社，2000年，第332页。

小块土地上，相去五六里至一二十里不等"[1]。1965年3月17日日记写道："函上海崇甫从弟，并汇去八十元，作为东林寺祖坟迁并之用，有关公社将征用此一区坟地云。"[2]

乃礼说他的父亲光铭先生（殁于1946年）安葬于"袁家禁圈"，那处潘氏坟地有几十亩甚至上百亩。[3]

光博先生说，跨过杜家桥不远有一大片潘氏祖先坟地，他的伯父及兄潘光奎均葬于老坟墓侧。其祖墓地在罗店西郊界山墩。[4]

看来潘氏的墓地还是相对分散的。前引乃鹏述清明节祠堂祭祖以后"分赴各处祖坟祭扫"，也说明了这种情况。

2004年9月

1　潘光旦译注：《家族、私产与国家的起源》，《潘光旦文集》第13卷，北京大学出版社，2000年，第290页。
2　《潘光旦文集》第11卷，北京大学出版社，2000年，第623页。
3　1996年6月24日来信。
4　2004年9月14日潘光博来信。

附录三：1921年潘光旦在清华学校哲学三试卷

（汪端伟捐，清华大学档案馆收藏）

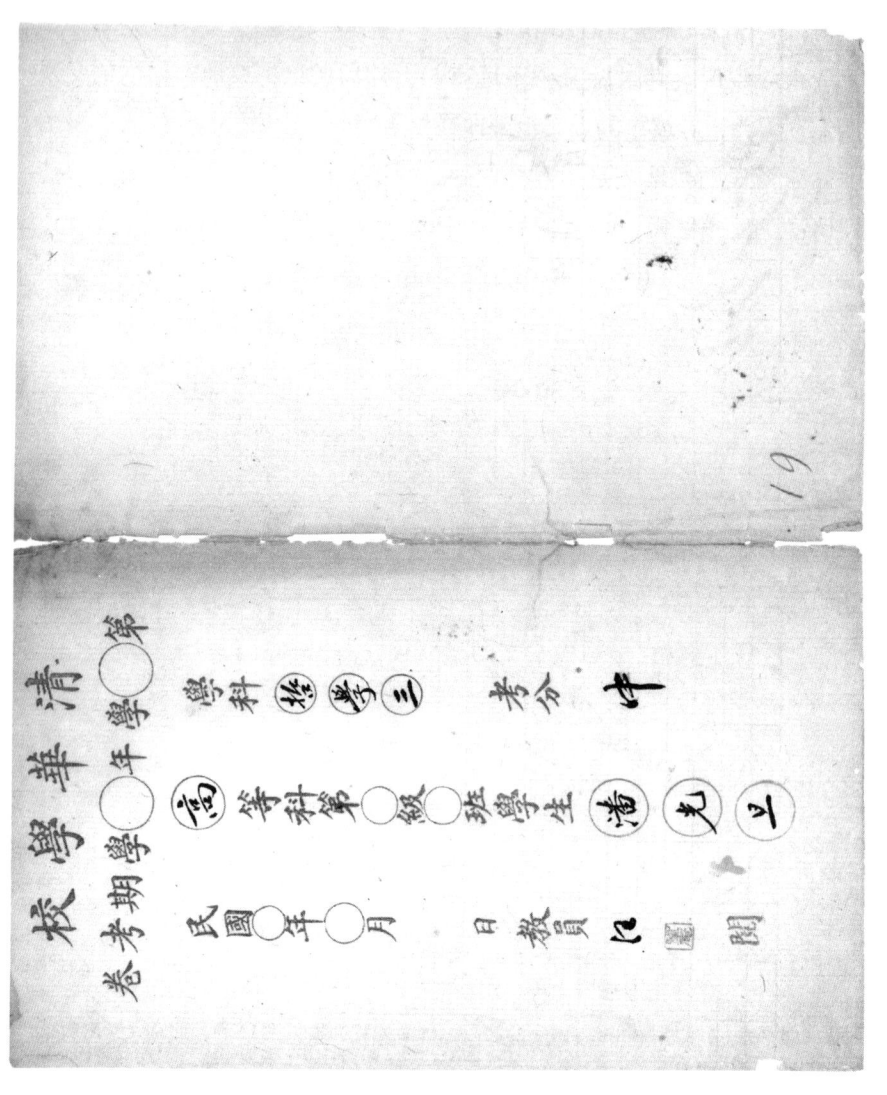

试卷封面

附录三：1921年潘光旦在清华学校哲学三试卷

潘光旦试卷第二页

附录三：1921年潘光旦在清华学校哲学三试卷

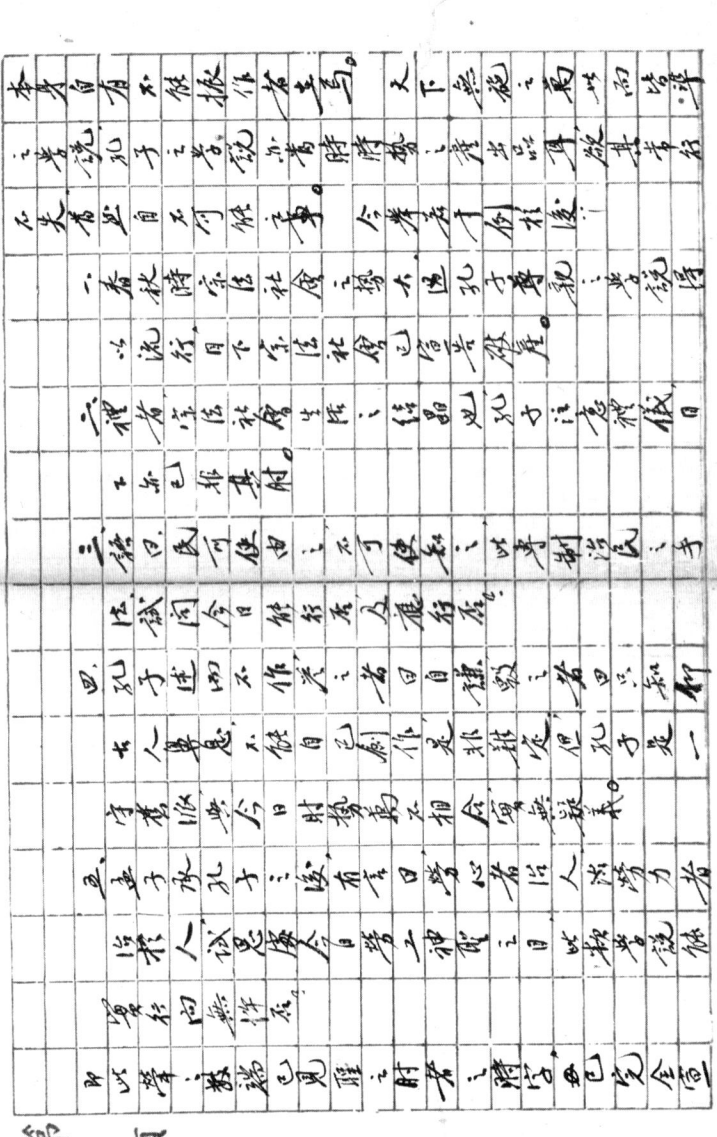

潘光旦试卷第三页

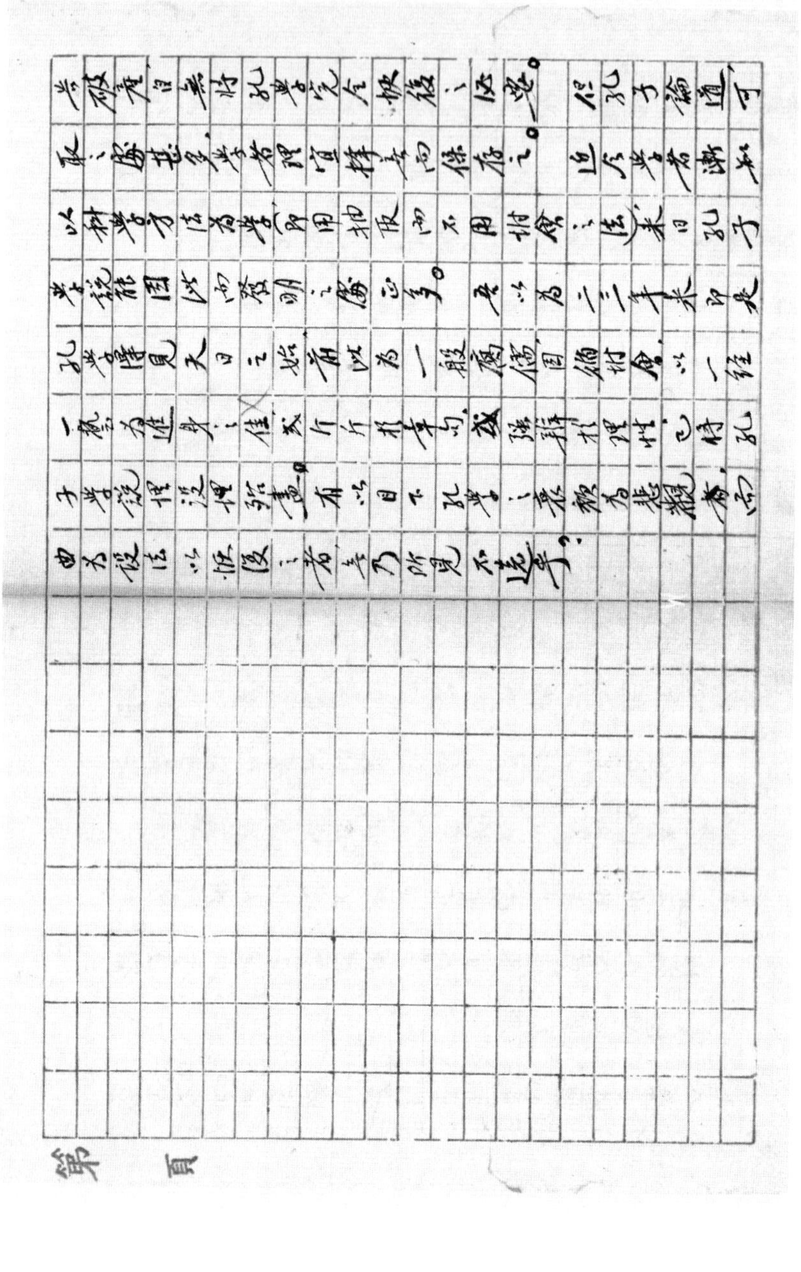

潘光旦试卷第四页

學破產，自無將孔學完全恢復之必要。但孔子論道，可
取之處甚多，學者理宜擇善而保存之。近今學者漸知
以科學方法為學（即用抽取而不用附會之法），來日孔子
學說能因此而發明之處正多。吾以為二三年來即是
孔學得見天日之始，前此為一般腐儒，因循附會，以一經
一藝為進身之佳試，斤斤於章句，或强辯於理性，已待孔
子學說埋沒埋殆盡。有以目下孔學之衰頹為悲觀者，而
曲為設法以恢復之者，吾乃所見不遠乎？

第　頁

潘光旦试卷第四页

编后记

  主持《新民晚报社区版》报纸出版工作多年，跑了上海郊区不少的街道乡镇。关注基层、观察地方，虽然浮光掠影，但不时由种种印象，引发潘光旦先生曾经批评过的感伤主义情绪，并且想到应当怎样让社区报发挥乡土教育的功用。当然，潘光旦先生当年面对地方的凋敝、农村的衰落，再三强调的乡土教育，是包含培植公民的力量，发展民主政治的"务本"之深意的。

  没有想到有一天会跑到潘先生的家乡，跟当地政府合作，办起《新民晚报社区版·金罗店》，这不能不感谢宝山区罗店镇党委书记瞿新昌先生。

  2017年的6月，我向瞿书记和时任罗店镇镇长的申向军先生提出，此一年的6月10日，是生于斯的学术大师潘光旦先生去世50周年忌日；而2019年8月13日，则是潘光旦诞辰120周年，罗店似可搞些纪念活动。没有想到两位当即热烈响应，决定在不久以后先期举办一场潘光旦生平图片展览。瞿书记说这与罗店申报中国历史文化名镇结合起来，很有意义。他甚至安排了镇志的编撰人员，去了解镇上遗存的"潘氏老宅"与潘光旦的关系，打算将来可能的话，建一个潘光旦纪念馆。

  2017年的8月，对潘光旦生平和思想素有研究的吕文浩先生乘在杭州开会之便，受邀到上海罗店，商讨展览方案。

  2018年元旦才过，民盟上海市委的陆学文和王海波两先生来本报，热情地表示民盟方面愿意参与潘光旦图片展的举办。

  2018年早春时节，我和罗店镇副镇长冉旭先生、宝山区档案局局长奚玲女士、副局长谭雪明先生赴京，在北京大学社会学系办公楼与潘光旦的女儿潘乃谷教授见了面，并带回了用于展出的并蒂葫芦等潘光旦的遗物。

2018年3月7日，由民盟上海市委、中共宝山区委统战部、新民晚报社作指导单位，民盟宝山区委、新民晚报社区版、宝山区档案局、罗店镇人民政府主办的"罗店之子——潘光旦先生纪念图片展"，在罗店镇塘西街的社区文化活动中心举办。民盟中央副主席、上海市副市长、民盟上海市委主委陈群先生因在京参加全国"两会"，特地委托民盟上海市委专职副主委沈志刚先生，在开幕式上宣读了他的贺信。潘氏家属代表潘玉夫妇自美来沪出席。遗憾的是，为展览出力甚多的中国社会科学院近代史研究所的吕文浩先生因为车祸腿伤，没能前来。

又过了一年，我为潘光旦先生诞辰120年纪念活动事，接洽接替冉旭先生担任罗店镇副镇长的赵明玉女士，她的干练、认真，使事情的启动、开展极为顺利。而民盟上海市委宣传部的戴立波先生更是提供了不少帮助。于是，2019年7月初，我再次赴京。这次，潘光旦的外孙女潘宇替我说服了她母亲潘乃谷教授，不顾年迈前来上海参加活动。

2019年8月7日，"纪念潘光旦诞辰120周年研讨座谈会"，在罗店镇美兰湖国际会议中心如期举行。陈群副市长这次亲临会场致辞。来自各地的研究潘光旦学术思想的专家学者，发表了相关论文交流探讨。这些论文构成了本论文集的主体。我和吕文浩先生在编这本集子的时候有一个共同想法，就是希望借机把最近五年来潘光旦研究的成果也适当地收录进来。我们联系这些已发表论文的作者时，希望他们对已发表的文稿可以再作一次增补、校订，使其反映出当前的认识水平，以前因篇幅原因删减的部分也可予以恢复。对提交会议而未曾在期刊上发表的若干论文，我们也尽可能给各位作者提出一些完善的意见，并给他们留出比较充足的修改时间。总之，希望收入这本论文集的论文大体上能够反映出目前学术界关于潘光旦研究的水准。潘光旦的思想为什么不断地受到重视，潘光旦研究为什么有持续的深入，我想其中重要的原因，是他半个多世纪以前对许多问题的思考，是"探手到问题的底处"。现实的社会生活离走上健全的路，还有距离，对潘光旦学术思想的深入研讨或可为我们现时关注的问题提供一些历史的借鉴。另外，为了增加本书的史料价值，我们特意做了以下三方面的努力：其一，征得潘乃谷教授的同意，将潘乃穆教授生前写就但未发表的一篇遗稿《潘光旦与罗店潘氏家谱》作为附录收入；其二，请清华大学校史馆金富军副馆长居间联系，得到清华大学档案馆收藏的潘光旦1921年"哲学三"试卷及汪鸾翔先生批语（汪端伟先生捐赠）扫描件，亦作为附录收入；其三，请潘宇女士提供潘光旦题赠继贞女士的一幅书法作品扫描件用于本书的彩插。潘光旦先生的题赠和试卷均为首次面世，既有史料价值，其书法亦有欣赏价值。非常感谢相关单位和个人的无私帮助。

记下上述因缘，我要对这三年来，就此项工作予以大力支持的新民晚报社领导朱国顺先生，在宣传、展陈、会务方面尽心尽力的罗店镇党委委员陈华女士，罗店镇文化中心主任周祺先生，上海星期六艺术中心钟琪女士，我的同事吴梅女士、陆欣蕙女士表示衷心的感谢！学苑出版社的陈佳女士，在新冠肺炎疫情暴发后的时期，接受了这部书稿，如果没有她的慷慨付出，这项工作画上圆满句号几乎是不可能的。我虽是出版这本论文集的倡议人，但自问论学不够格。吕文浩先生一如既往，在编辑加工、督促催稿方面费心不少。能为贮存和扩散潘光旦的思想做点工作，我们感到愉快。

周　忱
2020年7月